撰稿人（按章节顺序）：
　　　　　韩永刚　陶泽飞　张道许　侯文杰　单奕铭
　　　　李耀跃　陈　辉　许　文　陈　政　苏芸芳
　　　　李文江　董朝燕　苏冬冬　王君祥　翟　新

粮食法教程

韩永刚　张道许◎主编

中国法制出版社
CHINA LEGAL PUBLISHING HOUSE

前 言
PREFACE

党的十八大以来，以习近平同志为核心的党中央把粮食安全作为治国理政的头等大事，提出"确保谷物基本自给、口粮绝对安全"的新粮食安全观，实施以我为主、立足国内、确保产能、适度进口、科技支撑的国家粮食安全战略，为新时代牢牢端稳"中国饭碗"、牢牢把住粮食安全主动权指明了方向，对实现粮食安全法治化提出了要求。

粮食安全始终是关系国民经济发展、社会和谐稳定、国家安全自立的全局性重大战略问题。对于拥有14多亿人口的中国而言，粮食安全尤为重要。面对粮食安全大考，依法治理粮食生产、加工、销售、运输等关键环节，对保障粮食安全至关重要。为了推进粮食安全法治化，2023年12月29日，十四届全国人大常委会第七次会议审议通过了《中华人民共和国粮食安全保障法》（以下简称《粮食安全保障法》）[①]。这部旨在保障粮食有效供给，确保国家粮食安全的法律共11章74条，包括总则、耕地保护、粮食生产、粮食储备、粮食流通、粮食加工、粮食应急、粮食节约、监督管理、法律责任和附则。《粮食安全保障法》的出台，为我们编写《粮食法教程》一书提供了依据。

编写《粮食法教程》一书，是培养粮食安全法治化人才的需要。实现粮

[①] 本书中法律、行政法规名称中的"中华人民共和国"省略，其余一般不省略，如《中华人民共和国民法典》简称《民法典》。

食安全法治化，离不开法治人才的培养。河南工业大学法学院很早以前就重视粮食法治研究，面向法学专业本科生开设了粮食法专题课程，在硕士研究生培养中尝试性设立了粮食法方向，旨在为全国粮食行业和涉粮企业培养粮食法治人才。河南工业大学前身是郑州粮食学院，是新中国成立的第一所粮食类院校，长期致力于粮食产后领域的基础理论及工程技术研究，构建了集储运、加工、装备、信息、管理等于一体的完整学科体系；拥有全国最完整的粮油食品学科群，"食品科学"国家级实验教学示范中心、国家级"粮油食品类工程应用型人才培养模式创新实验区"，是国内唯一一所紧密围绕粮食产后安全进行学科建设布局的高校；2010年，成为河南省人民政府与国家粮食和物资储备局签约共建高校。编写《粮食法教程》，加强粮食法治研究和教育，有利于提高涉粮工科专业培养的综合水平，推进粮食科学、食品科学等的法治化。

在《粮食法教程》编写中，一方面，我们坚持"大粮食"观理念，在内容安排上，不但聚焦粮食生产、储备、流通、加工等环节以及应急、节约等基本法律制度，而且将涉粮财税金融制度、生态环境制度、知识产权制度、遗传资源制度、刑事法律制度、国际法律制度等相关内容作为涉粮配套制度进行研究；另一方面，立足问题导向，虽然我国当前粮食安全形势总体较好，粮食连年丰收，库存充足，供应充裕，但是，必须看到我国粮食需求刚性增长，粮食安全仍然面临耕地总量少、质量总体不高，粮食稳产增产难度加大、储备体制机制有待健全、流通体系有待完善、加工能力有待提升、应急保障有待加强、节约减损有待规范等问题。

《粮食法教程》全面阐述了粮食法及其相关法律制度，具有系统性、基础性、专业性等特点，与学术理论著作存在区别，是一本粮食法学的专业教材。不但适合法学专业本科生、硕士生作为教材使用，而且适合粮食科学、食品科学等相关专业学习使用，还适用于粮食系统、食品行业培训等。

《粮食法教程》主要分为总论、基础制度和相关制度三部分，各章撰写分工如下：

绪　论　韩永刚（河南工业大学法学院党委书记）、陶泽飞（河南工业大学法学院讲师，法学博士）

第一章　张道许（河南工业大学法学院院长，教授、硕士生导师，法学博士、法学博士后）

第二章　侯文杰（河南工业大学法学院讲师、法学博士）

第三章　单奕铭（河南工业大学法学院讲师、法学博士）

第四章　李耀跃（河南工业大学法学院副教授、硕士生导师、法学博士）

第五章　陈辉（河南工业大学法学院讲师、硕士生导师、法学博士）

第六章　许文（河南工业大学法学院副教授、硕士生导师）

第七章　陈政（河南工业大学法学院副教授、硕士生导师、法学博士）

第八章　苏芸芳（河南工业大学法学院讲师、法学博士）

第九章　李文江（河南工业大学法学院教授、硕士生导师、管理学博士）、董朝燕（河南工业大学法学院讲师、法学博士）

第十章　苏冬冬（河南工业大学法学院讲师、法学博士）

第十一章　王君祥（河南工业大学法学院教授、硕士生导师、法学博士）

第十二章　翟新（河南工业大学法学院讲师、法学博士）

本书由李文江教授、张道许教授、李耀跃副教授、单奕铭博士统审定稿。囿于本书编写者撰写时间和学识能力有限，瑕疵或纰漏在所难免，恳请学界同人和广大读者批评指正。

本书编著者

目 录
CONTENTS

绪 论
- 第一节 我国国家粮食安全战略的总体布局 / 002
- 第二节 粮食安全与法治 / 014

第一章 粮食法概论
- 第一节 粮食法的概念与立法思路 / 030
- 第二节 粮食法的立法现状 / 032
- 第三节 "依法治粮"的早期探索 / 047

第二章 粮食生产法律制度
- 第一节 粮食生产法律制度概述 / 054
- 第二节 粮食生产经营法律制度 / 055
- 第三节 粮食生产资料管理法律制度 / 065

第三章 粮食流通管理法律制度
- 第一节 粮食流通管理概述 / 080
- 第二节 粮食流通管理法治化进程 / 084
- 第三节 粮食流通管理的法治运行 / 096

第四章 粮食储备法律制度

第一节 粮食储备法律制度的一般理论 / 112

第二节 政府粮食储备管理法律制度 / 115

第三节 粮食市场储备管理法律制度 / 126

第五章 粮食监督检查与执法制度

第一节 粮食行政执法概述 / 142

第二节 粮食行政执法的程序 / 148

第三节 粮食行政执法的救济机制 / 156

第六章 粮食应急管理制度

第一节 粮食应急管理概述 / 166

第二节 粮食应急管理制度的内容 / 179

第三节 粮食应急管理制度的实践考察 / 189

第七章 涉粮财税金融支持法律制度

第一节 涉粮财税支持法律制度 / 200

第二节 涉粮金融支持法律制度 / 211

第八章 涉粮生态环境保护法律制度

第一节 涉粮环境污染防治法律制度 / 238

第二节 涉粮资源利用和生态治理性法律制度 / 259

第九章
涉粮知识产权创新与保护

第一节　涉粮知识产权概述　/ 274

第二节　粮食新品种权及取得　/ 282

第三节　粮食新品种权主体及权利归属　/ 294

第四节　粮食新品种权的保护与限制　/ 300

第十章
涉粮遗传资源保护法律制度

第一节　涉粮遗传资源保护与利用法律制度概述　/ 310

第二节　涉粮遗传资源保护与利用法律制度的内容　/ 316

第三节　涉粮遗传资源保护与利用的国际公约　/ 320

第四节　我国涉粮遗传资源保护与利用法律制度　/ 326

第十一章
涉粮刑事法律制度

第一节　涉粮刑事法律概述　/ 342

第二节　涉粮刑事犯罪及处罚　/ 348

第三节　典型涉粮刑事案例分析　/ 370

第十二章
涉粮国际法律制度

第一节　涉粮国际法律制度概述　/ 382

第二节　与粮食问题有关的国际条约机制　/ 387

第三节　世界主要国家粮食立法　/ 395

第四节　中国对全球粮食安全的贡献　/ 401

绪 论

第一节　我国国家粮食安全战略的总体布局

民以食为天，食以粮为先，粮食安全是"国之大者"，粮食安全至关重要。"无农不稳，无粮则乱"，粮食安全事关国运民生。我国是世界上的人口大国，必须高度重视粮食安全问题，把粮食安全作为国家治理的头等大事。党的十八大以来，以习近平同志为核心的党中央高度重视国家粮食安全，始终把解决好十几亿人口的吃饭问题作为治国理政的头等大事，加快推进农业农村现代化，实施国家粮食安全战略，坚持藏粮于地、藏粮于技，实行最严格的耕地保护制度，推动种业科技自立自强、种源自主可控，不断提高我国粮食综合生产能力，谷物总产量稳居世界首位，14亿多人的粮食安全得到有效保障。习近平总书记指出："农业强，首要是粮食和重要农产品供给保障能力必须强。这些年，我们依靠自己的力量端稳中国饭碗，14亿多人吃饱吃好。"[1] "确保国家粮食安全，把中国人的饭碗牢牢端在自己手中。"[2] 习近平总书记关于国家粮食安全的一系列重要论述，对全方位夯实粮食安全根基，具有十分重要的意义。

一、粮食安全是治国理政的头等大事

"粟者，王者大用，政之本务。"确保粮食安全始终是治国理政的头等大事。粮食安全已经超越能源安全、金融安全，位列国家三大经济安全之首。粮食安全保障是民生保障之根基。

---

[1] 习近平：《加快建设农业强国，推进农业农村现代化》，载《求是》2023年第6期。
[2] 习近平：《决胜全面建成小康社会，夺取新时代中国特色社会主义伟大胜利》，载《习近平谈治国理政》（第三卷），外文出版社2020年版，第25页。

（一）粮食安全是国家安全的重要基础

安民之本，必资于食。作为生存性消费品，粮食是与人类生存息息相关的一种战略产品。保障粮食安全是一个永恒的课题，"手中有粮、心中不慌"在任何时候都是真理。党的十八大以来，习近平总书记心系"三农"，始终重视粮食安全。2013年12月23日，在中央农村工作会议上，习近平总书记就要求，"中国人的饭碗任何时候都要牢牢端在自己手上"[①]。保障粮食和重要农产品稳定安全供给是建设农业强国的必然要求。保障粮食安全是建设农业强国的前提，建设农业强国是建设社会主义现代化强国的根基。"粮食问题不能只从经济上看，必须从政治上看，保障国家粮食安全是实现经济发展、社会稳定、国家安全的重要基础。"[②]

2023年，中央一号文件对全力抓好粮食生产和重要农产品供给、守住保障国家粮食安全底线作出全面部署。对我国这样一个有着14亿多人口的大国来说，农业基础地位任何时候都不能忽视和削弱。我们要心怀"国之大者"，筑牢国家粮食安全防线，把中国人的饭碗牢牢端在自己手中。2023年3月5日，习近平总书记在两会期间参加江苏代表团审议时强调："农业强国是社会主义现代化强国的根基，推进农业现代化是实现高质量发展的必然要求。要严守耕地红线，稳定粮食播种面积，加强高标准农田建设，切实保障粮食和重要农产品稳定安全供给。"[③]保障粮食安全，让人民群众吃饱吃好始终是中国共产党执政兴国的头等大事。粮食安全问题历来是党和国家关注的重要问题，党的历代中央领导人都把解决好吃饭问题作为重要的发展目标，并根据实际情况采取相应的解决策略，取得了良好的发展成效，形成了许多重大的思想成果。党的十八大以来，基于国家安全形势的新特点和新趋势，习近平总书记在继承党的十八大以前中国共产党中央领导人的粮食安全思想

[①] 习近平：《在中央农村工作会议上的讲话》，载《论"三农"工作》，中央文献出版社2022年版，第72页。

[②] 习近平：《在中央农村工作会议上的讲话》，载《论"三农"工作》，中央文献出版社2022年版，第74页。

[③] 习近平：《牢牢把握高质量发展这个首要任务》，载《人民日报》2023年3月6日，第1版。

的基础上，进一步指出了粮食安全对于国家安全的重要意义。习近平总书记指出："在粮食安全问题上千万不可掉以轻心。要确保谷物基本自给、口粮绝对安全，确保中国人的饭碗牢牢端在自己手中。"①粮食安全是国家资源安全的重要组成部分，是国家安全的重要基石。面对复杂多变的国内外环境，保障粮食等农产品的有效供给，能够增强我国应对各种风险考验的底气，确保民族复兴行稳致远。

（二）粮食安全是国家富强、民族复兴的基本保障

一个国家只有实现粮食基本自给，才有能力掌控和维护好经济社会发展大局。习近平总书记通过对比国际上的强国发展规律，深刻认识到新时代粮食安全是建设社会主义现代化强国必须解决的首要问题。他在2013年中央农村工作会议上指出："世界上真正强大的国家、没有软肋的国家，都有能力解决自己的吃饭问题。……这些国家之所以强，是同粮食生产能力强联系在一起的。"②粮食安全是维护国家安全的重要支撑，是我们国家立足于世界民族之林的重要保障。

进入新时代，以习近平同志为核心的党中央高度重视粮食生产对国民经济的基础性作用，并作出重要指示。习近平总书记指出："一个国家只有立足粮食基本自给，才能掌握粮食安全主动权，进而才能掌控经济社会发展这个大局。靠别人解决吃饭问题是靠不住的。"③当前，只有稳住农业基本盘，确保粮食安全，才能打好国民经济的现实基础，为社会主义现代化建设提供充足的商品粮和工业原料，为高质量发展奠定良好的物质基础。

---

① 习近平：《实现农业农村现代化是全面建设社会主义现代化国家的重大任务》，载《论"三农"工作》，中央文献出版社2022年版，第301页。

② 习近平：《在中央农村工作会议上的讲话》，载《论"三农"工作》，中央文献出版社2022年版，第74页。

③ 习近平：《在中央农村工作会议上的讲话》，载《论"三农"工作》，中央文献出版社2022年版，第74页。

（三）粮食安全是社会稳定的根本保证

粮食关乎国运。保障粮食安全是永恒的主题，任何时候都不能放松，要时刻绷紧粮食安全这根弦。尤其是在面临百年未有之大变局、面临全球粮食危机、面临自然灾害时，我们绝不能高枕无忧，必须未雨绸缪、永不松懈。依靠自身力量端牢自己的饭碗，才能为应对各种风险挑战赢得主动权。充足、稳定的粮食供应是人类社会正常运转的物质保障，是社会稳定的重要支撑。习近平总书记指出："我国之所以能够实现社会稳定、人心安定，一个很重要的原因就是我们手中有粮，心中不慌。"[1]在我国历史上，封建王朝的兴衰更替始终受到粮食安全的深远影响，在封建社会末期，农业劳动力的大量丧失使得社会粮食供应无法保障。饥荒肆虐，农民起义的惊天巨浪推翻旧王朝的腐朽统治，推动王朝更替的历史进程。

当前，国际形势发生了深刻变化，百年变局、经济逆全球化、大国博弈日趋激烈，我国发展面临的风险挑战越来越复杂。以习近平同志为核心的党中央基于历史和现实的考虑，高度重视粮食安全对社会稳定的重大意义，将保障粮食安全作为"六保"任务的重要内容。习近平总书记指出，"手中有粮、心中不慌在任何时候都是真理"[2]，"只要粮食不出大问题，中国的事就稳得住"[3]。面对全球经济衰退，国际局势日益复杂的现状，我国社会始终保持稳定有序的发展，粮食有效供给、粮食安全的基本保障发挥了举足轻重的作用。"农业保的是生命安全、生存安全，是极端重要的国家安全。"[4]粮食安全是社会稳定的根本保证，这一重要治国理念对于我国推进社会主义现代化建设具有重大的指导意义。

---

[1] 习近平：《粮食安全是"国之大者"》，载《论"三农"工作》，中央文献出版社2022年版，第331页。

[2] 习近平：《从人民中汲取磅礴力量》，载《人民日报》2020年5月29日，第1版。

[3] 习近平：《在中央农村工作会议上的讲话》，载《论"三农"工作》，中央文献出版社2022年版，第71页。

[4] 中共中央党史和文献研究院编：《习近平关于国家粮食安全论述摘编》，中央文献出版社2023年版，第18页。

二、习近平关于粮食安全重要论述的理论特质

粮食安全是"国之大者"。习近平总书记多次就粮食安全问题发表重要讲话、作出重要指示批示。习近平总书记关于粮食安全的重要论述是在坚持以人民为中心的发展思想、推动我国社会主义现代化建设的过程中不断发展完善的,是在对我国面临的国内外形势、粮食安全问题的准确把握的基础上形成的,是对当下我国保障国家粮食安全的理论回应。习近平总书记关于粮食安全的重要论述具有鲜明的理论特质,可以主要概括为人民性、时代性和实践性。

(一)人民性

坚持以人民为中心的发展思想。改革开放以来,随着经济社会的发展,我国居民粮食消费结构发生了重大变化。居民的消费需求呈现多样化、个性化特点,从最开始的"吃饱",到现在追求的"吃好""吃得健康"。针对我国农产品质量方面出现的问题,习近平总书记强调:"要在抓好农产品数量安全的基础上,以更大力度抓好农产品质量安全,让人民群众吃得安全放心。"[①]在保障国家粮食安全的现实实践中,以习近平同志为核心的党中央始终坚持人民至上,坚持人民主体地位,把党的群众路线贯彻落实到粮食安全工作之中。新时代的粮食安全要立足于满足人民对粮食消费的现实需求,着眼于中华民族伟大复兴的战略全局。

坚持把"吃得饱、吃得好、吃得放心"作为奋斗目标。2022年国家统计局公布官方数据,全国粮食总产量68653万吨(13731亿斤),比2021年增加了368万吨(74亿斤),增长0.5%。其中谷物产量63324万吨(12665亿斤),比2021年增加了49万吨(10亿斤)。[②]面对我国居民膳食需求的转变,我国

[①] 习近平:《确保农产品质量安全是事关人民生活、社会稳定的大事》,载《论"三农"工作》,中央文献出版社2022年版,第162页。

[②] 国家统计局:《中华人民共和国2022年国民经济和社会发展统计公报》,载国家统计局网,https://www.stats.gov.cn/sj/zxfb/202302/t20230228_1919011.html,2023年11月10日访问。

国内农业资源及环境压力持续加大，部分农产品仍然存在供求缺口。基于这样的客观实际，以习近平同志为核心的党中央确立了国家粮食安全战略，确保立足粮食基本自给，掌握粮食安全主动权。在充分认识我国居民膳食结构现状的基础上，习近平总书记指出："着力发展高附加值、高品质农产品，提高农业综合素质、效益、竞争力。"[①]这正是对人民需求的有力回应，对人民利益的坚决捍卫。

（二）时代性

习近平总书记关于粮食安全的重要论述牢牢把握我国"紧平衡"的粮食产需态势，一切从实际出发，坚持问题导向，具有鲜明的时代特征。因此，时代性是习近平总书记关于粮食安全重要论述的显著特征。以史为鉴，只有把握历史发展规律、顺应时代潮流，才能始终立于时代潮头。习近平总书记关于粮食安全的重要论述立足于中华民族伟大复兴战略全局和世界百年未有之大变局，充分把握我国"紧平衡"的粮食产需态势，准确把握时代脉搏，始终走在时代前列。

新时代的粮食安全治理要从中华民族伟大复兴的战略全局和世界百年未有之大变局谋划。在推进粮食安全工作的过程中，习近平总书记始终胸怀"两个大局"，运用世界眼光和战略思维，看大势、明方向、谋长远。在继承马克思主义、党的十八大以前中国共产党中央领导人以及中华优秀传统文化中的粮食安全思想的基础上，基于经济全球化遭遇逆流、世界经济低迷的客观形势，以及我国正处于实现中华民族伟大复兴关键时期的发展方位，习近平总书记指出："一个国家只有立足粮食基本自给，才能掌握粮食安全主动权，进而才能掌控经济社会发展这个大局。"[②]中国特色粮食安全之路的丰富和发展，正是以习近平同志为核心的党中央在立足"两个大局"，准确判断世界发展大势的基础上实现的。

---

① 习近平：《扎实推动经济社会持续健康发展　以优异成绩迎接党的十九大胜利召开》，载《人民日报》2017年4月22日，第1版。

② 习近平：《在中央农村工作会议上的讲话》，载《论"三农"工作》，中央文献出版社2022年版，第74页。

坚持把握"紧平衡"的粮食产需态势。基于当前的客观形势，习近平总书记指出："总体看，我国粮食安全基础仍不稳固，粮食安全形势依然严峻。"①近年来，我国粮食生产连年丰收，但是随着人口数量的增长、居民消费结构的升级，我国粮食需求都还将保持刚性增长的态势。习近平总书记强调："保持粮价合理水平，要兼顾好生产者和消费者利益。"②我国在粮食安全方面必须保持时刻警惕，需要不断巩固和提升粮食的综合生产能力。从生产形势上看，农业生产成本仍在攀升，资源环境承载能力趋紧。习近平总书记强调："任何省区市，无论耕地多少，都要承担粮食生产责任。"③这句话明确了地方开展粮食生产的基本责任。

（三）实践性

习近平总书记关于粮食安全的重要论述，来源于以习近平同志为核心的党中央领导人民保障国家粮食安全的现实实践，回应了我国"三农"工作的实际需求，是指导我国粮食安全工作的根本遵循和行动指南。实践性是习近平总书记关于粮食安全重要论述的基本特质。

党的十八大以来，从提出新粮食安全观，到确立国家粮食安全战略，从实行最严格的耕地保护制度到实施"藏粮于地、藏粮于技"战略，从强化粮食安全省长责任制到实行党政同责等一系列战略举措的提出，无不来自对"实事"清醒而全面的认识，来自对"求是"的执着追求。在考察调研地方各项工作的过程中，习近平总书记多次深入田间地头，细致了解地方粮食生产情况，及时作出重要指示，指导地方粮食工作。为了系统解决我国"三农"领域面临的问题，以习近平同志为核心的党中央组织召开了一系列重要会议，研究了粮食安全工作中面临的问题，及时提出了相应的战略对策。习近平

---

① 习近平：《在中央农村工作会议上的讲话》，载《论"三农"工作》，中央文献出版社2022年版，第73页。

② 习近平：《在中央农村工作会议上的讲话》，载《论"三农"工作》，中央文献出版社2022年版，第77页。

③ 习近平：《在中央农村工作会议上的讲话》，载《论"三农"工作》，中央文献出版社2022年版，第80页。

总书记关于粮食安全的重要论述立足于保障国家粮食安全的现实实践，实践性是这一重要论述的鲜明特征。

全面推进乡村振兴成为我国"三农"工作的重心，确保国家粮食安全成为"三农"工作的首要任务。习近平总书记指出，"确保重要农产品特别是粮食供给，是实施乡村振兴战略的首要任务。"[①] 习近平总书记关于粮食安全的重要论述着眼于"全面推进乡村振兴"的时代任务，积极回应加快农业农村现代化的发展要求，是保障国家粮食安全的行动指南，有利于促进我国粮食综合生产能力的稳步提升，推动我国"三农"工作再上新台阶。

三、贯彻新时代国家粮食安全战略的基本原则

在长期的实践中，我国坚持走中国特色粮食安全之路，特别是党的十八大以来，党中央确立了以我为主、立足国内、确保产能、适度进口、科技支撑的国家粮食安全战略。坚持从全局看待粮食问题，从战略上把握国家粮食安全。现阶段，我国外部环境复杂严峻，必须做好应对各种挑战和复杂局面的充分准备；我国已开启向第二个百年奋斗目标迈进的新征程，现代化建设正处在关键时期，比任何时候都要注意处理好发展和安全的关系；面对纷繁复杂的国内外形势，以习近平同志为核心的党中央确立了国家粮食安全战略，为保障国家粮食安全提供了基本遵循，擘画了我国粮食安全战略的基本蓝图。

（一）以我为主

坚持底线思维，贯彻以我为主、立足国内的粮食安全方针。中国人的饭碗里应该主要装中国粮是出于战略考量。一个国家只有立足粮食基本自给，才能掌握粮食安全主动权。

粮食作为人类生存的基本条件，是一种具有刚性需求的战略性资源，对世界政治经济格局具有深刻的影响。长久以来，国外四大国际粮商在全球进行全

---

① 习近平：《乡村振兴是全面振兴》，载《论"三农"工作》，中央文献出版社2022年版，第293页。

产业链布局，垄断了全球80%的贸易量，在国际粮食定价话语权中占据主导地位，牢牢占据着国际粮食贸易的优势地位，将"粮食"作为实现其地缘政治利益的战略工具。面对当前的粮食安全客观形势，只有坚持"以我为主"，通过国内粮食市场满足主要的粮食需求，我国才能牢牢掌握发展主动权。从全球粮食贸易的客观实际来看，全球每年粮食贸易量相当于我国粮食需求量的一半，即使把国际市场上的谷物都买过来，也不够我国半年的消费量。国际粮食贸易并不能满足我国的粮食需求，中国人的饭碗还是要装中国粮。

"以我为主"是我国保障国家粮食安全的长期战略，需要基于我国的本土资源情况，克服农业发展面临的困难，积极推进粮食生产，抓好粮食的生产工作，增强粮食安全保障底气，保障国内粮食市场平稳有序。坚持"以我为主"，立足国内粮食市场，保证农产品的正常供给，保障国内粮食安全。

（二）立足国内

坚持藏粮于地、藏粮于技，持续提高粮食安全综合保障能力。粮食安全的根基是"能力安全"，要切实把着力点放在国内生产能力、必要的储备能力以及国际资源掌控能力上。一是坚持藏粮于地。"耕地是粮食生产的命根子，是中华民族永续发展的根基。"[1]近年来，我国粮食连年丰收，主要得益于耕地等基础设施保障能力的不断增强。二是坚持藏粮于技。"解决吃饭问题，根本出路在科技。"[2]改革开放以来，我国粮食播种面积有所减少，但产量却翻了一番多。粮食产量的增加，主要靠良种、靠科技进步。三是坚持增强粮食储备能力。国家逐步建立起粮食储备体系，管好用好"天下粮仓"，对于调节丰歉、平抑物价、保证市场供应具有重要作用。四是坚持不断深化粮农领域国际合作。在坚持国内市场的同时，积极利用两个市场、两种资源，促进全球范围内粮食资源合理高效配置。

在耕地方面，我国的耕地资源虽不充裕，但迅猛发展的农业科技和人与

---

[1] 习近平：《把提高农业综合生产能力放在更加突出的位置　在推动社会保障事业高质量发展上持续用力》，载《人民日报》2022年3月7日，第1版。

[2] 习近平：《把提高农业综合生产能力放在更加突出的位置　在推动社会保障事业高质量发展上持续用力》，载《人民日报》2022年3月7日，第1版。

自然和谐共生的发展理念，使我国拥有良好的耕地发展前景。在种业方面，我国水稻、小麦两大口粮作物品种100%完全自给，总体上，我国种子供应是有保障的、风险是可管控的。我国的农业资源完全可以支持"立足国内"粮食生产战略的实施。

立足国内基本解决我国人民吃饭问题，是由我国基本国情决定的。坚持立足国内保障粮食基本自给的方针，能够保证农产品的有效供给，将国际粮食市场价格波动带来的消极影响降到最低，为国民经济结构的调整和优化创造条件。习近平总书记强调："在粮食安全这个问题上不能有丝毫麻痹大意，不能认为进入工业化，吃饭问题就可有可无，也不要指望依靠国际市场来解决。"[1] 当前，立足国内，保证农产品的有效供给，能够为推进供给侧结构性改革创造重要的物质条件，为实现高质量发展奠定良好的物质基础。

（三）确保产能

在确保口粮绝对安全、谷物基本自给的基础上，全方位多途径开发食物资源。我国每年消费2亿多吨畜禽水产品、7亿多吨蔬菜，与6亿多吨粮食一样，都是经济社会稳定的重要支撑。"要树立大食物观，从更好满足人民美好生活需要出发，掌握人民群众食物结构变化趋势，在确保粮食供给的同时，保障肉类、蔬菜、水果、水产品等各类食物有效供给，缺了哪样也不行。"[2] 长期以来，我们坚持运用多种方式和途径不断提升产能，有效缓解了我国农业自然资源的约束。

"确保产能"是保障国家粮食安全的重要支撑。粮食生产能力是农业政策、科技支撑、资源供给、自然条件等多种因素共同作用的结果，是一个国家农业状况的客观反映。改革开放以来，随着社会主义现代化建设的深入推进，我国的粮食生产能力得到巨大的提升。当前，我国能够具备这样高的粮食生产能力，也是历经了几十年的发展积累才得以实现的。与此同时，随着

---

[1] 习近平：《把提高农业综合生产能力放在更加突出的位置　在推动社会保障事业高质量发展上持续用力》，载《人民日报》2022年3月7日，第1版。

[2] 习近平：《把提高农业综合生产能力放在更加突出的位置　在推动社会保障事业高质量发展上持续用力》，载《人民日报》2022年3月7日，第1版。

人口增加和经济社会发展的需要，农业特别是粮食生产保证有效供给的任务日益繁重，并且始终面临着日益增加的环境、资源压力。

习近平总书记指出，保障粮食安全，关键是要保粮食生产能力，强调"实施乡村振兴战略，必须把确保重要农产品特别是粮食供给作为首要任务，把提高农业综合生产能力放在更加突出的位置"[1]。2022年的中央一号文件指出，主产区、主销区、产销平衡区都要保面积、保产量，不断提高主产区粮食综合生产能力，切实稳定和提高主销区粮食自给率，确保产销平衡区粮食基本自给，对各个地区提出了相应的粮食生产要求。为了"确保产能"，必须抓好耕地、科技两个关键点，精准施策，持续发力，有效激发我国农业资源的生产潜力，有效提高粮食生产能力，推动国民经济的高质量发展。

（四）适度进口

提升粮食收储调控能力。加强市场预期引导，维护正常市场秩序，落实全球发展倡议。习近平总书记指出："善于用好两个市场、两种资源。在国内粮食生产确保谷物基本自给、口粮绝对安全的前提下，为了减轻国内农业资源环境压力、弥补部分国内农产品供求缺口，适当增加进口和加快农业走出去步伐是必要的。"[2]党和国家积极支持粮食企业"走出去""引进来"，开展国际合作，拓展多元化粮食来源市场。推进全产业链节约减损。落实粮食节约行动方案，推进饲料减量替代，倡导节约消费。

经济全球化的时代潮流，客观上促进了国际粮食市场供给能力的提高，为我国适度进口农产品，进行粮食品种调剂和地区调剂创造了条件。"适度进口"能够更好地满足人民日益增长的消费需求，便于我国集中有限的耕地资源进行稻谷、小麦、玉米等重要农产品生产，也有助于降低粮食生产成本，推进耕地轮作休耕工作的有效开展，实现农业的可持续发展。当然，经济全球化是一把"双刃剑"，在生产关系的全球化促进资源有效流通的同时，国际

---

[1] 习近平：《把提高农业综合生产能力放在更加突出的位置　在推动社会保障事业高质量发展上持续用力》，载《人民日报》2022年3月7日，第1版。

[2] 习近平：《在中央农村工作会议上的讲话》，载《论"三农"工作》，中央文献出版社2022年版，第80页。

粮食市场的价格波动、跨国粮商对国内粮食市场的渗透，对我国粮食安全的影响十分明显。因此，我们必须坚持"适度进口"原则，处理好国内生产与国外进口的关系，牢牢把握粮食安全主动权，绝不能被别人牵着鼻子走。

面对当前复杂的国际局势，为了保证我国粮食供应的自主可控，在构建新发展格局的过程中，我们一定要推进农业高水平对外开放，实施农产品进口多元化战略，稳定大豆、食糖、棉花等农产品国际供应链，加强粮食国际市场调节，优先选择"一带一路"共建国家和地区，提高大豆等大宗进口农产品风险管控能力，发挥共建"一带一路"在扩大农业对外开放合作中的重要作用，深化多、双边的农业合作，逐步构建多元化进口格局。

（五）科技支撑

强化现代种业等科技支撑。习近平总书记指出："粮食生产根本在耕地，命脉在水利，出路在科技，动力在政策，这些关键点要一个一个抓落实、抓到位，努力在高基点上实现粮食生产新突破。"[①] 深入实施种业振兴行动，"种源安全关系到国家安全，必须下决心把我国种业搞上去，实现种业科技自立自强、种源自主可控"[②]。支持现代种业提升工程，抓紧抓实种源等农业关键核心技术的攻关，提高种业企业自主创新能力。加快农机农艺、良种良法等科技突破，加强农机农艺融合和集成示范。科学技术是农业现代化的"发动机"，是最具革命性的关键力量，支撑着当前的发展，引领着未来的进步，也决定着各国粮食安全的前途命运。当今世界正处于百年未有之大变局，以人工智能为代表的新兴科技快速发展，科学技术和经济社会发展加速渗透融合。我国农业科技的原始创新能力不强，农业科技投入产出效益较低，在大型高端农机产品、部分高端蔬菜种业上对外依赖度较高，在基因编辑工具、全基因选择算法等关键核心技术方面原创能力不足。我们必须抓住新一轮科技革命和产业变革的历史机遇，坚持"科技支撑"的基本原则，突破农业科技领

[①] 中共中央党史和文献研究院编：《习近平关于"三农"工作论述摘编》，中央文献出版社2019年版，第84页。

[②] 习近平：《把提高农业综合生产能力放在更加突出的位置　在推动社会保障事业高质量发展上持续用力》，载《人民日报》2022年3月7日，第1版。

域的关键核心技术，实现农业现代化。

我国是人多地少、耕地资源并不充裕的国家，在种植面积无法大规模扩大的情况下，提高土地生产率、提高单位面积产量是提高国家粮食生产能力的现实选择，而大力发展农业科学技术是提高单产的基本路径。党中央将"农作物种子"列为国家需全力攻坚的关键核心技术之一，习近平总书记提出"要在事关发展全局和国家安全的基础核心领域……前瞻部署一批战略性、储备性技术研发项目"[1]，其中就包括生物育种。党的十九大确立了到2035年跻身创新型国家前列的战略目标。基于这样的战略愿景，我们必须加强农业科技的科研攻关，加快突破农业领域的关键核心技术，坚决打赢关键核心技术攻坚战，为保障国家粮食安全提供有力的科技支撑。

第二节　粮食安全与法治

法者，国之权衡也，时之准绳也。制度结构中的不同制度安排实施是彼此依存的，某个特定制度的变迁将引起对相应制度安排的服务需求。保障粮食安全必须立足于法治。粮食安全法治保障必然是渐进式的制度变迁，而不是全新的制度安排。"制度之治"是法治的内在逻辑。[2]多数国家已经构建起粮食安全法治保障体系，建立了科学、完善的粮食安全保障制度。粮食安全法治保障离不开对既有法律政策的检视和反思，需要对相关法律政策进行统合协调，方能构建内蕴包容性、开放性、系统性的粮食安全法治保障体系。制度化的权利配置能够以合乎情理的确定性证实一种预见。[3]当下，粮食安全保障相关法律、法规、规章和规范性文件协同构造了我国的粮食安全法律保障体系。

---

[1] 习近平：《在中国科学院第二十次院士大会、中国工程院第十五次院士大会、中国科协第十次全国代表大会上的讲话》，载《人民日报》2021年5月29日，第2版。

[2] 莫纪宏：《"制度之治"是法治的内在逻辑述要》，载《现代法学》2020年第3期。

[3] [日]大木雅夫：《比较法》，范愉译，法律出版社1999年版，第52页。

一、我国粮食安全事业发展史

纵观历史，粮食安全问题贯穿了中华民族发展史，是历代王朝及其统治者密切关注和高度重视的问题。我国几千年历史也可以说是反饥饿的斗争史。中国共产党自成立以来，就将消除贫困、改善人民生活、实现共同富裕作为自己的奋斗目标。其中，解决好吃饱饭问题就是一个重要内容。中国共产党历来重视"三农"问题，关注粮食安全，将吃饭问题视为治国理政的头等大事。保障粮食安全是一个永恒的课题，"手中有粮、心中不慌"在任何时候都是真理。对于我们这样一个有着14亿多人口的大国来说，农业基础地位在任何时候都不能忽视和削弱。保障粮食安全，让人民群众吃饱吃好始终是我们党执政兴国的头等大事。

（一）新中国成立至社会主义探索时期我国粮食安全事业的发展

以毛泽东同志为主要代表的中国共产党人，把马克思列宁主义的基本原理同中国革命的具体实践结合起来，领导全国各族人民艰苦奋斗，取得了新民主主义革命的胜利，建立了人民民主专政的中华人民共和国。新中国成立以后，顺利地进行了社会主义改造，完成了新民主主义到社会主义的过渡，确立了社会主义基本制度，发展了社会主义的经济、政治和文化。"贫穷不是社会主义。"1949年之前，灾难深重的中国大地上到处是饥馑、疾病和贫困。新中国成立以来，党和国家始终致力于解决粮食安全，解决人民群众的温饱问题。在共和国艰苦创业时期，粮食安全对社会稳定、发展国民经济和建设社会主义事业的重要性已经充分显露出来了。毛泽东同志讲过："人是每天要吃饭的，不论办工业，办交通、办教育、搞基本建设，办任何一项事业都离不开粮食。每个共产党员都不应当忘记这个最简单的道理。"[①]在社会主义建设时期，以毛泽东为主要代表的中国共产党人十分重视农业问题，深刻地认识到粮食安全在治国理政中的纲领地位，党中央结合国家面临的实际问题，将

[①] 毛泽东：《建国以来毛泽东文稿》（第9册），中央文献出版社1996年版，第318页。

"以粮为纲，全面发展多种经营"作为党指导农业工作方法，强调"农业是国民经济的基础，粮食是基础的基础"。

粮食是人民生存的必需品，一定的粮食储备对稳定民心具有重要作用。粮食对国民经济有很大影响。粮食是粮农的重要经济来源，是工业产品的原料。充足的粮食供应，对国民经济长期稳定发展意义重大。新中国成立以来，党和国家高度重视农村经济社会发展，关注人民的吃饭问题，将解决好吃饭问题视为国家治理的头等大事。在1949年到1952年国民经济恢复时期，党和国家通过农业政策，采取整修水利工程等措施，大力恢复和促进农业发展，粮食产量大幅增加。新中国成立之初，党和国家就认识到粮食安全对巩固新生人民政权的重要性。1953年10月，面对粮食紧缺的严重情况，中共中央决定对粮食实行"统购统销"。1956年，借鉴苏联的经验教训，在面对如何处理国家利益和农民利益时，毛泽东在《论十大关系》中指出："我们对农民的政策不是苏联的那种政策，而是兼顾国家和农民的利益。"[①] 党和国家在处理粮食安全问题时，避免了苏联模式下对农民积极性的损伤，强调兼顾国家和农民的利益。

1958年开始的"大跃进"运动和农村人民公社化运动等，使农村生产力遭到严重破坏，粮食产量接连下降，出现了严重的粮食安全危机。随后党认识到粮食安全问题的严重性，在农业生产方面进行思想调整，于1961年1月正式通过了关于国民经济调整的"八字方针"，对农业生产政策进行调整。面对粮食安全问题，党一方面进行农业政策调整，另一方面通过紧急调运粮食、粮食进口等措施确保人民群众的吃饭问题。在社会主义探索时期，党和国家高度重视粮食安全问题，通过农业和粮食政策调整来确保国家粮食安全问题。党领导中国人民进行艰苦卓绝的奋斗，致力于解决人民的吃饭问题，通过农业生产和粮食安全政策，确保国家的粮食基本安全，为新生政权的巩固和社会主义建设提供了坚实的基础。

[①] 毛泽东：《毛泽东文集》（第七卷），人民出版社1999年版，第30页。

（二）党的十一届三中全会至党的十八大期间我国粮食安全事业的发展

改革开放以来，以邓小平、江泽民、胡锦涛为主要代表的中国共产党人在继承毛泽东关于粮食安全思想的基础上，认真总结新中国成立以来党和国家在粮食安全问题上的经验教训，立足于改革开放和社会主义现代化建设实践，以及中国快速发展的大形势，始终将粮食安全作为治国理政的头等大事来抓。

党的十一届三中全会以后，以邓小平同志为主要代表的中国共产党人积极推进实施以包产到户、包干到户为主要形式的农村家庭联产承包责任制，取消以人民公社制度为重要内容的农村改革，调动亿万农民的生产积极性，解放农村生产力，粮食产量快速增加。在推进我国改革开放的过程中，邓小平高度重视农业的重要地位。1983年1月，邓小平指出："农业是根本，不要忘掉。"[1]面对粮食领域出现的一些现实问题，邓小平强调："农业，主要是粮食问题。"[2]20世纪90年代末，为解决农产品相对过剩问题，党中央及时提出对农业结构实施战略性调整的方针，积极优化农业结构，推进农业产业化经营，农产品质量明显提高。江泽民指出，"我国是一个有十二亿多人口的发展中大国，吃饭问题始终是头等大事"[3]，农业始终是战略产业，粮食始终是战略物资。

运用科学技术促进农业问题解决。党中央高度重视通过科技从根本上转变农业增长方式，强调通过技术进步不断增强粮食安全保障。农业的发展一靠政策，二靠科学，在粮食安全的保障手段中，科学技术是重要的支撑。进入21世纪，中国经济迅速发展，人民的物质生活水平得到大幅改善，在这样的时代背景下，对粮食安全的警惕性、底线意识有所松动。对此，胡锦涛强调："如果吃饭没有保障，一切发展都无从谈起。"[4]改革开放后，在党的领导下，中国人民经过艰苦奋斗和不懈努力，我国靠自己的力量实现了粮食基本

---

[1] 邓小平：《邓小平文选》（第三卷），人民出版社1993年版，第23页。
[2] 邓小平：《邓小平文选》（第三卷），人民出版社1993年版，第159页。
[3] 江泽民：《江泽民文选》（第三卷），人民出版社2006年版，第122页。
[4] 中共中央文献研究室编：《十六大以来党和国家重要文献选编》（下），中央文献出版社2011年版，第276页。

自给。在确保粮食安全的前提下，中国人民成功解决了温饱问题，实现了民族团结、政治稳定、边疆巩固和社会和谐，创造了人类历史上的奇迹。

（三）党的十八大以来我国粮食安全事业的发展

我国以占世界9%的耕地、6%的淡水资源，养育了世界近1/5的人口。这一成绩来之不易，但我们也要时刻保持警惕。党的十八大以来，以习近平同志为核心的党中央把确保粮食安全作为治国理政的头等大事。"确保谷物基本自给、口粮绝对安全"的新粮食安全观，明确了国家粮食安全战略，牢固树立端牢"中国饭碗"理念。

1.粮食安全事业的现状

粮食产量稳中有升。在持续付出巨大努力之后，我国粮食综合生产能力得到显著提升。当前，我国粮食总产量连年维持在1.3万亿斤以上。目前，我国人均粮食占有量接近500公斤，超过人均400公斤的国际粮食安全标准线。①中国依靠自身力量端牢自己的饭碗，实现了由"吃不饱"到"吃得饱"，直到"吃得好"的历史性转变。这既是中国人民自己发展取得的伟大成就，也是为世界粮食安全作出的重大贡献。

建立起了庞大的口粮储备体系。农业农村部公开资料显示，我国稻谷、小麦两大主粮储备都超过了一年的口粮消费需求。联合国粮食及农业组织数据显示，2022年我国人均粮食进口量只有日本人均进口量的1/2、韩国人均进口量的1/3。②总体而言，我国有连续多年的粮食丰收作为基础，也有充足的库存做保障，还有强大的资源动员能力，以生产体系、储备体系和进口体系这三大体系做支撑，我国粮食安全是有保障的。

保护耕地数量、提升耕地质量初见成效。耕地是粮食生产的根基。在耕地建设上，坚持实施"藏粮于地"战略，实行最严格的耕地保护制度，从逐步施行到全面落实永久基本农田特殊保护制度，防止耕地"非农化"和遏制耕地"非粮化"，明确了耕地和永久基本农田用途的优先序；完善耕地占补平

---

① 乔金亮：《农业农村发展取得历史性成就》，载《经济日报》2022年8月18日，第9版。
② 刘晓春、李成贵：《全方位夯实粮食安全根基》，载《红旗文稿》2023年第7期。

衡制度，由提质改造和数量补充相结合的占补方式转变为建立以数量为基础、产能为核心的占补新机制。从耕地等资源可持续利用角度，制定了《耕地草原河湖休养生息规划（2016—2030年）》，提出了耕地休养生息的阶段目标和政策措施。2017年发布了《全国国土规划纲要（2016—2030年）》，制定了2030年我国耕地数量保护与质量建设的目标和具体任务。2019年修正了《土地管理法》，2021年修订了《土地管理法实施条例》，2022年印发《2023年东北黑土地保护性耕作行动计划技术指引》。到2022年年底，全国累计建成10亿亩旱涝保收的高标准农田，保障粮食产能在1万亿斤以上。

2.实施粮食安全新战略，树立新的粮食安全观

一个国家只有立足粮食基本自给，才能掌握粮食安全主动权，进而掌控经济社会发展大局。国际上一有风吹草动，各国都会先捂住自己的"粮袋子"，对粮食等农产品出口采取限制措施。因此，必须未雨绸缪，始终绷紧粮食安全这根弦，坚持把确保重要农产品特别是粮食供给作为首要任务，把提高农业综合生产能力放在更加突出的位置，扎实做好粮食生产和粮食保障工作。

始终坚持"藏粮于地、藏粮于技"战略。习近平总书记指出："把提高农业综合生产能力放在更加突出的位置，把'藏粮于地、藏粮于技'真正落实到位。"[①]扎实落实最严格的耕地保护制度，严守18亿亩耕地红线。持续完善农田水利基础设施，扎实推进高产稳产的高标准农田建设，确保粮食产得出、产得优。持续加强耕地养护，稳步推进休耕轮作制度，结合耕地实际情况，及时调整种植结构，确保耕地质量不降低。坚决遏制耕地"非农化"、基本农田"非粮化"。要实现种业科技自立自强、种源自主可控。深化农业科技体制改革，强化企业创新主体地位，健全品种审定和知识产权保护制度，推动种业高质量发展。习近平总书记强调，"解决吃饭问题，根本出路在科技……必须下决心把我国种业搞上去"[②]。目前，我国水稻、小麦的品种自给率为100%，玉米在95%左右，蔬菜为87%。我国农作物耕种收综合机械化率超过72%，

---

① 习近平：《把提高农业综合生产能力放在更加突出的位置　在推动社会保障事业高质量发展上持续用力》，载《人民日报》2022年3月7日，第1版。

② 习近平：《把提高农业综合生产能力放在更加突出的位置　在推动社会保障事业高质量发展上持续用力》，载《人民日报》2022年3月7日，第1版。

农业科技进步贡献率达到61%。就畜牧业种业而言，除了蛋鸡外，我国与世界先进水平相比，整体差距十分明显。因此，我国的畜牧育种要坚持走引进改良为主之路，同时注重挖掘地方品种的优良性状基因。

进一步压实粮食安全工作责任。2019年，中共中央办公厅、国务院办公厅印发了《地方党政领导干部食品安全责任制规定》，进一步压实粮食安全工作责任，细化目标任务落实，层层传导压实责任。2022年，农业农村部下发通知，要求压紧压实粮食安全党政同责，确保粮食种足种满不撂荒。当前，我国进一步强化了粮食安全党政同责，主产区、主销区、产销平衡区要"饭碗一起端、责任一起扛"，充分展现了资源动员能力强的体制优势。通过补贴扶持等政策，确保粮农收益，把国家的优先序转化为农民的自觉行动，转化为农民的生产经营选择行为。要严格落实耕地利用优先序，分类分级划分耕地用途，高标准农田原则上要全部用于粮食生产，对于一般耕地，应首先满足口粮和食用农产品生产用地需求，不得为追求经济效益在未保证粮食安全的前提下进行非食用农产品生产活动。

充分利用国内国际两个市场两种资源。尽管中国粮食消费峰值即将到来，口粮安全也不存在问题，但我国人多地少水缺，人均耕地面积和淡水资源分别仅占世界平均水平的1/3和1/4，满足全部农产品需求仍存在较大资源缺口，同时，持续的高强度利用也给耕地资源造成了巨大压力。既要立足国内，统筹优化布局，确保重要农产品特别是粮食供给，又要防范化解国际环境、国际贸易规则等变化给国内粮食安全带来的负面影响，还要发挥积极作用，促进全球农业发展，维护世界粮食安全。从国际资源来看，世界范围粮食总量并不短缺，主要问题在于粮食的分配和可获得性方面。我国占世界农产品贸易总额的比重呈上升趋势，在世界农产品贸易格局中的地位不断提升。提高农产品贸易便利化水平，为农产品贸易进一步扩大创造了有利条件。坚定不移地致力于促进世界和平和多边贸易，携手合作实现互利共赢，国际资源和市场完全可以满足我国适度进口的需要，而且全球粮食出口商和生产商高度青睐中国市场。要着力培育中国自己的国际大粮商，解决好进口品种、进口来源、进口渠道问题。

提高农民种粮积极性。要健全机制让农民种粮抓粮不吃亏得实惠。习近平总书记在2022年中央农村工作会议上指出："调动农民种粮积极性，关键是让农民种粮有钱挣。"①农民种粮能赚钱，国家粮食就安全，"头等大事"才能真正落到实处。必须健全种粮农民收益保障机制和主产区利益补偿机制，让农民种粮有钱可赚，让主产区抓粮有积极性。粮食具有明显的准公共物品属性，兼具数量安全、质量安全、国家和人民主权三项国家安全职能，必须从国家政策层面加强支持保障力度。我国种粮生产成本高、效益低，不少地方甚至连年亏损，打击了农民种粮积极性，给国家粮食安全的持续性带来隐患。构建国家粮食安全体系必须和提高农民粮食收益相统一，综合实施补贴、奖励、金融等"一揽子"政策措施，创新经营方式，优化实施种粮收入补贴政策，强化金融保险政策支持，实现农业发展、粮食增产和农民增收的协调发展。

做好节粮减损工作。习近平总书记指出："粮食安全是事关人类生存的根本性问题，减少粮食损耗是保障粮食安全的重要途径。"②据联合国粮食及农业组织统计，全球每年从生产到零售全环节损失粮食约占世界粮食产量的14%。③可见，减少粮食损耗意义重大。要从多个环节发力，如重视对播种机的正确操作，避免种子浪费。在粮食收获环节精心操作，及时晾晒烘干，避免粮食变质。在储藏环节加强虫害防治。此外，餐饮企业加工、日常生活用餐都要避免浪费，让全社会牢固树立"节约光荣，浪费可耻"的观念。

3.粮食安全的法治保障路径

农业和粮食安全问题不是一个纯粹的法律问题，它更多的是一个政治问题、社会问题和国家问题。粮食安全是国家安全的基础，粮食问题在很大程度上决定国家的稳定与发展，我国长期以来对农业和粮食安全的治理，多依靠的是政策。法律制度以及粮食安全治理的制度化、法治化对粮食安全保障至关重要。我国《国家安全法》明确提出了"国家健全粮食安全保障体系""保障粮食供给和质量安全"的任务。依靠法治手段保障粮食安全具有

---

① 习近平：《坚持把解决好"三农"问题作为全党工作重中之重，举全党全社会之力推动乡村振兴》，载《人民日报》2022年4月1日，第1版。

②《习近平向国际粮食减损大会致贺信》，载《人民日报》2021年9月11日，第1版。

③《中央农办负责人就〈粮食节约行动方案〉答记者问》，载《农民日报》2021年11月1日，第1版。

独特的规范性、稳定性等优势，也是世界上粮食安全治理成熟国家的通常做法。①我国关于粮食治理的相关法律散见于法律、法规、规章等。我国的粮食安全保障立法有《农业法》第五章对粮食安全作出的专章规定，限于对保障粮食生产、支持农业发展、稳定粮食价格、建立预警制度和粮食风险基金以及提倡节约和营养六项基本规定，不仅实践性较弱而且未涵盖粮食安全法治保障建设应有的内容。除此之外，仅对耕地保护、粮食流通等粮食安全保障某一环节制定法律或较低效力位阶的规范性文件。

粮食安全治理是一项复杂的系统工程，牵涉生产、流通、储备、消费等诸多环节。面对我国粮食安全治理中法律较为分散、层级较低的情况，2023年12月29日《粮食安全保障法》正式颁布，并于2024年6月1日起实施。

二、粮食安全治理法治化

粮食安全治理的法治化，要坚持总体国家安全观，深入实施国家粮食安全战略，立足我国国情、粮情，构建系统完善的粮食安全保障制度体系。同时坚持问题导向，全方位夯实粮食安全根基，提高防范和抵御粮食安全风险能力，确保中国人的饭碗牢牢端在自己手中。

（一）粮食安全治理的挑战

《国家粮食安全中长期规划纲要（2008—2020）》明确指出，中国粮食安全面临消费需求刚性增长、耕地数量逐年减少、水资源短缺矛盾凸显、供需区域矛盾突出、品种结构性矛盾加剧、种粮比较效益偏低、全球粮食供求偏紧等挑战。

耕地质量下降。占补平衡虚假现象严重。在以往较长的一段时间内，耕地占多补少、占优补劣、占近补远、占水田补旱地的现象普遍存在，由此导致的耕地质量下降问题大都难以改变，水土流失严重，土壤培肥不力。长期有机肥投入不足，深耕深松作业面积少，土地耕层变浅，耕性变差，蓄水保

---

① 李蕊：《中国粮食安全法治保障理路研究》，载《湖北社会科学》2020年第8期。

墒能力低。

水资源短缺程度加重。随着我国工业化的发展和城镇化的推进，我国用水结构发生了明显变化，用水总量显著增加。用水结构的变化和用水总量的增加，加剧了我国水资源的短缺程度，严重挤占河湖湿地的生态环境用水，导致许多地区出现河流断流、干涸，湖泊、湿地萎缩，入海水量减少，河口淤积萎缩，土地沙化等一系列与水有关的生态环境问题；地下水严重超采，造成了全国地下水大量累计亏空。

我国粮食生产和供需区域格局明显失衡。20世纪80年代以来，在宏观政策和市场因素的综合作用下，我国粮食生产的区域格局由微渐著地发生了历史性、全局性的变化。随着粮食生产区域格局的演变，我国粮食供需区域格局也发生了历史性、全局性的变化。主要表现为：由南粮北运演变为北粮南运；主销区由基本自给演变为基本依赖外源调入；主产区省份尤其是主产区北方省份粮食供给压力剧增。种粮效益整体下滑伤及粮食发展动力。在国内外粮价倒挂的形势下，由于我国粮食贸易保护措施存在短板，国内粮食进口规模剧增，严重挤压了国内粮食的市场空间和利润空间，对粮食种植积极性和再生产能力产生了明显的不利影响。

"两个市场"粮食供给保障体系建设存在明显不足。进入21世纪，我国相继出台了一系列支持农业"走出去"的政策和措施，农业对外投资规模不断扩大。党的十八大以来，我国高度重视统筹国内国际两个市场、两种资源，着力构建农业对外开放新局面，加快"走出去"的步伐，特别是加强了同共建"一带一路"国家的农业合作。

如果说中国数千年来的确有过吃不上饭、吃不饱饭的问题，或因农耕技能和生产力水平低下，或因自然旱涝、战乱动荡等天灾人祸，"民以食为天"寄托着人们要吃上饭、吃饱饭的希冀与追求，在中国共产党领导下的当代中国已经全面建成小康社会，历史性地解决了绝对贫困问题，14亿多人早已告别吃不饱状态，但吃好、吃安全、吃科学依然是难题。

（二）通过法治推进粮食安全治理的优越性

充足稳定的粮食供应是人类社会正常运转的物质保障，是社会稳定的重要支撑,"手中有粮、心中不慌在任何时候都是真理"①。粮食安全涉及的生产、加工、储藏、运输以及收购和销售等环节的法治保障不足,也让我国粮食安全的保障隐患重重。只有从立法、监管、技术等多个方面进行系统法治建设,才能对各环节粮食安全的保障作出制度性安排,统筹推进粮食安全保障的法律制度建设。

1.顺应市场经济发展规律

粮食安全存在公共性和外部性。政府通过政策治理,但不能过分压抑粮食市场的内在力量,影响私法权利的生长与创新,也不能放任市场经济的缺陷及失灵。市场在资源配置中起决定性作用,内含的交易的基本原则、具体规则、程序,都必须由法律来决定,而交易纠纷从市场中涌现出来后,除了当事人的协商,大多会进入司法领域。通过法治进行粮食安全治理,绝不仅仅是一个民族国家内部的"治理问题",也是在治理手段上尝试与国际接轨,是一种可以获得更多国际认同的国家行为方式。粮食是一种特殊商品,其依然属于商品的范畴,因此,粮食安全的治理必须建立在尊重市场经济运作规律的基础之上。社会主义市场经济本质上是法治经济,迈向现代化的粮食安全治理需要运用法治思维和法治方式。通过法治的粮食安全治理,可以实现政府与市场的协同合作、刚柔并济,以保障粮食安全保障目标的实现。

2.契合国家、社会治理的基本规律

法治是人类政治文明发展到一定历史阶段的标志。不同社会的法治理念具有不同内容。法治是治国理政的基本方式,是实现自由平等、公平正义的可靠保障。从国家和社会关联的视角来看,整个社会的治理机制可以分为私人治理机制和国家调控机制。相对于私人治理机制而言,国家治理体系中的法治在化解社会纠纷、保障公民权利、实现对行政权力的监督、推进制度完善和社会进步、实现国家治理总目标之中,均具有独特的地位和优越性。通过法治推进粮食安全治理是契合国家、社会治理基本规律的。因此,深入总结党的十八大以来粮食安全领域改革成果,将经实践检验成熟的政策措施和

---

① 习近平:《坚持用全面辩证长远眼光分析经济形势 努力在危机中育新机于变局中开新局》,载《人民日报》2020年5月24日,第1版。

制度成果转化为法律规范，为推进粮食安全治理的法治化，实现粮食安全治理能力现代化提供法治保障，非常必要。

（三）粮食安全法治的基本内容

《粮食安全保障法》出台之前，我国涉及粮食安全的法律规定散见于《农业法》《国家安全法》中，在《粮食流通管理条例》和《中央储备粮管理条例》等专门行政法规中也有所规定。虽然解决了粮食安全保障"于法无据"的问题，但缺乏统一权威的上位法，导致粮食安全保障的法治化水平不足。特别是有关粮食安全保障的法规和规范性文件，效力层级相对较低，难以满足粮食安全保障的实际需求。粮食安全是"国之大者"，面对百年未有之大变局带来的粮食安全保障挑战，用良法筑牢粮食安全保障法治基石，势在必行。

1.粮食安全治理法律制度

2023年12月29日，《粮食安全保障法》公布，并于2024年6月1日起施行，这是继2021年国务院《粮食流通管理条例》修订出台后粮食安全领域又一项重大立法活动，为保障粮食安全铸就了"护法神盾"，推动我国粮食安全由政策性治理向法治化治理转变。有法治引领，粮食安全才能行稳致远。自2008年国家计划制定粮食法到2023年《粮食安全保障法》出台，历时15年。下一步，还要及时修订《农业法》《土地管理法》《土壤污染防治法》《水土保持法》《农村土地承包法》《农业技术推广法》《农业机械化促进法》《种子法》《农产品质量安全法》《进出境动植物检疫法》《农民专业合作社法》《基本农田保护条例》《土地复垦条例》《农药管理条例》《粮食流通管理条例》等法律法规。

保障粮食安全的起点是粮食生产安全，只有保障粮食充分可持续生产，才能满足任何人在任何时间都能在物质上获得足够的粮食。影响粮食生产的政策外因素主要有科技、物质投入、环境、气候，粮食生产相关的法律保障应涉及以上各个方面。我国的《宪法》《民法典》《农村土地承包法》《土地管理法》《种子法》《环境保护法》《清洁生产促进法》《土壤污染防治法》《水土保持法》等，从不同方面和角度对粮食生产的相关问题提供了法治保障，从而保障粮食安全。

在粮食流通与安全法治方面，在我国的粮食市场化改革中，市场在资源配置中起着决定性作用，只有完善粮食流通与价格安全的法治保障，才能确保国家的粮食安全。粮食流通包括粮食收购、销售、储存、运输、加工、进出口等经营活动。价格是粮食市场反映粮食供求状况的信号，稳定粮食价格，实质上也是在平衡粮食市场供求关系，以保障粮食流通安全。我国的《公司法》《证券法》《企业破产法》等商事法律，为市场中粮食经营者参与经营提供了组织形式、商业行为等的法律制度保障。《反垄断法》《反不正当竞争法》等维护市场竞争秩序的法律行为为粮食市场交易提供法治保障。《价格法》《粮食流通管理条例》等，通过法律手段依法调控，以保障粮食供求的平衡，通过建立稳定产销关系，在供求关系较为稳定的区域之间使粮食流通常态化、模式化，促进粮食供给效率最大化，以保障粮食流通的效率与安全。

在粮食储备与应急管理法治保障方面，由于粮食安全治理的公共性和基础性，以及粮食安全保障的系统性、体系性特质，粮食安全法治保障建设需要秉持平衡协调的原则，着眼于实质正义的理念，最大限度地实现粮食安全公共利益为价值目标，保障国家的粮食安全。在发生粮食安全突发事件时，粮食储备制度为粮食应急管理能够动用保质保量的粮食提供制度保障，粮食应急管理制度为粮仓中储备的粮食的有效动用提供制度保障，以保障国家的安全与稳定。《突发事件应对法》《中央储备粮管理条例》等为粮食的储备与应急管理提供了法律制度依据，通过粮食的储备与应急管理制度，保障国家粮食供应的稳定与治理安全，保障粮食安全。

2.粮食安全执法与司法

我国《国家安全法》已经明确提出国家健全粮食安全保障体系，保护和提高粮食综合生产供给能力，完善粮食安全储备制度、流通体系和市场调控机制，健全粮食安全预警制度，保障粮食供给和质量安全。我国是有着14亿多人口的大国，解决好吃饭问题，是治国理政的头等大事。党的十八大以来，我国粮食安全保障能力不断提升，以占世界9%的耕地、6%的淡水资源，养活了世界近1/5的人口。我国粮食安全在总体上有法治保障，但法治保障不足导致影响粮食安全根基的各种潜在威胁仍未彻底根除，一些地区耕地"非农化""非粮化"问题不容忽视。我国粮食安全领域涉及的耕地保护、农民利益保护、职能部门监管权责不清等诸多问题还未彻底解决，这直接关系国家安全的基础问题。近年来，党和国家高度重视粮食安全治理的法治化，国家层面的《粮食安全保障法》出台之前，粮食安全治理的执法、司法及法治监督领域也制定了大量的文件。通过法治手段关注涉及粮食安全问题的土地、水资源、农资和经营要素，构建"粮食安全"全要素保护工作格局。

仓廪实，天下安。粮食事关国运民生，粮食安全是国家安全的基础，因此要深刻把握粮食安全与生存、健康、全面脱贫、乡村振兴等的关系，深刻把握粮食安全与国家安全的关系。在粮食安全立法日益完善的情况下，我们需要通过粮食安全的执法、司法、法治监督等手段共同承担起维护国家粮食安全的责任，有效发挥法治固根本、稳预期、利长远的保障作用，加快构建更高层次、更高质量、更有效率、更可持续的国家粮食安全法治保障体系。以法治的方式守住粮食安全底线，把我国粮食安全治理的制度优势转化为治理效能，让中国特色粮食安全之路越走越稳健、越走越宽广。

第一章

粮食法概论

第一节　粮食法的概念与立法思路

一、粮食法的概念

我国《国家安全法》明确提出了"国家健全粮食安全保障体系","保障粮食供给和质量安全"的任务。"粮食安全作为国家安全'压舱石',其保障必须纳入法治化轨道,这是落实依法治国方略的应有之义。"[①]保障粮食安全是一个综合问题,涉及方方面面,而运用法治思维和法治方式确保粮食安全,将粮食安全保障纳入制度化、规范化的轨道则是解决问题的最有效和必然的方式。粮食安全法治保障就是要充分发挥法治在国家治理体系和治理能力现代化中的作用,推动粮食安全治理从政策治理走向法律治理,推动粮食经营行为市场化,确保社会稳定的需要。粮食安全保障需要加强贯彻法治思维,构建系统完备、科学规范、运行有效的粮食生产、流通、储备等环节的制度体系;需要用法治方式维护国家粮食安全战略和政策的有效落实。

粮食安全法治保障因应于粮食安全的系统工程,其法治保障也应当是体系化的。粮食安全法治保障应当着眼于安全系统性,从粮食生产安全、粮食流通安全、粮食储备安全、粮食供给结构安全等环节,厘清影响安全的各类风险因素,合理设定粮食安全多元主体权利(权力)职责和义务,协调多元主体利益,建立健全保障粮食安全的法律制度体系,并保障相应的法律制度有效适用,形成国家粮食安全依法治理的良好格局。粮食安全法治保障是一个综合系统。既需要一部粮食安全保障基本法,又需要针对粮食安全内容和粮食安全保障各环节的问题,有针对性地制定和健全系统化的粮食安全法治保障制度,还要坚持粮食安全法律体系与其他相关部门法的协调统一。粮食

[①] 李蕊、王苏姗:《基于数字农业技术的粮食安全法治保障现状及思考》,载《农业科技通讯》2021年第8期。

安全法治保障应当落实各项法律制度，规定粮食行政管理部门如何执法和用法，对任何违反粮食安全的行为落实相应的法律责任。

可以看出，粮食问题的核心是粮食安全，需要用大粮食法的观念来考量未来粮食安全法治保障的问题。基于此，参考诸如刑法、民法的概念厘定，粮食法可分为广义的粮食法与狭义的粮食法，广义的粮食法是涉及粮食问题的相关法律、行政法规、部门规章、地方性法规、规范性文件等，即包括国家层面的立法与地方层面的立法。狭义的粮食法，是指《粮食安全保障法》。本书采用广义的粮食法概念。

二、粮食法的立法思路

构建粮食安全的法治保障体系，单纯通过《粮食安全保障法》这一部基本法是无法实现的。我国需要构建由粮食安全保障基本法统领的，囊括涉及粮食生产、储备、流通、消费安全、种子安全、国际贸易安全等内容的各种法律法规协调有序构成的粮食安全法治保障体系，切实保障粮食安全。当前，除《粮食安全保障法》外，我国粮食安全保障法律在《农业法》《国家安全法》等法律以及相关行政法规中都有所涉及。从地方层面看，河南、四川、新疆、广东等多个省份先后制定了相关地方性法规。

粮食问题涉及生产、流通、储备、消费等诸多环节，各环节都离不开法律制度的规范与保障，地方性法规、部门规章甚至政策性文件起到了非常重要的作用。然而，不规范、不健全的法律体系严重制约着粮食安全的法治保障体系的建构。为此，建立完备的以粮食安全为核心的粮食法治保障体系应坚持法治协调原则，厘清既有法律法规，在做好解释、补充、修改、废止等工作的基础上，根据需要创制有关粮食问题的法律法规，才能保障粮食安全法治保障体系的协调有效。立法部门应积极探索构建协同立法机制，打破部门偏见，建立相应的信息沟通机制、项目协作机制、法规常态清理机制等，在避免立法重复甚至冲突、节约立法资源的同时，更好地实现粮食生产的法治协调。

目前，与粮食问题相关的各领域、各环节尽管都有相对应的行政法规、地方性法规、部门规章、规范性文件等进行规范，但各部门立法之间还存在交叉重叠、空白的地带，不利于统一执法。为此，需要整合、修改完善相关法律法规、部门规章，构建由相关领域法律法规、部门规章、政策性文件等构成的协调有序的粮食法治体系。

第二节 粮食法的立法现状

一、国家层面立法及其相关内容

表1-1 粮食安全生产相关立法列举

保护类型	具体规定	法条来源
保障生产能力	国家采取措施保护和提高粮食综合生产能力，稳步提高粮食生产水平，保障粮食安全。（第31条）	《农业法》
合理农业发展规划（产业布局、结构调整、重大农业技术）	省级以上人民政府农业行政主管部门根据农业发展规划，采取措施发挥区域优势，促进形成合理的农业生产区域布局，指导和协调农业和农村经济结构调整。（第15条） 国家引导和支持农民和农业生产经营组织结合本地实际按照市场需求，调整和优化农业生产结构。（第16条）	《农业法》
	重大农业技术的推广应当列入国家和地方相关发展规划、计划，由农业技术推广部门会同科学技术等相关部门按照各自的职责，相互配合，组织实施。（第19条）	《农业技术推广法》
农业环境保护	各级人民政府应当加强对农业环境的保护，促进农业环境保护新技术的使用，加强对农业污染源的监测预警，统筹有关部门采取措施，防治土壤污染和土地沙化、盐渍化、贫瘠化、石漠化、地面沉降以及防治植被破坏、水土流失、水体富营养化、水源枯竭、种源灭绝等生态失调现象，推广植物病虫害的综合防治。（第33条） 禁止将不符合农用标准和环境保护标准的固体废物、废水施入农田。施用农药、化肥等农业投入品及进行灌溉，应当采取措施，防止重金属和其他有毒有害物质污染环境。（第49条）	《环境保护法》

续表

保护类型	具体规定	法条来源
	土壤污染防治应当坚持预防为主、保护优先、分类管理、风险管控、污染担责、公众参与的原则。（第3条）	《土壤污染防治法》
	任何组织和个人都有保护土壤、防止土壤污染的义务。土地使用权人从事土地开发利用活动，企业事业单位和其他生产经营者从事生产经营活动，应当采取有效措施，防止、减少土壤污染，对所造成的土壤污染依法承担责任。（第4条）	
	地方各级人民政府应当对本行政区域土壤污染防治和安全利用负责。国家实行土壤污染防治目标责任制和考核评价制度。（第5条）	
	禁止向农用地排放重金属或者其他有毒有害物质含量超标的污水、污泥，以及可能造成土壤污染的清淤底泥、尾矿、矿渣等。（第28条）	
	禁止生产、销售、使用国家明令禁止的农业投入品。农业投入品生产者、销售者和使用者应当及时回收农药、肥料等农业投入品的包装废弃物和农用薄膜，并将农药包装废弃物交由专门的机构或者组织进行无害化处理。具体办法由国务院农业农村主管部门会同国务院生态环境等主管部门制定。（第30条）	
农用地分类管理制度	国家建立农用地分类管理制度。按照土壤污染程度和相关标准，将农用地划分为优先保护类、安全利用类和严格管控类。（第49条）	
土壤环境监测制度	地方人民政府农业农村、林业草原主管部门应当会同生态环境、自然资源主管部门对下列农用地块进行重点监测：（一）产出的农产品污染物含量超标的；（二）作为或者曾为污水灌溉区的；（三）用于或者曾用于规模化养殖，固体废物堆放、填埋的；（四）曾作为工矿用地或者发生过重大、特大污染事故的；（五）有毒有害物质生产、贮存、利用、处置设施周边的；（六）国务院农业农村、林业草原、生态环境、自然资源主管部门规定的其他情形。（第16条）	
耕地保护制度	国家建立耕地保护制度，对基本农田依法实行特殊保护。（第31条）	《农业法》
	国家保护耕地，严格控制耕地转为非耕地。（第30条）	《土地管理法》
	省、自治区、直辖市人民政府应当严格执行土地利用总体规划和土地利用年度计划，采取措施，确保本行政区域内耕地总量不减少、质量不降低。（第32条）	
	国家对耕地、林地和草地等实行统一登记，登记机构应当向承包方颁发土地承包经营权证或者林权证等证书，并登记造册，确认土地承包经营权。（第24条）	《农村土地承包法》

续表

保护类型	具体规定	法条来源
永久基本农田保护制度	国家实行永久基本农田保护制度。下列耕地应当根据土地利用总体规划划为永久基本农田，实行严格保护：（一）经国务院农业农村主管部门或者县级以上地方人民政府批准确定的粮、棉、油、糖等重要农产品生产基地内的耕地；（二）有良好的水利与水土保持设施的耕地，正在实施改造计划以及可以改造的中、低产田和已建成的高标准农田；（三）蔬菜生产基地；（四）农业科研、教学试验田；（五）国务院规定应当划为永久基本农田的其他耕地。（第33条）	《土地管理法》
	县级以上地方人民政府应当依法将符合条件的优先保护类耕地划为永久基本农田，实行严格保护。在永久基本农田集中区域，不得新建可能造成土壤污染的建设项目；已经建成的，应当限期关闭拆除。（第50条）	《土壤污染防治法》
加强基础设施建设	各级人民政府和农业生产经营组织应当加强农田水利设施建设，建立健全农田水利设施的管理制度，节约用水，发展节水型农业，严格依法控制非农业建设占用灌溉水源，禁止任何组织和个人非法占用或者毁损农田水利设施。国家对缺水地区发展节水型农业给予重点扶持。（第19条） 国家鼓励和支持农民和农业生产经营组织使用先进、适用的农业机械，加强农业机械安全管理，提高农业机械化水平。国家对农民和农业生产经营组织购买先进农业机械给予扶持。（第20条）	《农业法》
质量标准体系建设	国家采取措施提高农产品的质量，建立健全农产品质量标准体系和质量检验检测监督体系，按照有关技术规范、操作规程和质量卫生安全标准，组织农产品的生产经营，保障农产品质量安全。（第22条） 国家支持依法建立健全优质农产品认证和标志制度。国家鼓励和扶持发展优质农产品生产。县级以上地方人民政府应当结合本地情况，按照国家有关规定采取措施，发展优质农产品生产。（第23条）	《农业法》
	国家建立健全农产品质量安全标准体系，确保严格实施。农产品质量安全标准是强制执行的标准，包括以下与农产品质量安全有关的要求：（一）农业投入品质量要求、使用范围、用法、用量、安全间隔期和休药期规定；（二）农产品产地环境、生产过程管控、储存、运输要求；（三）农产品关键成分指标等要求；（四）与屠宰畜禽有关的检验规程；（五）其他与农产品质量安全有关的强制性要求。（第16条）	《农产品质量安全法》

续表

保护类型	具体规定	法条来源
	制定农产品质量安全标准应当充分考虑农产品质量安全风险评估结果，并听取农产品生产经营者、消费者、有关部门、行业协会等的意见，保障农产品消费安全。（第17条） 农产品质量安全标准应当根据科学技术发展水平以及农产品质量安全的需要，及时修订。（第18条）	
动植物防疫	国家实行动植物防疫、检疫制度，健全动植物防疫、检疫体系，加强对动物疫病和植物病、虫、杂草、鼠害的监测、预警、防治，建立重大动物疫情和植物病虫害的快速扑灭机制，建设动物无规定疫病区，实施植物保护工程。（第24条）	《农业法》
种子储备制度	省级以上人民政府建立种子储备制度，主要用于发生灾害时的生产需要及余缺调剂，保障农业和林业生产安全。对储备的种子应当定期检验和更新。种子储备的具体办法由国务院规定。（第6条）	
保护种质资源	国家依法保护种质资源，任何单位和个人不得侵占和破坏种质资源。禁止采集或者采伐国家重点保护的天然种质资源。因科研等特殊情况需要采集或者采伐的，应当经国务院或者省、自治区、直辖市人民政府的农业农村、林业草原主管部门批准。（第8条） 国务院农业农村、林业草原主管部门应当建立种质资源库、种质资源保护区或者种质资源保护地。（第10条） 国家对种质资源享有主权。任何单位和个人向境外提供种质资源，或者与境外机构、个人开展合作研究利用种质资源的，应当报国务院农业农村、林业草原主管部门批准，并同时提交国家共享惠益的方案。（第11条）	《种子法》
种子生产标准	种子生产应当执行种子生产技术规程和种子检验、检疫规程，保证种子符合净度、纯度、发芽率等质量要求和检疫要求。（第34条） 在林木种子生产基地内采集种子的，由种子生产基地的经营者组织进行，采集种子应当按照国家有关标准进行。禁止抢采掠青、损坏母树，禁止在劣质林内、劣质母树上采集种子。（第35条） 种子生产经营者应当建立和保存包括种子来源、产地、数量、质量、销售去向、销售日期和有关责任人员等内容的生产经营档案，保证可追溯。种子生产经营档案的具体载明事项，种子生产经营档案及种子样品的保存期限由国务院农业农村、林业草原主管部门规定。（第36条）	

续表

保护类型	具体规定	法条来源
农业生产资料安全生产、使用	农药、兽药、饲料和饲料添加剂、肥料、种子、农业机械等可能危害人畜安全的农业生产资料的生产经营，依照相关法律、行政法规的规定实行登记或者许可制度。各级人民政府应当建立健全农业生产资料的安全使用制度，农民和农业生产经营组织不得使用国家明令淘汰和禁止使用的农药、兽药、饲料添加剂等农业生产资料和其他禁止使用的产品。（第25条）	《农业法》
	农产品生产者应当科学合理使用农药、兽药、肥料、农用薄膜等农业投入品，防止对农产品产地造成污染。农药、肥料、农用薄膜等农业投入品的生产者、经营者、使用者应当按照国家有关规定回收并妥善处置包装物和废弃物。（第23条）	《农产品质量安全法》
	对可能影响农产品质量安全的农药、兽药、饲料和饲料添加剂、肥料、兽医器械，依照有关法律、行政法规的规定实行许可制度。省级以上人民政府农业农村主管部门应当定期或者不定期组织对可能危及农产品质量安全的农药、兽药、饲料和饲料添加剂、肥料等农业投入品进行监督抽查，并公布抽查结果。（第28条）	
	禁止在农产品生产经营过程中使用国家禁止使用的农业投入品以及其他有毒有害物质。（第29条）	
	食用农产品生产者应当按照食品安全标准和国家有关规定使用农药、肥料、兽药、饲料和饲料添加剂等农业投入品，严格执行农业投入品使用安全间隔期或者休药期的规定，不得使用国家明令禁止的农业投入品。禁止将剧毒、高毒农药用于蔬菜、瓜果、茶叶和中草药材等国家规定的农作物。（第49条）	《食品安全法》
	国务院农业农村、林业草原主管部门应当制定规划，完善相关标准和措施，加强农用地农药、化肥使用指导和使用总量控制，加强农用薄膜使用控制。国务院农业农村主管部门应当加强农药、肥料登记，组织开展农药、肥料对土壤环境影响的安全性评价。制定农药、兽药、肥料、饲料、农用薄膜等农业投入品及其包装物标准和农田灌溉用水水质标准，应当适应土壤污染防治的要求。（第26条） 地方人民政府农业农村主管部门应当鼓励农业生产者采取有利于防止土壤污染的种养结合、轮作休耕等农业耕作措施；支持采取土壤改良、土壤肥力提升等有利于土壤养护和培育的措施；支持畜禽粪便处理、利用设施的建设。（第27条）	《土壤污染防治法》

续表

保护类型	具体规定	法条来源
农产品生产用料安全	农产品生产企业、农民专业合作社应当执行法律、法规的规定和国家有关强制性标准，保证其销售的农产品符合农产品质量安全标准，并根据质量安全控制、检测结果等开具承诺达标合格证，承诺不使用禁用的农药、兽药及其他化合物且使用的常规农药、兽药残留不超标等。（第39条）	《农产品质量安全法》
农产品质量安全保障	国家加强农产品质量安全工作，实行源头治理、风险管理、全程控制，建立科学、严格的监督管理制度，构建协同、高效的社会共治体系。（第4条） 农产品生产经营者应当对其生产经营的农产品质量安全负责。（第7条） 国家引导、推广农产品标准化生产，鼓励和支持生产绿色优质农产品，禁止生产、销售不符合国家规定的农产品质量安全标准的农产品。（第9条）	
	修复活动应当优先采取不影响农业生产、不降低土壤生产功能的生物修复措施，阻断或者减少污染物进入农作物食用部分，确保农产品质量安全。（第57条）	《土壤污染防治法》
农产品质量安全风险监测制度	国务院农业农村主管部门应当制定国家农产品质量安全风险监测计划，并对重点区域、重点农产品品种进行质量安全风险监测。省、自治区、直辖市人民政府农业农村主管部门应当根据国家农产品质量安全风险监测计划，结合本行政区域农产品生产经营实际，制定本行政区域的农产品质量安全风险监测实施方案，并报国务院农业农村主管部门备案。县级以上地方人民政府农业农村主管部门负责组织实施本行政区域的农产品质量安全风险监测。（第13条）	
农产品质量安全风险评估制度	国家建立农产品质量安全风险评估制度。国务院农业农村主管部门应当设立农产品质量安全风险评估专家委员会，对可能影响农产品质量安全的潜在危害进行风险分析和评估。国务院卫生健康、市场监督管理等部门发现需要对农产品进行质量安全风险评估的，应当向国务院农业农村主管部门提出风险评估建议。（第14条）	《农产品质量安全法》
农产品产地监测制度	国家建立健全农产品产地监测制度。县级以上地方人民政府农业农村主管部门应当会同同级生态环境、自然资源等部门制定农产品产地监测计划，加强农产品产地安全调查、监测和评价工作。（第20条） 任何单位和个人不得在特定农产品禁止生产区域种植、养殖、捕捞、采集特定农产品和建立特定农产品生产基地。（第21条）	

续表

保护类型	具体规定	法条来源
农产品生产记录制度	农产品生产企业、农民专业合作社、农业社会化服务组织应当建立农产品生产记录，如实记载下列事项：（一）使用农业投入品的名称、来源、用法、用量和使用、停用的日期；（二）动物疫病、农作物病虫害的发生和防治情况；（三）收获、屠宰或者捕捞的日期。农产品生产记录应当至少保存二年。禁止伪造、变造农产品生产记录。国家鼓励其他农产品生产者建立农产品生产记录。（第27条）	
鼓励绿色优质农产品生产	国家鼓励和支持农产品生产经营者选用优质特色农产品品种，采用绿色生产技术和全程质量控制技术，生产绿色优质农产品，实施分等分级，提高农产品品质，打造农产品品牌。（第32条）	

表1-2　粮食流通领域相关立法列举

保护类型	具体规定	法条来源
保障粮食供给安全	国家健全粮食安全保障体系，保护和提高粮食综合生产能力，完善粮食储备制度、流通体系和市场调控机制，健全粮食安全预警制度，保障粮食供给和质量安全。（第22条）	《国家安全法》
农产品市场调节的宏观把控	农产品的购销实行市场调节。国家对关系国计民生的重要农产品的购销活动实行必要的宏观调控，建立中央和地方分级储备调节制度，完善仓储运输体系，做到保证供应，稳定市场。（第26条）	《农业法》
	国家采取政策性粮食购销、粮食进出口等多种经济手段和必要的行政手段，加强对粮食市场的调控，保持全国粮食供求总量基本平衡和市场基本稳定。（第26条）	《粮食流通管理条例》
农产品进口预警制度	为维护农产品产销秩序和公平贸易，建立农产品进口预警制度，当某些进口农产品已经或者可能对国内相关农产品的生产造成重大的不利影响时，国家可以采取必要的措施。（第30条）	《农业法》
粮食市场供求监测预警	国务院发展改革部门及国家粮食和储备行政管理部门会同国务院农业农村、统计、市场监督管理等部门负责粮食市场供求形势的监测和预警分析，健全监测和预警体系，完善粮食供需抽查制度，发布粮食生产、消费、价格、质量等信息。（第30条）	《粮食流通管理条例》

续表

保护类型	具体规定	法条来源
粮食收购	国有粮食企业应当积极收购粮食,并做好政策性粮食购销工作,服从和服务于国家宏观调控。(第21条)	《粮食质量安全监管办法》
	省级以上粮食和储备行政管理部门应当建立健全粮食收购和储存环节质量安全风险监测制度,包括收购粮食质量安全监测、库存粮食质量安全监测、应急粮食质量安全监测和其他专项粮食质量安全监测。(第7条)	
价格管理价格保护制度	在粮食的市场价格过低时,国务院可以决定对部分粮食品种实行保护价制度。保护价应当根据有利于保护农民利益、稳定粮食生产的原则确定。农民按保护价制度出售粮食,国家委托的收购单位不得拒收。(第33条)	《农业法》
	粮食价格主要由市场供求形成。国家加强粮食流通管理,增强对粮食市场的调控能力。(第4条)	《粮食流通管理条例》
	当粮食价格显著上涨或者有可能显著上涨时,国务院和省、自治区、直辖市人民政府可以按照《中华人民共和国价格法》的规定,采取价格干预措施。(第29条)	
	在重大自然灾害、重大疫情或者其他突发事件引起粮食市场供求异常波动时,国家实施粮食应急机制。(第32条)	
冷链物流基础设施安全建设	从事农产品冷链物流的生产经营者应当依照法律、法规和有关农产品质量安全标准,加强冷链技术创新与应用、质量安全控制,执行对冷链物流农产品及其包装、运输工具、作业环境等的检验检测检疫要求,保证冷链农产品质量安全。(第33条)	《农产品质量安全法》
包装、运输、存储安全标准	农产品在包装、保鲜、储存、运输中所使用的保鲜剂、防腐剂、添加剂、包装材料等,应当符合国家有关强制性标准以及其他农产品质量安全规定。储存、运输农产品的容器、工具和设备应当安全、无害。禁止将农产品与有毒有害物质一同储存、运输,防止污染农产品。(第35条)	
	粮食收购者、从事粮食储存的企业(以下简称粮食储存企业)使用的仓储设施,应当符合粮食储存有关标准和技术规范以及安全生产法律、法规的要求,具有与储存品种、规模、周期等相适应的仓储条件,减少粮食储存损耗。粮食不得与可能对粮食产生污染的有毒有害物质混存,储存粮食不得使用国家禁止使用的化学药剂或者超量使用化学药剂。(第13条)	《粮食流通管理条例》

续表

保护类型	具体规定	法条来源
	运输粮食应当严格执行国家粮食运输的技术规范，减少粮食运输损耗。不得使用被污染的运输工具或者包装材料运输粮食，不得与有毒有害物质混装运输。（第14条）	
	粮食储存期间，应当定期进行粮食品质检验，粮食品质达到轻度不宜存时应当及时出库。（第17条）	
	粮食经营者储存粮食应当遵守粮油仓储管理制度规定和相关标准，规范仓储管理业务，合理应用粮油储藏技术。储存过程中发现粮食质量不符合要求的，应当及时按规定进行处置。（第16条） 粮食销售出库前，粮食经营者应当严格按照粮食质量安全标准及有关规定进行质量安全检验，出具检验检测数据、结果、报告，作为出库质量安全依据。未经质量安全检验的粮食不得销售出库。（第18条）	《粮食质量安全监管办法》
	国家粮食和物资储备部门应当加强粮食仓储流通过程中的节粮减损管理，会同国务院有关部门组织实施粮食储存、运输、加工标准。（第5条）	《反食品浪费法》
农产品质量安全追溯管理制度	国家对列入农产品质量安全追溯目录的农产品实施追溯管理。国务院农业农村主管部门应当会同国务院市场监督管理等部门建立农产品质量安全追溯协作机制。农产品质量安全追溯管理办法和追溯目录由国务院农业农村主管部门会同国务院市场监督管理等部门制定。国家鼓励具备信息化条件的农产品生产经营者采用现代信息技术手段采集、留存生产记录、购销记录等生产经营信息。（第41条）	《农产品质量安全法》
	粮食经营者应当建立库存粮食从入库到出库环节的质量安全追溯制度，实现粮食质量安全可追溯。（第24条）	《粮食质量安全监管办法》
转基因生物安全管理	属于农业转基因生物的农产品，应当按照农业转基因生物安全管理的有关规定进行标识。（第43条）	《农产品质量安全法》
	转基因植物品种的选育、试验、审定和推广应当进行安全性评价。（第7条）	《种子法》
安全检验	粮食收购者收购粮食，应当按照国家有关规定进行质量安全检验，确保粮食质量安全。对不符合食品安全标准的粮食，应当作为非食用用途单独储存。（第11条）	《粮食流通管理条例》

续表

保护类型	具体规定	法条来源
管理部门全程监督	县级以上人民政府农业农村主管部门和市场监督管理等部门应当建立健全农产品质量安全全程监督管理协作机制，确保农产品从生产到消费各环节的质量安全。县级以上人民政府农业农村主管部门和市场监督管理部门应当加强收购、储存、运输过程中农产品质量安全监督管理的协调配合和执法衔接，及时通报和共享农产品质量安全监督管理信息，并按照职责权限，发布有关农产品质量安全日常监督管理信息。（第45条）	《农产品质量安全法》
监督抽查	县级以上人民政府农业农村主管部门应当根据农产品质量安全风险监测、风险评估结果和农产品质量安全状况等，制定监督抽查计划，确定农产品质量安全监督抽查的重点、方式和频次，并实施农产品质量安全风险分级管理。（第46条） 县级以上人民政府农业农村主管部门应当建立健全随机抽查机制，按照监督抽查计划，组织开展农产品质量安全监督抽查。（第47条）	
粮食风险监测	国家建立健全粮食流通质量安全风险监测体系。国务院卫生健康、市场监督管理以及国家粮食和储备行政管理等部门，分别按照职责组织实施全国粮食流通质量安全风险监测；省、自治区、直辖市人民政府卫生健康、市场监督管理、粮食和储备行政管理等部门，分别按照职责组织实施本行政区域的粮食流通质量安全风险监测。（第37条）	《粮食流通管理条例》

表1-3　粮食储备和应急领域相关立法列举

保护类型	具体规定	法条来源
粮食安全预警（供给）	国家建立粮食安全预警制度，采取措施保障粮食供给。国务院应当制定粮食安全保障目标与粮食储备数量指标，并根据需要组织有关主管部门进行耕地、粮食库存情况的核查。（第34条）	《农业法》

续表

保护类型	具体规定	法条来源
分级储备制度	国家对粮食实行中央和地方分级储备调节制度，建设仓储运输体系。承担国家粮食储备任务的企业应当按照国家规定保证储备粮的数量和质量。（第34条）	《农业法》
	国家实行中央和地方分级粮食储备制度。粮食储备用于调节粮食供求、稳定粮食市场，以及应对重大自然灾害或者其他突发事件等情况。（第27条）	《粮食流通管理条例》
中央储备粮管理	未经国务院批准，任何单位和个人不得擅自动用中央储备粮。（第5条） 任何单位和个人不得破坏中央储备粮的仓储设施，不得偷盗、哄抢或者损毁中央储备粮。（第11条） 中央储备粮的储存规模、品种和总体布局方案，由国务院发展改革部门及国家粮食行政管理部门会同国务院财政部门，根据国家宏观调控需要和财政承受能力提出，报国务院批准。（第13条） 国务院发展改革部门及国家粮食行政管理部门，应当完善中央储备粮的动用预警机制，加强对需要动用中央储备粮情况的监测，适时提出动用中央储备粮的建议。（第37条）	《中央储备粮管理条例》
粮食风险基金制度	国家建立粮食风险基金，用于支持粮食储备、稳定粮食市场和保护农民利益。（第35条）	《农业法》
	国务院和地方人民政府建立健全粮食风险基金制度。粮食风险基金主要用于支持粮食储备、稳定粮食市场等。国务院和地方人民政府财政部门负责粮食风险基金的监督管理，确保专款专用。（第28条）	
重点粮食品种政策性收储	为保障市场供应、保护种粮农民利益，必要时可由国务院根据粮食安全形势，结合财政状况，决定对重点粮食品种在粮食主产区实行政策性收储。（第29条）	《粮食流通管理条例》
应急体系	国家建立突发事件的粮食应急体系。国务院发展改革部门及国家粮食和储备行政管理部门会同国务院有关部门制定全国的粮食应急预案，报请国务院批准。省、自治区、直辖市人民政府根据本地区的实际情况，制定本行政区域的粮食应急预案。（第33条）	

续表

保护类型	具体规定	法条来源
	启动全国的粮食应急预案，由国务院发展改革部门及国家粮食和储备行政管理部门提出建议，报国务院批准后实施。启动省、自治区、直辖市的粮食应急预案，由省、自治区、直辖市发展改革部门及粮食和储备行政管理部门提出建议，报本级人民政府决定，并向国务院报告。设区的市级、县级人民政府粮食应急预案的制定和启动，由省、自治区、直辖市人民政府决定。（第34条）粮食应急预案启动后，粮食经营者必须按照国家要求承担应急任务，服从国家的统一安排和调度，保证应急的需要。（第35条）	

表1-4　粮食加工和消费环节相关立法列举

保护类型	具体规定	法条来源
农产品销售安全	销售的农产品应当符合农产品质量安全标准。农产品生产企业、农民专业合作社应当根据质量安全控制要求自行或者委托检测机构对农产品质量安全进行检测；经检测不符合农产品质量安全标准的农产品，应当及时采取管控措施，且不得销售。（第34条）	《农产品质量安全法》
禁止销售	有下列情形之一的农产品，不得销售：（一）含有国家禁止使用的农药、兽药或者其他化合物；（二）农药、兽药等化学物质残留或者含有的重金属等有毒有害物质不符合农产品质量安全标准；（三）含有的致病性寄生虫、微生物或者生物毒素不符合农产品质量安全标准；（四）未按照国家有关强制性标准以及其他农产品质量安全规定使用保鲜剂、防腐剂、添加剂、包装材料等，或者使用的保鲜剂、防腐剂、添加剂、包装材料等不符合国家有关强制性标准以及其他质量安全规定；（五）病死、毒死或者死因不明的动物及其产品；（六）其他不符合农产品质量安全标准的情形。（第36条）	
抽查检测	农产品批发市场应当按照规定设立或者委托检测机构，对进场销售的农产品质量安全状况进行抽查检测；发现不符合农产品质量安全标准的，应当要求销售者立即停止销售，并向所在地市场监督管理、农业农村等部门报告。农产品销售企业对其销售的农产品，应当建立健全进货检查验收制度；经查验不符合农产品质量安全标准的，不得销售。（第37条）	
	农产品批发市场应当建立健全农产品承诺达标合格证查验等制度。（第39条）	

续表

保护类型	具体规定	法条来源
	采用国家规定的快速检测方法对食用农产品进行抽查检测。（第88条）	《食品安全法》
种子销售标准	销售的种子应当符合国家或者行业标准，附有标签和使用说明。标签和使用说明标注的内容应当与销售的种子相符。种子生产经营者对标注内容的真实性和种子质量负责。标签应当标注种子类别、品种名称、品种审定或者登记编号、品种适宜种植区域及季节、生产经营者及注册地、质量指标、检疫证明编号、种子生产经营许可证编号和信息代码，以及国务院农业农村、林业草原主管部门规定的其他事项。销售授权品种种子的，应当标注品种权号。销售进口种子的，应当附有进口审批文号和中文标签。销售转基因植物品种种子的，必须用明显的文字标注，并应当提示使用时的安全控制措施。种子生产经营者应当遵守有关法律、法规的规定，诚实守信，向种子使用者提供种子生产者信息、种子的主要性状、主要栽培措施、适应性等使用条件的说明、风险提示与有关咨询服务，不得作虚假或者引人误解的宣传。任何单位和个人不得非法干预种子生产经营者的生产经营自主权。（第40条）	《种子法》
食品生产安全标准	食品生产企业应当就下列事项制定并实施控制要求，保证所生产的食品符合食品安全标准：（一）原料采购、原料验收、投料等原料控制；（二）生产工序、设备、贮存、包装等生产关键环节控制；（三）原料检验、半成品检验、成品出厂检验等检验控制；（四）运输和交付控制。（第46条）	《食品安全法》
反食品浪费	餐饮服务经营者应当采取下列措施，防止食品浪费：（一）建立健全食品采购、储存、加工管理制度，加强服务人员职业培训，将珍惜粮食、反对浪费纳入培训内容；……（第7条）	《反食品浪费法》

二、部分省份地方性法规、规范性文件

表1-5　部分省份地方性法规、规范性文件列举

名称	时间	重要条款
《河南省农产品生产记录管理办法（试行）》	2008	农产品生产企业和农民专业合作经济组织必须依法建立农产品生产记录。无公害农产品、绿色食品、有机食品……的原材料生产基地和农业标准化生产示范基地必须建立生产记录。（第7条）

续表

名称	时间	重要条款
《河南省基本农田保护条例》	2010	各级人民政府应当采取措施，确保本行政区域内基本农田的数量不得减少，质量不得降低。（第14条） 基本农田保护与管理实行责任制定，并逐级签订责任书。农村集体经济组织或村民委员会依法负责其所有的基本农田的保护工作；基本农田保护区内土地承包者是该基本农田的保护责任人。（第15条）
《河南省农业综合开发条例》	2011	农业综合开发项目管理遵循以下原则：（一）因地制宜，统筹规划；（二）规模开发，产业化经营；（三）依靠科技，注重效益；（四）公平竞争，择优立项。（第11条）
《河南省高标准粮田保护条例》	2015	各级人民政府应当加大对高标准粮田建设投入。鼓励和支持新型农业经营主体、农民等单位和个人，投资建设高标准粮田。（第14条）
《河南省食用农产品合格证管理工作实施方案（试行）》	2016	统一食用农产品合格证样式。
《河南省水污染防治条例》	2019	农田灌溉用水应当符合相应的水质标准，防止污染土壤、地下水和农产品。禁止向农田灌溉渠道排放工业废水或者医疗污水。向农田灌溉渠道排放城镇污水以及未综合利用的畜禽养殖废水、农产品加工废水的，应当保证其下游最近的灌溉取水点的水质符合农田灌溉水质标准。（第42条）
《河南省土壤污染防治条例》	2021	禁止向农用地排放重金属或者其他有毒有害物质含量超标的污水、污泥，以及可能造成土壤污染的清淤底泥、尾矿、矿渣等。（第27条）
《河南省储备粮管理办法》	2021	地方政府储备主要为小麦、稻谷、玉米等品种和食用油。小麦、稻谷等口粮（含成品粮）储备合计比例不得低于国家规定。（第13条） 粮食和储备行政管理部门会同财政部门下达本级政府储备年度轮换计划。地方政府储备年度轮换计划包括轮换数量、品种、质量、地点（库点）等内容，由地方政府储备运营主体负责实施，承储企业应予配合。（第15条） 地方政府储备贷款实行与粮食库存值增减挂钩、专户专款专用的封闭运行管理。（第26条） 发展改革部门、粮食和储备行政管理部门应当建立健全本级政府储备的动用预警机制，加强监测预警。（第37条）

续表

名称	时间	重要条款
《四川省粮食安全保障条例》	2021	县级以上地方人民政府应当建立健全粮食风险基金制度。粮食风险基金主要用于地方储备粮油补贴、政策性粮食财务挂账利息补贴等。结余部分可用于消化政策性粮食财务挂账、粮食应急供应保障体系建设、粮食仓储物流设施建设等。粮食风险基金不足时，本级人民政府应当及时筹措弥补到位。（第7条）
《四川省〈粮食流通管理条例〉实施办法》	2018	县级以上粮食行政管理部门依法履行对粮食收购、储存、运输活动和政策性用粮购销活动中粮食质量及原粮卫生的监管职责，定期向社会公布粮食质量监督、检验结果。（第13条）
《广东省粮食安全保障条例》	2021	从事粮食收购、加工、运输、储存、销售的经营者，应当严格执行国家有关粮食价格、质量安全等规定。（第12条）
《广东省粮食应急预案》	2003	各地和各有关部门要根据应急需要，建立健全粮食应急供应保障系统。（第12条）
《辽宁省粮食收购管理办法》	2022	粮食收购活动应当遵循自愿、公平、诚信的原则，不得损害粮食生产者、消费者的合法权益，不得损害国家利益和社会公共利益，并采取有效措施，防止和减少粮食损失浪费。（第4条）
《辽宁省粮食市场监督管理办法》	1998	粮食市场监督管理的基本原则是：管住农村收购市场，规范发展批发市场，放开搞活零售市场。（第1条）
《上海市食用农产品安全监管暂行办法》	2004	本市建立食用农产品安全卫生质量跟踪制度。生产基地在生产活动中，应当建立质量记录规程，记载农药、肥料、兽药、饲料和饲料添加剂使用以及防疫、检疫等情况，保证产品的可追溯性。非生产基地应当参照生产基地的管理方式，记录农药、肥料、兽药、饲料和饲料添加剂等生产资料的使用情况。食用农产品安全卫生质量跟踪制度的实施方案，由市农委、市经委按照各自职责制定，并分别组织实施。（第16条）
《安徽省建立健全农产品质量安全档案试行办法》	2011	从事农产品加工、收购、销售的单位或个人，应当建立农产品经营档案。（第2条）
《贵州省粮食安全保障条例》	2023	粮食安全保障实行县级以上人民政府行政首长负责制。县级以上人民政府应当将粮食安全保障工作纳入对本级人民政府有关部门和下一级人民政府的目标绩效考核。（第3条） 县级以上人民政府应当加强粮食流通基础设施建设，统筹规划、合理布局、科学管理，支持和鼓励发展现代化粮食物流。（第24条）

第三节 "依法治粮"的早期探索

奉法者国强。党的十八大以来，开始了全面依法治国的新征程，总体国家安全观对粮食安全应急能力提出了新的要求，粮食安全正从政策治理转向法律治理。强化法治力量，推进依法治粮，在中国共产党早期粮政工作中就有较多探索，在粮食储存、粮食调剂、粮食征收、粮食节约等方面蕴含法治思维，很多制度亦在新中国成立后的粮政工作中得到传承与创新。

一、粮食仓储制度

和平年代粮食安全关乎民生，战争年代粮食安全更关乎革命成败，而粮食仓储又是重中之重。中国共产党历来重视粮食仓储，在不同时期都有实践和制度的探索。1933年，中央苏区粮食产量大幅减少，出现军民粮食危机。为缓解粮食短缺局面，当年中央苏区相继发布《为调节民食，接济军粮》(39号紧急命令)、《关于倡办粮食合作社与建造谷仓问题》(2号训令)等政策文件，要求苏区各级政府紧急动员广大农民，积极创办粮食合作社，合理调配军民用粮，确保军粮供应，每个乡镇至少成立一个粮食合作社，同时在各个乡镇规划合适区域建立谷仓，便于粮食和谷物安全保存。这些举措体现了运用制度解决粮食危机的思维方式，避免了当时苏区各地"头疼医头、脚疼医脚"的无序征粮的弊端，也将政策通过训令等规范方式予以固定和统一化。

抗日战争时期，中国共产党领导的各边区政府设立了诸多粮仓，分为义仓、公仓及合作社粮仓等几种类型。在晋冀鲁豫边区政府所辖区域，先后以行政村为单位，建立村粮库，并在当时的战略要地武乡、榆社等建立临时粮站，此类仓库即公仓。义仓源于隋朝，是执政者为备荒年而设置的粮仓。抗战中后期，以陕甘宁边区为首，各边区基本设置了义仓。其设立初衷是集体开荒种地，收货后进行集中储备，遇灾荒年份稍加微利借给缺粮农民度过荒年的粮食储备办法。山东省战时工作推行委员会①于1941年1月制定了《关于粮秣工作的决定》，规范粮食储存工作，要求从粮食征集开始就选择环境适宜之地区集中收藏，并安排专人负责管理，供应大部队及长期驻防人员军需所用；同时分散存储部分粮食于民间，由乡村基层政权管理，以供应部队调防、来往人员之需用。为保障粮食存储安全，山东抗日根据地还制定了保护抗日公粮办法等制度，对粮食存放数量及程序、粮食品质检查归仓、存粮村长及存户的责任和奖惩均作了详细规定，若私自动用存粮将受到严厉惩处，并设定了连带责任条款，若保管有力还有相应奖励措施，甚至还对存储技术进行了规范。②

二、救国公粮制度

从历史上看，我国农业税以征收粮食为主，通俗说法是"缴公粮"，自古有之而称呼各异，如春秋时期鲁国的"初税亩"、秦汉时期的"租赋制"、唐代的"租庸调制"。新中国成立后，为保障社会主义建设，1958年6月3日全国人大常委会颁布施行《农业税条例》，直至2006年1月1日方由全国人大常委会决定废止，此举历史意义重大，标志着存于中国两千余年的古老税种宣告终结，充分体现了民本思想。农业税虽已成历史，但它在中国共产党抗战时期为实现革命胜利，实施救民于水火之"大仁政"，调整粮政方略，特别是抗日根据地的救国公粮制度，将政策与法治有机结合，为粮食应急保障提供了历史经验。

抗日根据地的敌后抗战以军事为主，其基础在于财政支持，各根据地多处于传统农村地区，粮食收益自然是根据地财政的重头戏，救国公粮是根据地

---

① 山东省战时工作推行委员会简称省战工会，是抗日战争时期，中国共产党在山东抗日根据地设立的抗日民主政权机关。1940年8月，山东省临时参议会选举产生山东省战时工作推行委员会。省战工会是民选的省级抗日民主政权，统一领导全省抗日根据地的各项工作。

② "挖山洞，在干燥的山坡和悬崖挖洞，铺垫沙席装满粮食后堵塞洞口，进行伪装，洞口外埋放手雷，以防敌人破坏；挖地窖，在干燥的平地或丘岭挖一深井，井底铺沙，四周围草或席，粮食填满后，密封井口；室内存粮，在室内地面铺土坯，墙周围用草和席，粮顶盖细沙或盖土坯，也可以避免虫蚀和霉烂，可以保存一年左右。"参见山东省档案馆与山东社会科学院历史研究所合编：《山东革命历史档案资料选编》，山东人民出版社1982年版。

汲取农业收益的主要方式。陕甘宁边区作为中共中央抗战的指挥中心，党中央的各项主张均在此领风气之先，救国公粮的办法，边区倡之于始，华北、华中各根据地相继效仿制定，防止征粮随意性。陕甘宁边区先后制定了系列制度条例，使征粮工作有了法律依据。1937年10月1日陕甘宁边区政府颁布的《征收救国公粮条例》第1条开宗明义："边区政府征收救国公粮，保证抗日需要，争取抗日胜利，特颁布本条例。"该条例共计15条，言简意赅，对累进制的征收数量、征收数量的度量衡、征收凭证、拒缴者的罚则等都作了规定，在当时看立法技术已运用纯熟。此外，救国公粮的征收采取政府法令与政治动员相结合原则，法随时而变，对战局的发展和地区经济差异性均需综合考量。[①]

三、粮食调剂制度

1930年6月，闽西中央苏区工农民主政府为解决谷贱伤农问题，同时缩小工农业产品价格的剪刀差，利用向富农筹借等方式获得基金，首先成立了粮食调剂局。此法在各个根据地得到推广，主要是通过粮食购销，调剂粮食在季节间、地区间的供求。1933年3月以后，中央苏区根据地因敌人进攻、奸商投机、粮食歉收等因素，许多地方粮价飞涨，粮食供应捉襟见肘。基于粮食供应之急迫情形，中央苏区于1933年4月28日颁布《中华苏维埃共和国各级国民经济部暂行组织纲要》，在国民经济人民委员部内设立粮食调剂局，在省县国民经济部内设粮食科，并对其相应职责作了明确规定。[②]1933年8月，中央苏区召开南北部经济建设大会，在会议的号召与推动下，粮食调剂局在中央根据地内，从中央、省、县到区、重要圩场普遍建立起来，形成一

---

① 1943年7月23日陕甘宁边区政府颁布的《三十二年度救国公粮公草征收条例》中规定起征点因地区的不同而变化，如绥德分区以五斗起征，起征率为3%；直属分区、三边分区及陇东、关中一部分征米地区，均以六斗起征，起征率为4%；陇东、关中两地区的征麦地区，均以八斗起征，起征率为6%。累进税率最高为35%，按户为单位，以每户人口平均粮数为计算标准。参见陕西省档案馆整理的《陕甘宁边区政府文件选编》（第七辑），档案出版社1988年版。
② 《中华苏维埃共和国各级国民经济部暂行组织纲要》第（七）条（丙）："粮食调剂局，管理粮食的籴粜，运输及仓库存储等事宜，使粮食有合理的分配，以适应红军，政府机关及全体国民的需要。"第（八）条（丙）："粮食科，调节地方粮食价格，保证红军给养与地方工农群众食品的充实。"

个组织系统和领导关系健全的有机整体。这对当时调剂粮食、打击奸商、稳定粮价、保证军需民食起了重要作用,并为以后的粮食工作提供了经验。组建红色粮食调剂体系和机构,是党在粮食调剂方面的制度建设和创新,当前中储粮集团公司就有粮食调剂局的"影子"。[①]然而,仅靠粮食调剂局这一县域以上的官方机构,克服灾荒和敌人经济封锁仍有困难,中央苏区决定号召农民群众自发创办粮食合作社,并出台相关制度予以倡导,调动群众的积极性。例如,1933年5月发布的《关于倡办粮食合作社与建造谷仓问题》(2号训令),要求苏区各乡镇发动农民建立一个粮食合作社,同时在专门区域规划粮仓,并倡导群众共同集资和管理合作社,以期解决粮食供给不足的问题。在革命战争环境下,粮食合作社运动的蓬勃兴起,对苏区军民摆脱粮食紧缺困境,抑制粮价起到了关键作用,得到了群众的广泛拥护,亦对提升中央苏区乡村治理水平助力良多,并激发了农民垦荒的积极性。粮食合作社在紧急情形下保障红军粮食供应,与粮食调剂局这一官方机构相互补充,兼具粮食调剂与应急储备之双重功效,对如今完善乡村基础治理体系与乡村振兴有借鉴意义。

粮食调剂需要正规的收支程序。为规范粮食支付手续,我党在根据地时期也进行了相应探索,最典型的莫过于粮票制度。晋察冀边区政府在1939年就开始推行军用粮票制度,统一印制二联式军用粮票,依据预算向边区各部队发放粮票,凭票到粮食部门领粮,手续规范易行,有计划地保障军粮供给,同时用制度堵住了当时边区有些单位打白条领粮的漏洞,做到了只要有粮票,到边区任何地方都有粮吃。粮票是粮食支付的凭证载体,支付程序则关乎粮政,各抗战根据地进行了相应设计。以淮北苏皖边区为例,其行政公署于1941年制定并颁布了公粮支付程序,要求支粮机构提前制定月预算表,然后由支粮者持所发粮票,到指定县区支取公粮,至月末则由各支粮部门据实核算后编制决算表,然后逐级汇转至边区行政公署核销。粮票制度在抗战时期

[①] 浏览中储粮集团公司官方主页,可知其职责和使命就是"确保中央储备粮数量真实、质量良好,确保国家急需时调得动、用得上",服务国家宏观调控,努力践行"维护国家利益,服务宏观调控,严守安全、稳定、廉政底线"的中储粮核心价值理念。

得到了严格执行，程序思维亦在各级粮政工作人员中形成，无论是根据地机关还是所属部队，出差时必须携带公粮票据实结算。

四、反浪费制度

我国人口数量众多，人多地少是我国的基本国情，粮食供求处于"紧平衡"的状态。粮食安全是国家安全的重要基础，保障粮食安全不仅在于粮食种植和生产环节，更要注重粮食的节约环节，粮食生产和节约并驾齐驱。显见，通过立法来治理粮食浪费问题，无疑是保障粮食安全的有效手段。2021年4月29日，全国人大常委会颁布实施《反食品浪费法》。该法的颁布实施，既符合保障粮食安全的需要，亦是中华民族勤俭节约传统美德的传承，对资源节约型社会的建设有立法保障作用。

中国共产党历来重视节约粮食，反对铺张浪费，新民主主义革命的不同时期，对遏制浪费粮食行为进行了制度探索。

土地革命时期，鄂豫皖革命根据地重视粮食安全的逆向保障，1929年边区政府颁布了《鄂豫边各县苏维埃联席会议决议案》，该决议要求边区各苏维埃革命政府，应尽力节省粮食，用于接济群众和前线部队所需。节约不是少吃饭，核心在于反对浪费粮食，如《中央关于鄂豫皖省委的决议》（1931年）指出：注意节约，不是让红军少吃饭，而是反对各种浪费粮食的做法。又如鄂豫皖中央分局下发的《关于各机关每日吃稀饭一次以资节约的决定》要求：机关应尽可能节省粮食，减少浪费。抗战时期，晋冀鲁豫边区对于粮食浪费问题，运用刚柔并济思维，设定底线与鼓励先进相结合，制定相应制度：边区政府太行行署颁布《坚持节约粮食办法公告》，制定节约粮食办法15条；太行区党委发布《关于奖励个人节约决定的通知》，用于鼓励个人节约行为，动员各级干部开展自查和互查，清查浪费粮食问题；第九专区制定了《社会节约办法》，倡导节约良好美德，对婚丧嫁娶规格进行了规定。以上制度得到了有效落实，晋冀鲁豫边区政府采取上下级监督的方式进行自查，禁止粮食出口和用于酿酒，杜绝各类贪污浪费现象。抗日战争进入相持阶段后，山东省战时工作推行委员会针对出现的浪费现象，制定了体系化的制度规范，相继颁布《关于招待会餐等费之决定》《山东省惩治贪污暂行条例》《山东省行政人员奖惩暂行条例》《关于招待费及菜金马干费的规定》《关于党费征收办法的规定》《关于严禁贿赂的决定》等百余项制度规定。以《关于招待会餐等费之决定》（1942年）为例，该决定规定：除带有统战性质的外宾，根据地机关团体与部队来访人员，只提供普通餐食，不能超标接待；招待具有统战性质的外宾时，亦有严格标准，人均每餐标准不得多于八角，如遇特殊情况须经县团级以上领导批准，方可酌情增加费用，但是单据必须将情况说明才能报销；对于集体会议，不能增加菜金，更不得进行会餐活动，重大会议需提高餐费标准的，要经该根据地最高财政机关批准；重要节日、重大集会及各类训练班培训开学与结业典礼等，一概不准进行会餐，不得超标增加菜金。

  节约粮食的标准需要科学制定，不能拍脑门或凭直觉，立法调研就显得必不可少。20世纪40年代初，陕甘宁边区为缓解经济封锁和备荒的压力，成立了西北财经办事处，统一管理陕甘宁边区及晋绥边区的财经工作。通过广泛调研节约粮食的成功做法，并予以归纳总结，西北财经办事处制定出切实可行的节约粮食的制度规范。该办事处主要针对"能不省""能省多少"和"怎样省"三个关键问题进行立法调研，从实践中探寻结论，这是边区政府立法技术的早期探索。调研成果写入1944年的边区《财政工作总结》，并向全边区机关推广节粮经验。该总结指出：边区政府先前制定的供粮标准是有富余的，机关人员每人每天一斤三两（当时一斤等于十六两），而实际每人每天吃粮数为十一两四至十六两二之间，粮食完全可以省出来，概算每人每日可节约三两小米。这一节约经验被全区推广，并以制度的形式核减了每人每日的吃粮标准，为节约粮食提供了科学的立法标准，在全边区备荒工作中发挥了重要作用。

第二章

粮食生产法律制度

第一节　粮食生产法律制度概述

一、粮食生产

（一）粮食生产概念

粮食安全关系整个国民经济的发展和社会的稳定，尤其在具有14亿多人口的中国。确保粮食安全始终是治国理政的头等大事。中国人的饭碗任何时候都要牢牢端在自己手中，而且饭碗要装中国粮食。保障和提高粮食生产是保障粮食安全的前提。粮食生产属于狭义农业，即种植业中的生产粮食作物的生产活动，是农业中的基础活动。

（二）粮食生产要素

按照马克思主义的劳动理论，生产力包含劳动者、劳动资料和劳动对象三个基本要素，劳动者是指具有一定生产经验和劳动技能而从事物质生产的人。劳动资料是指在劳动过程中用以改变和影响劳动对象的物质资料和物质手段，其中居于主要地位的是生产工具。劳动对象是指劳动者在劳动过程中使用劳动工具所加工的一切对象。劳动资料和劳动对象结合起来就构成生产资料。具体到粮食生产，劳动者既包括传统的农民（农户）和农业生产经营组织，又包括种粮大户、家庭农场、农民专业合作社、农业龙头企业等新型农业生产经营主体。劳动资料主要包括粮食种子、农药、农业机械等。劳动对象主要是农田即耕地，此外还涉及农田水利设施等。

二、粮食生产法律制度

（一）粮食生产法律制度概念

粮食生产法律制度是调整因粮食生产活动而发生的社会关系的法律规范的总称。其调整对象既涉及粮食生产主体、粮食生产资料，又涉及粮食生产载体即耕地保护，相应的粮食生产法律制度既包括调整粮食生产主体的法律制度，如《农民专业合作社法》，又包括调整粮食生产资料方面的法律制度，如《种子法》《农业机械化促进法》《农药管理条例》等，还包括调整耕地保护的法律制度，如《土地管理法》《农业法》《农村土地承包法》《基本农田保护条例》《农田水利管理条例》等。此外，《粮食安全保障法》也专章对粮食生产进行了规定。

（二）粮食生产法律制度内容

以我国现行法律规定为基础，我国粮食生产法律制度主要包括粮食生产经营法律制度和粮食生产资料法律制度两大类。前者主要包括耕地保护法律制度、农田水利管理法律制度、土地承包经营法律制度、农村集体经济组织法律制度和农民专业合作社法律制度；后者主要包括种子管理法律制度、农药管理法律制度和农业机械管理法律制度。

第二节 粮食生产经营法律制度

一、耕地保护法律制度

（一）耕地保护法律制度概述

1.耕地与耕地保护

耕地是农业的根本。耕地资源既是人类生存与发展的基础，又是进行粮食生产活动的基本生产资料。耕地是指直接用于粮食生产的农业用地。《农业法》第31条规定，国家建立耕地保护制度，对基本农田依法实行特殊保护。《土地管理法》专章规定耕地保护，严格控制耕地转为非耕地。国家实行永久基本农田保护制度。《基本农田保护条例》对基本农田保护作了专门规定，确立了我国的基本农田保护制度。《乡村振兴促进法》第14条第2款规定："国家实行永久基本农田保护制度，建设粮食生产功能区、重要农产品生产保护区，建设并保护高标准农田。"

根据《全国国土规划纲要（2016—2030年）》，2030年全国耕地保有量不低于18.25亿亩（1.22亿公顷），永久基本农田保护面积不低于15.46亿亩（1.03亿公顷），保障粮食综合生产能力5500亿公斤以上，确保谷物基本自给。

2.耕地保护法律制度体系

我国现行耕地保护法律制度体系主要由法律、行政法规、地方性法规、部门规章、地方政府规章组成，还包括法律解释、其他规范性文件等。其中，相关法律主要包括《农业法》《土地管理法》《耕地占用税法》《黑土地保护法》《粮食安全保障法》，相关行政法规主要包括《土地管理法实施条例》《基本农田保护条例》《土地调查条例》《土地复垦条例》等，相关国务院部门规章主要有《农田建设项目管理办法》《农田建设补助资金管理办法》等。

我国现行的耕地保护制度主要包括以占用耕地补偿、耕地耕作层利用为主要内容的耕地总量动态平衡制度，以基本农田数量和质量保护等为主要内容的基本农田保护制度，以土地规划、农用地转用审批、耕地登记、征地审批为主要内容的耕地用途管制制度，以耕地开发、整理、复垦为内容的耕地开发整理复垦制度。这些制度相辅相成、互相联系，共同构成我国的耕地保护法律制度体系，为我国耕地资源保护工作保驾护航。

（二）耕地保护具体法律制度

鉴于我国现行的耕地保护制度集中体现在《基本农田保护条例》中，下面以该条例为主要分析对象。《基本农田保护条例》主要从基本农田的规划、划定、保护监督管理和违反有关规定的处罚办法等方面对基本农田予以规范，在内容上主要包括基本农田保护责任制度、基本农田保护区用途管制制度、占用基本农田严格审批与占补平衡制度、基本农田质量保护制度、基本农田环境保护制度、基本农田保护监督检查制度等。

基本农田，是指按照一定时期人口和社会经济发展对农产品的需求，依据土地利用总体规划确定的不得占用的耕地。基本农田保护区，是指为对基本农田实行特殊保护而依据土地利用总体规划和依照法定程序确定的特定保护区域。

1. 基本农田保护管理体制

国务院土地行政主管部门和农业行政主管部门按照国务院规定的职责分工，负责全国的基本农田保护管理工作。县级以上地方各级人民政府土地行政主管部门和农业行政主管部门按照本级人民政府规定的职责分工，负责本行政区域内的基本农田保护管理工作。乡（镇）人民政府负责本行政区域内的基本农田保护管理工作。

2. 基本农田保护区的划定

我国《土地管理法》第33条和《基本农田保护条例》第10条分别列举了划入（永久）基本农田的耕地范围。基本农田保护区以乡（镇）为单位划区定界，由县级人民政府土地行政主管部门会同同级农业行政主管部门组织实施。划定的基本农田保护区，由县级人民政府设立保护标志，予以公告，由县级人民政府土地行政主管部门建立档案，并抄送同级农业行政主管部门。

3. 基本农田的保护

地方各级人民政府应当采取措施，确保土地利用总体规划确定的本行政区域内基本农田的数量不减少。基本农田保护区经依法划定后，任何单位和个人不得改变或者占用。国家能源、交通、水利、军事设施等重点建设项目选址确实无法避开基本农田保护区，需要占用基本农田，涉及农用地转用或者征收土地的，必须经国务院批准。

禁止任何单位和个人在基本农田保护区内进行其他破坏基本农田的活动。禁止任何单位和个人占用基本农田发展林果业和挖塘养鱼。禁止任何单位和个人闲置、荒芜基本农田。国家提倡和鼓励农业生产者对其经营的基本农田施用有机肥料，合理施用化肥和农药。

4.占用耕地补偿制度

国家实行占用耕地补偿制度。经国务院批准占用基本农田的,当地人民政府应当按照国务院的批准文件修改土地利用总体规划,并补充划入数量和质量相当的基本农田。占用单位应当按照占多少、垦多少的原则,负责开垦与所占基本农田的数量和质量相当的耕地;没有条件开垦或者开垦的耕地不符合要求的,应当按照省、自治区、直辖市的规定缴纳耕地开垦费,专款用于开垦新的耕地。

5.基本农田保护责任书制度

基本农田保护责任书制度,是指在建立基本农田保护区的地方,县级以上地方人民政府应当与下一级人民政府签订基本农田保护责任书;乡(镇)人民政府应当根据与县级人民政府签订的基本农田保护责任书的要求,与农村集体经济组织或者村民委员会签订基本农田保护责任书。

基本农田保护责任书应当包括下列内容:基本农田的范围、面积、地块;基本农田的地力等级;保护措施;当事人的权利与义务;奖励与处罚。

6.土地复垦制度

土地复垦是指对在生产建设过程中,因挖损、塌陷、压占等造成破坏的土地,采取整治措施,使其恢复到可供利用状态的活动。《土地管理法》第43条规定:"因挖损、塌陷、压占等造成土地破坏,用地单位和个人应当按照国家有关规定负责复垦;没有条件复垦或者复垦不符合要求的,应当缴纳土地复垦费,专项用于土地复垦。复垦的土地应当优先用于农业。"《土地复垦条例》明确规定,生产建设活动损毁的土地,按照"谁损毁,谁复垦"的原则,由生产建设单位或者个人负责复垦。

二、农田水利管理法律制度

(一)农田水利管理法律制度概述

1.农田水利与农田水利管理

农田水利,是指为防治农田旱、涝、渍和盐碱灾害,改善农业生产条件,采取的灌溉、排水等工程措施和其他相关措施。

农田水利管理包括农田水利规划的编制实施、农田水利工程建设和运行维护、农田灌溉和排水等活动。

《农业法》第19条第1款规定："各级人民政府和农业生产经营组织应当加强农田水利设施建设，建立健全农田水利设施的管理制度，节约用水，发展节水型农业，严格依法控制非农业建设占用灌溉水源，禁止任何组织和个人非法占用或者毁损农田水利设施。"

2.农田水利管理法律制度体系

我国现行农田水利管理法律制度体系主要由法律、行政法规、地方性法规、部门规章、地方政府规章组成，其中相关法律主要包括《农业法》《土地管理法》《水法》等，行政法规主要是《农田水利条例》，国务院部门规章主要有《农业基本建设项目申报审批管理规定》《农业基本建设项目招标投标管理规定》《农业基本建设项目竣工验收管理规定》《农业建设项目监督检查规定》《农田建设项目管理办法》等，相关地方性法规主要有《黑龙江省农田水利条例》《江苏省农村水利条例》《江西省农田水利条例》《南京市农田水利条例》等。

（二）农田水利管理具体法律制度

《农田水利条例》主要从规划、工程建设、工程运行维护、灌溉排水管理、保障与扶持等方面对农田水利管理予以规范。

1.农田水利管理体制

县级以上人民政府组织领导农田水利工作，采取措施保障农田水利发展。国务院水行政主管部门负责全国农田水利的管理和监督工作。国务院有关部门按照职责分工做好农田水利相关工作。县级以上地方人民政府水行政主管部门负责本行政区域农田水利的管理和监督工作。县级以上地方人民政府有关部门按照职责分工做好农田水利相关工作。乡镇人民政府协助上级人民政府及其有关部门做好本行政区域农田水利工程建设和运行维护等方面的工作。

2.农田水利规划

国务院水行政主管部门负责编制全国农田水利规划，征求国务院有关部门意见后，报国务院或者国务院授权的部门批准公布。县级以上地方人民政府水行政主管部门负责编制本行政区域农田水利规划，征求本级人民政府有关部门意见后，报本级人民政府批准公布。农田水利规划应当包括发展思路、总体任务、区域布局、保障措施等内容；县级农田水利规划还包括水源保障、工程布局、工程规模、生态环境影响、工程建设和运行维护、技术推广、资金筹措等内容。

3.农田水利工程建设

农田水利工程建设应当符合国家有关农田水利标准；节约集约使用土地。县级以上人民政府应当根据农田水利规划，保障农田水利工程建设用地需求；建立健全工程质量安全管理制度，对工程质量安全负责，并公示工程建设情况。

4.农田水利工程运行维护

农田水利工程按照不同情况确定不同的运行维护主体，县级以上人民政府建立农田水利工程运行维护经费合理负担机制。农田水利工程所有权人落实农田水利工程运行维护经费，保障运行维护工作正常进行。负责农田水利工程运行维护的单位和个人建立健全运行维护制度，加强对农田水利工程的日常巡查、维修和养护，按照有关规定进行调度，保障农田水利工程正常运行。任何单位和个人不得擅自占用农业灌溉水源、农田水利工程设施。

5.农田灌溉用水管理

农田灌溉用水实行总量控制和定额管理相结合的制度。农作物灌溉用水定额依照《水法》规定的权限和程序制定并公布。农田灌溉用水应当合理确定水价，有偿使用、计量收费。灌区管理单位应当根据有管辖权的县级以上人民政府水行政主管部门核定的年度取用水计划，制定灌区内用水计划和调度方案，与用水户签订用水协议。农田灌溉用水应当符合相应的水质标准。粮食主产区和严重缺水、生态环境脆弱地区以及地下水超采地区应当优先发展节水灌溉。

三、土地承包经营法律制度

（一）土地承包经营法律制度概述

1.农村土地与土地承包经营

农村土地，是指农民集体所有和国家所有，依法由农民集体使用的耕地、林地、草地，以及其他依法用于农业的土地。

土地承包经营，主要是指农村土地采取农村集体经济组织内部的家庭承包方式，不宜采取家庭承包方式的荒山、荒沟、荒丘、荒滩等农村土地，可以采取招标、拍卖、公开协商等方式承包。农村土地承包后，土地的所有权性质不变。承包地不得买卖。

农村土地承包经营在法律上是一种用益物权制度，它是建立在农村土地集体所有权和集体成员使用权"两权分离"基础上的一种制度创新。随着"三权分置"的实施，农村土地经营权得以独立出来，进一步丰富了农村土地承包经营制度的内涵。

2.土地承包经营法律制度体系

我国现行土地承包经营法律制度体系主要由法律、行政法规、地方性法规、部门规章、地方政府规章组成，还包括部分司法解释。其中相关法律主要包括《宪法》《民法典》《农业法》《土地管理法》《农村土地承包法》《农村土地承包经营纠纷调解仲裁法》，行政法规主要有《土地管理法实施条例》，相关部门规章主要有《农村土地经营权流转管理办法》《农村土地承包经营权证管理办法》《农村土地承包数据管理办法（试行）》《农村土地承包经营纠纷仲裁规则》，相关地方性法规主要有《吉林省农村土地承包经营管理条例》《江苏省农村土地承包经营权保护条例》《辽宁省农业集体经济承包合同条例》等，相关司法解释主要有最高人民法院《关于审理涉及农村土地承包纠纷案件适用法律问题的解释》《关于审理涉及农村土地承包经营纠纷调解仲裁案件适用法律若干问题的解释》等。

（二）土地承包经营具体法律制度

我国的土地承包经营制度集中规定在《农村土地承包法》中，主要从家庭承包（发包方和承包方的权利和义务；承包的原则和程序；承包期限和承包合同；土地承包经营权的保护和互换、转让；土地经营权）、其他方式的承包、争议的解决和法律责任等方面对农村土地承包相关事项予以规范。

1.农村土地承包经营管理体制

国务院农业农村、林业和草原主管部门分别依照国务院规定的职责负责全国农村土地承包经营及承包经营合同管理的指导。县级以上地方人民政府农业农村、林业和草原等主管部门分别依照各自职责，负责本行政区域内农村土地承包经营及承包经营合同管理。乡（镇）人民政府负责本行政区域内农村土地承包经营及承包经营合同管理。

2.农村土地承包方式之一：家庭承包

家庭承包经营是指农村集体经济组织内的成员以家庭为单位，作为承包方承包经营本集体经济组织的土地进行农业生产经营活动。家庭承包经营方式是农村土地承包的基本方式，也是最主要的方式。以农户家庭的名义签订土地承包经营合同，以农户家庭为单位享有权利、承担义务，以家庭为单位进行生产、经营和分配。

一般情况下，村集体经济组织或者村民委员会是家庭承包的发包方，本集体经济组织的农户是家庭承包的承包方。发包方与承包方的权利和义务是农村土地承包合同的核心。

农村土地承包合同属于民事合同，具有双务性、诺成性、要式性等特征，是发包方与承包方在自愿、平等的基础上，就农村土地承包的相关事项达成的书面协议。

3.农村土地承包方式之二：其他方式的承包

不宜采取家庭承包方式的荒山、荒沟、荒丘、荒滩等农村土地，通过招标、拍卖、公开协商等家庭承包以外的方式承包。以其他方式承包农村土地的，应当签订承包合同，承包方取得土地经营权。当事人的权利和义务、承包期限等，由双方协商确定。以招标、拍卖方式承包的，承包费通过公开竞标、竞价确定；以公开协商等方式承包的，承包费由双方议定。荒山、荒沟、荒丘、荒滩等可以直接通过招标、拍卖、公开协商等方式实行承包经营，也可以将土地经营权折股分给本集体经济组织成员后，再实行承包经营或者股份合作经营。

四、农村集体经济组织法律制度

（一）农村集体经济组织法律制度概述

农村集体经济组织是发展壮大农村集体经济、巩固社会主义公有制、促进共同富裕的重要主体，是健全乡村治理体系、实现乡村善治的重要力量，是提升党组织凝聚力、巩固党在农村执政根基的重要保障。

1.农村集体经济组织

农村集体经济组织，是指以土地集体所有为基础，依法代表成员集体行使所有权，实行家庭承包经营为基础、统分结合双层经营体制的地区性经济组织，包括乡镇级、村级和组级集体经济组织，不包括农村供销合作社、农村信用合作社、农民专业合作社等合作经济组织。

农村集体经济组织是中国特色社会主义公有制经济组织，它是以原有的人民公社、生产大队、生产队构架改制形成的，具有社区性、综合性的特点。[①]

2.农村集体经济组织法律制度体系

我国现行农村集体经济组织法律制度体系主要由法律、地方性法规组成，其中相关法律主要包括《民法典》《农业法》，相关地方性法规主要有《四川省农村集体经济组织条例》《黑龙江省农村集体经济组织条例》《浙江省村经济合作社组织条例》等。

（二）农村集体经济组织具体法律制度

目前，农村集体经济组织法尚未出台。农业农村部会同全国人民代表大会农业与农村委员会等相关部门提出的草案框架主要从农村集体经济组织的成员，登记、合并与分立；组织机构；财产管理和收益分配；扶持措施；争议的解决和法律责任等方面对农村集体经济组织的相关事项予以规范。

1.农村集体经济组织管理体制

国务院农业农村主管部门负责全国农村集体经济组织建设和发展的指导。县级以上地方人民政府农业农村主管部门负责本行政区域内农村集体经济组

[①] 农村集体经济组织依法代表成员集体行使所有权，应当充分发挥在管理集体财产、开发集体资源、发展集体经济、服务集体成员等方面的作用。农村集体经济组织依法履行以下职责：发包农村土地；办理农村宅基地申请、使用事项；合理开发利用、保护耕地等土地资源并进行监督；使用集体经营性建设用地或者出让、出租等集体经营性建设用地使用权；组织开展集体财产经营、管理；决定集体出资的企业的所有权变动；分配、使用集体收益；分配、使用集体土地被征收征用的土地补偿费等；为成员的生产经营提供技术、信息等服务；为成员提供教育、文化、卫生、体育、养老等服务，或者对村委员会提供服务给予资金等支持；支持和配合村民委员会在村党组织领导下开展村民自治；支持农村其他经济组织、社会组织依法发挥作用；法律法规和章程规定的其他职责。

织的登记管理、运行监督指导。乡级人民政府（街道办事处）负责本行政区域内农村集体经济组织的监督管理等。同时，县级以上人民政府建立农村集体经济组织工作的综合协调机制，统筹指导、协调、扶持、推动农村集体经济组织的建设和发展。

2.农村集体经济组织法人地位制度

我国《民法典》明确农村集体经济组织是一类特别法人，依法取得法人资格。但未设计其具体运行规则和组织建设等内容。为进一步规范农村集体经济组织的组织运行，2018年9月第十三届全国人民代表大会常务委员会立法规划将农村集体经济组织法列入立法项目。

3.农村集体经济组织的法人组织制度

作为特别法人的农村集体经济组织，农村集体经济组织应参照公司法人治理结构组织和运行。根据现有的地方性法规，其组织结构也多采取权力机关、执行机关、监督机关的模式。

五、农民专业合作社法律制度

（一）农民专业合作社法律制度概述

1.农民专业合作社

农民专业合作社指的是以农村家庭承包经营为基础，农产品的生产经营者或者农业生产经营服务的提供者、利用者，自愿联合、民主管理的互助性经济组织。《农民专业合作社法》正式实施确立了农民专业合作社的法人地位，促进了农民专业合作社的规范发展。

农民专业合作社以其成员为主要服务对象，主要开展农业生产资料的购买、使用；农产品的生产、销售、加工、运输、贮藏及其他相关服务；农村民间工艺及制品、休闲农业和乡村旅游资源的开发经营等；与农业生产经营有关的技术、信息、设施建设运营等服务。

2.农民专业合作社法律制度体系

我国现行农民专业合作社法律制度体系主要由法律、地方性法规组成，其中相关法律主要包括《民法典》《农业法》《农村土地承包法》《农民专业合作社法》等，相关地方性法规主要有《上海市实施〈中华人民共和国农民专业合作社法〉办法》《黑龙江省农民专业合作社条例》《浙江省农民专业合作社条例》《山东省农民专业合作社条例》等。

（二）农民专业合作社具体法律制度

《农民专业合作社法》主要从设立和登记、成员、组织机构、财务管理、合并分立解散和清算、农民专业合作社联合社、扶持措施和法律责任等方面对农民专业合作社的相关事项予以规范。

县级以上人民政府建立农民专业合作社工作的综合协调机制，统筹指导、协调、推动农民专业合作社的建设和发展。县级以上人民政府农业主管部门、其他有关部门和组织依据各自职责，对农民专业合作社的建设和发展给予指导、扶持和服务。

我国《民法典》将城镇农村的合作经济组织法人定性为特别法人，其中，农民专业合作社属于农村合作经济组织。《农民专业合作社法》第5条第1款规定："农民专业合作社依照本法登记，取得法人资格。"

第三节　粮食生产资料管理法律制度

一、种子管理法律制度

（一）种子管理法律制度概述

1.种子与种子管理

根据《种子法》，种子是指农作物和林木的种植材料或者繁殖材料，包括籽粒、果实、根、茎、苗、芽、叶、花等。

种子管理是指对品种选育和种子生产、经营、使用、管理等过程进行监督和控制的活动。完善的种子管理制度有利于保护和合理利用种质资源，规范品种选育、种子生产经营和管理行为，加强种业科学技术研究，鼓励育种创新，保护植物新品种权，维护种子生产经营者、使用者的合法权益，进而提高种子质量，发展现代种业，保障国家粮食安全，促进农业和林业的发展。

2.种子管理法律制度体系

我国现行种子管理法律制度体系主要由法律、行政法规、地方性法规、部门规章、地方政府规章组成，还包括法律解释、其他规范性文件、国家发布的有关种子的强制性标准等。其中，《种子法》是种子管理的基本法律，相关行政法规主要包括《植物新品种保护条例》《植物检疫条例》《农业转基因生物安全管理条例》等；部门规章主要有农业农村部（原农业部）制定的《农作物种质资源管理办法》《农作物种子生产经营许可管理办法》《非主要农作物品种登记办法》《农作物种子标签和使用说明管理办法》《农作物种子质量监督抽查管理办法》《农作物种子质量检验机构考核管理办法》《农作物种子质量纠纷田间现场鉴定办法》《进出口农作物种子（苗）管理暂行办法》等；相关地方性法规主要有《北京市种子条例》《广东省种子条例》《江苏省种子条例》《吉林省农作物种子条例》《西藏自治区实施〈中华人民共和国种子法〉办法》《黑龙江省实施〈中华人民共和国种子法〉条例》等。

（二）种子管理具体法律制度

关于种子管理的具体法律制度集中体现在《种子法》中，主要从种质资源保护，品种选育、审定与登记，新品种保护，种子生产经营，种子监督管理，种子进出口和对外合作，扶持措施等方面对种子相关活动予以规范。

1.种子管理体制

国家对种子实行严格管理，对种子管理机构设置及其职能履行予以明确规定。国务院农业农村部分别主管全国农作物种子和林木种子工作；县级以上地方人民政府农业农村、主管部门分别主管本行政区域内农作物种子和林木种子工作。各级人民政府及其有关部门应当采取措施，加强种子执法和监督，依法惩处侵害农民权益的种子违法行为。

2.种质资源保护法律制度

种质资源是指选育植物新品种的基础材料，包括各种植物的栽培种、野生种的繁殖材料以及利用上述繁殖材料人工创造的各种植物的遗传材料。种质资源是保障国家粮食安全供给的战略性资源，是农业科技原始创新与现代种业发展的物质基础。

（1）种质资源采集

国家依法保护种质资源，任何单位和个人不得侵占和破坏种质资源。禁止采集或者采伐国家重点保护的天然种质资源。因科研等特殊情况需要采集或者采伐的，应当经国务院或者省级人民政府的农业农村、主管部门批准。

（2）种质资源目录

国家有计划地普查、收集、整理、鉴定、登记、保存、交流和利用种质资源，重点收集珍稀、濒危、特有资源和特色地方品种，定期公布可供利用的种质资源目录。

（3）种质资源保护与利用

农业农村部应当建立种质资源库、种质资源保护区或者种质资源保护地。省级人民政府农业农村主管部门可以根据需要建立种质资源库、种质资源保护区、种质资源保护地。种质资源库、种质资源保护区、种质资源保护地的种质资源属公共资源，依法开发利用。

（4）种质资源出入境

国家对种质资源享有主权，任何单位和个人向境外提供种质资源，或者与境外机构、个人开展合作研究利用种质资源的，应当报国务院农业农村主管部门批准，并同时提交国家共享惠益的方案。

从境外引进种质资源的，依照国务院农业农村主管部门的有关规定办理。

3.品种选育、审定与登记法律制度

品种是指经过人工选育或者发现并经过改良，形态特征和生物学特性一致，遗传性状相对稳定的植物群体。

（1）品种选育

国家支持科研院所及高等院校重点开展相关育种的基础性、前沿性和应用技术等公益性研究，鼓励种子企业充分利用公益性研究成果，培育具有自主知识产权的优良品种，鼓励种子企业与科研院所及高等院校构建技术研发平台，开展主要粮食作物育种攻关。

国家加强种业科技创新能力建设，促进种业科技成果转化，维护种业科技人员的合法权益。由财政资金支持形成的育种发明专利权和植物新品种权，除涉及国家安全、国家利益和重大社会公共利益的外，授权项目承担者依法取得。

（2）品种审定

国家对主要农作物实行品种审定制度。主要农作物品种在推广前应当通过国家级或者省级审定。品种审定实行回避制度。应当审定的农作物品种未经审定的，不得发布广告、推广、销售。

申请审定的品种应当符合特异性、一致性、稳定性要求。特异性是指一个植物品种有一个以上性状明显区别于已知品种。一致性是指一个植物品种的特性除可预期的自然变异外，群体内个体间相关的特征或者特性表现一致。稳定性是指一个植物品种经过反复繁殖后或者在特定繁殖周期结束时，其主要性状保持不变。

国务院农业农村部负责制定审定办法，国务院和省级人民政府的农业农村主管部门设立由专业人员组成的农作物品种审定委员会。审定未通过的农作物品种，申请人有异议的，可以向原审定委员会或者国家级审定委员会申请复审。

符合规定条件的种子企业自主研发的主要农作物品种可以按照审定办法自行完成试验，达到审定标准的，品种审定委员会应当颁发审定证书。

（3）品种登记

根据《种子法》第22条的规定，国家对部分非主要农作物实行品种登记制度。列入非主要农作物登记目录的品种在推广前应当登记。

实行品种登记的农作物范围应当严格控制，并根据保护生物多样性、保证消费安全和用种安全的原则确定。登记目录由农业农村部制定和调整。农业农村部制定了《非主要农作物品种登记办法》，明确非主要农作物，是指稻、小麦、玉米、棉花、大豆五种主要农作物以外的其他农作物。

应当登记的农作物品种未经登记的，不得发布广告、推广，不得以登记品种的名义销售。

品种登记申请实行属地管理。一个品种只需要在一个省份申请登记。在中国境内没有经常居所或者营业场所的境外机构、个人在境内申请品种登记的，应当委托具有法人资格的境内种子企业代理。

4. 种子生产经营法律制度

《农作物种子生产经营许可管理办法》从申请条件，受理、审核与核发，许可证管理和监督检查等方面对农作物种子生产经营许可事项进行规范。

种子生产经营许可证实行分级审核、核发。审核机关应当对申请人提交的材料进行审查，并对申请人的办公场所和种子加工、检验、仓储等设施设备进行实地考察，查验相关申请材料原件。审核机关应当自受理申请之日起20个工作日内完成审核工作。具备本办法规定条件的，签署审核意见，上报核发机关；审核不予通过的，书面通知申请人并说明理由。核发机关应当自受理申请或收到审核意见之日起20个工作日内完成核发工作。核发机关认为有必要的，可以进行实地考察并查验原件。符合条件的，发给种子生产经营许可证并予公告；不符合条件的，书面通知申请人并说明理由。

5. 种子监督管理法律制度

为加强对种子的监督管理，农业农村部先后制定了《农作物种子质量监督抽查管理办法》《农作物种子质量检验机构考核管理办法》《农作物种子质量纠纷田间现场鉴定办法》等部门规章对其予以约束。

（1）行政执法监督

农业农村主管部门作为种子行政执法机关，依法履行种子监督检查职责时，有权进入生产经营场所进行现场检查；对种子进行取样测试、试验或者检验；查阅、复制有关合同、票据、账簿、生产经营档案及其他有关资料；查封、扣押有证据证明违法生产经营的种子，以及用于违法生产经营的工具、设备及运输工具等；查封违法从事种子生产经营活动的场所。

（2）种子质量检验

农业农村主管部门应当加强对种子质量的监督检查，可以采用国家规定的快速检测方法对生产经营的种子品种进行检测，检测结果可以作为行政处罚依据。被检查人对检测结果有异议的，可以申请复检，复检不得采用同一检测方法。因检测结果错误给当事人造成损失的，依法承担赔偿责任。农业农村主管部门可以委托种子质量检验机构对种子质量进行检验。承担种子质量检验的机构应当具备相应的检测条件、能力，并经省级以上人民政府有关主管部门考核合格。

（3）假劣种子监管

禁止生产经营假、劣种子。农业农村主管部门和有关部门依法打击生产经营假、劣种子的违法行为，保护农民合法权益，维护公平竞争的市场秩序。下列种子为假种子：以非种子冒充种子或者以此种品种种子冒充其他品种种子的；种子种类、品种与标签标注的内容不符或者没有标签的。下列种子为劣种子：质量低于国家规定标准的；质量低于标签标注指标的；带有国家规定的检疫性有害生物的。

（4）种子行业自律

种子生产经营者依法自愿成立种子行业协会，加强行业自律管理，维护成员合法权益，为成员和行业发展提供信息交流、技术培训、信用建设、市场营销和咨询等服务。

（5）种子质量认证

种子生产经营者可自愿向具有资质的认证机构申请种子质量认证。经认证合格的，可以在包装上使用认证标识。

6.种子进出口法律制度

进出口农作物种子（苗）包括从国（境）外引进和向国（境）外提供研究用种质资源、进出口生产用种子。进出口生产用种子包括试验用种子、大田用商品种子和对外制种用种子。农业农村部专门制定了《进出口农作物种子（苗）管理暂行办法》。

（1）进出口主体

从事进出口生产用种子业务和向国（境）外提供种质资源的单位应当具备中国法人资格。禁止个人从事进出口生产用种子业务和向国（境）外提供种质资源。

（2）进出口检疫

进口种子和出口种子必须实施检疫，防止植物危险性病、虫、杂草及其他有害生物传入境内和传出境外，具体检疫工作按照有关植物进出境检疫法律、行政法规的规定执行。

（3）进出口许可

从事种子进出口业务的，应当具备种子生产经营许可证；其中，从事农作物种子进出口业务的，还应当按照国家有关规定取得种子进出口许可。从境外引进农作物、林木种子的审定权限，农作物种子的进口审批办法，引进转基因植物品种的管理办法，由国务院规定。

（4）安全审查

国家建立种业国家安全审查机制。境外机构、个人投资、并购境内种子企业，或者与境内科研院所、种子企业开展技术合作，从事品种研发、种子生产经营的审批管理依照有关法律、行政法规的规定执行。

二、农药管理法律制度

（一）农药管理法律制度概述

1.农药与农药管理

根据《农药管理条例》，农药是指用于预防、控制危害农业、林业的病、虫、草、鼠和其他有害生物以及有目的地调节植物、昆虫生长的化学合成或者源于生物、其他天然物质的一种物质或者几种物质的混合物及其制剂。农药管理是指为防止农药可能造成的危害，依法对农药的研制、生产、经营和使用过程进行监督和控制的活动。完善的农药管理制度既可以保证农药质量，保障农产品质量安全和人畜安全，又可以保护农业、林业生产和生态环境。

2.农药管理法律制度体系

我国现行农药管理法律制度体系主要由法律、行政法规、地方性法规、部门规章、地方政府规章组成，还包括其他规范性文件、国家发布的相关标准等。其中，相关的法律主要有《农业法》《农产品质量安全法》《环境保护法》等，相关的行政法规主要有《农药管理条例》，部门规章主要有《农业化学物质产品行政保护条例》《农药登记管理办法》《农药登记试验管理办法》《农药标签和说明书管理办法》《农药生产许可管理办法》《农药经营许可管理办法》《农药包装废弃物回收处理管理办法》等，相关的地方性法规主要有《天津市农药管理条例》《四川省农药管理条例》《云南省农药管理条例》等。

（二）农药管理具体法律制度

关于农药管理的具体法律制度集中体现在国务院制定的《农药管理条例》中，主要对农药登记、农药生产、农药经营、农药使用、监督管理等相关活动进行规范。

1.农药管理体制

国务院农业农村主管部门负责全国的农药监督管理工作。县级以上地方人民政府农业农村主管部门负责本行政区域的农药监督管理工作。县级以上人民政府其他有关部门在各自职责范围内负责有关的农药监督管理工作。县级以上地方人民政府负责对农药监督管理工作的组织领导，将农药监督管理经费列入本级政府预算，保障农药监督管理工作的开展。

2.农药登记法律制度

国家实行农药登记制度。农药生产企业、向中国出口农药的企业应当依照规定申请农药登记，新农药研制者可以依照规定申请农药登记。

（1）登记主体

国务院农业农村主管部门所属的负责农药检定工作的机构负责农药登记具体工作。省级人民政府农业农村主管部门所属的负责农药检定工作的机构协助做好本行政区域的农药登记具体工作。申请人应当是农药生产企业、向中国出口农药的企业或者新农药研制者。

（2）登记程序

申请人应当向所在地省级人民政府农业主管部门提出农药登记申请，并提交登记试验报告等申请资料。农业主管部门应当自受理申请之日起20个工作日内提出初审意见，并报送国务院农业主管部门。国务院农业主管部门受理申请或者收到申请资料后，应当组织审查和登记评审，并自收到评审意见之日起20个工作日内作出审批决定。

（3）登记内容

农药登记证应当载明农药名称、剂型、有效成分及其含量、毒性、使用范围、使用方法和剂量、登记证持有人、登记证号以及有效期等事项。农药登记证有效期为5年。

3.农药生产许可法律制度

国家实行农药生产许可制度。农药生产包括农药原药（母药）生产、制剂加工或者分装。

（1）申请条件

农药生产企业应当具备相应条件，并按照国务院农业主管部门的规定向省级人民政府农业主管部门申请农药生产许可证。

（2）审批程序

省级人民政府农业主管部门应当自受理申请之日起20个工作日内作出审批决定，必要时应当进行实地核查。符合条件的，核发农药生产许可证；不符合条件的，书面通知申请人并说明理由。

（3）生产许可证

农药生产许可实行一企一证管理。农药生产许可证应当载明农药生产企业名称、住所、法定代表人（负责人）、生产范围、生产地址以及有效期等事项。农药生产许可证有效期为5年。

4.农药产品质量管理制度

农药生产企业应当严格按照产品质量标准进行生产，确保农药产品与登记农药一致。农药出厂销售，应当经质量检验合格并附具产品质量检验合格证。农药生产企业应当建立农药出厂销售记录制度，如实记录农药的名称、规格、数量、生产日期和批号、产品质量检验信息、购货人名称及其联系方式、销售日期等内容。农药出厂销售记录应当保存2年以上。

5.农药经营许可法律制度

国家实行农药经营许可制度。在我国境内销售农药的，应当取得农药经营许可证。根据《农药管理条例》第24条的规定，农药经营者应当具备相应条件，并按照国务院农业主管部门的规定向县级以上地方人民政府农业主管部门申请农药经营许可证。

6.农药使用法律制度

（1）政府的责任

国家鼓励农业科研单位、有关学校、农民专业合作社、供销合作社、农业社会化服务组织和专业人员为农药使用者提供技术服务，通过采取相关措施,逐步减少农药使用量。

(2)农药使用者义务

农药使用者应当遵守国家有关农药安全、合理使用制度,严格按照农药的标签标注的要求使用农药。同时,应当保护环境,严禁在饮用水水源保护区内使用农药,不得使用禁用的农药。

(3)污染防治义务

国家鼓励农药使用者妥善收集农药包装物等废弃物;农药生产企业、农药经营者应当回收农药废弃物,防止农药污染环境和农药中毒事故的发生。

7.农药监管法律制度

(1)农药信息统计

《农药管理条例》第40条规定:"县级以上人民政府农业主管部门应当定期调查统计农药生产、销售、使用情况,并及时通报本级人民政府有关部门。县级以上地方人民政府农业主管部门应当建立农药生产、经营诚信档案并予以公布;发现违法生产、经营农药的行为涉嫌犯罪的,应当依法移送公安机关查处。"

(2)农药监管措施

《农药管理条例》第41条规定:"县级以上人民政府农业主管部门履行农药监督管理职责,可以依法采取下列措施:(一)进入农药生产、经营、使用场所实施现场检查;(二)对生产、经营、使用的农药实施抽查检测;(三)向有关人员调查了解有关情况;(四)查阅、复制合同、票据、账簿以及其他有关资料;(五)查封、扣押违法生产、经营、使用的农药,以及用于违法生产、经营、使用农药的工具、设备、原材料等;(六)查封违法生产、经营、使用农药的场所。"

(3)农药召回制度

国家建立农药召回制度。农药生产企业发现其生产的农药对农业、林业、人畜安全、农产品质量安全、生态环境等有严重危害或者较大风险的,应当立即停止生产,通知有关经营者和使用者,向所在地农业农村主管部门报告,主动召回产品,并记录通知和召回情况。

(4)农药监测评审制度

国务院农业农村主管部门和省级人民政府农业农村主管部门应当组织负

责农药检定工作的机构、植物保护机构对已登记农药的安全性和有效性进行监测。发现已登记农药对农业农村、人畜安全、农产品质量安全、生态环境等有严重危害或者较大风险的，国务院农业农村主管部门应当组织农药登记评审委员会进行评审，根据评审结果撤销、变更相应的农药登记证，必要时应当决定禁用或者限制使用并予以公告。

三、农业机械管理法律制度

（一）农业机械管理法律制度概述

1.农业机械和农业机械化

根据《农业机械化促进法》，农业机械化是指运用先进适用的农业机械装备农业，改善农业生产经营条件，不断提高农业的生产技术水平和经济效益、生态效益的过程。

农业机械[①]是指用于农业生产及其产品初加工等相关农事活动的机械、设备。国家鼓励、扶持农民和农业生产经营组织使用先进适用的农业机械，促进农业机械化，建设现代农业。

2.农业机械管理法律制度体系

我国现行农业机械管理法律制度体系主要由法律、行政法规、地方性法规、部门规章、地方政府规章组成，还包括其他规范性文件、国家发布的相关标准等。相关法律主要有《农业法》《农业技术推广法》《农业机械化促进法》等，行政法规主要有《农业机械安全监督管理条例》，部门规章主要有《农业机械试验鉴定办法》《农业机械质量调查办法》《农业机械事故处理办法》《拖拉机和联合收割机登记规定》等，相关地方性法规有《北京市农业机械化促进条例》《浙江省农业机械化促进条例》《河南省农业机械化促进条例》《河北省农业机械维修管理办法》等。

---

① 根据机械行业标准（JB/T 8574—2013）《农机具产品型号编制规则》的规定，农业机械大致可分为耕耘和整地机械，种植和施肥机械，田间管理和植保机械，收获机械，脱粒、清选、烘干和贮存机械，农产品加工机械，农用运输机械，排灌机械，畜牧机械，水产养殖机械，农村废弃物利用设备，农田基本建设机械，设施农业设备等13大类。

（二）农业机械管理具体法律制度

1.农业机械管理体制

《农业机械化促进法》第6条规定："国务院农业行政主管部门和其他负责农业机械化有关工作的部门，按照各自的职责分工，密切配合，共同做好农业机械化促进工作。县级以上地方人民政府主管农业机械化工作的部门和其他有关部门，按照各自的职责分工，密切配合，共同做好本行政区域的农业机械化促进工作。"

2.农业机械科研开发制度

《农业机械化促进法》明确了对农业机械化科研开发支持的领域和重点，提出了对科研机构和院校、农业机械生产者和引进外资从事农业机械的研究、开发、生产和经营。

该法规定，省级以上人民政府及其有关部门应当组织有关单位采取技术攻关、试验、示范等措施，促进基础性、关键性、公益性农业机械科学研究和先进适用的农业机械的推广应用。

3.农业机械质量保障制度

（1）农业机械标准制度

标准化是实现机械化的基础和前提。加快推进我国机械化转型升级，不仅要加大农业机械化标准的制定和修订工作，还需要以机械化为核心，系统梳理影响机械化生产的其他相关标准。农业农村部相继制定了《农业机械运行安全技术条件》《丘陵山区农田宜机化改造工作指引（试行）》《关于加快畜牧业机械化发展的意见》《关于加快推进设施种植机械化发展的意见》。

（2）农业机械产品质量监督制度

市场监督管理部门应当依法组织对农业机械产品质量的监督抽查，加强对农业机械产品市场的监督管理工作。国务院农业行政主管部门和省级人民政府主管农业机械化工作的部门根据农业机械使用者的投诉情况和农业生产的实际需要，可以组织对在用的特定种类农业机械产品的适用性、安全性、可靠性和售后服务状况进行调查，并公布调查结果。

（3）农业机械产品质量责任制度

农业机械生产者、销售者应当建立健全农业机械销售服务体系，依法承担产品质量责任。农业机械生产者、销售者应当对其生产、销售的农业机械产品质量负责，并按照国家有关规定承担零配件供应和培训等售后服务责任。农业机械产品不符合质量要求的，农业机械生产者、销售者应当负责修理、更换、退货；给农业机械使用者造成农业生产损失或者其他损失的，应当依法赔偿损失。

4.农业机械维修管理制度

农业机械维修直接关系到农业机械的技术状况、使用效率和安全生产，直接关系到农业机械作业的质量和效益。《农业机械化促进法》第24条规定："从事农业机械维修，应当具备与维修业务相适应的仪器、设备和具有农业机械维修职业技能的技术人员，保证维修质量。维修质量不合格的，维修者应当免费重新修理；造成人身伤害或者财产损失的，维修者应当依法承担赔偿责任。"《农业机械安全监督管理条例》第19条第1款规定："农业机械维修经营者应当遵守国家有关维修质量安全技术规范和维修质量保证期的规定，确保维修质量。"

《农业机械维修管理规定》作为农业机械维修网点开展业务工作的行为准则，明确了农业机械维修的资质管理、质量管理、监督检查、罚则等管理要求。之后的《农业机械产品修理、更换、退货责任规定》进一步明确了农业机械生产者、销售者、修理者的维修责任。

5.农业机械事故处理制度

根据《农业机械事故处理办法》的规定，农业机械事故是指农业机械在作业或转移等过程中造成人身伤亡、财产损失的事件。

县级以上地方人民政府农业机械化主管部门负责农业机械事故责任的认定和调解处理。对经过现场勘验、检查的农业机械事故，农业机械化主管部门应当在10个工作日内制作完成农业机械事故认定书；需要进行农业机械鉴定的，应当自收到农业机械鉴定机构出具的鉴定结论之日起5个工作日内制作农业机械事故认定书。

第三章

粮食流通管理法律制度

第一节　粮食流通管理概述

一、粮食流通的含义

根据我国《粮食流通管理条例》的规定，在中华人民共和国境内从事粮食的收购、销售、储存、运输、加工、进出口等经营活动，统称粮食经营活动。由此，理论上一般认为，粮食流通，是指粮食经营者（包括从事粮食收购、销售、储存、运输、加工、进出口等经营活动的法人、其他经济组织和个体工商户）从事粮食收购、销售、储存、运输、加工、转化、进出口等经营活动的行为。

粮食流通是联系粮食生产和消费的桥梁，粮食流通是否顺畅，直接关系到粮食产需的顺利衔接。粮食流通的一般过程是：生产者→粮食批发商→零售商→消费者。这一过程包含一系列相互关系、相互影响的环节，每一个流通环节既是独立的经营活动，又共同构成完整的粮食流通过程。在古代社会，物资生产水平较低，粮食供应紧张，粮食作为一种税收长期存在，对于无人奉养的普通民众而言，粮食是一种可以换取多种生活物品的一般等价物，所以有"家有余粮，心中不慌"的说法广泛流传。新中国成立后，我国顺利解决了人民的吃饭问题，近几十年来，粮食生产连年丰收，粮食已成为农民的主要收入来源之一。作为一种商品，如果粮食不能在市场上实现其价值，以至于粮食市场价格严重背离其价值，或者背离粮食生产成本，其结果是导致粮食生产的严重萎缩，损害粮食供需平衡，严重情况下将危及国家的粮食安全。适应经济社会发展构建法治化的粮食流通管理体制，对于粮食生产、经营的良性运转非常必要。

二、我国粮食流通的基本特点

（一）粮食产量稳定，供需关系基本平衡

作为一个人多地少的大国，解决十几亿人口的吃饭问题始终是治国理政的头等大事。自改革开放以来，我国农村实行家庭联产承包责任制，提高了粮食产量，保障了粮食质量，家家户户具备自力更生的能力。杂交水稻实验成功之后，进一步提高了农作物产量。同时，国家不断完善政策支持，强化农业科技和装备支撑，建立健全种粮农民收益保障和利益补偿机制，粮食综合生产能力不断提高。进入新时期，党中央明确指出，必须牢牢坚守18亿亩农耕红线的原则，为此，我国实行比较严格的耕地保护制度，稳定粮食种植面积，最大限度地保障粮食生产。据国家统计局发布的数据，2015年以来，我国粮食产量保持在1.3万亿斤以上，粮食生产实现了连年丰收，口粮自给率达到100%，谷物自给率达到95%以上。随着现代化物流体系的发展完善，粮食流通顺畅、供求稳定，在较长时期内保障了粮食供求平衡、价格稳定。当然，我国的粮食供应仍然存在一些问题，比如我国高质量农作物生产仍然达不到消费需求，在供不应求的情况下，只能从国外进口，比如高筋面粉、燕麦片等。

（二）市场化程度不断提高

伴随市场经济发展，我国粮食市场化程度不断提高，在粮食主产区，粮食收购总体活跃，批发市场网络基本形成，零售市场日益丰富。与之相应，粮食市场竞争也日趋激烈：一是由国内局部竞争转向国内、国际全方位竞争；二是竞争模式由单纯生产能力的竞争转向"生产＋流通能力"的竞争。面对复杂多变的国内外粮食市场形势，国内粮食市场始终保持供应充足、运行平稳的良好态势。客观而言，我国粮食需求比较大，水土资源紧张，农业生产压力大，进口粮食在缓解供需矛盾方面发挥着重要作用。世界上一些农业发达国家，如美国、加拿大、法国，已经形成了较为成熟完善的农业产业体系，由于我国国内主要粮食品种价格高于国际市场，我国粮食类品种进口量呈不

断增加的趋势。①从某种程度上讲，国际农业公司和贸易集团的经营活动对满足过去20多年我国粮食产品需求起到了重要作用。

（三）流通地域上呈现"北粮南运"的基本格局

我国地域辽阔，横跨纬度大，粮食种类也相对较多，从南到北主要农作物划分为3类，分别是谷物、豆类和薯类。②其中，玉米主要集中种植在北方，水稻集中分布在南方。在历史上，长江三角洲和珠江三角洲曾经是肥沃的鱼米之乡，也是传统的粮食主产区，"南粮北运"曾经是农业中国的基本粮食格局。然而，受经济发展相对不平衡因素的影响，在过去30年左右的时间里，东南沿海地区普遍发展成为现代工业城，而经济相对落后的中西部地区、东北部地区则承担起了粮食主产区的重任。在粮食主产区，如东北地区、冀鲁豫地区，实现了真正意义上的供给有余；而一些地区，如东南沿海（上海、浙江等）、京津地区则供求失衡，自给能力不断下降。这种分化最终导致了"南粮北运"向"北粮南运"的转变，并且这一格局在进一步增强。这种格局也凸显出构建粮食流通法治体系对于保障全国粮食安全具有重要作用。

三、粮食流通对粮食安全的作用

当今世界上任何负责任的政府都不会完全放任粮食市场化，但是随着市场经济的发展，实践证明，过于严格的管控也是行不通的。为此，改革开放以来，党中央和国务院在我国的粮食流通体制改革方面实施了一系列重大举措，总的目标是全面放开粮食收购和销售市场，以更好地发挥市场机制在粮食资源配置中的基础性作用。在市场经济条件下，尊重市场规律的粮食流通管理机制至少对粮食安全具有以下五个方面的重要作用。

---

① 王立新主编：《中国粮食安全与耕地保障问题战略研究》，中国农业出版社2019年版，第285页。
② 谷类以水稻、小麦、玉米为主，豆类以大豆、红豆、绿豆为主，薯类主要有马铃薯、红薯等。

（一）强化国家对粮食的宏观调控机制

受粮食商品率影响，粮食的丰歉和亿万农户粮食自留量的变动，都会对粮食市场产生较大的波动和影响，加剧市场的不平衡。在市场经济条件下，市场竞争的主体多元化，竞争更加激烈、充分，粮食购销市场全面放开之后，粮食企业受自身利益驱使，很容易作出与市场供求形势不一致的逆向调节行为，当粮食产量超过需求时，企业可能减少收购；当粮食产量明显低于需求时，企业又可能囤积居奇。这两种逆向行为都会人为放大粮食紧张状况，不利于粮食市场的稳定。对此，建立健全强有力的政府粮食宏观调控机制显得十分重要。通过有效的粮食流通管理制度，可以为我国的粮食生产和国家的宏观调控提供准确的市场信息，以便及时采取应对措施，避免粮食产销形势的大起大落。

（二）优化配置粮食资源

在市场机制下，有效的粮食流通管理制度，必然促使粮食生产要素向更能适应粮食消费结构、比较短缺的粮食领域、适宜种植粮食的地域和人群优化配置，这样一来，一方面有利于持续推动优质粮食的大面积种植，促进粮食区域布局调整、改善粮食品质；另一方面有利于各种生产要素资源向市场竞争优胜者（种田能手、技术能手等）集中，形成我国粮食种植的规模化效应，更好地提高我国粮农的劳动生产率。

（三）有效利用粮食补贴资金

伴随粮食购销市场的全面放开，除了继续承担国家储备任务的粮食企业外，所有的粮食企业均处于平等地位，高效的粮食流通管理机制，不仅为国有粮食企业管理体制和经营机制的转变提供了强大动力，而且在很大程度上减少了国家用于粮食流通环节的补贴，在国家粮食风险补贴基金总规模有限的背景下，国家可以将更多的补贴用到生产环节，更好地调动种粮农民的生产积极性，从根本上保障粮食生产的稳定。

（四）加快我国的粮食产业化进程

随着粮食安全理念的树立和更新，总体上国家对粮食生产经营的政策支持力度会不断加大，追求粮食加工增值的各种企业、集团公司必然更多地加入我国粮食产业化经营行列。通过有效的粮食流通管理体制，可以更好地保障龙头企业合法获取自身利益，通过大企业的强力带动，可以极大提高优质粮食制成品的市场占有率，使分散的小生产者与千变万化的大市场更好地联结起来，有效避免粮农面临的市场风险，加速我国优质粮食的产业化发展进程。

（五）推动粮食主产区与主销区密切合作

伴随粮食市场的发展完善，国家更加关注和大力推动粮食市场体系的建设，尤其是布局更加合理的粮食批发市场，包括以初级批发市场为基础、以区域性批发市场为骨干、以国家中心批发市场为龙头的市场体系。对于粮食主销区而言，除了从全国性、区域性的粮食批发市场大笔购进本地所需的粮食，还会主动与粮食主产区建立紧密、规范的长期合作关系，以保障本地区的粮食安全。通过有效的粮食流通管理体制，可以加快全国统一的粮食市场的形成，有利于粮食产销区之间供求关系的良性沟通，维持粮食购销贸易的总体平衡。

第二节　粮食流通管理法治化进程

一、粮食流通管理的立法历程

（一）《粮食流通管理条例》的通过和实施

《粮食安全保障法》出台之前，在粮食流通领域效力最高的立法是2004年5月19日国务院第50次常务会议通过、于2004年5月26日公布实施的《粮食流通管理条例》（以下简称《2004年条例》）。在此之前，粮食流通管理领域的法规主要是1998年6月6日国务院发布的《粮食收购条例》和1998年8月5日国务院发布的《粮食购销违法行为处罚办法》，《2004年条例》颁布的同时，废止了1998年的两个条例。

《2004年条例》共54条，包括总则、粮食经营、宏观调控、监督检查、法律责任、附则，共六章。第一章主要规定了立法目的、粮食经营活动的概念、鼓励多种所有制市场主体从事粮食经营活动等内容；第二章主要规定了粮食经营者的概念，从事粮食收购活动的经营者应当具备的条件，粮食收购者的报告义务，粮食销售、储存、加工、进出口等经营活动中的义务；第三章主要规定了国家实行中央和地方分级粮食储备制度、建立健全粮食风险基金制度、建立突发事件粮食应急体系等内容；第四章主要规定了粮食行政管理部门、产品质量监督部门、工商行政管理部门、卫生部门、价格主管部门依照有关法律、法规规定对粮食经营活动进行监督检查以及市场主体的举报权；第五章主要规定了粮食经营者、收购者实施违法行为的相关法律责任；第六章主要规定了粮食收购、粮食加工的含义。

《2004年条例》适应了改革开放之后经济发展的基本趋势，以现在的粮食流通状况审视，《2004年条例》中的个别条款对粮食经营活动尤其是粮食收购活动进行了一定限制，如对粮食收购实行许可制度、给粮食经营者设置了最低库存量和最高库存量标准等，基本上符合当时市场经济发展的需要，对依法进行粮食流通发挥了积极的作用。

(二)《粮食流通管理条例》的主要修订

《2004年条例》先后根据2013年7月18日国务院《关于废止和修改部分行政法规的决定》、2016年2月6日国务院《关于修改部分行政法规的决定》进行了修订，在这两次修订中，针对部分条款进行了完善，主要内容没有发生大的变化。

党的十八大之后，以习近平同志为核心的党中央高度重视国家粮食安全，提出了"确保谷物基本自给、口粮绝对安全"的新粮食安全观，走出一条中国特色粮食安全之路。在此背景下，立足于保障国家粮食安全的站位，按照维护国家安全、坚持问题导向、反映改革成果、引领改革方向、完善基本制度的立法思路，将行之有效的政策措施上升为具有法律约束力的制度规范，2021年1月4日，国务院对《粮食流通管理条例》再次进行了修订，新的《粮食流通管理条例》于2021年4月15日施行（以下简称《2021年条例》）。通过此次修订，在管理体制、规制方式、监管内容、责任追究等方面实现了一些新变化。

1.《2021年条例》修订的背景

随着社会经济发展，我国粮食流通的基本形势发生了较大变化，《2004年条例》的一些规定已经明显不适应实践需要：一是面临复杂多变的国内国外环境，政策性粮食流通管理亟待加强；二是粮食经营主题、经营方式日益多元化，对政府监管措施和手段提出了一些新要求；三是一些地方出现粮食污染、变质等问题，需要采取有效措施防控粮食流通环节存在的质量安全风险；四是粮食流通环节的损失损耗问题比较突出；五是旧的条款在打击粮食违法行为方面力度不足。针对这些新问题、新情况，有必要对《2004年条例》进行较为系统的修改完善。

2.《2021年条例》加强了政策性粮食管理方面的针对性举措

针对近年来政策性粮食[①]管理中存在的突出问题，《2021年条例》主要作了以下几个方面的规定：一是严禁虚报收储数量，严禁以陈顶新、以次充好、低收高转、虚假购销、虚假轮换、违规倒卖；二是严禁挤占、挪用、克扣财政补贴和信贷资金；三是严禁以政策性粮食为债务做担保或者清偿债务；四是严禁利用政策性粮食进行除政府委托的政策性任务之外的其他商业经营；五是严禁在政策性粮食出库时掺杂使假、以次充好、调换标的物，拒不执行出库指令或者阻挠出库；六是购买国家限定用途的政策性粮食，严禁违规倒卖或者不按照规定用途处置；七是严禁擅自动用政策性粮食；八是政策性粮食的采购和销售原则上通过规范的粮食交易市场公开进行。

3.《2021年条例》完善了粮食流通市场监管措施方面的规定

按照充分发挥市场在资源配置中的决定性作用、更好发挥政府作用的要

---

① 政策性粮食是指政府指定或者委托粮食经营者购买、储存、加工、销售，并给予财政、金融等方面政策性支持的粮食，包括但不限于政府储备粮。

求,《2021年条例》进一步优化了粮食流通市场的监管措施:一是深入贯彻落实"放管服"改革精神,取消粮食收购行政许可,实现监督管理方式的转变;二是建立粮食经营者信用档案,记录日常监督检查结果、违法行为查处情况,并依法向社会公示;三是明确粮食和物资储备行政管理部门在监督检查粮食数量、质量和储存安全执法过程中,可以采取查封、扣押用于违法经营的工具、设备等措施;四是明确市场监督管理部门对粮食经营活动中扰乱市场秩序、违法交易以及价格违法行为进行监督检查。

4.《2021年条例》加强了粮食流通中的质量安全方面的考虑

国家高度重视粮食质量安全,为此颁布了专门的管理办法。[1]为了进一步加强粮食流通中的质量安全监管工作,《2021年条例》主要作了以下规定:一是建立健全粮食质量安全风险监测体系,由卫生健康、粮食和物资储备、市场监督管理等部门组织实施粮食流通质量安全风险监测;二是规定粮食收购者收购粮食应当按照要求进行质量安全检验,确保收购质量安全,对不符合食品安全标准的粮食,应当作为非食用用途单独储存;三是规定粮食不得与有毒有害物质混装运输;四是规定粮食储存期间应当定期进行品质检验,建立粮食销售出库质量安全检验制度,未经质量安全检验的粮食不得销售出库;五是规定真菌毒素、农药残留、重金属超标或者霉变、色泽气味异常等粮食不得作为食用用途销售出库;六是加强区域性粮食污染监控,建立健全被污染粮食收购处置长效机制,发现区域性粮食污染的,由县级以上地方人民政府及时采取处置措施。

5.《2021年条例》在防止和减少粮食损失浪费方面的考虑

2021年4月29日,第十三届全国人民代表大会常务委员会第二十八次会议通过了《反食品浪费法》,与《2021年条例》的修订基本在同一时期进行。针对粮食流通中的损失浪费问题,《2021年条例》主要从以下几个方面进行了规范:一是将防止和减少粮食损失浪费作为粮食经营活动的原则要求;二是规定粮食仓储设施应当符合有关标准和技术规范,具有与储存品种、规模、周期等相适应的仓储条件,粮食不得与可能对粮食产生污染的有毒有害物质

---

[1] 具体参见国家发展和改革委员会颁布的《粮食质量安全监管办法》。

混存，品质达到轻度不宜存时应当及时出库，减少粮食储存损耗；三是规定运输粮食应当严格执行国家粮食运输的技术规范，减少粮食运输损耗；四是规定国家鼓励和支持开发、推广应用先进的粮食储存、运输、加工技术，开展珍惜和节约粮食宣传教育，鼓励经营者提高成品粮出品率和副产物综合利用率。有关主管部门应当引导粮食经营者节约粮食，降低粮食损失损耗。

6.《2021年条例》在打击粮食流通违法行为方面的规定

为了适应经济发展状况、维持粮食流通秩序，《2021年条例》进一步明确了粮食经营主体的法律责任，进一步提高了违法成本。如从事政策性粮食经营活动，虚报粮食收储数量或者在粮食出库时掺杂使假、以次充好，情节严重的，处200万元以上500万元以下罚款；从事粮食经营活动的企业违法情节严重的，对其法定代表人、主要负责人、直接负责的主管人员和直接责任人员处以其上一年度从本企业取得收入的1倍以上10倍以下罚款。同时强化了对粮食违法行为行政处罚与刑事责任追究的衔接。

二、粮食流通管理制度的重大变化

在《粮食流通管理条例》全面修订的过程中，粮食经营从许可制修改为备案制。

（一）粮食收购许可制度的实施

改革开放之后，我国粮食实现了持续增产增收，经济也得到迅速发展。在此背景下，党中央、国务院提出要坚决取消统购统销、计划经济框架下的粮食流通旧体制，同时把中国粮食流通改革与国际粮食市场化、现代化对接，吸收世界粮食业先进经验，并与中国的基本国情、基本粮情的实际结合，建立一整套新型的具有中国特色和世界水平相结合的市场经济粮食安全保障新体系。[①]因此，从1978年贯彻党的十一届三中全会精神到20世纪初这一阶段，

[①] 白美清：《我国粮食流通体制改革开放历程的初步回顾与探索》，载《中国粮食经济》2019年第12期。

全国粮食系统抓住机遇，利用改革开放之机，认真学习世界的先进经验，结合中国的实际情况，构建起适合我国国情的粮食安全保障体系，建立了高效适用的防风险的宏观调控机制。

在《2004年条例》出台前，粮食流通领域面临的基本形势和问题是：粮食流通的市场化改革进程相对较慢，粮食流通市场化的机制还没有健全；历史上遗留下来的高价位商品粮、亏损挂账问题还没有进行实质性的处理；粮食经营企业改革的力度偏小，靠吃政策饭和大锅饭的现象没有从根本上改观等。一方面，农业生产环境不断改善，粮食生产能力不断提高，粮食库存长期居高不下；另一方面，国家掌握了市场上的大部分资源。但是，随着农业结构的调整与粮食市场放开范围的扩大，粮食的自由流通逐步开展，放开粮食流通市场和价格已经成为一种客观必然。《2004年条例》的出台实施，可以说是粮食流通改革的一个具有里程碑意义的事件，标志着我国全面放开粮食收购市场，实现了粮食购销市场化和市场主体多元化。

鉴于政策转型的特殊背景，在《2004年条例》中，设置了粮食收购许可制度，对粮食收购活动进行一定的约束。根据《2004年条例》第9条的规定，取得粮食收购资格，并依照《公司登记管理条例》等规定办理登记的经营者，方可从事粮食收购活动。申请从事粮食收购活动，应当向办理工商登记的部门同级的粮食行政管理部门提交书面申请，并提供资金、仓储设施、质量检验和保管能力等证明材料。粮食行政管理部门应当自受理之日起15个工作日内完成审核，对符合《2004年条例》第8条规定具体条件的申请者作出许可决定并公示。[1]

粮食收购许可，意味着国家公权力对粮食经营权的控制。在全新的粮食流通体制中，实施粮食收购许可，是充分发挥市场机制在配置资源中基础性作用的同时强调国家对粮食宏观调控的体现。在此过程中，一方面，国家要适应生产力发展和社会形势变化，带动农民进入市场化的流通领域，从而最

---

[1]《2004年条例》第8条第1款规定："从事粮食收购活动的经营者，应当具备下列条件：（一）具备经营资金筹措能力；（二）拥有或者通过租借具有必要的粮食仓储设施；（三）具备相应的粮食质量检验和保管能力。前款规定的具体条件，由省、自治区、直辖市人民政府规定、公布。"

大限度实现种粮农民利益，保护农民的积极性；另一方面，我国推行的改革本身就是"摸着石头过河"，面临的市场环境非常复杂，鉴于粮食安全的极端重要性，又不能完全放任粮食流通市场自由发展，一旦市场失去控制，将造成极大危害和不可挽回的后果。可以说，在市场发展转型期实施粮食收购许可，具有相应的合理性和必要性。

事实上，近几十年我国政府历经多次灾害和突发事件等的严峻考验，但我国粮食供应从未发生大的问题，为经济社会高速发展提供了根本性保障。实践证明，我国确立的粮食流通管理制度是切实有效的，取得的成绩有目共睹。

(二) 粮食流通许可制度的修改

进入新时代，我国社会的主要矛盾发生了变化，从人民日益增长的物质文化需要同落后的社会生产之间的矛盾转变为人民日益增长的美好生活需要和不平衡不充分的发展之间的矛盾。相应地，人们的法治意识和在具体个案中对司法正义的追求，日益成为促成立法修订的关键因素。

在司法领域，"王某军无证收购玉米案"曾引起广泛关注。王某军是内蒙古自治区巴彦淖尔市临河区的一位农民，2014年11月至2015年3月，其从所在村镇周边农户手中收购玉米。2015年年底，王某军因无证收购玉米被工商局等相关部门查获，随后到公安机关投案自首。巴彦淖尔市临河区人民法院审理认定，2014年11月13日至2015年1月20日，被告人王某军未办理粮食收购许可证，未经工商行政管理机关核准登记并颁发营业执照，违法收购玉米卖给粮库，非法经营数额218288.6元，非法获利6000元。临河区人民法院认为，被告人王某军违反国家法律和行政法规规定，未经粮食主管部门许可及工商行政管理机关核准登记并颁发营业执照，非法收购玉米，非法经营数额218288.6元，数额较大，其行为构成非法经营罪。该法院以王某军犯非法经营罪，判处其有期徒刑一年，缓刑2年，并处罚金人民币2万元。

法律界对该案件的关注很大程度上源于对非法经营罪的反思，非法经营罪来源于我国1979年刑法的投机倒把罪，在法律落后于经济生活的情况下，该罪名适用范围不断扩大，作为一个"兜底条款"被广泛诟病。人们对这种行为的刑事违法性产生疑问，此案引起最高人民法院的关注。最高人民法院直接作出再审决定，指令内蒙古自治区巴彦淖尔市中级人民法院对本案进行再审。在再审庭审中，王某军对原审认定的事实及证据无异议，但认为其行为不构成非法经营罪。王某军的辩护人则提出，原审被告人王某军无证收购玉米的行为，不具有社会危害性、刑事违法性和应受惩罚性，不符合刑法规定的非法经营罪的构成要件，将该行为认定为犯罪，不符合刑法的谦抑性原则，应当宣告被告人王某军无罪。2017年2月，巴彦淖尔市中级人民法院再审撤销原判决，改判王某军无罪，并进行相应的国家赔偿。

本案中，在没有获得许可的情况下从事粮食收购，成为王某军案一审被定罪的关键因素。然而事实上，近年来，我国的粮食流通体制经历了数次调整，尤其是2014年以来，粮食收购完全市场化。由于法律的滞后性，粮食流通领域的深刻变化在法制层面没有得到适当回应。从法律层面分析，《2004年条例》第41条对未经许可擅自从事粮食收购活动的，设置了"没收非法收购的粮食"以及"情节严重的，并处非法收购粮食价值1倍以上5倍以下的罚款"的行政处罚措施，只有构成犯罪的，才依法追究刑事责任。但是，在许可制度下，这种设置没有起到应有的作用。

在本案再审阶段，最高人民法院明确指出，就本案而言，王某军从粮农处收购玉米卖与粮库，在粮农与粮库之间起了桥梁纽带作用，没有破坏粮食流通的主渠道，没有严重扰乱市场秩序，不具有与《刑法》第225条规定的非法经营罪前三项行为相当的社会危害性，没有刑事处罚的必要。王某军案固然存在司法机关忽视刑法中社会危害性实质考察的因素影响，但对行为违法性进行判断的根源在于粮食收购许可制度的设置。就此而言，取消粮食收购许可制度，符合当前社会主义市场经济条件下粮食流通发展的客观实际情况，从法律规范层面来讲更加合理。

本案由最高人民法院依职权主动指令再审，表明司法对公民权利的积极保护，通过司法案件，对《粮食流通管理条例》的修订产生了直接推动作用。这个案件不仅对"司法影响立法"有典型意义，而且对破解地方粮食流通体制障碍，鼓励农民等多元市场主体入市收购粮食，推动解决一些地方粮食连年增产背景下农民"卖粮难"问题，切实保障农民利益和市场稳定，依法服务农业供给侧结构性改革都产生了积极意义。

本案引起人们对民行刑法律边界的反思。王某军卖玉米的经营数额已经达到了非法经营罪的立案标准，对其予以刑事处罚似乎也无可厚非，但该案中，最高人民法院指定再审的一个要点就在于违法所得与惩罚力度的明显失调。王某军收购玉米，虽然经营数额达到了21万余元，但是只获利6000元，一审判处其缓刑，并处2万元罚金，虽然从法律上罚金高出所得没有不妥，但是舆论表明判罚超出了民众心理预期。英国哲学家边沁说过，"温和的法律能使一个民族的生活方式具有人性；政府的精神会在公民中间得到尊重"。这句话在王某军无证收购玉米案中得到了完整体现，人们对一审判决的质疑和对再审判决的认可，不仅代表着对个案中公平、理性的盼望，也代表着对全面推行法治的认同。这个案件完全可以通过行政手段解决，没有必要上升到刑法规制的程度，如果从一开始就能够合理把握，就不会造成后来的舆论和司法资源耗费。

总体而言，取消粮食收购资格许可制度，是粮食流通管理制度的一项重大调整，也是《2021年条例》修订的重要内容。站在历史的角度分析，粮食收购许可制度一开始是"放"的体现，是粮食流通走向市场化、法治化的标志。但是伴随市场化程度的升高，这一制度对粮食经营活动产生的不利影响逐渐放大，由"放"变成了"收"，由此有必要进行修改。《2021年条例》取消了粮食收购许可，很大程度上是立法对司法案件的一次典型回应。

（三）粮食流通备案制度的适用

《2021年条例》颁布实施前，国家粮食和物资储备部门表示："取消许可不等于取消监管和弱化服务，而是要运用法治的方法，更好地提升监管效率，更好地服务市场主体，更好地维护市场秩序，营造更好的市场环境。"[①]

随着粮食流通体制改革的不断深入，我国粮食市场多元主体竞争发展格局基本形成，粮食由田间到餐桌产业链长、涉及诸多管理部门，规范主体经营行为、明确部门管理职权，直接关系到粮食流通是否得以有效治理、市场是否稳定有序。党的十九届四中全会提出，要把我国制度优势更好地转化为

[①]《完善全链条监管 保障粮食安全》，载《人民日报》2021年4月9日，第2版。

国家治理效能。为此，准确把握粮食流通形势变化和治理实践需要，贯彻落实国务院"放管服"改革精神，亟须在立法层面解决市场调节与政府调控、鼓励竞争与规范引导等关系，解决机构改革粮食流通管理部门职责变化后协同治理问题，着力提高"放"的信度、"管"的效度、"服"的精准度，为粮食流通这一制度变化提供了遵循和依据。

具体到实际经营活动，"许可"与"备案"差距巨大。虽然行政许可与行政备案都是在政府机关办理，但是性质截然不同。行政许可是国家行政机关对不特定的人负有不作为义务的事项，依照申请人的申请，依据法律法规规定，对申请人是否符合法律法规规定的条件作出判断，决定是否准许申请人从事相关（经营）活动的行政行为。而备案仅仅是到国家行政机关提交相关信息即可实施相关活动，行政机关对行政相对人报送的信息只能接受，不能拒绝。换言之，行政许可的目的在于获取从事某种活动的权利，而行政备案的目的在于让行政机关掌握相关情况。对于从事收购活动的经营主体而言，在实施许可制度的情况下，没有获取政府许可的，即使没有从事违法活动，从法律上判断该行为也是违法的；而在实施备案制度的情况下，只要进行备案就可以从事经营活动，只有在实施了违法活动的情况下，才会受到行政机关的干涉。

当然，实施许可，不代表严格管控；改为备案，也不代表完全放任不管。无论市场发展到何种程度，规范粮食市场交易行为，强化对粮食市场的监管，确保粮食流通公平、有序，是政府实现粮食管理法治化的基本目标。从许可到备案制度的变化，反映出《2021年条例》适应经济社会发展对粮食流通管理制度框架的健全完善，是对新时期粮食流通治理经验的总结、对粮食流通监管政策和措施的法治回应，标志着我国的粮食流通进入全面依法治理的新阶段。

三、粮食流通管理制度的发展方向

全面实施《粮食流通管理条例》，是牢牢把握粮食安全主动权的重要举措，是加快国家粮食安全治理体系和治理能力现代化的重要基础，是推动粮食流通高质量发展的内在要求。当然，现在的粮食流通管理条例也存在法律效力较低、规定较为笼统、立法技术粗疏等弊端，在未来的法治化进程中，要遵循科学立法、民主立法、依法立法的原则进一步加以完善，在内容上具体体现以下要求。

（一）始终坚持中国共产党的领导

改革开放40余年来，中央一号文件多次提及"三农"工作并作出具体指导，从传统计划经济体制到完善社会主义市场经济体制，从加快转变农业发展方式到推进农业供给侧结构性改革，从粮食统购统销到购销市场化，农业农村经济和粮食流通体制经历了一个不断破旧立新、自我完善提高的过程。[①]习近平总书记强调，"要坚决守住18亿亩耕地红线，坚决遏制'非农化'、有效防止'非粮化'"[②]；"粮食安全是国家安全的重要基础，要创新粮食生产经营模式，优化生产技术措施，落实各项扶持政策，保护农民种粮积极性，着力提高粮食生产效益"[③]。这一系列指示，为农村发展、农民增收、农业稳定提供了根本指引。我们应当认识到，在我国这样一个人口大国，吃饭问题始终是头等大事，坚持党的领导，为加快推进新时代粮食流通产业和治理现代化指明了发展方向，提供了坚强的政治保障。

（二）处理好粮食生产、流通和消费的关系

马克思主义理论认为，社会生产和再生产过程是由生产、分配、交换、消费四个环节有机组成的，其中生产是起点，消费是终点，分配和交换是中间环节。推进粮食流通体制改革，要把粮食流通放在整个社会生产和再生产活动中加以认识，不仅要考虑收购、仓储、加工、运输、销售等粮食流通自身的问题，还应当从粮食生产、消费角度去认识粮食流通，切实"为耕者谋

[①] 王双正：《粮食流通体制改革40年：从"怎么看"到"怎么干"》，载《经济研究参考》2018年第67期。

[②] 习近平：《加快建设农业强国 推进农业农村现代化》，载《求是》2023年第6期。

[③] 中共中央党史和文献研究院编：《习近平关于"三农"工作论述摘编》，中央文献出版社2019年版，第86页。

利、为食者造福",防止"谷贱伤农、米贵伤民"。当前,粮食流通面临粮食供需结构性矛盾、粮食需求总量刚性增长、收储规模大但仓储设施不足、易受国际市场粮价波动影响等问题和挑战,对此,要深入分析社会主要矛盾变化对粮食生产、流通和消费的各种影响,切实统筹土地资源的开发、利用和保护,统筹城乡和区域各业各类用地,严格落实省级政府耕地保护目标责任制、细化"米袋子"省长负责制,充分调动政府重农抓粮积极性、农民务农种粮积极性,完善粮食产销区利益协调机制和主产区利益补偿机制,促进"产区余粮有销路、销区用粮有保障",从总体上实现粮食生产、流通和消费的有机统一。

（三）保护和调动种粮农民积极性

影响粮食产量、农民收入的因素很多,除实行家庭联产承包责任制、减免农业税、实施农业补贴等因素外,粮食流通体制改革也是重要影响因素,如几次大幅提高粮食收购价格、实施最低收购价和临储政策等。随着国内外市场形势的深刻变化,托市政策负面影响逐渐凸显,造成市场机制失灵和价格信号扭曲,使市场主体普遍形成粮价只涨不跌预期,很多地方粮库出现了"收不进、储不下、销不出、调不动"现象,财政补贴负担沉重,一些地方还出现了农民惜售待涨、企业抬价收购、"转圈粮"套取巨额补贴等问题,从长远来看,不利于保护农民利益和保障国家粮食安全。新形势下,要坚持市场化改革取向和保护农民利益并重,以市场化收购和优质优价为导向,引导农民跟着需求走、盯着市场种,提高粮食供给质量和效率,促进农民持续稳定增收。

（四）保障粮食供应稳定和高品质粮食供给

中国的粮食安全形势正处在历史最好时期,但也要认识到保障粮食供应稳定和重要农产品供给是一个重大战略问题,影响我国粮食质量安全的风险隐患较多,既有粮食源头影响质量的因素,如土地、水资源污染和重金属超标等,也有仓储、加工环节的管理不善,以及物流、运输方式的不科学等。流通环节的许多问题,都需要从依法管粮、依法治粮的角度予以回应,在全国统一大市场的建设过程中,既要维护全国大市场的统一性,又要考虑到地方发展的差异性,而平衡好两者的关键要素在于强化竞争政策的基础地位和依法行政。

(五)有利于更好地防止和减少粮食损失

减少粮食损耗是粮食流通环节的一个重要课题。据联合国粮食及农业组织统计,每年全球粮食从生产到零售全环节损失约占世界粮食产量的14%。在我国,粮食生产仅"三夏"小麦机收环节减损1个百分点,就可挽回25亿斤粮食。减损就是增产,降耗就是增收。中共中央办公厅、国务院办公厅印发的《粮食节约行动方案》明确提出,到2025年,粮食全产业链各环节节粮减损举措更加硬化实化细化,推动节粮减损取得更加明显成效。与此同时,要树立大食物观,构建多元化食物供给体系,多途径开发食物来源,通过在增产和减损两端同时发力,持续推进食物节约各项行动,从而不断提高粮食安全保障水平。

第三节　粮食流通管理的法治运行

一、粮食流通管理法治的基本原则

(一)党政同责、协同发力

党和国家高度重视粮食安全,始终把吃饭问题作为治国理政的头等大事,尤其是党的十八大以来,以习近平同志为核心的党中央把保障国家粮食安全提高到新的高度,创造性地提出了一系列新理念、新战略。在涉及国家粮食安全战略的文件中,明确了粮食安全中央和地方共同负责,党政同责,省长负责,书记也要负责。[①]《粮食流通管理条例》是在全面总结粮食安全省长责

[①] 2019年中央一号文件提出强化粮食安全省长责任制考核。2021年中央一号文件明确要求地方各级党委和政府要切实扛起粮食安全政治责任,实行粮食安全党政同责,完善粮食安全省长责任制。

任制做法、经验基础上，第一次在行政法规中明确规定省、自治区、直辖市应当落实粮食安全党政同责。通过《粮食流通管理条例》将党政同责政策法治化，为落实总体国家粮食安全战略提供了重要法律保障。

实施党政同责，可以从体制上为粮食安全提供有力保障。一方面，从国内国际粮食安全形势看，国内粮食产需仍处于"紧平衡"状态，资源环境约束日益加剧，发展不平衡不充分的矛盾依然突出，部分地方耕地"非粮化"倾向仍未完全被遏制。另一方面，从制度起源看，党政同责较早实践于我国安全生产领域，随后被引入环境保护、食品安全、脱贫攻坚等重要民生领域，展现出较大的制度优势。2020年12月，中央农村工作会议提出，地方各级党委和政府要扛起粮食安全的政治责任，实行党政同责，"米袋子"省长要负责，书记也要负责。2021年中央一号文件首次明确提出要实行粮食安全党政同责。粮食安全作为保障国家总体安全的一项基础性工作，理应在党政同责的范畴之内。

以河南省为例，这个有着"天下粮仓"美誉的农业大省，用占全国1/16的耕地，生产了全国1/4的小麦、1/10的粮食，除了满足河南1亿人口的粮食需求和粮食加工企业的原料需求外，每年还向国家贡献400亿斤以上的商品粮及其制成品。[①]河南在粮食方面的贡献，与落实党政同责密切相关，对河南省来说，确保粮食生产安全不仅仅是农业大省的责任，更是一项"政治任务"。实施党政齐抓共管，其中党委承担领导责任，政府承担主体责任。一般而言，党委领导责任主要表现为政治领导、思想领导与组织领导，体现为对相关重大问题的决策、确立党的思想在粮食安全和耕地保护中的指导地位，以及贯彻组织原则、加强组织建设与培养选拔领导干部等方面。地方政府作为党委决策的贯彻者和执行者，则将粮食安全和耕地保护工作纳入政府工作重点，完善政府责任清单，明确涉粮管理部门职责，形成与本地区粮食安全保障相适应的责任清单，建立覆盖生产、收购、储备、加工、销售的粮食安全保障体系。据悉，河南省制定了落实粮食安全党政同责规定方案和具体考核办法，

[①]《强农业筋骨稳"中国粮仓"——河南省农业综合开发促进粮食增产农民增收纪实》，载《农民日报》2011年12月8日，第1版。

省级和地方政府采取签订耕地保护目标责任书，作为刚性指标实行严格考核、一票否决、终身追责。同时，发挥责任考核结果的引导作用，对考核成效显著的给予适当激励；对落实不力的根据相关规定进行约谈、批评与问责，确保粮食生产稳定、流通有序。

（二）体现保护，为耕者谋利

做好粮食流通工作，除了解决粮食供应问题，也是落实国家粮食政策、保证种粮农民利益、促进粮食产业高质量发展的重要工作。在《粮食流通管理条例》中，明确了粮食收购按质论价、及时支付售粮款、对重点粮食品种实行政策性收储等保护措施，这些措施将有力保护和调动种粮农民的积极性。通过《粮食流通管理条例》依法维护粮食流通市场秩序，防止压级压价、"打白条"等坑农、害农现象，打击囤积居奇、欺行霸市等违法行为，有助于确保中央惠农富农政策落到实处。同时，《粮食流通管理条例》将防止和减少粮食损失浪费作为粮食经营活动的原则要求，明确了防止和减少粮食损耗的措施，鼓励提高成品粮出品率和副产物综合利用率，进一步提高节粮减损实效，建设"无形良田"，增加粮食有效供给，客观上也有利于增加种粮农民收入。

（三）强调安全，为食者造福

政策性粮食对于粮食安全意义重大。近年来，政策性粮食违法案件时有发生，对此，《粮食流通管理条例》严格了政策性粮食管理，明确粮食经营者在从事政策性粮食经营活动中的禁止性行为，明确政策性粮食的采购和销售方式，强化了监督检查制度，规定了严格、具体的法律责任，有利于优化政策性粮食管理，提升粮食安全保障能力。影响我国粮食质量安全的风险隐患较多，既有粮食源头影响质量的因素，如土地、水污染和重金属超标等，也有仓储、加工环节的管理不善，以及物流、运输方式的不科学等因素，《粮食流通管理条例》强化了粮食质量安全监管，强调建立健全粮食流通质量安全风险监测体系，加强粮食收购、运输、存储、出库等环节监管，确保人民群众"舌尖上的安全"，进一步满足人民群众"吃得好""吃得营养""吃得健康"的诉求，符合最广大人民的根本利益。

（四）优化环境，为业者护航

在粮食市场全面放开和粮食市场主体多元化条件下，容易出现无序竞争的现象，在粮食供求失衡时，一些粮食经营者违规收购或者囤积居奇，不利于粮食市场的稳定，损害种粮农民和消费者的利益。《粮食流通管理条例》深入落实国务院"放管服"改革精神，加强事中、事后监管，建立粮食经营者信用档案，对所有从事粮食收购、销售、储存、加工的经营者及饲料、工业用粮企业，根据其不同的市场行为，确定了科学实用的管理办法；明确粮食和储备行政管理部门、市场监督管理部门的监管措施，围绕粮食流通中的重点领域和关键环节，进一步规范经营活动和买卖双方的交易行为，有效维护粮食市场的良好秩序，营造公平竞争的良好环境，促进粮食市场的健康有序发展。

二、粮食流通管理法治的主要内容

（一）粮食经营

1. 粮食收购

粮食收购，是指直接向种粮农民或者其他粮食生产者批量购买粮食的活动。粮食收购是粮食流通的起点，自收购环节开始，粮食就被赋予了商品属性。根据《国家粮食流通统计制度》，在粮食流通统计上，企业从农村从事粮食收购活动的粮食经纪人处购买的粮食，视同粮食收购。企业向其他企业法人采购的粮食，以及企业通过竞价拍卖的方式，从交易市场购买的粮食（包括政策性粮食），均不属于粮食收购。

《粮食流通管理条例》规定，从事粮食收购的经营者（以下简称粮食收购者）应当具备与其收购粮食品种、数量相适应的能力。主要包括资金能力、仓储能力、保管能力和质量安全检验能力等。资金能力方面，粮食收购者要有与其粮食收购规模相适应的经营资金。仓储能力方面，粮食收购者要具备与其收购粮食规模相适应的仓储设施，且符合有关粮食仓储设施的技术规范和要求。而粮食从收购到储存，再到加工或者销售环节，须保证质量稳定。

《粮食流通管理条例》规定，粮食收购者收购粮食，应当告知售粮者或者在收购场所公示粮食的品种、质量和价格。这是对售粮者知情权的保护。粮食收购者应当在收购场所显著位置公布粮食收购政策信息，公示粮食收购品种、质量要求、量（价）折扣规则等相关信息，做到标准上榜、价格上墙、样品上台，让粮食生产者在充分掌握有效信息的基础上交"明白粮"，有权利自主决定卖多少、卖给谁。实践中，粮食收购者一般还要公布"12325"粮食监管热线海报。

《粮食流通管理条例》规定，粮食收购者应当执行国家粮食质量标准，按质论价，不得损害农民和其他粮食生产者的利益；应当及时向售粮者支付售粮款，不得拖欠；不得接受任何组织和个人的委托代扣、代缴任何税、费和其他款项。从法律角度分析，是以设定禁止性义务的方式对粮食收购者的行为进行了规范：一是严格执行质价标准，既不能压级压价，又不能抬级抬价，不能缺斤少两、坑农害农，不能拒收售粮者的合格粮食。二是及时结算粮款，不能"打白条"，拖欠售粮款。三是要严格遵守财税制度方面的规定。

《粮食流通管理条例》规定，粮食收购者应当按照国家有关规定进行质量安全检验，确保粮食质量安全。对不符合食品安全标准的粮食，应当作为非食用用途单独储存。这是2021年该条例修订后的新增条款，规定了粮食收购者保证粮食质量安全的义务。粮食质量安全是粮食安全的重要方面，而粮食收购是粮食收获后进入流通领域的第一个环节，把好粮食收购的第一道质量关，对于确保后续环节的粮食质量安全非常关键。

《粮食流通管理条例》规定，粮食收购企业应当向收购地的县级人民政府粮食和储备行政管理部门定期报告粮食收购数量等有关情况。跨省收购粮食，应当向收购地和粮食收购企业所在地的县级人民政府粮食和储备行政管理部门定期报告粮食收购数量等有关情况。随着粮食收购逐步实现由政策性收储为主向政府引导下市场化收购为主的转变，多元主体积极入市，市场化收购已成为主流和常态，全面、及时、准确掌握全社会粮食收购的进度、价格等信息，对更好地实施国家宏观调控、保护种粮农民利益、维护市场稳定具有重要意义。

2. 粮食销售

粮食销售，是指粮食经营者通过向其他单位或者个人让渡粮食所有权，从而获取相应经济收入的行为。销售是粮食流通中的重要环节，粮食的价值实现了转移，粮食经营者资金回笼，也为下一步再生产奠定了基础。

《粮食流通管理条例》规定，销售粮食应当严格执行国家粮食质量等有关标准，不得缺斤少两、掺杂使假、以次充好，不得囤积居奇、垄断或者操纵粮食价格、欺行霸市。一方面，销售应遵守《产品质量法》《食品安全法》《粮食质量安全监管办法》等相关法律法规以及强制性标准的要求，确保交易公平、诚信。另一方面，由于粮食是关系国计民生的特殊商品，粮食经营者也要承担必要的社会义务，不能在粮食价格上涨时囤积居奇、恶意炒作，影响市场稳定。

（二）宏观调控

1.粮食宏观调控的必要性和目标

在市场经济条件下，市场对实现资源的优化配置发挥着决定性作用。尽管粮食作为一种商品具有特殊性，但它的一般商品属性仍然是第一位的，因此必须通过市场调节的方式优化粮食资源配置。我国从2004年起全面放开粮食购销市场，正是为了充分发挥市场机制的基础性调节作用，同时，市场调节存在固有的弱点和缺陷，主要表现为自发性、盲目性、滞后性，容易导致经济波动和资源浪费。特别是在粮食生产上，这种影响更加明显。由于粮食的供给和需求弹性比较小，市场机制有时会"失灵"。因此，不宜完全依赖市场机制调整粮食供需，必须通过政府宏观调控，把政府"有形的手"和市场"无形的手"结合起来，才能克服市场的种种缺陷。

粮食宏观调控作为国家宏观调控的重要组成部分，其目标应当服从和服务于国家宏观调控的总体目标。粮食宏观调控目标应当与公共利益一致，与国民经济发展战略目标和长远规划目标相适应。具体而言，就是保持全国粮食供求总量和品种结构基本平衡，保证粮食市场供应和价格基本稳定，保护农民生产积极性和种粮利益，维护国家粮食安全。

2.粮食宏观调控的原则

作为一种政府行为，粮食宏观调控有其局限性，如果操作不慎，将难以收到预期效果，甚至产生不利后果。为了合理发挥粮食宏观调控作用，增强预见性、针对性和科学性，应当遵循以下原则。

一是以市场调节为基础。要充分发挥市场在粮食资源配置中的决定性作用，宏观调控对象仅限于市场机制不能解决或者不能很好解决的问题。

二是正确选择调控时机。要审时度势，准确把握国内外经济社会变化，抓住合适时机，采取有效措施。对已经实施的调控措施，及时判断效果并根据实际进行调整，以达到预期效果。

三是科学掌握调控力度。经济系统是一个十分复杂的系统，牵一发而动全身，涉及多个方面，情况千差万别。力度太小可能达不到预期效果，力度过大又可能危害经济，因此调控必须适度。调控的力度应该与粮食生产者、经营者和消费者的接受程度相适应。

3.粮食宏观调控的主要手段

在粮食流通方面，采取的调控政策主要有以下几个方面。

一是实行粮食最低收购价和临时收储政策，改革完善粮食收储制度。2004年粮食购销市场全面放开后，为了防止粮食丰收后出现粮价过度下跌的情况，国家陆续在主产区对稻谷、小麦实行最低收购价政策；2008年起，在主产区对玉米、大豆、油菜籽实行临时收储政策；2009年起，对新疆小麦实行了临时收储政策。粮食最低收购价和临时收储政策的实施，对稳定市场粮价发挥了积极的引导作用，保护和调动了广大农民种粮的积极性，使农民真正得到了实惠，实现了中央提出的促进粮食增产和农民增收的政策目标。随着国内外粮食市场形势的发展变化，市场机制作用弱化、政策性收储规模过大、财政负担沉重等问题日益突出。为此，国家积极推动粮食收储制度改革，完善粮食等重要农产品价格形成机制，主要包括完善小麦和稻谷最低收购价政策、实现市场化收购加补贴的玉米收储新机制、调整大豆收储政策、加强菜籽油收购组织实施等。总体来看，粮食收储制度改革较为成功，在保障农民收益的同时，缓解了国家收储压力，改善了供求关系。

二是开展政策性粮食销售。2006年12月1日，国家发展改革委、财政部、国家粮食局等制定了《国家临时存储粮食销售办法》，运用规范化的市场机制，形成了全国统一、竞争有序的粮食竞价交易平台，成为国家实施宏观调控的重要手段。在安排粮食销售的过程中，国家有关部门注意把握投放力度和节奏，实现了以经济手段为主的间接调控，使粮食价格在国家宏观调控下运行，确立了政府对粮食市场调控的主动权。在近年来国际市场粮价大幅波动的背景下，保证了我国粮食市场供应和价格的基本稳定。

三是建立健全粮食流通统计调查体系。粮食流通统计，是粮食行政管理部门组织管理的反映粮食商品流通活动和粮食行业基本情况的综合性统计。《粮食流通管理条例》规定，所有从事粮食收购、销售、储存、加工的经营者以及饲料、工业用粮企业，应当建立粮食经营台账，并向所在地县级人民政府粮食和储备行政管理部门报送粮食购进、销售、储存等基本数据和有关情况。粮食经营台账的保存期限不得少于3年。国家粮食和物资储备局制定了《国家粮食流通统计调查制度》，包括粮油流转统计、产业经济统计、仓储设施和基础设施建设投资统计、机构和从业人员统计、粮食科技统计五个方面，自2003年起，开展了社会粮油供需平衡调查，调查对象为粮食生产、流通和消费环节的单位和个人，建立了固定调查点，每年对全国粮食供需平衡现状以及未来发展趋势进行预测分析，为国家制定相关政策、实施宏观调控提供了决策依据。

四是加强粮食市场监测预警。加强粮食市场监测预警，是科学精准实施粮食宏观调控的关键基础和重要前提。《粮食流通管理条例》规定，国务院发展改革部门及国家粮食和储备行政管理部门会同国务院农业农村、统计、市场监管等部门负责粮食市场供求形势的监测和预警分析，健全监测和预警体系，完善粮食供需抽查制度，发布粮食生产、消费、价格、质量等信息。自2006年起，国家粮食和物资储备部门逐步在全国范围内建立了近1200个市场监测直报点，在实际工作中，根据市场形势变化，适时调整监测范围和频率，加强对价格易波动地区和重要粮食品种的跟踪监测，建立市场异动即时反馈机制，大大增强了宏观调控的及时性和预见性。

综合而言，粮食宏观调控的手段分为经济手段、行政手段和法律手段，在实际中，应以经济手段为主，辅之以法律手段和必要的行政手段，综合运用各种政策措施，发挥组合效应。

（三）监督检查

1.当前粮食流通监督检查体系及职权

（1）国家粮食和物资储备局

2018年，按照《深化党和国家机构改革方案》和党中央、国务院的决定，新组建了国家粮食和物资储备局。在粮食流通监管方面，国家粮食和物资储备局负责对管理的政府储备、企业储备以及储备政策落实情况进行监督检查，负责粮食流通监督检查，负责粮食收购、储存、运输环节粮食质量安全和原粮卫生的监督管理，组织实施全国粮食库存检查工作。

（2）国家粮食和物资储备局各垂直管理局

国家粮食和物资储备局设立了26个垂直管理局。在粮食流通监管方面，各垂直管理局按照国家局的指令，履行中央储备粮在地监管职责，承担日常监督检查工作，监督中储粮分支机构、中储粮直属企业等管理和业务开展情况，提出中央储备粮经营管理违法违规问题的处理意见，督促整改落实。同时，配合地方有关部门监督检查其他涉及中央事权粮食政策执行情况。

（3）地方粮食和物资储备部门

地方粮食和物资储备部门在政府机构改革中变化较大。在省级层面，大部分省份改为粮食和物资储备局，有的省份，如青海、黑龙江，仍保留粮食局名称，有的省份，如天津、重庆，不再设立专门的粮食局，由发展改革委承担粮食行政管理职能。在市、县级层面，一些粮食主产区，如河南、安徽等，保留了县级粮食行政管理部门，许多地方不再单独设立县级粮食行政管理部门。依据有关法规文件的规定，地方粮食和物资储备部门涉及粮食监管的职责主要包括：一是对地方粮食储备履行监管职责，确保地方储备粮数量真实、质量良好和储存安全；二是对辖区内承储最低收购价粮、临时存储粮等其他中央事权粮食的企业履行属地监管责任；三是全社会粮食流通的监管职责。主要是对粮食收购、储存、运输和执行国家粮食流通统计制度等开展专项检查，配合市场监管等部门打击粮食经营中的违法违规行为。

2.粮食行政管理部门的监督检查权

《粮食流通管理条例》规定，粮食和储备行政管理部门在监督检查过程中，可以进入粮食经营者的经营场所，查阅有关资料、凭证；检查粮食数量、质量和储存安全情况；检查粮食仓储设施、设备是否符合有关标准和技术规范；向有关单位和人员调查了解相关情况；查封、扣押非法收购或者不符合国家粮食质量安全标准的粮食，用于违法经营或者被污染的工具、设备以及有关账簿资料；查封违法从事粮食经营活动的场所。比较而言，修订前的

《粮食流通管理条例》只规定了粮食行政管理部门的监督检查权，没有设置相应的强制措施。①2021年修订的条例赋予了粮食行政管理部门查封、扣押的行政强制权。查封、扣押，成为粮食行政管理部门开展监督检查可以使用的方式和手段。

3.市场监管部门的粮食监督检查权

受机构改革的影响，客观上粮食行政管理部门面临执法监督人员短缺的现状。《粮食流通管理条例》规定，市场监督管理部门依照有关法律法规的规定，对粮食经营活动中的扰乱市场秩序、违法交易行为以及价格违法行为进行监督检查。这意味着，市场监督管理部门在粮食经营活动中的监督检查，主要针对三类行为：一是扰乱市场秩序的行为。常见的情形包括经营者互相串通、操纵市场价格，捏造、散布虚假信息，推动价格过快过高上涨等。二是违法交易行为。常见的情形包括经营者利用自身独特地位或政策优势，限定其他经营者购买其指定的粮油产品，限制外地的粮油进入特定市场等。三是价格违法行为。常见的情形包括违反国家最低收购价进行政策性粮食收购，压级压价、克扣农民，不按规定实行增扣量、增扣价，在收购中擅自设立项目、自定收费标准乱收费，或者代收代缴其他费用等。

（四）法律责任

1.粮食流通管理法律责任及特点

粮食流通管理的法律责任，是指粮食和储备行政管理人员、粮食经营者，违反《粮食流通管理条例》及相关配套政策制度规定，而应承担某种不利的法律后果。一般而言，法律责任具有法定性、条件性、国家强制性的基本特点。在不同领域，根据法律调整对象的不同，法律责任也会发生相应的转变。粮食流通管理具有其特殊性，对应的法律责任也表现出一定的特殊性。

一是功能的特殊性。通常情况下，法律责任强调的是损害引发后的惩罚功

---

① 修订前的规定是：粮食行政管理部门在监督检查过程中，可以进入粮食经营者经营场所检查粮食的库存量和收购、储存活动中的粮食质量以及原粮卫生；检查粮食仓储设施、设备是否符合国家技术规范；查阅粮食经营者有关资料、凭证；向有关单位和人员调查了解相关情况。

能，而粮食流通管理法律责任更强调预防损害。在《粮食流通管理条例》中设置了涉及粮食质量安全、储存安全、政策执行等预防性条款以及相应的罚则。

二是责任主体的广泛性。粮食流通涉及粮食收购、销售、储存、运输、加工、进出口等一系列环节，涉及小麦、稻谷、玉米、杂粮及其成品粮等性质品种，涵盖了由收购到消费的整个过程，由此决定了粮食流通管理法律责任主体的广泛性。

三是责任类型的多样性。粮食流通管理法律关系涉及民事、行政、刑事等层次，涉及内部管理关系、外部监管关系，具有责任类型多样的特征。

2.粮食流通管理法律责任的种类

（1）责令改正

责令改正是行政机关命令违法行为人履行既有的法定义务，纠正违法、恢复原状的一种责任方式。责令改正不是行政处罚，而是附属于行政处罚的一种行政命令，是辅助实现行政处罚目的的具体行政行为，体现的是行政机关的监管职能以及通过行政执法实现法律功能的职责。实践中，责令改正一般适用于违法行为轻微、可以挽回的场合，也可以在对违法当事人进行行政处罚的同时，单独制作下达责令改正文书。

（2）警告

警告一般是指粮食和物资储备部门依据相关的法律法规规定，对违法行为人进行警告，使其声誉、名誉等精神利益遭受一定损失的处罚方法。这是性质最轻、使用范围最广的行政处罚手段。[①]警告的主要作用在于告诫，不会给违法行为人造成直接的物质利益损失，但是其惩罚效果不容忽视。特别是我国目前正在全面推进信用监管，粮食流通也在加快开展粮食信用监管体系建设，警告会在无形之中导致违法行为人的经济利益受损。

（3）罚款

罚款是行政主体强制违法行为人承担金钱给付义务，并在一定期限内交

[①]《行政处罚法》第9条规定："行政处罚的种类包括：（一）警告、通报批评；（二）罚款、没收违法所得、没收非法财物；（三）暂扣许可证件、降低资质等级、吊销许可证件；（四）限制开展生产经营活动、责令停产停业、责令关闭、限制从业；（五）行政拘留；（六）法律、行政法规规定的其他行政处罚。"

纳一定数额钱款的处罚形式。粮食是大宗商品，资金占用额度大，经营利润率低，处罚太重执行非常困难。2021年修订的《粮食流通管理条例》在行政罚款方面进行了较大调整，依照粮食经营者违法违规情节和程度分为以下几种情况。

一是未履行相关常规义务的，比如，粮食收购企业未按照规定备案或者提供虚假备案信息，拒不改正的，处2万元以上5万元以下罚款。

二是未严格执行相关制度规定的，比如未执行国家粮食质量标准、未及时支付售粮款等，可以并处20万元以下罚款；情节严重的，并处20万元以上50万元以下罚款。

三是造成或可能造成粮食质量安全风险隐患的，比如，真菌毒素、农药残留、重金属等污染物质以及其他危害人体健康的物质含量超过食品安全标准限量等行为，违法销售出库的粮食货值金额不足1万元的，并处1万元以上5万元以下罚款；货值金额1万元以上的，并处货值金额1倍以上5倍以下罚款。

四是违反政策经营活动规定的，比如，虚报粮食收储数量，通过以陈顶新、以次充好、低收高转、虚假购销、虚假轮换、违规倒卖等方式，套取粮食价差和财政补贴，骗取信贷资金等行为，处50万元以上200万元以下罚款；情节严重的，并处200万元以上500万元以下罚款。

五是从事粮食经营活动的企业有违反《粮食流通管理条例》规定的违法情形且情节严重的，对其法定代表人、主要负责人、直接负责的主管人员和其他直接责任人员处以其上一年度从本企业取得收入的1倍以上10倍以下罚款。

（4）没收违法所得

没收违法所得，是指行政机关将行为人通过违法行为所获取的利益予以没收的处罚方式。《粮食流通管理条例》规定的可以没收违法所得的情形主要包括以下几个方面。

一是粮食收购者、粮食储存企业将下列粮食作为食用粮食销售出库的，由粮食和物资储备部门没收违法所得，包括：真菌毒素、农药残留、重金属等污染物质以及其他危害人体健康的物质含量超过食品标准限量的；霉变或者色泽、气味异常的；储存期间使用储粮药剂未满安全间隔期的；被包装材料、容器、运输工具等污染的；其他法律法规或者国家有关规定明确不得作为食用用途销售的。

二是在政策性粮食经营活动中，具有虚报粮食收储数量，通过以陈顶新、以次充好、低收高转、虚假购销、虚假轮换、违规倒卖等方式，套取粮食价差和财政补贴，骗取信贷资金等9类违反国家政策性粮食经营管理规定的行为的，[①]由粮食和储备行政管理部门没收违法所得。

三是粮食应急预案启动后，不按照国家要求承担应急任务，不服从国家的统一安排和调度的，由粮食和储备行政管理部门没收违法所得。

三、粮食流通管理法治的具体要求

（一）增强依法行政能力

面对新形势、新问题，粮食行政管理部门应当不断加强法治机关建设，全面增强依法管粮能力。

一是强化法治思维。要认真学习贯彻习近平新时代中国特色社会主义思想，吃透精神实质，把握核心要义，明确实践要求，从而贯彻落实到粮食流通工作全领域。要把法治教育作为各类培训的重要内容，大力推进机关法治文化建设，引导广大干部将法治思维厚植于心、外化于行，使依法行政成为自觉习惯。要抓住"关键少数"，落实法治机关建设第一责任人责任，带头尊崇法治、敬畏法律，带头营造依法办事、遇事找法、化解矛盾靠法的法治环境。

二是提高专业素养。粮食流通工作专业性强，关联领域多，形势发展变化大，必须依靠专业思维、专业素养、专业方法予以保障。要加强法治工作机构和队伍建设，优先将讲政治、业务精、作风硬的干部充实到依法行政岗位，把具有专业资格和实践经验的干部安排到执法监管一线。坚持干什么、学什么，有针对性地开展专题培训、轮岗交流，弥补经验空白和知识盲区，优化机制，保证力量，切实提高依法决策水平和依法行政能力。

---

① 参见《粮食流通管理条例》第49条。

（二）完善配套制度规范

《粮食流通管理条例》健全完善了粮食流通管理的制度框架，全面充实了粮食流通管理的制度内容。在实施过程中，需要完善相关的配套制度规范，全面提高粮食流通法治化水平。具体而言，要创新监督管理方式，加强粮食收购资格许可改为备案后的事中、事后监管；要突出政策性粮食经营活动监管，守住政策底线；要突出原粮质量监管，严防不合格粮食流入口粮市场；切实推进"互联网+监管"，提高信息化建设水平，减轻基层监管工作量，缓解粮食流通监管力量不足的压力。

（三）广泛开展普法宣传

按照"谁执法、谁普法"的要求，普法与执法相结合、系统内普法与社会普法并重，切实把《粮食流通管理条例》的精神和相关规定普及全体群众。

中国人民具有爱粮护粮的光荣传统，新时期，要积极把纸面上的法律普及广大民众之中，更加有助于实现立法目标。在日常普法工作中，要把《粮食流通管理条例》中的重点内容、关键措施等编写成通俗易懂的读物，制作消费者喜闻乐见的视频，借助电视、广播、网络、报纸等，通过多渠道、多平台、多形式，让基层干部和粮食生产经营主体熟悉新政策、了解新办法，确保政策不折不扣落地、扎扎实实到位，增强全体民众尊法学法守法用法意识，维护粮食市场秩序健康有序。

（四）依法执法监管

执法监管是维护粮食流通秩序的一道重要防线。《粮食流通管理条例》提出要强化监管责任，明确有关监管部门不依法履行粮食流通监管职责的法律责任。加大违法行为惩处力度，对粮食收购企业未按规定备案或提供虚假备案信息、未按国家规定进行质量安全检验等行为处以警告或罚款等，提高粮食经营主体违法成本。对此，粮食行政管理部门要积极提升执法能力，做到敢于执法、善于执法，从而把制度落到实处。

在具体执法监管工作中，要加强对粮食流通执法人员的培训，准确理解执法内容、执法成效，合理把握自由裁量尺度，规范文明执法。不仅要认真落实行政执法责任，建立完善执法责任追究机制，做到执法有保障、有权必有责、用权受监督、违法受追究、侵权须赔偿，也要正确处理监管与被监管的关系，该监管的要监管到位，该服务的要服务到位，按照法律、政策、程序办事，防止不作为、乱作为现象。要以公开促公正、以透明保廉洁，加大政务公开力度，严肃查处违法违纪行为，自觉接受社会监督、舆论监督，全面加强巡视监督，形成风清气正的执法监管氛围。

第四章

粮食储备法律制度

我国曾长期实行统购统销政策。随着市场经济制度的建立，粮食收储制度也开始形成政府储备与市场储备并行格局。在我国粮食收储制度不断改革完善的同时，相关法律法规为粮食安全提供了坚实保障，收储制度在实践中的创新也为现有法律体系带来了一定的风险挑战和时代机遇。

第一节 粮食储备法律制度的一般理论

粮食储备是国家粮食安全的重要保障。现代国家一般通过法律机制调节粮食储备，以形成粮食生产、流通、消费的有效平衡。中国作为人口大国和粮食储备规模大国，粮食储备法律制度建设在国家粮食安全治理中尤为重要。

一、粮食储备法律制度的概念、原则和意义

粮食储备制度是为了保证非农业人口的粮食消费需求，调节粮食供求平衡、稳定粮食市场价格、应对重大自然灾害或其他突发事件而建立的一项物资储备制度。粮食是特殊物资，粮食储备对稳定的粮食供给具有重要意义。要稳住粮食储备这块"压舱石"，离不开完善的粮食储备制度。

联合国粮食及农业组织将粮食储备的概念界定为，新的作物年度开始时，可以从上一个年度收获作物中得到的粮食库存量，也即结转库存。[①]粮食储备包括政府储备和民间储备。政府储备的粮权归政府，经审核具备储备资格的承储公司接受政府指令，形成政策性粮食储备。民间储备包括市场储备和农户储备，市场储备主体一般须取得粮食储备资格。

我国储备粮管理坚持"政府主导、分级管理，市场配置、社会参与，质量安全、优储适需"的原则。按照政策性职能和经营性职能分开的原则，政

[①] 穆中杰：《科学把握"粮食安全"的法治内涵》，载《河南工业大学学报（社会科学版）》2014年第1期。

府储备业务与商业经营业务应明确区分。

我国现有储备体系保障了口粮的基本安全，却也存在一些问题。例如，国家主导的粮食收储加重了财政负担，储备粮存在陈化现象，对粮食市场存在的挤出效应，制约粮食生产和流通的高质量发展。政府储备挤压了民间粮食储备企业的发展空间，影响了粮食市场机制；民间储备依附于国有收储公司，自身缺乏市场风险识别和风险承担能力。推动粮食安全的高质量发展，需要以法治思维梳理政府储备与民间储备协调发展的问题及其解决路径，以法治保障政府与市场关系的有序良性运行，形成政府储备与企业储备功能互补、协同高效的粮食储备新格局，实现更高层次的粮食供需动态平衡。

二、粮食储备制度的法律渊源

我国粮食储备立法体系由中央立法和地方立法共同构成。中央立法包括法律、行政法规、部门规章；地方立法主要是地方性法规、地方政府规章和相关实施办法。

（一）中央立法

1993年颁布实施的《农业法》规定，国家对粮食实行中央和地方分级储备调节制度。这是国家法律中第一次出现粮食储备概念。2015年颁布实施的《国家安全法》规定，完善粮食储备制度、流通体系和市场调控机制，健全粮食安全预警制度，保障粮食供给和质量安全。粮食储备问题在法律上提升到国家安全层面。2021年颁布实施的《乡村振兴法》首次提出了国家粮食"储备体系"概念。[1]

1990年，我国开始建立粮食专项储备制度，国家粮食储备局负责储备粮的行政管理和日常经营。2000年，中国储备粮管理总公司成立，负责中央储备粮食经营，将经营职能从粮食行政管理部门中剥离。

2003年《中央储备粮管理条例》的颁布（2011年和2016年两次进行修

---

[1] 宋红旭：《国家粮食和物资储备法律法规体系综述》，载《中国粮食经济》2023年第3期。

订),标志着中央储备粮的管理开始正式步入法治化轨道。2004年颁布的《粮食流通管理条例》(2013年、2016年和2021年三次进行修订)与《中央储备粮管理条例》构成了我国粮食储备制度的主体框架。[①]

2021年,国家粮食和物资储备局颁布了《政府储备粮食仓储管理办法》,为落实粮食储备体制机制改革精神,聚焦国家储备安全核心职能,进一步规范和加强政府储备粮食仓储管理,同年,还颁布了《政府储备粮食质量安全管理办法》,以落实中共中央、国务院关于加强粮食储备安全管理的政策要求,强化质量管理,确保政府储备粮食质量安全。此外,有关国家政策性粮食出库管理、储备粮轮换及临时存储等事项也颁行了相关办法和细则。相关部门规章和规范性文件为法律法规的贯彻落实提供了重要保障。

(二)地方立法

各地方根据《国家安全法》《农业法》《土地管理法》《粮食流通管理条例》等有关法律法规,结合实际,相继制定颁布了相关地方性法规和地方政府规章。这些地方性立法,对保障粮食安全,建立健全粮食安全保障体系,确保粮食有效供给,维护经济社会稳定发展具有重要意义。

广东省和贵州省的人大常委会分别于2009年和2011年出台的《广东省粮食安全保障条例》《贵州省粮食安全保障条例》,从生产保障、储备保障、流通保障以及调控保障等方面进行了规定。[②] 随后,各省(自治区、直辖市)大多颁布了本辖区的地方性法规为地方粮食安全保驾护航。

随着粮食安全法制的发展,越来越多的地方开始以地方性法规或政府规章的形式进行了地方粮食储备的专项立法。大部分省(自治区、直辖市)以政府规章的形式颁行,如《四川省地方粮食储备管理办法》《黑龙江省省级储备粮管理办法》《吉林省省级储备粮管理办法》《广东省省级储备粮管理办法》《贵州省地方储备粮管理办法》《河南省储备粮管理办法》《上海市地方粮食储备安全管理办法》《重庆市地方粮食储备管理办法》《甘肃省粮食储备安全

[①] 冯达:《我国粮食储备制度法定化之探》,载《行政与法》2022年第8期。
[②] 钱煜昊等:《地方性粮食安全保障法立法思路研究》,载《农村经济》2022年第2期。

管理办法》等。有些省（自治区、直辖市）则以地方性法规的形式颁行，如《宁夏回族自治区地方储备粮管理条例》《辽宁省地方储备粮管理条例》《天津市地方粮食储备管理条例》等。

此外，许多市、县人民政府和各级粮食行政管理部门颁行的粮食储备管理办法、粮食储备企业管理办法等地方规范性文件，对《粮食流通管理条例》和有关法规规章的贯彻落实起了重要作用。

第二节　政府粮食储备管理法律制度

政府粮食储备是应对重大自然灾害或者其他突发事件的"压舱石"，政府储备与粮食政策性收购共同构成了政府收储体系，政府粮食储备是政策性收购的结果，良性的政策性收储为粮食安全提供了基本保障。

一、政府粮食储备管理的一般法律规定

政府粮食储备包括中央储备和地方储备。中央储备由中央负责统一调配和管理，包括中央专项储备和托市储备；地方储备由省级政府统一负责，省、市、县政府分级实施。

（一）中央储备粮管理的一般法律规定

2003年，国务院颁布的《中央储备粮管理条例》明确规定中央政府储备粮是指中央政府储备的用于调节全国粮食供求总量，稳定粮食市场，以及应对重大自然灾害或其他突发事件等的粮食和食用油。

1.中央储备粮管理体制

中储粮公司负责中央储备粮的经营管理，并对中央储备粮的数量、质量和储存安全负责。国务院发展改革部门和国家粮食行政管理部门会同国务院财政部门负责拟订中央储备粮规模总量、总体布局和动用的宏观调控意见，

对中央储备粮管理进行指导和协调。国家实行中央储备粮垂直管理体制，地方各级人民政府及有关部门应当对中央储备粮的垂直管理给予支持和协助。

国家粮食行政管理部门负责中央储备粮的行政管理，对其数量、质量和储备安全实施监督检查。国务院财政部门负责安排中央储备粮的贷款利息、管理费用等财政补贴，并保证及时、足额拨付；负责对中央储备粮有关财务执行情况实施监督检查。中国农业发展银行负责按照国家有关规定，及时、足额安排中央储备粮所需贷款，并对发放的中央储备粮贷款实施信贷监管。

中央储备粮的储存规模、品种和总体布局方案，由国务院发展改革部门及国家粮食行政管理部门会同国务院财政部门，根据国家宏观调控需要和财政承受能力提出，报国务院批准。中国储备粮管理总公司根据中央储备粮的收购、销售计划，具体组织实施中央储备粮的收购、销售。

中央储备粮实行均衡轮换制度，每年轮换的数量一般为中央储备粮储存总量的20%至30%。中国储备粮管理总公司应当根据中央储备粮的品质情况和入库年限，提出中央储备粮年度轮换的数量、品种和分地区计划，报国家粮食行政管理部门、国务院财政部门和中国农业发展银行批准。中国储备粮管理总公司在年度轮换计划内根据粮食市场供求状况，具体组织实施中央储备粮的轮换。中央储备粮的收购、销售、轮换原则上应当通过规范的粮食批发市场公开进行，也可以通过国家规定的其他方式进行。

2.中央储备粮的代储及法定要求

中国储备粮管理总公司直属企业为专户储存中央储备粮的企业。中央储备粮也可以依照《中央储备粮管理条例》的规定由具备条件的其他企业代储。根据《中央储备粮管理条例》第19条的规定，代储中央储备粮的企业，应当具备下列条件：一是仓库容量达到国家规定的规模，仓库条件符合国家标准和技术规范的要求；二是具有与粮食储存功能、仓型、进出粮方式、粮食品种、储粮周期等相适应的仓储设备；三是具有符合国家标准的中央储备粮质量等级检测仪器和场所，具备检测中央储备粮储存期间仓库内温度、水分、害虫密度的条件；四是具有经过专业培训的粮油保管员、粮油质量检验员等管理技术人员；五是经营管理和信誉良好，并无严重违法经营记录。

选择代储中央储备粮的企业，应当遵循有利于中央储备粮的合理布局，有利于中央储备粮的集中管理和监督，有利于降低中央储备粮成本、费用的原则。

具备以上规定代储条件的企业，经国家粮食行政管理部门审核同意，取得代储中央储备粮的资格。企业代储中央储备粮的资格认定办法，由国家粮食行政管理部门会同国务院财政部门，并征求中国农业发展银行和中国储备粮管理总公司的意见制定。

中国储备粮管理总公司负责从取得代储中央储备粮资格的企业中，根据中央储备粮的总体布局方案择优选定中央储备粮代储企业，报国家粮食行政管理部门、国务院财政部门和中国农业发展银行备案，并抄送当地粮食行政管理部门。中国储备粮管理总公司应当与中央储备粮代储企业签订合同，明确双方的权利、义务和违约责任等事项。中央储备粮代储企业不得将中央储备粮轮换业务与其他业务混合经营。承储企业应当对中央储备粮实行专仓储存、专人保管、专账记载，保证中央储备粮账账相符、账实相符、质量良好、储存安全。

承储企业不得以中央储备粮对外进行担保或者对外清偿债务。承储企业依法被撤销、解散或者破产的，其储存的中央储备粮由中国储备粮管理总公司负责调出另储。

3.中央储备粮的动用及法定条件

国务院发展改革部门及国家粮食行政管理部门，应当完善中央储备粮的动用预警机制，加强对需要动用中央储备粮情况的监测，适时提出动用中央储备粮的建议。

根据《中央储备粮管理条例》第38条的规定，出现下列情况之一的，可以动用中央储备粮：一是全国或者部分地区粮食明显供不应求或者市场价格异常波动；二是发生重大自然灾害或者其他突发事件需要动用中央储备粮；三是国务院认为需要动用中央储备粮的其他情形。

动用中央储备粮，由国务院发展改革部门及国家粮食行政管理部门会同国务院财政部门提出动用方案，报国务院批准。动用方案应当包括动用中央储备粮的品种、数量、质量、价格、使用安排、运输保障等内容。国务院发展改革部门及国家粮食行政管理部门，根据国务院批准的中央储备粮动用方案下达动用命令，由中国储备粮管理总公司具体组织实施。紧急情况下，国务院直接决定动用中央储备粮并下达动用命令。任何单位和个人不得拒绝执行或者擅自改变中央储备粮动用命令。

4.中央储备粮管理的监督检查

根据《中央储备粮管理条例》第42条的规定，国家粮食行政管理部门、国务院财政部门按照各自职责，依法对中国储备粮管理总公司及其分支机构、承储企业执行本条例及有关粮食法规的情况，进行监督检查。在监督检查过程中，可以行使下列职权：一是进入承储企业检查中央储备粮的数量、质量和储存安全；二是向有关单位和人员了解中央储备粮收购、销售、轮换计划及动用命令的执行情况；三是调阅中央储备粮经营管理的有关资料、凭证；四是对违法行为，依法予以处理。

国家粮食行政管理部门、国务院财政部门在监督检查中，发现中央储备粮在数量、质量、储存安全等方面存在问题，应当责成中国储备粮管理总公司及其分支机构、承储企业立即予以纠正或者处理；发现中央储备粮代储企业不再具备代储条件，国家粮食行政管理部门应当取消其代储资格；发现中国储备粮管理总公司直属企业存在不适于储存中央储备粮的情况，国家粮食行政管理部门应当责成中国储备粮管理总公司对有关直属企业限期整改。

在粮食主产区，基本上每个地级市设一个直属库，个别产粮大市则会设多个。中储粮各省总公司对直属库实行垂直管理，直属库主任则由中储粮总公司任命。各省储备粮购粮款，通过这些直属库下发。粮食丰产之后，国家通过最低价收购政策，由中储粮通过向中国农业发展银行统贷统还的方式筹措粮款，中央财政则对该收购粮提供保管费用补贴和利息补贴，因此，直属库都试图通过增加收购来享受更多的财政补贴。但直属库库容难以承担巨大的市场余粮，国家开始允许中储粮委托符合收储条件的其他库点进行托市收购。

（二）地方政府粮食储备管理的一般法律规定

地方政府储备实行省、市、县分级储备，粮权属于本级人民政府。地方政府储备以省级储备为主，市、县级储备为辅；市、县级储备以市级储备为主，县级储备为辅。

省发展改革部门负责拟订全省和省级政府储备计划，市级发展改革部门负责拟订全市和市级政府储备计划，县级发展改革部门负责拟订本级政府储备计划。粮食和储备行政管理部门负责本级政府储备的行政管理，建立健全储备粮管理制度，对地方政府储备的数量、质量、储存安全以及储备政策落实情况进行监督检查。财政部门负责安排本级政府储备的管理费用、轮换费用、贷款利息、动用价差亏损等相关财政补贴，保障地方政府储备监督检查经费和质量检测费用，按规定标准及时、足额拨付，并对财政拨付资金使用进行监管。审计部门负责对地方政府储备政策落实以及相关资金筹集分配管理使用等情况实施审计监督。

1.地方政府粮食储备的规模和计划

省发展改革部门根据国家下达的总量计划和本省实际需要，拟订全省和省级政府储备计划，征求粮食和储备行政管理部门、财政部门等部门意见，报省人民政府批准后组织实施。地方政府储备计划应当包括储备规模、总体布局、品种结构、质量要求等内容。省、市、县级人民政府在完成上级下达的政府储备计划的基础上，可以根据实际需要，适当增加储备规模。地方政府储备规模实行动态调整，原则上3至5年调整一次。

地方政府储备的收购、销售计划，由粮食和储备行政管理部门根据本级人民政府批准的政府储备计划，会同发展改革部门、财政部门联合下达，由地方政府储备运营主体具体实施，承储企业应予配合。粮食和储备行政管理部门会同财政部门下达本级政府储备年度轮换计划。地方政府储备年度轮换计划包括轮换数量、品种、质量、地点（库点）等内容，由地方政府储备运营主体负责实施，承储企业应予配合。地方政府储备运营主体应当按照规定，及时向粮食和储备行政管理部门报告收购、销售、年度轮换计划完成情况，同时抄报发展改革部门、财政部门以及农业发展银行。县级以上人民政府应当根据本行政区域粮食市场调控需要，统筹考虑地方政府储备和粮食产销情况，确定企业储备的规模和布局。省粮食和储备行政管理部门会同有关部门提出企业社会责任储备的具体标准和相关激励约束机制，报省人民政府批准。

2.地方政府粮食储备的代储及条件

粮食和储备行政管理部门会同发展改革部门、财政部门根据地方政府储备的总体布局要求，按照有利于合理布局、便于监管和降本节费的原则，公开、公平、公正、择优确定承储企业。省级储备由省级储备直属企业承储，也可以通过委托代储等方式承储，不得租仓储存。

地方政府储备运营主体应当与承储企业签订承储合同，明确双方的权利、义务和违约责任等事项。地方政府储备运营主体对承储企业实行动态管理，发现承储企业存在不适合储存地方政府储备的情形，应当及时报告同级粮食和储备行政管理部门并责令承储企业限期整改。整改后仍不适合储存的，应当按照确定承储企业的程序及时将地方政府储备调整到其他承储企业。

各地方政府所订"办法"基本按照中央储备粮承储企业条件确定代储资格。承储企业出现名称、性质变化，重组改制，依法被撤销、解散、破产的，或者出现其他可能危及地方政府储备安全的情形，应当及时向当地地方政府储备运营主体、粮食和储备行政管理部门以及农业发展银行报告。

3.地方政府粮食储备均衡轮换制度

地方政府储备实行均衡轮换制度。《河南省储备粮管理办法》规定，地方政府储备储存年限一般为小麦不超过5年，稻谷、玉米不超过3年，食用油不超过2年。

承储企业应当根据地方政府储备的品质情况和入库年限，向地方政府储备运营主体提出轮换申请，由地方政府储备运营主体提出年度轮换计划建议，经粮食和储备行政管理部门、财政部门同意后实施。地方政府储备运营主体应当组织承储企业按照年度轮换计划，根据市场供求情况，在规定时间内完成轮换。

《河南省储备粮管理办法》规定，地方政府储备的轮换架空期原则上不得超过4个月。根据重大自然灾害、重大公共卫生事件或者其他突发事件等不可抗力因素，省人民政府可以调整地方政府储备最低实物库存量、品种结构，延长轮换架空期。

收购、轮换入库的地方政府储备应当为粮食生产年度内新粮，并经粮食质量检验机构检验，达到年度轮换计划规定的要求。地方政府储备销售、轮换出库，应当按照国家规定进行出库质量安全检验，严禁不符合食品安全标准的储备粮流入口粮市场和食品生产企业。

地方政府储备轮换主要通过国家粮食电子交易平台省级联网市场以及相关网上交易平台，以公开竞价交易方式进行，也可以采取直接收购、邀标竞价销售等方式进行。

4.地方政府粮食储备的动用及法定条件

《河南省储备粮管理办法》规定，出现下列情况之一的，可以动用地方政府储备和企业社会责任储备：一是粮食明显供不应求或者市场价格异常波动的；二是发生重大自然灾害、重大公共卫生事件或者其他突发事件需要动用的；三是县级以上人民政府认为需要动用的其他情形。

动用地方政府储备应当首先动用县级储备；县级储备不足的，由县级人民政府申请动用设区的市级储备；设区的市级储备不足的，由市级人民政府申请动用省级储备。省、市级人民政府可以依法动用下级地方政府储备。企业社会责任储备应当服从政府统一调度。动用地方政府储备和企业社会责任储备的情况，应当及时向本级人民政府以及上一级粮食和储备行政管理部门报告。紧急情况下，省人民政府可以直接决定动用本省储备粮并下达动用命令。

《河南省储备粮管理办法》规定，地方政府储备动用后，原则上应在12个月内完成等量补库工作。企业社会责任储备动用后，有关企业应当及时恢复库存。动用社会责任储备的企业因执行动用命令造成损失的，批准动用方案的人民政府应当给予补偿。

二、政府粮食储备制度与政策性粮食收购监管

长期以来，我国对粮食流通实行政府管控。2004年，国务院出台了《关于进一步深化粮食流通体制改革的意见》，明确粮食流通中充分发挥市场机制，进一步实现粮食购销市场化和市场主体多元化，国家对粮食市场实行宏观调控。国务院决定在放开粮食市场的同时，在特定情况下以最低价收购、临时存储收购等政策性粮食收购方式，稳定粮食购销市场。其中，最低价收购政策影响较大、范围更广。

（一）我国现行政策性粮食收购与存储

为调动农民种粮积极性，维护粮食流通市场秩序，我国从2004年开始，每年都会在特定地区启动最低价收购粮食政策。当某地粮食市场的特定粮食价格低于国家规定的最低收购价格时，由相关粮企按照政府指定的最低收购价格对该类粮食敞开收购以托住粮食价格，直至市场价格回升到最低收购价以上。在此政策下，粮食收购价格一般由市场供需决定，国家在必要时采取措施进行有限干预。与长期以来以政府统管粮食收购为主不同，粮食最低收购价政策是市场机制的补充。政策执行仅局限于部分粮食主产区的重点粮食品种的特定低价时期。执行政策性收购的主体是多元化的，被指定粮企在收购中的委托收购与自身经营业务严格区分，这些在一定程度上打破了粮食收购保护价政策中国有粮企垄断收购的封闭运行局面，保证了市场机制在粮食流通中的作用。保护价收购中，国家粮食风险基金对被指定粮企经营保护价粮食进行补贴，导致盈利归企业、亏损归财政，给国家财政造成巨大负担。实行最低价收购政策后，政策收购的粮食归政府所有，受委托粮企负责储存，对粮食的处分则须经政府许可。收购粮主要通过指定粮食批发市场按照顺价销售的原则公开竞价销售。在最低价收购等政策性粮食收购中，虽然国家财政须承担收购、保管等费用及贷款利息，但因收购数量有限而不至于给政府造成过大财政负担。[1]

在过去的保护价收购政策中，所有国有粮食企业按保护价敞开收购农民余粮，而最低收购价则仅仅局部、短期对特定品种的粮食按照一定价格收购，主要起托住市场粮价使其不跌破限定价格的作用。通过最低价收购政策收购的粮食也称托市粮。每年度国家发展改革委、国家粮食和物资储备局等部委发布早籼稻、中晚籼稻、小麦等粮食品种的最低收购价执行预案，是该政策执行的重要文件。

最低价收购政策一般在相应品种粮食成熟收割后60—90天内启动。当粮

---

[1] 王士海：《中国粮食价格调控政策的经济效应——基于政策工具有效性的分析》，中国农业科学院2011年博士学位论文。

食市场价格低于当年预案设定的最低收购价，相关粮食主产区中储粮分公司会同省级粮食、价格等相关行政部门和农发行省级分行核实确认后，报中储粮总公司批准并报国家相关部门备案，可启动预案。粮食主产区有关中储粮各省分公司、受中储粮委托的企业和地方储备粮管理单位以及相关粮食主产区的省级地方储备粮管理单位，具体负责政策性粮食的收购工作。各接受委托收储单位按照预案规定挂牌收购，执行预案。其中，中储粮直属企业和地方储备粮管理单位负责监管各受委托收储方的收储资质，并负责分别与受委托收储方通过签订委托收购合同明确双方权利义务，并按照委托收购合同监督收储方严格执行预案规定和收购合同，对所收购粮食的数量、质量等级等情况进行监管。在没有中储粮直属粮库也不能派出驻库监管人员的委托收储库点，根据粮食安全省长负责制，由省级政府组织协调中储粮有关公司与省级粮食行政管理部门签订监管协议，明确监管责任，由省级粮食行政管理部门监管所收购粮食的数量、质量、等级等政策执行情况。

中国农业发展银行作为农业发展政策性银行，对粮食行业提供政策性信贷支持。最低价政策执行后，农发行负责为最低价粮食收购提供信贷服务和支持，并通过对收购条件和贷款资格、资质以及收储情况的监管，保证信贷资金安全。农发行最初仅针对国有粮食购销企业收购小麦和稻谷两大品种粮食提供贷款，后来，根据2007年《中国农业发展银行粮食收购贷款办法》，农发行的贷款业务扩大到为按市场价收购小麦、稻谷、大豆、玉米四种粮食作物的粮企发放贷款。在最低价政策执行过程中，收储资金由国家确定的委托收储库点所在地中储粮直属企业或中储粮分公司指定收储企业统一承贷，并根据粮食收购情况预付给受委托收储方。农发行通过贷款资格、资质的审查，对收购库点进行监管。

最低价粮食粮权属于国务院，未经国家批准不得擅自动用。中储粮相关分公司及其直属企业会同有关部门负责审核验收入库的按照政策收购的粮食数量、质量，对于验收合格的粮食，及时纳入最低收购价粮食系列分等级专仓储存。中储粮直属企业负责与委托代储方签订代储保管合同，明确代储粮食的数量、质量，以及保管、出库等责任。地方粮食行政管理部门和农发行分支机构作为监管单位须在合同上签章。中储粮直属企业、省级粮食行政管理部门和农发行省级分行共同负责核查、验收粮食的数量、质量指标、收购码单等,对于不符合要求不能纳入最低收购价粮食的部分,核减库存统计数量,扣回全部利息补贴等相应费用,并将验收结果汇总报中储粮总公司、相关粮食行政管理部门和农发行。

最低价收购政策一般有国家发展改革委等六部门参与。国家发展改革委主要负责粮食价格监测、价格政策执行、检查;财政部主要通过对收购执行情况的监管负责落实粮食保管费、利息补贴等相关费用的拨付;国家粮食和物资储备局主要负责督促引导各类收购主体积极入市收购;农业发展银行负责提供和监督收购贷款,保证收购资金供应;中储粮总公司直接负责监管各委托代收库点收购粮食的数量、质量、库存管理及销售出库等。[1]

(二)我国现行粮食收购与存储机制存在的问题

长期以来,粮食部门在政策性粮食收购中存在监管责任不明、监管流于形式等现象,阻碍了粮食市场机制的有效发挥。具体来说,有以下几个方面。

一是法制化程度相对较低。现行政策性粮食收购的监管主要通过国务院决议、意见等行政命令,较少通过行政法规、部门规章等法律形式,其方案和内容容易被撤销或变更,影响政策执行的稳定性和监管机构的权威性。国务院颁布的《粮食流通管理条例》首次明确提出"最低价收购",对特定区域、特定粮食品种实行最低价收购。但政策执行中的各部门监管职责等问题,并没有明确,更多监管依据来自各预案公布的执行方案。现行《粮食流通管理条例》和《中央储备粮管理条例》虽属行政法规,但立法较为宏观,仍有诸多立法空白,在具体政策执行与监管中,仍多靠行政命令。

二是权责不明确。最低价收购预案一般由中储粮总公司启动,中储粮各省分公司牵头,各地粮食局配合,粮食行政管理部门的监管责任有待进一步明确。粮食最低价收购政策的执行过程中,基层粮食主管部门没有明确的职责范围,导致各部门分工不明确。中储粮系统与委托收储库点的监管与被监管关系也有待进一步优化。中储粮负责最低价收购政策的执行,但其存储库

---

[1] 兰录平:《中国粮食最低收购价政策研究》,湖南农业大学2013年博士学位论文。

严重不足，大量的收购任务委托给部分国有粮食购销企业完成。[1]中储粮系统从执行责任主体成为最低价收购的责任主体和委托收购的执行监督主体，作为委托收购企业的地方粮食储备库既参与粮食收购，又监管其他延伸收购站点，并不利于收购政策的执行。

三是垄断性收购与存储使监管落空。最低价收购与存储由中储粮企业和国有粮食经营企业完成，民营粮企收购粮食的费用补贴没有有效保障，与执行最低价收购政策的企业竞争时面临较大市场风险。执行最低价收购政策时把大量新粮存储于国有粮库、粮企，某种程度上加剧了粮食加工企业的用粮短缺。中储粮公司在资金、网点、设备、技术、仓储等方面，较其他粮企更具竞争优势，通过政策性收购又进一步增强了粮食收储的调控力，强化了粮食流通中的主动地位，一定程度上控制了国内粮食市场。最低价收购政策实施以来，最低收购价尚未很好发挥托市作用，而在实际上成为粮食市场价格的决定性因素，抑制了粮食市场价格机制的形成。

（三）我国政策性粮食收购与存储机制的完善

在政策性粮食收购中，政府主导着收购预案的制定、启动、执行，具有较高参与度，政府应更多地从宏观政策层面引导粮企在政策性收购与存储中的主动地位，督促收购预案制定、执行主体的相互制约，相关监督。具体来说，有以下几个方面。

一是进一步完善相关法律体系。发达国家粮食流通政策一般都通过立法形式予以明确，较少纯粹依靠行政命令。发达国家一般都通过法律法规对政策目标、预算规模、执行机构及其职责等作出明确规定，行政机关在授权的职责范围内依法行政，保证了粮食流通政策的稳定性和公开性。我国应构建完备的法律体系，将粮食收购中政府的定位、职责以及财政投入的资金、流向等以立法形式予以规范，保持政策的可持续性和连贯性。[2]

---

[1] 甘霖、兰录平：《粮食最低收购价政策及其执行的调查与思考》，载《粮食科技与经济》2007年第2期。

[2] 余志刚：《国外粮食宏观调控的经验及对中国的启示》，载《世界农业》2012年第7期。

二是进一步压缩政策性粮食收购与存储的范围，强化政策性收购中的监督管理，明确各部门的职能与权责。在政策性粮食收购中优化政府与中储粮、受委托粮企、农发行等相互监督和制约关系，明确各部门的监管责任，细化中储粮政策执行与监督责任。在政策性粮食收购预案制定、启动、执行中，政府应引导各部门坚持信息公开，对收购价的形成机制、收购粮的质检及计量信息等予以公开，通过贯彻公开、公正原则清晰监管关系。

三是进一步分散收购权力，禁止或严格限制国有粮企的垄断地位和垄断行为。政策性粮食收购不同于市场收购，出于政策推行的需要，可能无法完全禁止国有粮企的垄断性地位，但对收购的有效监管需要进一步严格限制其垄断地位和行为。政府在限制大型国有粮企在收购中的市场支配地位的同时，还应进一步限制某些具有或者可能具有排查、限制竞争效果的行为。

总之，政策性粮食收购与存储作为国家宏观调控粮食市场的一个重要手段，在特定时期，对于稳定粮食市场价格具有较为显著的意义。政策的执行需要法治保障各主体的权责明确，相互制约，通过完善监管机制，进一步实现粮食流通政策及其执行中的有效、公正与高效。[①]

第三节 粮食市场储备管理法律制度

除了政府对粮食进行政策性储备外，更多的粮食由民间储备。随着农业产业化的发展和农村劳动力的紧缺，在粮食晾晒场地大量减少以及粮食烘干设备尚不普及的情况下，多数机械收割后的粮食普遍水分高、杂质大，处理费用较高。农户自主储备粮食已不是储粮主流，民间储备主要由粮食企业以市场运行方式进行。

---

① 李耀跃：《简政放权视阈下粮食政策性收购监管机制的完善》，载《河南工业大学学报（社会科学版）》2015年第4期。

一、粮食市场储备的一般法律规定

粮食市场储备主体及运行应遵从市场公平竞争的基本原则。《粮食流通管理条例》第3条第1款规定:"国家鼓励多种所有制市场主体从事粮食经营活动,促进公平竞争。依法从事的粮食经营活动受国家法律保护。严禁以非法手段阻碍粮食自由流通。"

粮食作为特殊物资,其储备设施和技术标准不同于普通商品,应遵从特殊要求。《粮食流通管理条例》第13条规定:"粮食收购者、从事粮食储存的企业(以下简称粮食储存企业)使用的仓储设施,应当符合粮食储存有关标准和技术规范以及安全生产法律、法规的要求,具有与储存品种、规模、周期等相适应的仓储条件,减少粮食储存损耗。粮食不得与可能对粮食产生污染的有毒有害物质混存,储存粮食不得使用国家禁止使用的化学药剂或者超量使用化学药剂。"

粮食特别是口粮质量关涉民众健康,粮食出库流向市场时应符合相关标准。《粮食流通管理条例》第17条规定:"粮食储存期间,应当定期进行粮食品质检验,粮食品质达到轻度不宜存时应当及时出库。建立粮食销售出库质量安全检验制度。正常储存年限内的粮食,在出库前应当由粮食储存企业自行或者委托粮食质量安全检验机构进行质量安全检验;超过正常储存年限的粮食,储存期间使用储粮药剂未满安全间隔期的粮食,以及色泽、气味异常的粮食,在出库前应当由粮食质量安全检验机构进行质量安全检验。未经质量安全检验的粮食不得销售出库。"

粮食市场储备不仅关乎国家安全,还关乎粮食企业的经营信用。粮食储备企业应保持必要的储备数量。《粮食流通管理条例》第19条规定:"从事粮食收购、加工、销售的规模以上经营者,应当按照所在地省、自治区、直辖市人民政府的规定,执行特定情况下的粮食库存量。"

总体上看,粮食收储对软硬件要求较高,一旦某些收储机构通风、晾晒条件不够,则很容易出现粮食霉变问题,影响粮食安全。部分主产区收储矛盾主要集中在普通农户和小型粮食经营者的储粮装具简陋、保管水平较低等方面，农户和小型粮食经营者也成为粮食损失的主力军，却游离于政府监管和市场机制之外。"粮食银行"作为粮食储备模式的市场创新，给国家粮食安全体系带来了新的机遇和挑战。

二、"粮食银行"收储模式及法律规范

一般认为，"粮食银行"是指借鉴银行存储、信贷基本功能和相关经营管理理念及运作方式，对粮食进行存储、投融资的经济实体。"粮食银行"的起源可以追溯到早期的"二代一换"模式，即由粮食企业或基层粮所利用自身库房和技术条件代储存、代加工和品种兑换，在这个过程中，粮食企业把粮食运销、加工同粮农储粮结合起来开展业务。河南等多个省份曾有基层粮食企业代储、代销、代加工和代换粮食品种，粮农存入一定粮食并获取一定利息，而粮食企业则对存粮进行经营、加工以获利。[1]

（一）"粮食银行"的性质与渊源

有调研指出，安徽省萧县皖王集团早在从事"二代一换"服务之时，便给储粮户开具类似银行存折的《小麦储蓄存折》，储粮户凭存折可到其旗下三百多家农家店中任何一家店兑换面粉、馒头，存取小麦，集团相关服务免收费用。[2]在相关的调研中，有研究对以北大荒为代表的"粮食银行"运作模式进行了梳理和分析。该"粮食银行"由北大荒商贸集团开办，运营过程中与中国民生银行大连分行合作为粮农提供担保和贷款等服务。具体运行中，粮农储粮后获得储粮存折，并成为"粮食银行"电子交易市场的会员，可通过提交相关手续办理质押担保从民生银行获得个人经营贷款。"粮食银行"保管储粮的最长期限为6个月，其中，免费存储3个月。"粮食银行"将在6个月期限届满后按照国家最低收购价或与农户协商价收购储户未销售也未取走的

---

[1] 李耀跃：《"粮食银行"的性质、渊源与功能定位》，载《河南工业大学学报（社会科学版）》2014年第4期。

[2] 翟光红：《安徽农村粮食银行运营现状、存在的问题及发展对策》，载《中国农学通报》2011年第2期。

存粮。①可以看出，这些形式的"粮食银行"在事实上仍然是代储性质的经济组织，北大荒"粮食银行"只是在代储的同时提供了代理质押服务，其代储活动本身并没有提供金融服务。

不过，也有许多"粮食银行"开展了一些金融业务。有调研指出，安徽省凤台县"粮食银行"由政府主导，政府每年安排部门预算专项弥补"粮食银行"亏损。"粮食银行"在传统的"二代一换"模式基础上加载了金融服务功能，其中包括兑换等值物品和农业社会化服务，到县商务局等提供的服务网点消费，凭存粮折（卡）换取农业银行银联卡或将银联卡上的现金转为粮食储存，以及以存粮作质押贷款等，构建了"粮企＋金融＋农户＋社会化服务"的新型经营业态。②"粮食银行"以类似于现代银行机制的经营模式较好地解决了代储企业健康发展与存量保值等问题，其中的一些在发展中逐渐形成以大型粮食流通、加工企业为主，提供代储、加工、兑换、运输、交易、经营、融资等综合业务的具有金融功能的经济实体。

苏州"粮食银行"提出"粮权在农，保管在行，农民自愿，存取自由"的原则，③但是，在某种程度上，"粮食银行"的功能已经超越了保留粮权的粮食寄托和保管，随着"粮食银行"代储粮食数量的增多，仓储保管费用相应增加，使代储企业陷于较大的市场风险之中。有专家指出粮食实物存入"粮食银行"实质上被换成"收据"或"债权证书"，一旦收据被用以结算交易、劳务等债权债务，则该"收据"的货币功能会随其"信用"的保持而有放大的趋势。"粮食银行"在规模扩张中将进一步保持信用，这又能进一步扩大其所发收据的货币功能。当然，一旦"粮食银行"滥用自身信用，过量发行"收据"、债权凭证，则将引发挤兑风险。④

总体上说，"粮食银行"可分为两个发展阶段，即20世纪80年代的初步形成和21世纪后的快速发展阶段。

20世纪80年代后，山东省广饶县率先开展了代农储粮业务并引入银行的

---

① 黑龙江省农垦总局：《北大荒"粮食银行"及其主要做法》，载《中国经贸导刊》2009年第3期。
② 胡桂芳、徐春迎：《"粮食银行"的调查与思考》，载《农村工作通讯》2014年第6期。
③ 王元慧等：《关于苏州"粮食银行"发展情况的调研报告》，载《中国粮食经济》2010年第5期。
④ 路洪、张旭：《"粮食银行"刍议》，载《中国改革》1997年第11期。

一些经营理念,开展"二代一换"业务,受到农户欢迎,各地开始进入相关经营模式的发展。此阶段"粮食银行"主要由小型民营粮油加工企业经营,收储农户口粮,业务内容单一,大多仅限于"二代一换"业务,一般不涉及商品粮收储,收储管理规范欠缺,农户储粮风险较高,挤兑事件、诈骗现象时有发生。其时缺少农村劳动力大规模流动及农业集约化、规模化经营背景支持,随着20世纪80年代后期粮食连年减产导致的供求变化,"粮食银行"在90年代逐渐衰落。[1]

21世纪以后,伴随着我国粮食流通体制改革的深入,"粮食银行"数量大幅增加,规模大幅提高。许多大型粮食流通、加工企业开始开展相关业务,业务面向商品粮拓展,由原来的"二代一换"简单业务模式开始向代储、加工、兑换、运输、交易、经营、融资等综合业务发展。[2]

(二)"粮食银行"的功能定位

在传统粮食储备中,政府粮库集中收购储粮费用大、负担重、虚耗多,还潜伏着不断增加的市场风险。有研究以"粮食银行"的储粮及运营模式为视角将其分为传统"二代一换"型、代储经营型和风险共担利益共享型三种经营管理模式。其中,有研究者认为单纯代储的"粮食银行"和以粮融资经营的"粮食银行"面临的风险类型、程度有较大不同,应针对不同运营模式制定不同的风险监管政策、设定相应的监管体制,但相关研究还缺乏深入分析。还有研究者从改革粮食流通体制、提高粮食流通效率的角度探讨"粮食银行"的意义及其运营模式、运作机理等,其中,有研究从WTO的农业框架协议角度分析认为组建"粮食银行",可以通过行政性管理、商业化经营发挥政府的宏观调控职能。[3]

有研究认为,"粮食银行"是农业产业化的一种模式,将储粮农户与粮食加工龙头企业及专业市场联系起来,建立起"产加销一条龙"和"贸工农

---

[1] 郑绍庆:《"粮食银行"之辨》,载《调研世界》2012年第4期。
[2] 郑绍庆:《"粮食银行"之辨》,载《调研世界》2012年第4期。
[3] 黄雪琴:《粮食银行:重构中国粮食流通体制新框架》,载《江海学刊》2001年第6期。

一体化"的粮食产业运行机制。由此,该研究认为,"粮食银行"必须依托粮食加工企业的存在而发展,同时,又为粮食加工企业的发展和壮大提供了条件。[1]苏州"粮食银行"通过运用现代经营理念和信息技术改造、创新、升级和规范传统粮企"二代一换"业务,是现代粮食流通的新型业态。有关苏州"粮食银行"的调研认为,对于储粮户和粮企来说,"粮食银行"具有较高价值。对于储粮户来说,经其测算,到"粮食银行"比自行存储可减少约8%的损耗。对于企业来说,由于开办"粮食银行"成本较低,"粮食银行"的利润主要通过粮食基准兑换折率和加工副产品来实现。[2]但是,仅仅靠粮食基准兑换折率和加工副产品来实现利润的运作模式并没有脱离传统"二代一换"的性质,其金融功能还十分有限,更多的是一种代储和代加工业务。

"粮食银行"的经营和发展需要较强的粮食储藏、保管技术和经营能力。"粮食银行"的发展方向应当是通过多种经营实现粮食流通中的保值、增值、抵抗风险的专业机构。可以说,现有的传统粮食加工、存储企业很难较好地实现这一目标。从另一个角度来说,"粮食银行"的信贷功能对于集约化的农业生产更有意义,对于以粮食为生活资料的农户来说,计息贷款在某种程度上是一种经济负担,但对于经营性的农业生产者来说,则可以提供融资问题的解决方案。

但是,不同于商业银行承担的信用中介和支付中介等职能,"粮食银行"仅仅是一种以农民储粮为基础把粮食这一特殊商品与现代银行的经营管理方式结合起来的经济实体,某些方面与一般商业银行的运作方式有相似之处,而并非真正的金融机构或企业。[3]正如有研究指出的,现有的"粮食银行"在一定程度上为经营者即粮食流通、加工企业开辟了新的融资渠道,但储粮户很难以此实现融资目的。那些对储粮户只存不贷的所谓"粮食银行",充其量只能算是粮食储蓄机构,在运营中并无"银行"功能。[4]

---

[1] 章力建等:《"粮食银行":作用、本质与发展》,载《调研世界》2004年第8期。
[2] 王元慧等:《关于苏州"粮食银行"发展情况的调研报告》,载《中国粮食经济》2010年第5期。
[3] 刘良军、刘斌:《对"粮食银行"的再思考》,载《粮食加工》2012年第2期。
[4] 赵国杰:《粮食生命线视角下的新型"粮食银行"体制设计》,载《中州学刊》2011年第3期。

(三)"粮食银行"的业务模式

"粮食银行"将粮农与粮食加工、流通企业联系在一起,形成多方效益最大化的粮食流通模式。我国地域广阔,粮食种植和流通差异明显。在农户存粮意愿降低、加工企业储粮规模增长的地区,"粮食银行"模式逐渐发展。

1. 以物换物的"广饶模式"

20世纪80年代以后,广饶县粮食局利用粮食系统掌握的库房和粮食储存技术,解决粮食连年丰收后农户储粮困难的问题,正式开展代农民储粮业务,并进一步延伸业务为"二代一换"。1989年,广饶县引入现代银行机制,与粮食加工企业合作开办"粮食银行"被原国内贸易部在全国推广。广饶县"粮食银行"由县粮食部门与相关粮食加工企业合作,通过银行贷款购买粮食,向农民发放《储粮证》和《口粮转化证》,农民可以持证到存粮点领取原粮、成品粮和粮油食品,也可将粮食出售提取现金,形成了农户、"粮食银行"、粮食加工企业的合作模式。

2. 银企合作的"龙江模式"

2008年北大荒商贸集团下属的北大荒粮食物流有限公司与中国民生银行大连分行合作,依托建三江分局的物流仓储节点,在建三江成立"粮食银行"。不同于广饶模式,黑龙江"粮食银行"在收获季节收购粮食统一存储,避开集中卖粮季节。"龙江模式"中,粮农办理民生银行借记卡,签订存粮协议,办理存粮手续,"粮食银行"收粮后为粮农开具粮食存折。农户可持身份证、粮食存折、个人贷款申请表向民生银行办理个人贷款。北大荒商贸集团在农户个人贷款申请表上签署同意担保具体额度字样。"粮食银行"根据粮食质押合同维护已质押粮食信息和留存相关质押文件。[①]在粮食存储期间,粮农可随时取粮或在"粮食银行"的电子交易平台上售粮。

3. 三业融合的"太仓模式"

太仓"粮食银行"不以营利为主要目的,突出为农服务的功能定位,通过多种业务途径促进农民增收,为助推城乡一体化提供粮食收储和安全保障

[①] 黑龙江省农垦总局:《北大荒"粮食银行"及其主要做法》,载《中国经贸导刊》2009年第3期。

配套服务。一是口粮存储业务。粮农凭存折可随时到"粮食银行"服务网点提取、兑换或折价出售粮食。二是土地流转费存储业务。各村委会在农户自愿原则下将一部分土地流转费存入所在地"粮食银行","粮食银行"将土地流转资金转存到全市统一的"土地流转费"专用账户,由市粮食购销有限公司负责管理,建立储户基本信息档案,发给农户存折(卡)。储户可随时提取粮油商品或兑换其他商品。三是商品粮存储业务。粮食生产大户或合作社在售粮时约定3个月内不领取售粮款即转为存入"粮食银行",企业按当日挂牌收购价格锁定售粮款计入专用账户。此时粮食所有权转归粮食购销有限公司所有,市粮食购销有限公司参照当年农业发展银行贷款基准利率结付给储户利息。3个月后,储户可随时提取售粮款,企业售粮盈亏与储户无关。

4. 政府背书的"凤台模式"

安徽省凤台县开展"粮食银行"业务较晚,但业务模式发展较为成熟。2013年,该县粮食局成立公司,按照商业银行经营货币的思路吸收农户余粮,在该县部分乡镇试点"粮食银行"。粮农存粮后,可到县农委、县供销社、县商务局提供的服务网点兑换物品和服务,可到农行提取现金,可到粮站提取余粮,还可以存粮作为抵押从"粮食银行"获取贷款。[①]

(四)"粮食银行"业务的金融化、准金融化

"粮食银行"的起源可以追溯到20世纪八九十年代的粮食代储模式。最初,粮食加工企业以及基层粮所依托自身库房和技术条件,对外提供粮食代储、代加工和品种兑换等服务。有些粮食企业以粮食运销、加工等方式对存粮进行经营、加工以获利,粮农则解决了粮食存储中粮食易变质、存储成本高等难题。在此基础上,有些粮食企业和基层粮所逐步扩展业务,将一些金融要素融入粮食代储中,形成了所谓的"粮食银行"运营模式。

在粮食代储模式中,粮农与粮食企业仅仅是寄存关系,而在"粮食银行"模式中,粮农和"粮食银行"是消费借贷关系。粮食是种类物,在数量、品

---

① 付嘉鹏:《"粮食银行"现四大模式 创新仍在继续》,载《粮油市场报》2015年9月1日,第B01版。

质方面具有标准化和可替代的特点。粮农可凭存粮单据换取不同品类的粮食，因而粮农并不真正关心存粮所有权，其主要关注的是存粮收益。在"粮食银行"业务模式中，粮食具有某种信用、融资功能，典型的"粮食银行"具备商业银行的若干基本功能，如存储功能、信用功能以及经营存储物功能等。"粮食银行"在与粮农达成粮食代储协议后，可提供粮食的随时存取、出售服务，也可受托对粮食进行加工或兑换制成品。"粮食银行"的业务范围还包括：与商业银行合作，可为粮农尤其是种植大户提供存粮质押贷款，满足其融资需求；以代存粮食为担保，参与银行贷款审查、审批，并为粮农申请获得贷款提供担保；将存粮借给用粮单位以获取利息，或以合适价格卖粮以获取差价；依托企业信用，向粮农提供延期点价收购、短期融资和存粮价格保险等综合性金融服务和准金融服务。

（五）"粮食银行"风险及其法律规制

"粮食银行"通过对收储存粮进行金融化和准金融化经营，将粮农、粮食企业和金融机构联系起来，疏通了粮食流通渠道，拓宽了粮农、粮食企业的融资渠道，但也使"粮食银行"面临相较于传统粮食代储企业来说更多的风险因素，需要加强和改进法律规制并运用现代金融手段来防范风险。一是针对个别不法组织打着"粮食银行"旗号从事违法违规活动，需要规范"粮食银行"的企业名称以提高其可识别性，完善市场准入机制，强化业务监管，完善"粮食银行"的信誉保障机制；二是针对"粮食银行"发行的存粮凭证可能存在无法兑现的信用风险，需要完善固定粮食储备制度，建立备付粮制度、风险准备基金制度和资本充足率监管制度，切实保障粮农的取粮和提现要求；三是针对"粮食银行"面临的粮价波动带来的经营风险，可通过适当参与期货交易和农产品价格保险来对冲和降低粮食现货价格波动风险，保证"粮食银行"稳健经营。[①]

1. "粮食银行"的可识别风险及其法律规制

企业信誉在长期交易中积累而来，是企业基于连续守信行为而获得的

[①] 李耀跃：《"粮食银行"风险及规制策略》，载《南方金融》2018年第2期。

社会认可，立法规范与严格监管可以为社会认可提供信任基础。企业信誉在"粮食银行"的业务发展中是一个非常重要的元素，但目前我国"粮食银行"业务尚处于初级发展阶段，大多数相关企业尚未建立有效的信誉保障机制，甚至有个别企业打着"粮食银行"的旗号从事非法集资等违法违规活动，严重损害粮农利益，扰乱粮食流通市场秩序，影响粮农对依法合规经营的"粮食银行"的信心。

正如社会公众对金融机构的信任部分源自严格的金融监管一样，粮农对"粮食银行"的信任也部分源自长期以来行政管理部门对粮食流通市场的严格监管。为此，可考虑建立规范"粮食银行"的市场准入机制，督促"粮食银行"规范管理、稳健运营、信守承诺、提升公信力，具体可从以下几个方面着手。

一是规范"粮食银行"的企业名称，增强其可识别性。实践中，多数"粮食银行"采用合作社、公司等字号，但也有一些未取得专有名号和工商登记的组织以粮油购销公司等名义开展业务。开展"粮食银行"业务的企业应将"粮食银行"业务与其他业务保持相对独立，条件成熟时可成立单独的经营实体。"粮食银行"也可由各地粮食企业所组成的集团或行业协会来筹办运营，以保证其行业协调功能和横向融通功能。虽然"粮食银行"具有准金融性质和"信用创造"等功能，但根据我国《商业银行法》第11条第2款关于"银行"名号的规定，未经国务院银行业监督管理机构批准，任何单位不得在名称中使用"银行"字样。因此，在注册设立登记企业名号时，开展"粮食银行"业务的组织不得使用"银行"字样。实践中，"粮食银行"可在依法合规的前提下采用合作社、信用合作社、粮食信用合作社、有限责任公司等作为企业名号。

二是完善"粮食银行"的准入机制。开展"粮食银行"业务对企业的信用水平、经营能力和硬件设施要求较高，因而有必要对企业的准入资格和出资人资格予以审查。建议完善相关法律法规，明确粮食、工商行政管理部门对"粮食银行"的审查、监管权。申请开办"粮食银行"业务的相关企业不仅要取得粮食代储资质，还应当具有良好的经营状况和较高的资信水平。此外，粮食行政主管部门应对"粮食银行"的仓库等设施条件设定一定门槛，要求"粮食银行"有必要的设施和场地对粮食进行晾晒、通风、保存,避免因粮食出现霉变而影响食品安全。

三是强化对"粮食银行"业务的日常监管。"粮食银行"业务已经超越了传统意义上的粮食流通业务,因此,建议由粮食、工商、金融等领域的监管部门建立工作协调机制,开展联合监管。同时,应鼓励和引导现有"粮食银行"成立行业协会,加强行业自律。在加强对粮食代储等传统业务监管的同时,要重点加强对"粮食银行"投融资活动的监管。个别企业以开办"粮食银行"的名义向粮农及其他社会人员进行非法集资,这种利用新业态从事非法活动的行为的欺骗性和隐蔽性较强,社会危害较大,因而有必要在将相关粮食企业纳入全国非法集资风险排查范围的基础上,对"粮食银行"业务进行常态化、法制化监管,为依法、规范、守信经营的企业营造良好的外部环境。

2. "粮食银行"信用风险及其法律规制

随着粮食产业化的持续推进,市场、技术、资金等因素在粮食流通中的地位越来越重要,信用问题也随之凸显出来。现阶段,"粮食银行"大多还处于自发、分散的经营状态,有的企业并无足够存粮,资金实力也不够强,一旦粮食价格上涨,可能出现粮农存粮无法兑现的情形。同时,"粮食银行"还可能滥用"信用创造"功能,过量地制造"存粮收据"或"债权证书",以致破坏其"准金融"信用,增加挤兑风险。现实中,个别"粮食银行"出现资金链断裂、破产倒闭、卷款潜逃等情形,造成了极坏的社会影响。为此,要加强对"粮食银行"运营各个关键环节的规制,降低其信用风险。

"粮食银行"经营中的信用风险主要源于企业对所储粮食的过度经营。在"粮食银行"的运作过程中,存粮通常被企业投入市场进行周转,一旦粮食价格大幅上涨,企业可能由于无法及时收回粮食而遭受较大损失,进而无法满足粮农的取粮或提现要求。对此,相关部门要加强对"粮食银行"的粮食储备、经营效益、存粮质量等方面及环节的监管,防范信用风险,确保存粮安全。

一是要完善"粮食银行"固定储备制度,设定合理的储备粮标准。为追求利润最大化,"粮食银行"可能过度将存粮投入市场从而导致粮食储备过少,进而为信用危机埋下隐患。建议以法律法规的形式,明确粮食行政管理部门对"粮食银行"存粮规模的监督检查权;由国家或省级粮食行政管理部门根据实际情况明确存粮的周转库存限制，以保证正常的存粮提取；确定参与经营运作的粮食数量风险警戒线，避免因固定粮食储备不足而引发储户挤兑及连锁反应，损害粮农利益。根据实践经验，固定粮食储备率以20%—50%为宜。[1]

二是建立"粮食银行"备付粮制度。在严格固定粮食储备制度的同时，为有效保障"粮食银行"突遇大量提取存粮时的清偿能力，可要求"粮食银行"按照一定的收储比例，向粮食行政管理部门指定粮库定期存入粮食，作为备付粮。除了"粮食银行"存粮下降并经核准后予以调减、退回外，一般情况下不得动用备付粮。各"粮食银行"的备付粮比率由粮食行政管理部门根据实际情况规定，对不能足额按期缴存备付粮的"粮食银行"，可设定罚息等惩罚措施。为促进新兴企业的发展、促进粮食流通市场的有序竞争，可对备付粮比率实行累进制，存粮规模越大则备付粮比率越高。在保证备付粮充足的前提下，可适当降低贫困地区"粮食银行"的备付粮比率，以促进贫困地区的小型粮食企业发展。备付粮可由粮食行政管理部门委托中储粮等大型国有粮食企业代为管理，其存储费用可由国家财政给予补贴。

三是建立"粮食银行"风险准备基金制度。风险准备基金可由企业缴存的风险准备金和政府财政补贴构成。建议成立具有独立法人资格的基金会，对风险准备基金进行单独核算、专户存储。企业缴纳的风险准备金从税后利润、股东出资或营业收入等方面提取，除弥补风险损失外不得挪作他用。风险准备金的提取和使用须按照规定程序报经粮食行政管理部门批准，以确保一旦"粮食银行"发生挤兑风险，可由风险准备基金会先行赔付粮农损失，再向"粮食银行"及相关责任人追偿。风险准备基金的先行赔付可实行差额的、不完全赔付制度，以促使粮农根据信誉和信用理性选择"粮食银行"。[2]风险准备基金的政府补贴部分，由各地财政按照企业缴存比例拨付。企业缴存风险准备金余额达到注册资本比例的一定上限后，经粮食行政主管部门批

---

[1] 章力建等：《"粮食银行"：作用、本质与发展》，载《调研世界》2004年第8期。

[2] 翟光红：《安徽农村粮食银行运营现状、存在的问题及发展对策》，载《中国农学通报》2011年第2期。

准，可不再提取。

四是建立"粮食银行"资本充足率监管制度。"粮食银行"属于负债经营的经济实体，具有一定的"信用"功能，而当前粮食企业的准入门槛较低，一些小企业通过"粮食银行"收储的粮食与其资金实力相比是明显不相称的，一旦经营不善最终将会损害粮农的利益。因此，有必要加强对"粮食银行"资本充足率的监管。在金融监管领域，一定的资本充足率是保持金融机构安全稳健运行、维系公众信心的重要因素，是抑制金融机构过度投机的一项重要监管措施。"粮食银行"具有一定的金融功能，因而也具备了金融机构从事高风险活动的某些特质。[1]对"粮食银行"实施资本充足率监管不是要简单地限制其从事较高风险的经营活动，而是要推动企业保持与风险组合相适应的资本水平，进而促进企业之间的公平竞争，保障"粮食银行"业务的安全平稳运行。建议由国家或省级粮食行政管理部门结合实际情况，合理确定"粮食银行"的最低资本充足率要求，鼓励企业开发和使用内部模型来评估风险资产和资本充足率，督促企业完善内部风险识别、评估和防控体系。

3. "粮食银行"经营风险及其法律规制

一些"粮食银行"由粮食加工企业开办，通过大量吸收存粮为企业生产提供原料储备。在这种模式下，一旦市场发生较大变化、粮食加工利润不足以维持利息支出和相关费用，存粮承兑将面临严重的风险。因此，粮食加工企业开办"粮食银行"若单纯为了收粮储备原材料，是难以实现可持续发展的。一般来说，"粮食银行"的主要盈利模式是在保证存粮能够正常提领的前提下，将剩余存粮投入市场，通过粮食经营取得收入和利润。但是，在粮食经营过程中，非预期的市场变化将不可避免地影响到"粮食银行"的正常经营。"粮食银行"的经营风险主要来自粮价大幅波动，特别是在粮价意料之外持续上涨的情况下，就可能面临低价位出库、高价位补库的经营压力。因此，"粮食银行"要注重审慎经营，可从以下两个方面入手防控经营风险。

一是适当参与期货交易，对冲粮食现货价格波动风险。粮农将粮食存入"粮食银行"，事实上是将粮食价格波动的风险集中到了"粮食银行"。通过开

---

[1] 周仲飞：《资本充足率：一个被神化了的银行法制度》，载《法商研究》2009年第3期。

展期货市场交易,"粮食银行"可以实现对粮食的套期保值,提前锁定利润,同时在期货市场上对现货进行对冲,可以有效转移粮价非预期持续波动带来的风险。"粮食银行"具有期货交割仓库的一些必备条件,一些规模较大的"粮食银行"若申请商品期货交易的交割仓库资格,将有利于其参与期货交易。如安徽省凤台县"粮食银行"与中证期货公司开展合作,建立了郑州商品交易所凤台粮食交割库,取得了良好效果。[1]按照商品交易所的交易规则,套期保值交易需交付期货合约价值一定比例的交易保证金,这将占用参与期货交易的"粮食银行"的大量自有资金。有些企业通过民间借贷的方式融资,增加了经营成本和财务风险,有些企业则迫于资金压力而选择不参与期货交易。为了调动"粮食银行"参与期货交易的积极性,可以采取财政贴息、税费减免等政策,支持"粮食银行"以存粮担保,办理专项贷款,拓宽融资渠道;同时,推动商业银行改变限制贷款企业开展期货交易的现行规则,[2]支持"粮食银行"开展期货套期保值以降低经营风险。

二是适当参与农产品价格保险,降低粮食价格波动风险。农产品价格保险作为新型农业保险产品,对农产品价格的非预期市场风险予以承保,当农产品价格低于保险合同设定的目标价格或价格指数时,保险公司对造成的损失给予赔偿。[3]农产品价格保险将农业保险的承保范围从生产风险扩展到市场风险,是国际通行的农业经营风险管理手段,是农业保险的发展新趋向。[4]2014年,中粮集团与中航安盟保险公司、大连商品交易所合作,就玉米价格指数制定保险项目方案,这是"粮食银行"参与农产品价格保险的典型案例。该保险方案以粮农为保险受益人,以秋粮上市前中粮集团所发存粮单据为承保数量依据,以玉米期货价格为基础目标价格指数。结算期内如果玉米市场价格低于目标价格,则视为保险事故发生,由保险公司向粮农赔付相应价差损失。保险公司在承担粮食价格波动风险后,通过买入看跌玉米期权

---

[1] 徐春迎等:《凤台县"粮食银行"运行机制的调研与思考》,载《黑龙江八一农垦大学学报》2015年第3期。

[2] 李蔚:《我国粮食期货市场的发展与粮食安全》,载《中国证券期货》2013年第3期。

[3] 王克等:《农产品价格指数保险的可行性》,载《保险研究》2014年第1期。

[4] 王建国:《农业保险的新趋向:价格指数保险》,载《中国金融》2012年第8期。

来对冲价格风险。①基于上述保险方案,"粮食银行"和保险公司、粮农相互协作,形成了一个完善的粮食价格波动风险防控和管理体系。价格保险以某个公开透明的目标价格或指数作为保险赔付的依据,能够降低农业保险的交易成本,最大限度地避免逆向选择和道德风险问题。但是在如何确定农产品价格目标值或指数方面,国内做法并不统一,有些地区的农产品价格保险在目标价格确定上具有一定的政策性和可预见性,因而容易产生道德风险。构建一个科学、透明、客观的农产品价格指数,需要物价、财政、农业、商务等行政管理部门进一步明确职责、加强协同,建立农产品价格指数监测、发布的科学机制。②

---

① 姚宜兵:《期市为"粮食银行"注入新活力》,载《期货日报》2014年7月29日,第2版。
② 王新蕾:《农产品价格指数保险机制亟须完善》,载《山东科技报》2016年1月20日,第1版。

第五章

粮食监督检查与执法制度

第一节　粮食行政执法概述

一、粮食行政执法的基本内容

（一）粮食执法的主体

粮食执法的主体即行使粮食执法权的行政主体。行政主体不仅是我国行政组织法领域的核心问题之一，还是行政法学的重要支撑性概念，直接影响着行政行为、行政复议、行政诉讼等相关领域问题的研究。在我国行政法学理上，行政主体通常由两类组织所构成：一是国家行政机关，即所谓的"职权行政主体"；二是法律、法规和规章授权的组织，即所谓的"授权行政主体"。[1]关于粮食执法的主体，主要体现为职权行政主体，一般包括粮食和储备行政管理部门、市场监督管理部门、县级以上地方人民政府等行政机关。

粮食执法的主体是指在粮食执法关系中的主体，具体体现为粮食行政执法监督检查过程中的主体，其具体包括两方面：一是行政主体，二是行政相对人，其中，行政相对人属于与行政主体相对应的私主体，具体包括公民、法人和其他组织。尽管国家行政机关也可能成为粮食执法过程中的处罚对象，如某行政机关超越自身职权范围从事粮食的收购或储存工作，因涉嫌违法问题被查获，该行政机关也可能成为被处罚对象，但其此时的身份并不是公权力机关，而是粮食行政执法关系中的管理对象。我国2014年修正的《行政诉讼法》第25条第1款规定："行政行为的相对人以及其他与行政行为有利害关系的公民、法人或者其他组织，有权提起诉讼。"该条款正式确立了行政相对人的法律概念地位。虽然这一概念主要适用于行政诉讼法律关系，而在行政法律关系中有关行政相对人的规范表述尚未统一，如在行政处罚关系中，其被称为被处罚人，在行政许可法律关系中，被称为被许可人，在行政复议法

---

[1] 章志远：《行政法学总论》（第二版），北京大学出版社2022年版，第180页。

律关系中，被称为申请人或第三人等。但是，从行政相对人所具有的"防御性地位""受益性地位""程序性地位"来看，[①]这些不同的称谓仍可统合于行政相对人这一法律概念之下。

在粮食流通行政执法过程中，各级粮食和储备部门作为行政主体，主要依据《行政处罚法》《粮食流通管理条例》《粮食流通行政执法办法》等法律规定依法行使监督检查的职权。为了确保该职权的充分行使，粮食和储备机关还依法获得了行政强制措施的授权，有权查封、扣押非法收购或者不符合国家粮食质量安全标准的粮食及用于违法经营或者被污染的工具、设备及相关账簿资料。作为行政相对人的公民、法人和其他组织，相对于行政主体的职权而言，处于配合和从属的地位，而前者处于支配性和主动性地位。这主要体现为在粮食执法监督检查过程中，行政相对人具有配合的义务，这种配合主要体现为由上述法律规范为行政相对人设定的各种义务。

（二）粮食执法的范围

《粮食流通管理条例》第四章对粮食流通环节的监督检查工作作出了明确的规定。行政监督检查是行政执法的重要环节。行政主体无论是作出行政处理决定还是采取其他行政执法措施，一般都要以行政监督检查为前提和基础。经过行政监督检查，行政主体可以了解行政相对人的守法情况，并据此给予守法者肯定或奖励，对违法者给予行政制裁。[②]《粮食流通管理条例》所规定的监督检查范围主要包括以下几种类型。

1. 风险监测类监督检查

开展风险监测，前移风险管控关口，发现隐患问题及时处置，是强化粮食质量安全管理的重要举措和有效方法。党中央和国务院高度重视粮食流通质量安全风险监测工作，先后多次颁布中央层级的规范性文件，对粮食质量安全的风险监测作出了明确的规定。如2014年《国务院关于建立健全粮食安全省长责任制的若干意见》明确规定，要加强监测预警，严防发生区域性、系统性的

[①] [日]盐野宏：《行政法》，杨建顺译，法律出版社1999年版，第239—242页。
[②] 周佑勇：《行政法原论》（第三版），北京大学出版社2018年版，第322页。

粮食质量安全风险。《粮食质量安全监管办法》第7条对收购和储存环节的粮食质量安全监测制度作出了规定。根据《粮食流通管理条例》第37条的规定，我国设立了国家和省级层面风险监测体系，明确了中央和地方的职责权限。考虑到我国幅员辽阔，区域化特征较为明显，气候差异性强，故对风险监测类监督检查的指标体系不宜一刀切，各省级主管部门应因地制宜地设定符合本区域实际的标准体系。这样既能明确央地责任和职责权限，也能充分调动地方的积极主动性，强化地方的主体责任。此外，关于风险监测的主体，在横向层面，主要包括卫生健康部门、市场监管部门和粮食储备行政管理部门，三机关在各自权限内开展本行政区域内的粮食流通质量安全风险监测工作。

2.粮食流通类监督检查

粮食流通环节较为广泛，具体包括粮食收购、储存、运输及政策性粮食的购销活动及粮食流通统计制度的执行情况等。前者属于具体的流通形态，后者则是关于流通统计制度的贯彻落实，粮食流通类监督检查，旨在强化对粮食流通市场秩序的维护，保证粮食法律制度的有效实施。在履行流通环节的监督检查时，粮食行政执法主体要严格按照《粮食流通管理条例》的规定进行，确保不越权、不缺位。同时，考虑到现场类的监督检查势必对经营者的正常经营活动造成一定的影响，在实施监督检查时，应遵循比例原则的基本要求，将这种影响降到最低。

3.粮食经营类监督检查

根据《粮食流通管理条例》第39条的规定，粮食经营类的监督检查主要包括对粮食经营活动中的扰乱市场秩序行为、违法交易行为及价格违法行为等三种类型的行为进行监督检查。有关扰乱市场秩序的行为，最常见的情形是，粮食经营者相互串通，合谋涨价，操纵市场价格；捏造、散布涨价信息，扰乱市场价格秩序，推动商品价格过快、过高上涨；超越正常的储存数量或者储存周期大量恶意囤积等。[1]从规范层面来看，基于扰乱市场的行为较为模糊，有必要进一步细化和明确，在未经法律明确的情况下，不宜随意对扰乱市场秩序的行为类型进行泛化理解。关于违法交易和价格违法行为也存在类

---

[1] 国家粮食和物资储备局编：《〈粮食流通管理条例〉释义》，法律出版社2021年版，第92页。

似的问题，需要经过部门规章或政府规章对其具体的情形进行细化和完善。

二、粮食执法的方法与措施

（一）粮食监督检查的方法

粮食监督检查的方法，是指行政主体实施行政监督时采取的具体形式、手段或措施，其是行政监督检查在粮食执法领域中的具体体现。根据现行法律规定和行政监督检查的一般理论，有关粮食监督检查的方法主要有实地检查、走访调查和书面审查三种类型。

1.实地检查

所谓实地检查，是指行政主体直接深入现场进行的监督检查。实地检查具有直观、鲜明、真实的特征，有助于行政执法人员通过对现场状况的了解从而全面、客观、准确地掌握行政相对人对粮食法律法规规章的执行情况及是否存在违法违规的行为活动。从类型上看，实地检查可分为定期检查、临时检查、专题检查和抽样检查等。定期检查即粮食行政执法主体定期对本行政区域内的经营主体所进行的全面性检查，属于日常监督检查的基本形态。关于定期检查的时间安排，由粮食行政执法主体结合其辖区的经营单位数量及本职工作计划安排、人员组织结构等裁量进行。临时检查通常是在存在违法行为线索时，针对问题线索的调查核实，而对涉及的经营单位或行政相对人所实施的临时性、突击性检查。与定期检查相比，临时检查具有突击性，一般不事先告知行政相对人。这样能更及时和准确地掌握行政相对人的守法情况和违法行为。专题检查是指粮食行政执法主体针对某一领域进行的检查，如粮食质量检查、安全检查、卫生检查、价格检查等。抽样检查是指粮食行政执法主体对部分行政相对人或一部分检查对象进行检查，从而达到通过个别性检查了解整体情况的目标。

2.走访调查

关于走访调查的规范依据，主要体现在《粮食流通行政执法办法》第6条第4项，即"向有关单位和人员调查了解相关情况"。囿于粮食和储备部门在执法中不具有传唤这一限制人身自由的强制性措施，但其在执法活动中，又确有必要向有关单位和人员调查了解与案涉违法违规行为相关的情况，以确保准确查明案件事实。在此情况下，行政执法人员需要通过走访有关单位和人员开展调查活动。

走访调查的对象并不局限于涉嫌违法违规的行政相对人，还包括其他与行政相对人及其违法违规活动相关联的单位和人员，具体包括与行政相对人具有业务往来的单位和个人、投诉人、举报人及案件线索移送主体等。走访调查的主要目的是查明行政相对人的违法违规事实是否成立并收集、调取相关证据。与其他行政执法相比，粮食流通行政执法监督的对象是收购、储存、运输和政策性粮食购销等活动，这些活动具有外部性，且一般涉及的地域空间较广，时间跨度较长。在执法检查监督中，仅仅依靠实地检查和书面审查，很难掌握完整和准确的粮食违法活动信息。因此，走访调查作为一种亲临现场式的监督检查方式，是执法人员通过"走出去"的形式进行调查核实相关违法违规线索的必要手段，其是对实地检查和书面审查方式的有效补充。粮食和储备部门执法人员在走访调查时，在人数上应不少于二人，应主动向当事人或者有关人员出示行政执法证件。如果其不主动提供执法证件，接受调查的当事人或有关人员有权要求执法人员出示行政执法证件。执法人员不出示行政执法证件的，当事人或者有关人员有权拒绝接受调查或者检查。在执法人员表明身份和依法出示执法证件后，当事人或者有关人员应当如实回答执法人员的询问，并协助调查或者检查，不得拒绝或者阻挠。询问或者检查应当制作笔录，交由被询问或被调查人阅核并签字或捺手印确认，参与制作笔录的执法人员也应当在笔录上签字。

3. 书面审查

书面审查是指粮食行政执法主体通过要求行政相对人提交书面材料，并对书面材料进行审查的一种行政监督检查方法，其适用范围也较为广泛，属于常规性的监督检查方法。书面审查最突出的特点就是对行政相对人有关书面文件材料的审查，包括账簿、凭证、报表、书面证明等。在行政执法实践中，书面审查往往和实地检查相互交融，相互补充。如《粮食流通管理条例》第38条第2款规定，粮食和储备行政管理部门在监督检查过程中，可以进入粮食经营者经营场所，查阅有关资料、凭证、账簿资料等。此外，粮食和储备行政管理部门还负责对粮食经营者执行国家粮食流通统计制度的情况进行监督检查，这意味着粮食经营者负有统计义务，其必须如实按期上报有关统计的资料。

（二）粮食监督检查的措施

为了满足粮食行政执法主体履行监督检查职责的需要，法律赋予了粮食和储备行政管理部门一定的行政强制措施，主要包括查封和扣押两种措施。《粮食流通行政执法办法》设立了"查封、扣押"章节（第四章），既为粮食和储备部门的查封、扣押职权提供了法律依据，又明确了查封、扣押职权的行使条件。

1.查封措施

查封措施的适用对象一般是特定的场所、设备或财物，即对场所、设施或者财物检查后贴上封条，不准动用。其与"扣押"的区别是，查封一般是针对不动产的，有些财物尽管可以移动，但移动后会造成损害的，也应当采用查封的方式，从而不转移对财产的占用权。[①]《粮食流通行政执法办法》未对二者的适用对象进行严格的区分，如该办法第28条"粮食和储备部门查封、扣押的粮食、工具、设备、账簿资料、场所等"，此类表述在该办法第27条、第25条等均有所体现。且在查封、扣押的表述顺位上，查封在前，扣押在后。基于前文有关查封措施、扣押措施的区别，查封措施在强度上明显弱于扣押措施，因为扣押意味着要将涉案财物从行政相对人处转移到粮食和储备部门保管，剥夺了行政相对人对涉案财物的占用权。因此，在有关粮食执法领域中查封和扣押措施的适用问题上，查封并不局限于不动产，对粮食、工具、设备等动产，如果适用查封措施能达到执法监督检查之目的的，就不宜适用较为严厉的扣押措施。

2.扣押措施

与查封不同的是，扣押属于将涉案动产转移至行政执法部门掌控之下的行政强制措施。《粮食流通行政执法办法》第25条规定，对查封的粮食、工

[①] 杨登峰：《行政法总论：原理、制度与实案》，北京大学出版社2019年版，第256页。

具、设备、账簿资料、场所等，粮食和储备部门可以委托第三人保管。该条款模糊了查封和扣押措施的界限，因为查封一般是原地封存，防止对其进行交易性处置或破坏性的适用，如果委托第三人保管的话，是否意味着可将查封的涉案财物交由第三人保管呢？我们认为，如果将查封的财物转移出原场所，进而转移至第三人时，则意味着其和扣押并无实质性的差异。因此，扣押措施应仅限于特定的动产，并且对此类动产进行查封不足以达到行政强制措施之目的时，才能决定采取扣押措施，并制作扣押决定书和扣押清单。

第二节 粮食行政执法的程序

粮食行政执法的程序即行政主体实施行政监督检查、查处违反粮食法律规定的违法行为所应当遵循的步骤、方式和方法。具体可分为粮食监督检查的程序和粮食违法行为的查处程序两种基本类型。

一、粮食监督检查的程序

（一）确立监督检查事项

确立监督检查事项，简称"立项"，即在行政主体实施监督检查的职责时，首先要确定好所要监督检查的具体事项。根据前文的分析，监督检查在方式上包括定期检查、临时检查、专题检查、抽样检查等类型。不同类型的监督检查的内容和目标存在一定的差异。为确保监督检查工作的顺利开展，在实施监督检查之前，要对监督检查的具体事项予以立项，以做到有计划、有目的地实施监督检查。《粮食流通管理条例》第23条规定，所有从事粮食收购、销售、储存、加工的经营者以及饲料、工业用粮企业，应当建立粮食经营台账。同时规定国家粮食流通统计依照《统计法》的有关规定执行，该条款实际上涉及对粮食统计制度执行的监督检查问题。《统计法》第12条对统计调查项目的制定、备案和审批主体等作出了明确的规定。在对粮食流通统计进行监督检查时，应当遵循《统计法》的有关规定。

（二）制定监督检查方案

在确定监督事项之后，组织实施监督之前，负有实施监督职责的行政主体还要认真研究制定较为详尽的监督检查方案，用以指导具体的监督工作。一般而言，监督检查方案主要包括监督检查人员的组成，监督检查的事项、目的、要求，监督检查的步骤、方法和措施等内容。[1]基于粮食流通管理涉及的环节和部门较多，按照2018年党和国家机构改革方案，此前分别承担粮食流通有关管理职责的工商行政管理、产品质量监督、卫生、价格等部门，在机构和职能上进行了整合，管理职责也有了较大的变化。因此，在制定监督检查方案时，各职能部门要依据法律法规授予的职责权限进行，做到不越权，不缺位。粮食和储备行政管理部门主要负责对粮食经营者从事粮食收购、储存、运输活动和政策性粮食的购销活动，以及对执行国家粮食流通统计制度的情况进行监督检查，按照职责组织实施粮食流通质量安全风险监测。其监督检查方案应体现上述事项范围。

（三）组织实施监督检查

组织实施监督检查，是对已制定的监督检查方案的实施活动和方法步骤的检查。从法治程序视角来看，粮食行政执法主体在实施监督检查过程中，要严格遵循法定程序和正当程序。前者主要体现为《行政处罚法》《行政强制法》《粮食流通管理条例》《粮食流通行政执法办法》等法律、行政法规、部门规章及政府规章中明确规定的监督检查执法的程序规定，后者是对法定程序的有效补充，主要适用于法定程序规则缺失的情形。一般认为，组织实施监督检查的正当程序主要包括表明身份、说明理由、行政公开、时间适当。粮食行政执法主体实施行政监督，首先应当履行表明身份的义务，向相对人出示相关证件，表明自己是有权实施行政监督的主体，否则相对人有权拒绝。如《河南省行政执法条例》第24条规定，行政执法机关在调查、检查

---

[1] 周佑勇：《行政法原论》（第三版），北京大学出版社2018年版，第328页。

或者核查时，行政执法人员不得少于两人，并应当主动向当事人或者相关人员出示行政执法证。未出示行政执法证的，当事人或者相关人员有权拒绝。所谓说明理由，是指行政执法人员在实施监督检查时，应当向被监督检查者说明监督的原因、依据和内容范围。这一方面是为了防止行政执法人员滥用此项权力，另一方面可以获得被监督检查对象的理解、支持和协助，便于监督检查对象及时提交相关材料和对所涉及监督检查事项进行解释和说明。在行政监督检查过程中，要遵循行政公开的基本原则，要通知当事人到场，同时可以邀请有关人员在场见证，这样既能防止滥用职权，又有效保障了当事人的知情权，还有利于防范产生争议。时间适当是比例原则在监督检查中的具体体现。虽然行政监督检查不直接造成相对一方实体权益的受损，但如果对检查时间等不做合理限定的话，很容易破坏监督检查对象的正常经营或生产生活。

（四）作出相应处理

在实施监督检查后，行政主体应当根据监督检查的结果，分别作出相应的处理，具体包括符合要求、基本符合要求、不符合要求三种结论。同时，对不符合或基本符合的当事人，行政监督检查主体有权向其提出整改的意见和要求。同时，在实施监督检查后，行政监督检查人员还应当撰写监督检查报告，具体包括监督检查的对象、内容、结果、发现的问题及整改意见等。

二、粮食违法行为的查处程序

根据《行政处罚法》《粮食流通行政执法办法》等相关法律的规定，粮食违法行为的查处程序主要包括立案调查程序、查封扣押程序、行政处罚程序等；其中行政处罚程序又可细分为简易程序、普通程序和听证程序。本书从学理上将其分为立案、调查、听证、作出决定和送达与归档等具体的操作规程。

（一）立案

粮食违法行为的查处程序从立案程序启动开始。行政程序可以由行政机关依职权启动，或者依公民、法人和其他组织的申请启动。关于立案程序启动的问题，《行政处罚法》未作出明确的规定，《湖南省行政程序规定》第64条第2款规定："行政机关依职权启动程序，应当由行政执法人员填写有统一编号的程序启动审批表，报本行政机关负责人批准。情况紧急的，可以事后补报。"从我国行政实践来看，填写立案登记表和行政机关负责人批准应当成为依职权启动行政程序的两个基本要件。[①]关于粮食违法行为的查处的启动程序，也应参照前述要件进行。

根据《粮食流通行政执法办法》第13条的规定，粮食经营者存在未按照规定备案，或者提供虚假备案信息等十四种情形的，应当立案调查。但基于粮食经营者的违法行为具有隐蔽性的特征，粮食和储备部门等行政执法主体难以依职权发现，故应允许有关人员通过提供违法线索和检举投诉的方式将经营者的违法形象反映至行政执法主体。《粮食流通行政执法办法》第5条规定，任何单位和个人有权向粮食和储备部门检举违反粮食流通管理规定的行为。粮食和储备部门应当为检举人保密，并依法及时处理。据此，如果公民、法人和其他组织发现了粮食违法行为的线索，有权向粮食执法部门投诉。行政执法主体在收到违法问题线索的检举或投诉时，应及时调查核实，并根据核实结果决定是否启动立案调查程序。程序启动的结果体现为立案决定。《粮食流通行政执法办法》第15条规定，应当立案调查的，立案决定应于发现涉嫌违法违规行为之日起15个工作日内，经粮食和储备部门负责人批准后作出。

（二）调查

调查程序是行政主体核实材料，收集证据，查明事实的过程。在程序启动后，行政执法主体要派执法人员组织调查核实工作。根据《行政处罚法》第37条的规定，行政机关在调查或者进行检查时，执法人员不得少于两人，并应当向当事人或者有关人员出示证件。执法人员在调查过程中，当事人或者有关人员应予以配合或协助调查。从程序权利层面来看，如果执法人员不出示行政执法证件的，当事人或者有关人员有权拒绝接受调查或者检查。如

[①] 杨登峰：《行政法总论：原理、制度与实案》，北京大学出版社2019年版，第203页。

果执法人员与本案有利害关系，被调查人有权申请行政执法人员回避。在接受询问时，有权要求执法人员如实制作询问笔录并经核实后签名确认。从调查权力配置层面来看，粮食和储备部门在收集证据时，可以抽样取证，在证据可能灭失或者以后难以取得的情况下，经粮食和储备部门负责人批准，可以先行登记保存，并在7个工作日内作出处理决定。在调查期间，被调查对象应如实回答执法人员的询问，不得销毁或转移证据。在粮食和储备部门委托对特定物品进行鉴定检测时，被调查对象有权在场，并可对取样提出异议，当其发现鉴定检测机构不具有相应资质时，有权向行政执法主体反映和提出疑问。执法机关应当及时调查核实，并予以纠正。

（三）听证

听证程序属于调查程序的一部分，也是正当程序原则的基本要求。《行政处罚法》以及一些地方政府制定的行政程序规定对听证程序作出了专门的规定。《粮食流通行政执法办法》对"听证程序"也作出了明确的规定。我国行政处罚制度中的听证与英美法律话语中的正式听证类似，而与简单地听取行政相对人的陈述与申辩不同。对需要通过听证程序进行的行政处罚行为，如果未经听证，则属于程序违法，应予以撤销或确认违法。听证程序既可以依职权启动，也可以依申请启动。就依申请启动程序而言，具体包括听证权利的告知、听证的申请、听证的程序及其效力等。根据《粮食流通行政执法办法》第42条的规定，粮食和储备部门拟作出较大数额的罚款、没收较大数额的违法所得[①]及法律、法规、规章规定的其他情形时，应当告知当事人有要求听证的权利。如果应当告知听证而未履行告知义务，导致被处罚人因不知道自己有听证的权利而未申请听证的，应当认定为程序违法。通常情况下，行政主体告知当事人有要求听证的权利时，意味着该行政处罚符合听证的基本条件，当事人在被告知后提出听证要求时，行政主体应当组织听证。需要说明的是，当事人的

[①] 关于"数额较大"的规定，该条款采取两种确认模式，一是授权省级政府部门作出规定的；二是省级部门没有作出规定的，对公民的罚款和没收违法所得以3000元为底线，对法人或者其他组织的罚款或没收违法所得，以5万元为底线。

听证申请并不以告知为前置条件。听证权是当事人享有的程序权利，当事人在未告知听证权利之前，可主动提出要求听证的申请。

关于听证的具体程序，《粮食流通行政执法办法》第43条已经作出了较为详细的规定，具体如下：当事人应在被告知有权听证后的5个工作日内提出，粮食和储备部门应当在举行听证的7个工作日前，通知当事人及有关人员听证的时间、地点。除涉及国家秘密、商业秘密或者个人隐私依法予以保密外，听证应公开举行。听证由粮食和储备部门指定的非本案调查人员主持，当事人认为主持人与本案有直接利害关系的，有权申请回避。当事人可以亲自参加听证，也可以委托一至二人代理。当事人及其代理人无正当理由拒不出席听证或者未经许可中途退出听证的，视为放弃听证权利，粮食和储备部门终止听证。举行听证时，调查人员提出当事人违法的事实、证据和行政处罚建议，当事人进行申辩和质证。听证应当制作笔录，笔录应当交当事人或者其代理人核对无误后签字或者盖章。当事人或者其代理人拒绝签字或者盖章的，由听证主持人在笔录中注明。听证结束后，粮食和储备部门应当根据听证笔录，依照《行政处罚法》的规定，作出决定。关于听证笔录的效力，有所谓的"案卷排他制度"，即行政行为经过听证程序的，行政主体应当根据听证笔录作出行政行为，没有记入听证笔录的，一般不得作为作出行政行为的依据。[①]我国《行政许可法》第48条第2款规定，行政机关应当根据听证笔录，作出行政许可决定。这与案件排他制度具有相似性。但在《行政处罚法》中，缺乏类似的规定。而在《粮食流通行政执法办法》第44条有关"粮食和储备部门应当根据听证笔录……作出决定"的规定中，却蕴含了将听证笔录作为处罚决定依据的含义，但这种笔录是否具有排他性，有待明确。从行政处罚的诉讼化改造视角来看，行政主体未在听证程序中提供的证据及事实理由，因未由当事人质证和申辩，不宜作为作出行政处罚的依据。

[①] 行政案件排他制度源自1946年《美国联邦行政程序法》，该法第556（e）款规定："证言的记录、证物连同裁决程序中提出的全部文书和申请书，构成按照本编第557节规定作出裁决的唯一案卷。"

（四）作出决定

行政主体完成调查和核实工作之后，应当及时作出行政行为，制作和送达行政行为文书。在粮食行政执法中的行政决定，主要体现为行政处罚和行政强制措施的决定。这些决定是行政执法文书的具体类型。根据《粮食流通行政执法办法》的有关规定，对违法事实确凿并有法定依据，需对公民处以二百元以下、对法人或者其他组织处以三千元以下罚款或者警告的行政处罚的，粮食和储备部门及其执法人员可以当场作出行政处罚决定。当场作出的行政处罚决定，应填写预定格式、编有号码的行政处罚决定书，并当场交付当事人。此种格式性的行政处罚决定文书中，应当载明当事人的违法行为、行政处罚的种类和依据、罚款数额、时间、地点、申请复议、提起行政诉讼的途径和期限以及行政机关名称，并由执法人员签名或者盖章。同时，执法人员当场作出的处罚决定，应当报所属粮食和储备部门备案。对涉及重大公共利益等情形的，粮食和储备部门负责人在作出行政处罚决定之前，应当由从事行政处罚决定法制审核的人员按照相关规定进行法制审核，未经法制审核或者审核未通过的，不得作出决定。粮食和储备部门依照《行政处罚法》的规定给予行政处罚，应当制作行政处罚决定书。行政处罚决定书应当载明下列事项：一是当事人的姓名或者名称、地址；二是违反法律、法规、规章的事实和证据；三是行政处罚的种类和依据；四是行政处罚的履行方式和期限；五是申请行政复议、提起行政诉讼的途径和期限；六是作出行政处罚决定的行政机关名称和作出决定的日期。此外，行政处罚决定书必须盖有作出行政处罚决定的粮食和储备部门的印章。

（五）送达与归档

行政处罚决定书在作出后，应当向当事人进行送达，否则，对当事人不具有法律效力。关于送达的方式，通常情况下，行政处罚决定书应当在宣告后当场交付给当事人，如果当事人不在场或者拒不签收的，可参照《民事诉讼法》的有关规定进行邮寄送达、留置送达或公告送达。如果当事人同意并签订确认书的，粮食和储备部门也可以采用传真、电子邮件等方式，将处罚决定书等行政文书送达当事人。为了防止因当事人地址不明而导致送达不能等问题，粮食行政执法人员在进行立案调查的过程中，应要求当事人填写送达地址确认书，并按照地址确认书上当事人所提供的地址和同意的送达方式进行送达。考虑到短信等电子送达方式更为便捷，可采用电子送达作为主要的送达方式。关于送达地址确认书的格式，也可参照人民法院民事诉讼送达地址确认书的格式进行统一的设计。

归档是违法行政行为查处工作的收尾程序。作为对执法活动的记录与再现，要件齐全、内容清晰、行文规范的执法案卷是执法活动合法规范的重要表征。案卷制作体现了执法机构的办案思路和执法过程，关系到严格规范公正文明执法，是完善执法体制、建设法治政府的关键环节。[①]党的十九届四中全会明确要求"落实行政执法责任制和责任追究制度"，《法治政府建设实施纲要（2015—2020年）》提出"建立执法全过程记录制度"，《法治政府建设实施纲要（2021—2025）》提出"全面严格落实行政执法公示、执法全过程记录、重大执法决定法制审核制度"。行政执法卷宗作为对行政执法全过程记录的基本载体，其具有对行政行为合法性的事后证明功能。因此，对违法行为查处的过程及其处理情况等均需要制作同步记录的材料，在行政行为作出后，与之同步的记录材料需要制作成为执法卷宗并归档保存。一旦行政相对人对该行政行为提起行政复议或者行政诉讼，行政机关就需要提供执法卷宗材料以证明其行政行为的合法性和适当性。通常情况下，行政执法部门应当设立档案部门，负责档案存放工作。随着数字时代的到来，行政执法档案也向电子化和无纸化方向发展。

[①] 郭晓雨：《行政执法的技术治理逻辑——基于对执法案卷制作的"行为—过程"分析》，载《法制与社会发展》2021年第2期。

第三节　粮食行政执法的救济机制

一、行政相对人在行政执法中的权利保障

（一）实体权利

在行政相对人的权利体系中，实体权利居于首要地位。一个行政相对人无论是否愿意实际参与行政程序，其最终目的都是要实现自身所享有的实体权利。有学者从实体权利的功能视角分析，将行政法上行政相对人的实体权利分为三种：行政受益权、行政保护权、行政自由权。[1]从内容上看，行政相对人的实体权利可分为财产权、自由权、人格权等主要类型。当然，每一种权利类型可具体分为一系列的子权利，最终形成权利群。如财产权的范围具体包括合法收入、储蓄、房屋、其他生产资料和生活资料等。而在合法收入中，可进一步分为合法的劳动收入和合法的非劳动收入，后者主要包括持股分红、买卖差价收入、彩票中奖等。[2]自由权是指行政相对人所享有的不受行政主体违法行政行为侵害的各种合法权益，具体包括自主经营权，不受非法搜查、拘留的自由等。人格权可分为隐私权、名誉权、荣誉权、名称权、个人信息保护权等。在粮食行政执法领域，行政执法主体如果滥用职权、超越职权等，则将侵害行政相对人的实体权利。基于粮食行政执法主体不具有对人身自由控制的强势权力，故行政相对人在粮食执法过程中经常容易被侵害的权利主要是财产权。这种侵权方式体现为违法作出罚款、没收违法所得、查封、扣押等。

---

[1] 章志远：《行政法学总论》（第二版），北京大学出版社2022年版，第199—200页。
[2] 韩大元、王建学：《基本权利与宪法判例》，中国人民大学出版社2013年版，第256—257页。

（二）程序权利

行政相对人的程序权利是指由行政程序法所规定或确认的，在行政程序法律关系中由行政相对人享有，并与行政主体的程序义务相对应的各种权利。程序权利与实体权利的关系属于手段与目的之间的关系，即程序权利具有保障实体权利实现的功能，其也是制约行政权力的重要方式。引入程序权利概念，能修复行政法律关系中行政主体和行政相对人的法权失衡和地位上的不平等。与民事法律关系相比，行政法律关系脱胎于行政管理关系，行政主体在该关系中处于主动性和支配性的地位，而行政相对人则处于被动的配合地位，行政主体作出的行政行为具有公定力，[①]行政相对人首先负有遵从的义务，其次才有权提起行政复议或行政诉讼。程序权利的引入，能有效促成行政程序主体地位的平等化。如行政相对人在行政执法过程中，可提出对具体执法人员的回避申请，行政执法主体对该申请应予以处理并作出是否准许其申请的决定。此外，对行政相对人程序权利的认可和尊重，能够有效促使行政权力实际运作的理性化，进而增强行政决定的可接受性。[②]在粮食行政执法领域，行政相对人的程序权利主要包括以下几个方面。

一是获得对方执法主体身份的权利。行政执法人员在执法过程中，应当表明身份。基于粮食行政执法人员未统一配备类似于公安、市场监督等的执法制服，这导致单从衣着穿戴上无法让相对人准确地辨认出执法人员代表国家粮食机关履行执法职能的公职身份。在此情况下，粮食行政执法人员在执法过程中，应当出示证明其身份的执法证件。行政相对人对其执法身份产生异议的，也有权要求行政执法人员出示其工作证或行政执法证。如果行政执法人员未出示执法证件，行政相对人有权拒绝。如《河南省行政执法条例》第24条规定，行政执法机关在调查、检查或者核查时，行政执法人员不得少于两人，并应当主动向当事人或者相关人员出示行政执法证。未出示行政执

[①] 叶必丰教授认为："公定力是指行政行为具有得到所有机关、组织或者个人尊重的一种法律效力。这也就是说，公定力是一种对世效力。"参见叶必丰：《行政法与行政诉讼法》（第三版），武汉大学出版社2008年版，第216页。

[②] 章志远：《行政法学总论》（第二版），北京大学出版社2022年版，第201页。

法证的，当事人或者相关人员有权拒绝。

二是获得必要信息的告知权。行政主体在作出对当事人不利的行政行为时，应当将拟作出的行政行为及其理由、依据告知当事人。现行法律、法规和规章均对此作出了明确的规定。如《河南省行政执法条例》第26条规定，行政执法机关在作出行政执法决定之前，应当依法告知当事人作出行政执法决定的事实、理由和依据。《粮食流通行政执法办法》第42条规定了应当告知当事人有要求听证的权利。《行政处罚法》第64条明确规定，听证的7日前应当通知当事人举行听证的时间及地点等。从功能上看，获得必要信息的告知权，是行政相对人参与行政执法程序的前提条件和基本保障。

三是陈述申辩权。按照英国的自然公正原则，正当程序包括避免偏私和听取意见两项核心要素。我国行政法理论完成了正当程序的"中国化"，将正当程序作为控制行政裁量的有效方式，直接体现了法治政府对行政权力公正行使的最低限度，从而成为行政法上的一项基本原则。[1]《行政处罚法》第41条第3款规定："行政机关应当及时告知当事人违法事实，并采取信息化手段或者其他措施，为当事人查询、陈述和申辩提供便利。不得限制或者变相限制当事人享有的陈述权、申辩权。"行政相对人的陈述权在内容上体现为其针对行政执法主体所确认的违法行为事实作出的解释和说明意见，具体包括对已查明事实的认可与否认，对未查明事实的补充说明等。申辩权则侧重于在事实认定的基础上，针对行政主体所提出的不利指控，享有依据其掌握的事实和法律进行辩解和反驳的权利。无论当事人的陈述是否属实，申辩意见是否合法适当，行政主体均不能人为地限制行政相对人陈述和申辩的权利。

四是申请权。在行政执法领域的申请权，具体包括申请回避、申请听证权、申请调查权、申请更正权、申请保密权。这些申请权作为程序权利，具有启动特定行政程序的功能。如行政相对人认为行政执法人员对本案具有利害关系的，可申请回避，行政主体应对该申请回避进行处理，启动对回避申请的审查程序。《粮食流通管理条例》第41条规定，任何单位和个人有权对违反本条例规定的行为向有关部门检举，有关部门应当为检举人保密，并

---

[1] 黄海华：《新〈行政处罚法〉制度创新的理论解析》，载《行政法学研究》2021年第6期。

依法及时处理。该条款实际上涉及了申请调查权和申请保密权两种程序权利，也赋予了行政主体依法及时处理的义务。《粮食流通行政执法办法》第43条对申请听证权和听证主持人的回避申请权作出了明确的规定。

五是委托代理权。委托代理权是指行政相对人在参与行政执法程序过程中，有权委托他人代为主张权利、参与有关活动的权利。根据《粮食流通行政执法办法》第43条的规定，当事人可以亲自参加听证，也可以委托一至二人代理。关于代理人的范围，可以参照诉讼代理人的范围予以限定，具体包括当事人的近亲属、工作人员或其社区推荐的人员、律师、法律工作者等。确立代理制度，能将行政相对人从较为烦琐和专业性的行政程序中解脱出来，也有效弥补了部分当事人语言表达欠缺、专业知识匮乏等方面的不足，更好地行使当事人的程序权利，从而促进其实体权利得到有效的保障。

六是拒绝权。我国大量的法律规定了当事人对行政执法的配合义务，规定了当事人"不得拒绝和阻挠"行政机关依法进行的调查或者依法作出的决定，以及违抗的法律后果。如《粮食流通行政执法办法》第7条规定，被检查对象对粮食流通行政执法人员依法履行职责，应当予以配合。任何单位和个人不得拒绝、阻挠、干涉粮食和储备部门粮食流通行政执法人员依法履行行政执法职责。然而，在这些规定之外，也有一些法律规定了当事人拒绝的权利。例如，《行政处罚法》规定在特定情形下"当事人有权拒绝缴纳罚款"，《农业法》第67条、第68条规定，农民和农业生产经营组织"有权拒绝"超越法律规定或者没有法律依据的收费、罚款、摊派和强制集资。一些部门和地方也规定，行政执法人员执行公务时应出示证件，表明身份；没有出示执法证件的，当事人有权拒绝接受检查。对于行政执法人员行使检查、扣押等即时强制措施的，由于当事人没有事先救济的机会，对拒绝权的行使应当给予更多的宽容。[①]《粮食流通行政执法办法》第17条规定，粮食和储备部门执法人员在调查或者进行检查时……不出示行政执法证件的，当事人或者有关人员有权拒绝接受调查或者检查。此外，如果执法人员在扣押物品时不当场出具清单的，或者对超越查封扣押清单外的物品实施扣押的，当事人也有权

---

① 何海波：《公民对行政违法行为的藐视》，载《中国法学》2011年第6期。

拒绝。对行政执法人员在实施强制措施过程中严重侵害善良风俗和人格尊严的违法行政行为，行政相对人也有权采取必要的抵制行为。

二、行政相对人的救济程序机制

行政相对人的救济程序是指当行政主体及其执法人员在执法过程中，因错误的或违法的行政行为导致行政相对人的合法权益受到损害时，行政相对人寻求救济的途径、方式和方法。有权力必有救济，已经成为公权力运行的基本原则。行政主体在行政执法过程中处于管理、支配的优势地位，其作出的行政行为具有公定力，在被有权机关确认无效或被法律判定为不成立之前，被推定为合法有效，行政相对人不能直接拒绝。为了防止行政机关滥用职权，通过行政行为的作出这一"合法"外衣对行政相对人的权利造成损害，现代法治确立了对行政行为的事后救济机制，具体包括行政复议、行政诉讼和行政赔偿等三种程序救济机制。

（一）行政复议机制

行政复议是上级行政机关对下级行政机关作出的行政行为的事后监督。有关粮食行政执法部门作出的行政行为，其复议机关主要包括上一级粮食和储备部门以及同级人民政府。随着行政复议体制机制的改革，行政复议机关由双重机关选择模式向单机关模式发展，以粮食和储备机关为例，对县级以上粮食和储备部门的行政行为不服的，应由同级人民政府作为行政复议的主体，上一级粮食和储备部门不再受理。但法律规定上下级存在垂直管理关系的行政机关除外。与行政诉讼相比，行政复议机制具有便捷性，且不受审查范围和审查限度的严格要求。根据《粮食流通行政执法办法》第37条的规定，粮食和储备部门在作出行政处罚时，应当载明申请行政复议、提起行政诉讼的途径和期限。该条款为粮食行政执法主体设定了告知义务，其不但要告知行政相对人有申请行政复议和提起行政诉讼的权利，也要告知具体的行政复议机关、管辖权法院和复议、诉讼的期限。尽管该规定仅限于行政处罚，但从行政法基本原则的层面来看，对行政机关所作出的任何对行政相对人或第三人有影响的行政行为，当事人均有权申请行政复议或提起行政诉讼。例如，粮食和储备部门在执法监督检查中实施的查封、扣押等行政强制措施，虽然不属于行政处罚，但也应告知相对人的救济权利及其行使方式。从现行法律规定来看，对于粮食行政执法领域的行政争议，当事人可选择适用行政复议或行政诉讼程序进行维权。从充分维护当事人合法权益的视角来看，当事人应先行申请行政复议，这样一方面能充分发挥行政复议在实质性化解行政争议中的主渠道作用，弥补行政诉讼机制在受案范围、审查程度及裁判方式上的不足；另一方面也能够减少维权成本，为权利救济多争取一次不同模式的救济机会。因为当事人一旦选择行政诉讼，则无权申请行政复议，相反，如果当事人先申请行政复议，在对行政复议结果不服时，还可以提起行政诉讼。

（二）行政诉讼机制

比较而言，行政复议属于内部救济机制，行政诉讼属于外部救济机制，即由处于中立裁判地位的法院通过对行政诉讼案件的审理，达到解决行政争议、维护当事人合法权益和监督行政机关依法行政的目的。根据《行政诉讼法》的有关规定，人民法院在审理行政案件时，对行政行为是否合法进行审查，此即合法性审查原则。当然，对行政处罚行为，法院可突破行政合法性原则的要求，对行政处罚的合理性进行审查，这其实赋予了法院对行政处罚裁量权的审判监督权。在粮食行政执法领域，主要涉及的行政行为就是行政处罚和行政强制两种。其中，行政处罚是行政监督检查执法中，由粮食和储备部门等行政主体最终作出的行政行为。对该类行政行为不服的，行政相对人可通过向作出行政行为之行政主体的住所地法院提起行政诉讼的方式寻求救济。人民法院对行政行为的审查主要围绕程序的合法性展开，其裁判方式主要包括撤销行政行为、确认行政行为违法、变更行政处罚及驳回诉讼请求等情形。

当前阶段，由于人民法院过于关注行政程序的合法性审查，在作出撤销行政行为的同时，往往会责令行政主体重新作出行政行为，且其受到"一行为一诉"审判模式局限性的影响，在实质性化解行政争议方面存在"程序空转"的问题。为此，最高人民法院提出了实质性解决行政争议的行政诉讼改革目标,"实质性解决行政争议"也成为最高人民法院最近几年特别强调的一个命题,围绕这个命题进行了一系列的制度创新和工作机制的改革和完善。①2019年10月,最高人民检察院在全国部署开展为期一年的"加强行政检察,监督促进行政争议实质性化解"专项行动,将行政争议实质性化解工作列为行政检察的核心任务。②作为解决行政争议目标演进的升级版,实质性解决行政争议,是指行政争议在法定解决纠纷体系中实现了公正化解,当事人对裁判结果予以认同,争议状态就此终结,即实现了行政争议的法律之维和事实之维终结的一致性,本质上反映了对"案结事了"和"定分止争"两种状态充分融合的追求。③从实质性解决行政争议的视角来看,行政诉讼也为调解预留了制度空间。

(三)行政赔偿机制

行政赔偿是我国重要的行政救济制度之一,1994年颁布的《国家赔偿法》也为我国行政赔偿制度奠定了规范依据。行政赔偿的构成要件包括行政侵权、损害事实、因果关系三个部分。在粮食行政执法的实践中,可能出现行政辅助人参与其中的情况。行政辅助人员虽然不具有执法主体资格,但在行政机关指挥监督下行使一定的行政职权,应将其视为行政机关工作人员。行政辅助人在执行职务行为时造成行政相对人损害的应依主体资格标准、职务行为标准判断是否构成职务侵权,其职务侵权的法律后果由其所属行政机关承担行政赔偿责任,行政机关承担国家赔偿责任后可向有过错的行政辅助人追偿。④关于行政赔偿的方式,主要包括金钱赔偿、返还财产和恢复原状三种类型。关于行政赔偿的程序,主要包括行政赔偿的请求程序和有关国家机关的处理程序,后者又包括行政先行处理程序、行政赔偿复议程序和行政赔偿诉讼程序。就请求程序而言,又可分为单独请求和附带请求,前者是指行政相

---

① 江必新:《论行政争议的实质性解决》,载《人民司法》2012年第9期。
② 闫晶晶:《如何解决行政争议实质性化解"老大难"问题?》,载《检察日报》2020年3月8日,第2版。
③ 徐运凯:《行政复议法修改对实质性解决行政争议的回应》,载《法学》2021年第6期。
④ 刘东辉:《论行政辅助人职务侵权赔偿责任》,载《社会科学家》2022年第4期。

对人直接向作出违法行政行为的行政主体（赔偿义务机关）提出赔偿请求。

我国现行法律确立了行政先行处理程序，即赔偿请求人单独要求行政赔偿，应当先向赔偿义务机关提出，由赔偿义务机关按照行政程序先行处理，其可与行政相对人协商解决赔偿问题。如果赔偿请求人对赔偿义务机关处理不服或者赔偿义务机关逾期不予赔偿的，才可以申请行政复议或者提起行政诉讼。根据《国家赔偿法》《行政复议法》《行政诉讼法》的有关规定，赔偿请求人也可以在申请行政复议或者提起行政诉讼时一并提出行政赔偿的请求。此外，为了充分保障当事人的合法权益，在行政复议中，即使复议申请人未提出行政赔偿的请求，只要行政复议机关在依法决定撤销或者变更罚款、撤销违法集资、没收财产、征收财物、摊派费用以及对财产的查封、扣押、冻结等具体行政行为时，应当同时责令被申请人返还财产，解除对财产的查封、扣押、冻结等措施，或者赔偿相应的价款。这属于推定请求复议，即法律推定未在复议申请中提出的赔偿请求包含在已提出的撤销或变更请求中。[①]根据《粮食流通行政执法办法》第25条的规定，对查封、扣押的粮食、工具、设备、账簿资料、场所等，粮食和储备部门应当妥善保管，不得使用或者损毁；造成损失的，应当承担赔偿责任。此处的赔偿，在性质上应当属于行政赔偿。此外，错误的查封、扣押及没收等行政行为，以及违法的行政处罚行为，也属于行政赔偿的受案范围。如果粮食行政执法主体及其执法人员存在违法行政行为进而损害当事人合法权益时，遭受损害的公民、法人或其他组织，有权作为赔偿请求人向该行政主体提出行政赔偿的请求，也可在行政复议和行政诉讼中附带提出行政赔偿请求。

---

① 叶必丰：《应申请行政行为判解》，武汉大学出版社2000年版，第88页。

第六章

粮食应急管理制度

粮食事关国运民生，粮食安全是"国之大者"，是维护国家安全的重要基础。应急条件下的粮食保障更是直接关系着群众生活和社会稳定。我国幅员辽阔，经常遭受多种多样的突发灾害，往往会造成人民生命和财产的重大损失。灾害发生后，充足而又及时的粮食供给不仅可以提高应急救灾的效果，还是灾后重建的有效保障。随着经济社会的发展，粮食生产区、消费区日益固化，高质量推进粮食应急管理制度建设，提高粮食应急保障能力，对实施国家粮食安全战略、乡村振兴战略和落实总体国家安全观具有重要意义。

第一节　粮食应急管理概述

粮食是人民生活的必需品，其应急管理关乎国家安全。我国《国家安全法》明确规定，"保障粮食供给和质量安全"。党和国家始终把解决人民吃饭问题作为治国安邦的首要任务。对于一个国家来说，粮食安全与否直接影响到整个国家的经济发展及社会的安全稳定。实施粮食应急管理是确保粮食安全供应的重要抓手。

一、粮食应急与粮食安全

（一）粮食应急相关概念

1.粮食应急

"应急"一词在《现代汉语大词典》中解释为"应付紧急情况"。[1]在《辞海》中解释为"应对突发情况"。[2]粮食应急包括两层含义：主观上指需要紧急处理的粮食事件，客观上指粮食事件是突然发生的。综合来看，粮食应急是指国家针对突发事件或紧急情况，稳定粮食市场供应、保障国家粮食安全、满足

---

[1]《现代汉语大词典》，上海辞书出版社2010年版，第1375页。
[2]《辞海》，上海辞书出版社1999年版，第257页。

人民群众基本生活需求的一种紧急响应。粮食应急具有突发性。这种突发性主要指粮食安全事件发生的地点和时间具有不确定性，且无法提前预见；事件的发生往往是多种复杂隐患由量到质的累积变化，短时间内就可对粮食生产、储存或流通等环节产生严重影响，进而威胁到国家粮食供应的安全性和稳定性。

2.粮食应急管理

粮食应急管理是指政府部门或者具有执法权的相关机构，针对突发事件或紧急情况，发挥计划、组织、领导、协调、控制等职能，实现稳定粮食市场供应、保障国家粮食安全、满足人民群众基本生活需求的过程。粮食应急管理，需要采用定性与定量相结合的分析方法，以先进的科学技术为手段，完善粮食应急机制，保障粮食供应，进而实现社会稳定。粮食应急管理可以分为事前预防、事中处置、事后恢复三个阶段。这不仅关乎短期的灾害应对，也关乎推动粮食产业链的协同发展。我们应通过建立健全粮食应急管理机制，提高国家粮食产业的整体效益和抗风险能力，提升粮食产量和质量，推动农业现代化、实现粮食产业的可持续发展。

3.粮食应急管理制度

粮食应急管理制度是指国家或政府部门根据法定权限，针对突发事件或紧急情况，为保障国家粮食安全、实现粮食市场供应、满足人民群众基本生活需求，制定的应急组织、应急程序、应急保障等规则体系。通过法治保障，全面建构粮食安全应急管理制度体系，保证粮食应急管理制度的合法性、体系的科学性和运行的有序性，使粮食应急管理成为符合时代要求、促进社会发展、保障粮食安全、维护社会稳定的现实选择。

（二）粮食应急状态的界定

粮食应急状态是指"因各类突发公共事件或者其他原因，引起国内粮食供求关系突变，在较大地域范围内出现群众大量集中抢购、粮食脱销断档、价格大幅度上涨等粮食市场急剧波动的状况"[1]。简单来说，粮食应急状态是在

---

[1]《国务院办公厅关于印发国家粮食应急预案的函》，载中国政府网，https://www.gov.cn/zhengce/content/2018-12/03/content_5345459.htm，2023年7月1日访问。

一定区域内，粮食无法满足居民正常生活的一种状态。

《国家粮食应急预案》规定，粮食应急状态分为国家级（Ⅰ级）和省级（Ⅱ级）两级。对粮食应急状态的界定，是一个相对复杂的问题，需要评估国家粮食供应的紧张程度和应对突发情况的能力，需要考虑国家粮食储备水平、市场供求状况、粮食生产情况、突发事件的影响等因素。

1.国家粮食储备水平

国家粮食储备是粮食应急的重要支撑，其充足程度对粮食应急状态的界定具有重要影响。一般来说，当国家粮食储备处于较高水平时，能够满足国内需求并应对突发情况，粮食应急状态可以被界定为正常或充裕。然而，当国家粮食储备水平下降到预警线以下，储备粮不足以满足需求时，按照相关规定，把粮食应急状态界定为国家级或省级。

2.市场供求状况

市场供求状况是界定粮食应急状态的重要因素。当区域粮食市场出现供给减少或需求增加时，粮食价格往往会上涨。这样的价格变动会使得加工和供应企业增加对市场粮食的投放量，同时，外围市场的粮食也会因价格因素更多地流入这个地区，以重新平衡供需关系。然而，如果增加的供给仍然无法满足需求，粮食价格将继续上涨，引发群众的恐慌和抢购，进而推动粮价进一步上涨，最终导致粮食应急状态的出现。

3.粮食生产情况

粮食生产情况直接关系到粮食供应的稳定性和安全性。如果粮食生产充足，丰收年景，国内粮食供应相对稳定，那么粮食应急状态可以界定为正常。但是，如果受到自然灾害、病虫害、气候变化等因素的严重影响，粮食减产或供应不足，粮食应急状态可以界定为紧张或不足。

4.突发事件

突发事件是粮食应急状态的主要触发因素。当国家遭遇严重突发事件（如自然灾害、事故灾难、公共卫生事件或社会安全事件等）时，粮食生产和供应链条往往会受到严重冲击，短时间无法满足人民的正常生活所需。在这种情况下，粮食应急状态往往被界定为紧急，需要迅速采取应急措施，调动储备粮食，保障人民群众的基本生活需求。

二、粮食应急管理的主要作用

2018年，党的十九届三中全会审议通过《深化党和国家机构改革方案》，决定设立应急管理部。这标志着我国的应急管理工作进入了新阶段。粮食应急管理作为其中的关键一环，在国家粮食安全战略中具有重要作用。粮食应急管理具有预警、保障、稳定和安全四个方面作用。

（一）预警作用

1.提升政府风险感知能力

凡事预则立，不预则废。处置突发事件必须未雨绸缪，有备无患。在粮食应急管理中，政府部门应具备敏锐的风险感知能力。2018年，国家发展改革委、国家粮食和物资储备局会同有关部门提出建立全国粮食监测预警系统，但尚在探索阶段。该系统不仅可以收集粮食生产、储备、供需状况等方面的数据，还可以通过监测气象数据、地质信息、病虫害发生规律等，提前预测自然灾害（如干旱、洪涝、地震等）和病虫害的发生概率及影响范围，开展数据分析和信息共享，使政府工作人员能够迅速发现粮食安全风险，及时采取必要的措施进行管控，从而提升政府感知粮食安全风险的能力，更好地保障国家粮食安全，维护社会稳定和经济发展。

2.防范重大安全风险

在粮食应急管理中，防范重大安全风险至关重要。粮食安全作为国家安全的重要组成部分，保障粮食安全对于国家的社会稳定和经济发展具有关键作用。建立粮食应急管理制度，可以增强政府、社会对粮食安全的忧患意识，防范风险，化解危机。通过完善监测预警机制和风险评估机制，可以强化政府对粮食安全重大风险的早期识别，把重大风险危机解决在萌芽状态。

（二）保障作用

1.保障公民基本权利

生命权、健康权等公民基本权利是粮食应急管理保障的核心目标之一。

粮食是人类生存和发展的基本需求,每个人都有权利享受充足、安全和营养均衡的食物。粮食应急管理通过建立有效的粮食供应和储备系统,确保在自然灾害、紧急事件或市场波动等情况下,公民也能够获得及时的粮食援助,使公民的基本生活权利得到满足。其中,粮食质量问题包括农药残留、重金属超标等方面,及时发现问题并采取措施进行处理,有助于保障公民的身体健康和食品安全权利。此外,粮食应急管理还应关注特殊人群的需求,保障弱势群体的基本权利。政府部门在制定粮食应急预案和执行措施时,应考虑老、幼、病、残、孕等特殊人群的需求,确保他们能够获得粮食供应。在灾害发生或其他紧急情况下,政府部门要及时组织救援行动,保障特殊人群的营养需求和生活权利。通过建立粮食供应和储备系统,加强食品安全监管,落实社会保障制度,从而保障公民的基本生活权利,实现社会的和谐稳定和可持续发展。

2.保障应急物资合理配置

粮食资源是国家基础性、战略性的资源,在面对粮食安全领域的紧急情况和灾害事件时,可以通过有效的资源调配,确保应急物资的合理利用和最大化效益。保障应急物资合理配置,需要明确物资调配的法定原则、法定程序,明确在紧急情况下的物资调配管理方式。粮食应急预案中应包括粮食需求评估、粮食储备和供应链管理等内容,确保物资调配的科学性和高效性。同时,通过应急响应机制,及时反应并调动相关物资,迅速组织救援和援助行动,以应对粮食安全风险和紧急情况。首先,要完善储备体系。粮食应急管理的重点是建立物资储备体系,确保储备物资充足和及时投放。在实施粮食应急管理时,应建立一定规模的粮食储备,包括储备粮食、储备农产品和应急物资等。储备体系不仅涉及数量的控制,还包括质量的保障和存储设施的完善。应急情况下,政府能够迅速投放储备物资,满足灾区和困难群众的粮食需求,保障应急物资的合理配置。其次,要实现信息共享。应急管理强调跨部门和跨地区的物资协调与合作,政府相关部门之间应建立有效的信息共享机制,以实现物资的有效整合和统一调度。特别是在面对大规模自然灾害和粮食供应紧张的情况下,政府部门要加强与其他地区的合作,实现物资的跨区域调配和共享,确保灾区和困难地区能够及时获得必要的粮食援助和支持。最后，要注重精准调配。随着信息技术的发展，政府利用大数据、人工智能和物联网等技术手段，实时监测和分析粮食供需情况，预测和评估灾害影响，能够更准确地判断粮食需求和供给的匹配程度，精准调配应急物资，持续不断地优化粮食配置效果，提升粮食调配的智能化和精确性，提高应急管理的准确性和时效性。

3.保障公平

公平是人类追求的永恒价值。只有通过制度保障公平，才能促进社会的平稳运行。在粮食应急管理过程中，既要保障相关方的权益，也要保证粮食的公平分配和应急措施的公正执行。一方面，要坚持群体平等。公平原则是资源分配中最基本的原则。政府部门在制定应急预案和执行措施时，要确保资源的公平分配。这意味着资源应该按照一定的标准和程序进行分配，不偏袒特定的群体或地区。政府部门应建立公平分配的指导原则，如基于需求的分配原则、弱势群体优先原则等，确保资源的公平分配，使每个人都能够获得公正的应急支持。应关注社会弱势群体的需求，特别是要注重对他们的关怀和保护。在灾害和紧急情况下，他们往往更容易受到影响，基本生活和营养需求更为脆弱。在应急响应中，要确保他们能够及时获得粮食援助和支持，提高他们的生活保障水平，确保每个人都能够享有应急物资的权益。另一方面，要坚持区域平等。不同区域的灾害风险和应急需求可能存在差异，政府部门要确保在资源调配中实现区域之间的公平。这意味着在灾害和紧急情况下，资源的分配应该考虑到区域之间的差异和需求的多样性，避免资源过度集中在某一区域，而其他区域得不到充分支持。政府部门应制定相应的指导原则和分配机制，确保资源调配的公平性和均衡性，使各区域都能够公平分享应急资源和支持。在粮食应急管理制度中，强调信息公开和透明，政府部门应当及时向公众发布与粮食应急管理相关的信息，包括灾害预警、资源调配、救援进展等。通过信息公开，公众能够了解应急管理的进展和措施，监督政府部门的行动是否公正和透明。同时，应当鼓励公众参与，接受各界的建议和意见，确保决策公开民主。

(三)稳定作用

1.维护粮食稳定

粮食稳定供给,不仅是中国粮食安全的前提,更是全球粮食供应的关键稳定器。粮食应急管理通过应急体制机制,实现粮食从生产、储备、加工、流通、供应到应急等全流程监管,确保发生粮食安全风险时,有制度、讲策略、稳增长、保供求。在粮食供应出现紧张或中断的情况下,通过粮食应急管理制度和应急机制,确保粮食供应的连续性和稳定性,防范粮食危机,守稳粮食安全防线。

2.维护社会稳定

粮食供应的紧张和不稳定,往往引发社会不安和动荡。粮食应急管理通过提前预警、有效应对和危机管理等措施,防范和化解粮食安全风险,保障社会稳定。政府部门应健全预警系统,通过监测和分析粮食市场、气候变化等因素,及时发现潜在的粮食供应问题,以便做好应对。同时,政府部门应提高危机管理能力,对突发事件及时响应,迅速组织救援和救助行动,确保公民的基本生活需求得到满足,稳定社会秩序。

(四)安全作用

1.提升应急协调能力

在粮食应急管理中,应通过提升应急协调能力来保障粮食安全。首先,要实现信息资源共享。当突发事件发生时,粮食供应链可能受到严重影响,危及粮食供应的安全。此时,应加强气象、地质、灾情状况等信息资源的共享,以便政府部门能够及时准确了解灾情和需求。其次,要强化多部门合作。加强交通、农业、水利、能源、消防等部门的合作,通过跨部门和跨地区的协调,调动应急资源,协调粮食供应链的各个环节,确保粮食供应的连续性和安全性,实现信息共享、紧密合作、统一调度。

2.优化利用粮食资源

当突发事件发生时,粮食资源的优化利用就成为当务之急。粮食应急管理注重资源的优化利用,包括应急储备粮、救援人力和救援物资等。政府部门应通过建立健全粮食储备体系，及时补充和更新应急储备，确保储备粮食物资的数量和质量。同时，政府部门应加强对应急粮食的管理和调度，合理分配粮食资源，确保其发挥最大效用。优化粮食资源供应，可以使国家在资源紧张和有限的条件下，及时提供粮食支持和救援，从而保障粮食供应的稳定性。

三、粮食应急管理的主要特点

粮食应急管理作为国家管理体系的重要组成部分，具有政治性、法治性、科学性、实践性等特点。作为国家治理体系和治理能力现代化的重要组成部分，粮食应急管理制度承担着防范化解重大风险的重要职责，担负着保障粮食安全和人民群众基本生活需求的关键使命。

（一）政治性

1. 坚持党对粮食应急管理的集中统一领导

粮食作为国家战略和国计民生的重要领域，其应急管理必须坚持党的集中统一领导，确保国家粮食安全和人民群众的基本生活需求得到满足。粮食安全是治国理政的头等大事。在应急管理中，我们必须坚持党对突发事件的集中统一领导。坚持党政同责，充分发挥我国集中力量办大事的政治优势，确保粮食应急管理科学、高效。党的正确领导能够推动粮食应急管理工作高效运行。在党的正确领导下，政府部门应制定科学合理的政策措施，统筹协调各方资源，及时解决在重大粮食公共危机中各方面临的紧急问题，确保粮食应急管理工作顺利进行。

2. 坚持以人民为中心的发展思想

党的宗旨是全心全意为人民服务。在粮食应急管理工作和制度建设中，要坚持以人民为中心的发展思想，始终把人民群众的根本利益放在首位，关注人民的需求和福祉。在粮食应急管理工作中，要注重人民群众的参与和意见反馈，建立健全沟通机制和信息发布渠道，充分听取人民群众的声音，及时解决他们在粮食应急管理过程中遇到的问题和困难。同时，要注重社会的公平和公正，确保粮食应急资源的合理配置和公平分配，让每个人都能够享受到粮食应急管理带来的实实在在的利益。

（二）法治性

1.依法应急

党的十八大强调，依法治国是党领导人民治理国家的基本方略，法治是治国理政的基本方式，要更加注重发挥法治在国家治理和社会管理中的重要作用，全面推进依法治国，加快建设社会主义法治国家。法律是治国之重器，法治是国家治理体系和治理能力现代化的重要依托。依法应急是指政府部门在粮食应急管理工作中，严格按照法律法规进行应急处置和应对突发事件。首先，粮食应急预案的制定和执行必须依据相关法律法规，确保应急工作的合法性和规范性。粮食应急预案要明确各级政府和相关部门的职责和权限，规定应急响应的程序和措施，确保在应急情况下的决策和行动具备法律依据。其次，粮食应急处置必须遵守法律规定和法定程序，尊重人民群众的主体地位，保护公民的合法权益，确保应急工作的公正性和合法性。坚持依法应急，全面提高粮食应急管理能力，将法治思维贯穿粮食应急管理的各领域、各环节，始终恪守粮食应急管理的法治要求。

2.依法管理

依法管理是指政府部门在粮食应急管理过程中，依照法律法规对粮食生产、储存、流通和消费等环节进行管理和监督。政府部门要依法履行管理职责，建立健全管理制度和监管机制，确保粮食生产和经营活动符合法律规定。在粮食生产过程中，要加强产前、产中、产后等各环节的管理，确保农民的合法权益，推动粮食产业可持续发展。在粮食流通和消费方面，要加强对市场主体的监管，打击假冒伪劣等违法行为，维护市场秩序和消费者权益。通过依法管理，促进粮食市场的公平竞争，保障粮食供应的安全性和可靠性。

3.依法保障

依法保障是指政府部门在粮食应急管理工作中，依法依规保护人民群众的合法权益，确保其基本生活需求得到充分满足。政府部门要通过建立健全法律体系和政策措施，保障人民群众的粮食供应和安全。在应急情况下，政府部门要依法动员和调配资源，保障受灾群众的基本生活，提供必要的粮食支援和救助。同时，要加强对弱势群体的保护，确保他们在粮食应急管理过程中的利益得到充分保障。政府部门要依法处理粮食应急管理中的纠纷和争议，保护各方合法权益。通过依法保障，增强人民群众对粮食应急管理工作的信心和支持，推动社会的公平正义。

（三）科学性

1.依托现代化应急科技体系

完善粮食应急管理工作离不开科学技术的支持。科学性是当代应急管理工作的重要特点之一。粮食应急科技体系是指在粮食应急管理中，政府部门为提高应急管理效率，借助科学技术手段和信息化平台构建的管理体系。在预警和监测方面，利用遥感、卫星导航等技术手段，实时监测粮食生产、储备和流通的情况，及时掌握粮食安全形势，预测潜在风险和灾害。在信息化管理方面，建立粮食应急信息系统，集成相关数据和信息资源，实现信息共享和交流，提供科学决策和应急指挥依据。在应急处置方面，利用物联网、大数据、人工智能等技术，进行粮食调度和分配，快速响应突发事件，减少灾害损失。我们依托现代化应急科技体系，可以提高粮食应急管理的科学性和精准性，有效应对粮食领域的各种风险和挑战。

2.立足我国基本国情

我国是人口大国和农业大国，粮食安全是国家安全和民生幸福的重要基石。粮食应急管理必须立足我国基本国情，充分考虑我国的粮食生产、储备和消费情况，制定符合国情的应急政策和措施。在粮食生产方面，要根据我国的农业特点和资源状况，制定科学合理的种植结构和农业生产政策，提高粮食产量和质量。在粮食储备方面，要根据我国的需求和储备能力，建立健全粮食储备体系，确保粮食供应的稳定性和可持续性。在粮食消费方面，要根据我国的人口规模和消费需求，制定合理的粮食流通政策，保障人民群众的基本生活需求。粮食应急管理应立足我国基本国情，将科学性与实际需求相结合，为粮食安全提供科学可行的解决方案。

（四）实践性

1.回应粮食应急管理需要

作为农业大国，我国农村经济和农民生活对粮食安全的依赖程度高。粮食应急管理旨在保障农民的生产和生活，提供稳定的粮食供应。在农业生产方面，粮食应急管理通过提供科学技术支持和应急服务，帮助农民应对自然灾害和病虫害等突发情况，减少农业损失，保障粮食产量。在粮食流通和消费方面，粮食应急管理通过建立健全物流网络和市场监管机制，保障农产品顺畅流通，提供优质安全的粮食产品给农民和消费者。通过健全粮食应急管理制度，回应粮食应急管理需要，可以使粮食应急管理实现理论与实践的结合，促进农村经济的发展和农民收入的增加。

2.落实国家粮食安全战略

粮食安全是国家安全的重要组成部分，与政治安全、经济安全、文化安全、科技安全、生态安全、资源安全、生物安全等领域密切相关。粮食应急管理作为国家的战略举措，旨在保障粮食供应和粮食安全。通过建立健全应急预案和应急机制，调动和协调各方资源，及时应对突发事件，确保粮食供应的稳定性和可持续性。同时，我们应通过加强对粮食生产、储备和流通的监管，防范和化解粮食安全的重大风险和威胁。落实国家粮食安全战略，实现国家安全与粮食安全的有机统一，为国家发展和人民幸福作出重要贡献。

四、粮食应急管理制度的发展历程

粮食应急管理制度的发展是一个不断演进的历史过程，经历了社会主义革命和建设时期粮食储备制度的初步构建、改革开放和社会主义现代化建设新时期的中央—地方专项粮食储备制度、新时代以总体国家安全观为统领的粮食安全保障制度体系。

（一）社会主义革命和建设时期的粮食应急管理制度

在社会主义革命和建设时期，我国农业生产水平相对较低，农村人口众多，粮食供应紧张，人民生活水平普遍较低，国家亟须建立粮食应急管理制度。同时，社会主义建设需要大量的物资和资源，其中粮食作为基本生活必需品亟待保障。因此，确保粮食供应的稳定和充足成为国家经济建设和社会发展的重要任务。根据国民经济和社会发展的需要，我国开始着手建立粮食应急管理制度。

在社会主义革命时期，我国农村经济面临着诸多挑战和困难。为了应对突发灾害和粮食供应紧张，确保农民生产积极性和稳定粮食供应，政府开始探索建立粮食应急管理制度。新中国成立之初，出于战备和预防自然灾害的目的，我国把国家储备作为政府调控的主要手段。例如20世纪50年代的备荒储备粮。[1]政府逐步建立了粮食储备库和粮食仓储体系，用于储存和管理粮食。粮食储备机构负责收购农民的粮食，并进行分类、包装和储存，确保粮食的质量和安全。政府还加强了对储备粮食的监管和保护，确保其不受灾害、盗窃等因素的影响。

在社会主义建设时期，政府实行了粮食储备计划管理制度。为了应对紧急情况和市场波动，政府制订了粮食储备计划，明确了粮食储备的数量和时间。根据国家需求和粮食供应情况，政府对粮食储备的规模和分布进行调整，确保粮食供应稳定。同时，政府还出台了粮食收购政策和价格保护政策，鼓励农民积极参与粮食储备。政府加强了粮食应急预案和应急机制的建设，针对自然灾害、战争和其他突发事件可能引发的粮食紧缺问题，制定了应急预案和应急措施。例如20世纪60年代的"506"战备粮和农村集体储备粮。[1]这些预案包括应急储备的调动和分配、粮食流通的管理和监测等方面，以应对不同类型的应急情况。政府还建立了应急机制，包括粮食应急指挥部和专门的应急人员队伍，确保应急工作的组织和执行。

总的来说，在社会主义革命和建设时期，我国政府初步建立了粮食应急管理制度，设立了粮食储备机构，形成了粮食仓储体系，实行粮食储备计划管理，加强了粮食应急预案和应急机制的建设，在粮食应急管理方面取得了重要进展。

---

[1] 刘笑然：《新形势下粮食去库存对策研究》，载《农业经济与管理》2017年第1期。

（二）改革开放和社会主义现代化建设新时期的粮食应急管理制度

改革开放以来，我国经济迅速发展，人民生活水平明显提高。随着农村经济的发展和市场化改革的推进，粮食供应与需求之间的平衡面临新的挑战。为了更好地应对市场波动和保障粮食供应，我国开始探索建立中央—地方专项粮食储备制度。

为应对国家专项粮食储备制度政企不分、分级管理的弊端，我国于1999年开始建立中央储备粮垂直管理体系，将国家粮食储备局改为国家粮食局，作为国务院直属机构，由原国家计委代管；同时组建中国储备粮管理总公司，专门负责中央储备粮的经营管理。[①]由此，中央储备粮实现了从分级管理到垂直管理的改革。经过此次改革，形成了以后备储备（政府专项粮食储备）为主、战略储备及周转储备为补充的粮食储备结构。[②]

根据国家需求和粮食供应情况，中央政府与地方政府投资建设了一批中央储备库和地方储备库，制订了粮食储备计划。中央政府根据国家层面的需求进行中央储备粮的收购和储存，地方政府则根据地方层面的需求进行地方储备粮的收购和储存，形成了中央与地方相结合的粮食储备体系。

中央—地方专项粮食储备制度，强化了粮食调度和应急响应机制。根据市场情况和突发状况，中央政府和地方政府可以通过调拨储备粮食来满足需求和保障供应。当发生自然灾害、战争等突发情况时，中央和地方政府可以通过应急预案和措施，及时调动储备粮食进行应急响应。这种中央—地方相结合的储备粮食管理方式，提高了粮食应急管理的效能和灵活性。

（三）新时代的粮食应急管理制度

随着社会主义进入新时代，粮食应急管理制度不断完善，形成了以总体国家安全观为统领，注重综合协同、强调科技支撑、引导各方参与、强调依法依规的粮食应急管理体系。一是粮食应急管理注重综合协同。面对复杂多

[①] 张天佐、郭永田、杨洁梅：《我国农业支持保护政策改革40年回顾与展望（上）》，载《农村工作通讯》2018年第20期。

[②] 卢波、陈彤：《中央储备粮动态规模管理的研究》，载《新疆农业科学》2006年第6期。

变的风险和挑战，政府、企业、科研机构、社会组织等各方加强信息共享、资源互助，建立起了高效的应急响应机制，形成了粮食应急管理的整体合力。同时，进一步加强国际合作，借鉴和吸收国际先进经验，提高了应对国际粮食安全风险的能力。二是粮食应急管理强调科技支撑。借助现代科技手段，包括大数据、人工智能、物联网等技术，提高粮食应急管理的预警、监测、评估和决策能力，实时收集和分析粮食生产、市场、储备等相关数据，提前预判潜在风险，及时采取有效措施。科技的运用使粮食应急管理更加科学化、精准化。三是粮食应急管理引导各方参与。积极引导和支持社会组织、志愿者、专业机构等各方参与粮食应急管理工作。通过广泛动员社会力量，充分发挥社会组织的作用，提高粮食应急管理的广度和深度。同时，提高公众的粮食安全意识和应急意识，形成全社会共同参与、共同维护粮食安全的良好氛围。四是粮食应急管理强调依法依规。依法治理是粮食应急管理有效运行的重要保障。建立健全粮食应急管理法律法规体系，明确各方责任和权益，规范应急预案和措施。加强监管执法，严肃处理粮食应急管理中的违法行为，确保制度执行的严肃性和公正性。总之，新时代的粮食应急管理以总体国家安全观为统领，不断完善制度和机制，提高应急管理能力和水平，为中国式现代化建设作出了积极贡献。

第二节　粮食应急管理制度的内容

我国粮食应急管理方面的立法较为薄弱，但其他相关法律文件对此内容多有涉及。例如，2005年，国务院办公厅发布《国家粮食应急预案》后，地方政府开始制定地方的粮食应急预案；2007年颁布的《突发事件应对法》，明确了突发事件的类型、应急管理的流程、恢复重建的原则等，为后续粮食应急管理制度的建立奠定了基础；2014年，国务院出台了《关于建立健全粮食安全省长责任制的若干意见》，2015年，国务院办公厅印发了《粮食安全省长责任制考核办法》，从粮食生产、流通、消费等各环节，对省级人民政府在维护国家粮食安全方面的事权与责任作了进一步明确；2021年，财政部、国家粮食和物资储备局发布了《关于深入推进优质粮食工程的意见》，提出到2025年我国要基本建成布局合理、设施完备、运转高效、保障有力的粮食应急保障体系；2023年出台的《粮食安全保障法》，首次以法律的形式对粮食应急管理进行规范。粮食应急管理制度是为了应对突发事件，提高抵御粮食安全风险的能力，从预警监测、应急响应、应急保障到后期处置的全过程、全方位的管理制度。由于突发事件具有不确定性、紧急性、复杂性等特点，使粮食应急管理成为一个开放性、复杂性、动态性的系统工程。为了及时防范化解粮食安全风险，明确粮食应急管理制度的基本内容，就显得非常重要。

一、粮食应急管理制度的基本内容

粮食应急管理制度是一个由众多法律、法规及相关文件组成的体系，其内容涉及面广、体系庞杂，因为涉及多主体的重大利益又需要各主体的共同参与。粮食应急管理制度的内容涵盖了预警监测、应急响应、应急保障、后期处置等方面。

（一）预警监测

1.构建预警机制

预警监测是粮食应急管理的重要前提，是应对粮食安全风险的第一道防线，是防患于未然的重要手段。在粮食领域，只有形成早监测、早发现、早研判、早报告的预警机制，才能有效预防和减少突发事件的发生。

（1）设立组织机构

构建由国家发展改革委、国家粮食和物资储备局负责，县级以上人民政府协同参与的全国粮食监测预警系统，形成国家、省、市、县四级监测网络。通过对国内外粮食市场的预警与监测，及时掌握粮食市场供求关系的波动情况。政府部门应建立专门机构和专业团队，并配备具有粮食安全风险评估、预警专业知识和技能的专业技术人员，以便及时识别和分析潜在的风险因素。同时，国家粮食应急管理机构还应该加强与科研院所及高校的合作，共同开展粮食安全风险评估和预警研究，提高粮食安全风险感知能力。

（2）确定预警级别

从源头上发现粮食安全领域潜在的危险源、危险区，及时发出相关预警信息。由政府部门根据科学性、现实性、合理性的原则，运用科学技术手段，依据突发事件状态及可能造成的危险程度，制定统一的预警级别分级标准。在此基础上，根据预警级别、风险评估结果及预警发布制度，落实预警信息执行措施。

（3）建立监测系统

监测是预警的前提，监测结果对预警信息的发布至关重要。先进的科学技术是提高监测结果准确性的关键。监测系统通过收集和分析大量的数据及信息，建立科学的指标体系和模型，判断是否存在潜在的风险因素，帮助政府部门全面了解粮食供应状况、市场需求情况、天气变化、病虫害情况等。政府部门可以利用这些信息对粮食安全风险进行评估和预测。

顺应科技信息发展的大势，要构建全国统一的粮食安全预警监测系统，利用先进平台，整合现有应急管理资源，促进粮食应急信息共享。建立权威可靠的粮食安全预警机制，以制度为抓手，持续提升粮食应急预警处置能力。综合运用多种方式、手段，打通粮食应急管理预警监测的"最后一公里"。

2.强化应急报告

粮食应急报告是指地方政府的发展改革委、粮食、价格、商务等部门根据有关规定及突发事件态势，及时、客观地向上级主管部门进行报告，以便上级主管部门能够迅速作出反应，对事态进行准确、科学的判断，防止事态进一步扩大，牢牢抓住应急管理的主动权。

（1）应急报告原则

粮食安全领域风险的应急报告要突出早、快两个基本原则。要时刻关注、及时研判突发问题，努力做到早发现、快报告，出现新的情况随时报告，为上级研判和采取措施争取宝贵时间。

（2）应急报告内容

应急报告内容要力求真实、客观，避免主观臆断。内容格式要遵循上级部门制定的统一标准，以便应急报告能够规范、要素齐全地反映问题。针对不同等级、不同类型的情况，要突出重点，抓住关键性信息进行报告，提高应急报告的效率，以便相关部门有效快速地获取信息并开展相关工作。

应急报告是粮食应急管理的基础性工作，是对粮食安全领域风险及时应对的前提。因此，我们要将应急报告工作贯穿粮食应急管理的全过程、各方面，杜绝瞒报、谎报、不报、迟报等情况的发生。

（二）应急响应

1.等级划分

一般情况下，将粮食应急状态分为Ⅰ级、Ⅱ级两个级别。Ⅰ级是国家级响应，由国家领导或部（委）主要负责人任总指挥；Ⅱ级是省级响应，由省级人民政府结合本地实际情况和应急能力，指挥、指导本行政区域内的粮食应急管理工作。构成国家级响应（Ⅰ级）的条件是：第一，出现两个以上省、自治区、直辖市发生粮食市场急剧波动的情形；第二，超过省级政府应急管理能力；第三，国务院认为具有其他需要启动国家级应急响应的情形。构成省级响应（Ⅱ级）的条件是：第一，在省一级较大范围、省会等大中城市发生粮食市场急剧波动的情形；第二，省级政府认为具有其他需要启动省级应急响应的情形。

2.应急响应程序

出现国家级（Ⅰ级）应急状态时，国家粮食应急管理工作指挥部在收到相关报告后，应在4个小时内根据规定向国务院上报。24小时监测全国粮食市场动态，研判形势，指挥相关部门采取相应应急措施。同时，省级粮食应急管理工作指挥部在接到通知后，应迅速反应、立即落实，加强粮食市场监管，做好粮食供应、调配工作。出现省级（Ⅱ级）应急状态时，省级粮食应急管理指挥部应上报国家粮食部门，并经省级政府批准后，启动省级粮食应急预案，在国家粮食应急管理指挥部的指导下，在省级粮食应急管理部门的指挥下，立即启动应急管理工作，对抢险救灾等应急情况作出安排部署。

（三）应急保障

1.完善粮食应急管理预案

完善粮食应急管理预案，是应急管理的基础性工作。粮食应急管理预案应遵循相关法律法规，结合粮食安全风险实际，针对突发事件的性质、特点及可能造成的社会危害，对粮食应急管理的领导体制、组织体系等作出具体规定，涵盖粮食安全领域的预警监测、应急响应、应急保障、后期处置等内容。完善中央、省、市、县四级粮食应急体系，夯实应急储备物资基础，优化粮食应急供应、配送、加工网点布局。把粮食应急管理工作纳入制度化、规范化、常态化的轨道中去，提升粮食应急综合处置能力。

2.健全粮食应急保障系统

粮食应急保障系统包含粮食的生产、储备、流通、分配等全过程。健全粮食应急保障系统是一项紧迫任务，也是一项长期工程。面对日益严峻的国际形势，做好粮食应急保障显得尤为重要。我们要根据自然条件、生产力条件、灾害特点、交通设施等多种因素，科学规划，因地制宜，形成纵横协调、规模合理的综合性粮食应急保障网络；要积极拓展粮食应急储备新方式，以政府储备为主、社会储备为辅，结合不同地域的特点，逐步拓展储备方式，将企业协议代储、军地一体化储备、商业储备等有机结合，做好粮食应急保障工作，确保关键时刻粮食能够调得出、用得上。

3.加强粮食应急救援队伍建设

提高粮食应急管理能力，及时应对突发事件，减少社会危害，离不开一支听党指挥、反应迅速、协调有序、本领过硬的粮食应急救援队伍。粮食应急救援队伍应坚持统一指挥、垂直管理，塑造一支指挥流畅、反应迅速的专业队伍。

4.落实粮食应急保障培训演练

通过粮食应急保障培训演练，检验粮食应急管理预案的科学性、可行性，检验粮食应急救援队伍的专业性、及时性，提高应急处置能力和协同作战能力，进而提升粮食应急保障能力。一是注重综合性联动演练，形成联合多部门、跨地区的演练和培训方式，全方位检验救援能力，确保在应急情况下能够快速、有序地进行处置。二是推广"双盲"演练形式，使演练场景更贴近现实，增强演练内容的真实性和复杂性，模拟不同类型的粮食安全风险和突发事件，注重演练的实战性和专业性，提高应急处置的针对性和灵活性。三是打破常规，运用科技手段提升救援能力，使救援技术、救援装备向智能化、标准化、体系化方向发展。

（四）后期处置

1.评估改进

随着国际局势和社会环境不确定因素的增多，对粮食应急管理评估提出了更高的要求。粮食应急管理评估是指根据法律法规规定，依照指标体系，对突发事件的处置过程进行信息收集、情况调查，进而对突发事件的性质、处置效果、相关责任认定等作出明确判断。通过评估，了解事件发生的深层次原因，明确损失状况，为进一步提升粮食应急管理工作能力积累经验，为进一步改善粮食安全条件提供借鉴。

（1）评估原则

粮食应急管理评估是一项系统性工作。首先，要遵循客观性原则。评估工作是评估主体在现有技术、知识、信息等客观条件下，坚持评估内容、评估结果的客观性，使客观事实和结论具有逻辑性的因果关系。其次，要遵循规范性原则。通过评估主体、评估内容、评估程序、评估公开的规范化，使评估结果真实可信，避免出现主观臆断的模糊评估结论。

（2）评估流程

粮食应急管理评估应成为一种常规化、周期性的工作。突发事件处置后应立即组织开展评估工作，根据突发事件发生规模、事态影响程度，成立评估小组；通过制定评估计划、评估方案，提出经费预算，科学、合理地开展评估工作。根据粮食应急状态的等级确定评估期限，国家级（Ⅰ级）应急状态，评估期限一般为4—6个月；省级（Ⅱ级）应急状态，评估期限一般为2—4个月。评估工作结束后，形成评估报告，作为考核奖惩及政策完善的依据。

2.奖励处罚

为了推动粮食应急管理工作后期处置方案的有效落实，加强相关部门的合作与配合，需要建立健全奖惩机制，明确激励与约束，提高整体管理水平和应急能力。

（1）完善奖励机制

对在粮食应急管理中表现突出、取得成绩的单位和个人进行奖励，如嘉奖、表彰、物质奖励等，以提高相关部门和人员的积极性和工作热情。除了奖励单位和个人外，还可以设立优秀案例评选和经验分享平台，鼓励对优秀做法的推广和复制。同时，加强与相关行业协会或组织合作，设立粮食应急管理领域的荣誉称号，提高从业人员的专业认可度。

（2）健全追责机制

对在粮食应急管理中失职渎职、擅自改变应急方案、敷衍塞责等行为的责任人进行追责和处罚，包括记过、降级，甚至辞退等，以形成严肃的工作纪律。在规范追责程序的基础上，加强监督，定期对各级粮食应急管理工作开展绩效评估，并将评估结果作为追责的参考依据。此外，还可以建立行业黑名单制度，对违反粮食应急管理工作要求、造成严重后果的单位进行公布，形成威慑效应。

3.应急能力恢复

应急能力恢复是指在突发事件结束后，为了及时恢复粮食应急管理能力，夯实粮食安全基础，采取修复基础设施、提高粮食生产、增加粮食储备等措施，以保障正常经济社会秩序的过程。

（1）确保基础设施稳定运行

加大对粮食仓储、物流运输等基础设施的维护和保养力度，确保其正常运转和应急需要。在此基础上，建立巡查制度，定期检查关键设施，发现安全隐患，及时进行整改。设立灾后基础设施修复专项资金，保障应急能力快速恢复。

（2）恢复粮食储备

认真总结粮食应急工作经验，构建粮食应急模型，测算粮食应急需求，为恢复粮食储备、提高应急能力提供理论基础。在此基础上，建立健全粮食储备体系，备足粮食应急资源。同时，加强粮食质量监管，确保储备粮安全。

（3）强化宣传教育

通过广泛宣传和教育培训活动，加强对粮食应急管理制度及其后期处置方案的宣传，提高相关人员的法治观念和应急管理水平。利用新媒体和社交平台等进行粮食应急管理宣传，提高公众对粮食应急管理工作的关注度和认知度。特别是要加强对学校和农村地区的宣传教育工作，提高广大民众的应急意识和自我保护能力。

二、粮食应急管理的基本要求

粮食应急管理关乎国家稳定、社会进步和人民生命健康，是一项非常重要的基础性工作。构建高效协同的粮食应急管理制度，有利于普及粮食应急知识，提高粮食应急能力，推进粮食应急管理工作的科学化、体系化。

（一）依靠科学，预防为主

1.加强粮食应急科技管理

科技是提高粮食应急管理能力的重要支撑。在粮食应急管理过程中，我们要加强对科技的运用，使之贯穿粮食应急管理全方位、全过程。首先，提高粮食应急监测水平。随着现代化信息技术的迅速发展，综合运用遥感技术、地理信息系统和气象数据等，持续开展动态监测。监测土壤湿度、温度、农业植被状态、病虫害发生发展规律等，不间断地获取灾害背景参数，实时评估粮食生产的环境因素，捕获灾害异常信息，分析成灾原因。同时，进一步加快完善粮食应急管理领域天地一体化监测网络，促进粮食应急信息的传播与共享，实现应急联动快速反应，形成高度智能化的粮食应急预防体系，及时预警突发事件对粮食生产的影响。其次，完善粮食应急处置体系。高效的应急装备和先进的应急技术，能够提高救援处置的效率。将三维仿真应急模拟平台与虚拟现实技术（Virtual Reality，VR）相结合，精细化模拟和推演全灾种粮食应急处置全过程，综合提升应急处置反应能力。加大对粮食应急装备的研发，完善粮库管控系统，采用物联网、人工智能、VR远程操控技术等，形成高度智能化的粮食应急处置体系。最后，提高粮食应急恢复能力。采用遥感卫星技术、地理信息系统（Geographic Information System，GIS）等为灾后粮食应急基础设施的完善、土地植被的恢复、受灾群众的救助与安置等提供技术保障。加大对粮食应急恢复领域的科技投入，发展一批粮食应急管理龙头企业，形成自主创新的粮食应急管理体系。

2.强化粮食安全源头预防

源头预防是应对突发事件的关键，无论是在思想上还是在行动上，都应该坚持底线思维，始终贯彻预防为主的方针。党的二十大报告指出，提高防灾减灾救灾和重大突发公共事件处置保障能力，推动公共安全治理模式向事前预防转型。为此，一是要完善应对突发事件的预警机制，健全应急预案，落实隐患排查，掌握应急处置的主动权，力争把问题消除在萌芽状态。二是要强化对应急预案的宣传、培训、演练，提高应对突发事件的能力。三是要提高公共安全治理水平，有效防范化解粮食安全风险，坚持粮食安全源头预防，从最坏处做准备，最大限度地控制和降低风险。

（二）统一领导，广泛参与

1.建立健全中央统筹领导、地方分级负责的指挥体系

在党中央、国务院的统一领导下，建立健全中央统筹领导，地方分级负责、分级响应的粮食应急指挥体系。[①]国务院根据突发事件等级，以发展的眼光和全局性的视野及时研判突发事件的发展态势，统筹全国资源，调度和发挥武警官兵、消防救援等部门在突发事件应急处置过程中的突出作用。地方政府建立粮食安全责任制，县级以上地方人民政府落实粮食安全党政同责，承担保障本行政区域内的粮食安全责任。在中央的领导下，地方政府积极响应、协同配合、上下联动，发挥在粮食应急处置中的核心作用。粮食应急管理既要坚持中央统筹调度，又要充分发挥地方的积极性、主动性，形成中央统筹领导，地方分级负责的指挥体系。

2.构建政府主导、社会参与的基本格局

政府、市场、社会组织共同构成了粮食应急管理的基本要素。[②]这三方只有协同联动，才能维护社会的安全稳定。因此，应对突发事件，要以政府为主导，充分调动社会组织、人民群众参与的主动性、积极性；要充分认识社会力量参与粮食应急管理的重要性，结合当地实际，拓宽粮食应急管理渠道，建立健全社会组织、人民群众参与应急管理的长效机制，提高粮食风险防控

[①] 叶必丰：《区域治理的"中央统筹与地方负责"原则》，载《行政法学研究》2023年第2期。

[②] 高小平、刘一宏：《中国应急管理制度创新：国家治理现代化视角》，中国人民大学出版社2020年版，第111页。

能力。加强粮食应急知识宣传，激发社会组织和人民群众参与粮食安全治理的内生动力，推动管理重心下移，切实提高防灾、减灾、救灾效果。

（三）反应及时，依法处置

1.提高应急反应速度

粮食应急管理应及时决策、迅速行动、果断处置。这是应对风险挑战的一条重要经验。当突发事件发生时，应急救援与处置的速度，关乎粮食的受损程度，关乎人民群众基本生活需求的满足程度，要最大限度地控制和避免粮食安全风险事件的进一步恶化或升级。要强调属地管理，强化粮食应急管理指挥机构就近就便处置，保证突发事件能得到及时应对。细化粮食安全事件发生后的先期措施，规范事件发生地粮食应急管理部门的临时性管控措施。强化前期处置部门和后期救援部队的有效衔接，提高应急反应速度，预防事态进一步扩大。

2.加强应急制度衔接

目前，我国粮食应急管理主要依据2005年国务院办公厅印发的《国家粮食应急预案》，尚未形成规范的法律制度。在推进国家治理体系和治理能力现代化的进程中，亟须加快粮食应急管理方面的立法进程。针对粮食领域的安全风险，我们要加强国家层面的顶层设计，加强粮食应急管理制度与《国家安全法》《农业法》《国防法》《粮食安全保障法》《中央储备粮管理条例》等法律法规的有效衔接。坚持改革创新，敢于打破阻碍粮食安全的制约因素，深入剖析粮食安全领域的突出问题，探索粮食应急管理的法治路径，用创新的制度、思维和方法破解粮食安全领域的深层次矛盾和问题，最终实现依法应急。

（四）信息公开，舆论引导

1.坚持信息公开透明

通过粮食应急管理信息公开，让社会公众第一时间获悉突发事件的真相。这有利于人民群众防灾、救灾，有利于政府部门高效组织抢险救灾，有利于获得人民群众的大力支持。信息发布要坚持实事求是的原则，以保护公众知情权为出发点，切实维护国家、社会、人民群众的利益。信息发布要坚持公开透明的原则，除涉及国家安全、秘密等事项外，粮食应急处置信息要对社会公众及时公开，防止谣言滋生蔓延。信息发布要坚持依法依规的原则，把信息公开和新闻报道纳入粮食应急管理工作中，健全信息发布制度，做到依法、科学、高效，杜绝虚假信息、虚假报道，推动粮食应急管理信息公开的制度化、规范化。

2.坚持正确舆论导向

粮食应急管理工作，必须坚持正确的舆论导向。2016年2月，习近平总书记在党的新闻舆论工作座谈会上指出："党的新闻舆论工作是党的一项重要工作，是治国理政、定国安邦的大事……"[1]特别是在全媒体时代，及时、权威、客观、准确地发布突发事件的动态和处置过程，引导舆论向积极、健康、理性的方向发展，体现着政府、社会应对突发事件的积极态度。突发事件具有复杂性、模糊性、易变性等特点。与常态相比，突发事件发生后，谣言更易传播，往往导致公众的判断力减弱，致使正确舆论的引导难度加大。此时，更需要加强正确舆论的引导，以便稳民心、聚合力，形成团结一心、同舟共济的良好社会氛围。

第三节　粮食应急管理制度的实践考察

粮食安全是国家安全的重要组成部分，位居"三大经济安全"之首。[2]粮食安全是维护社会稳定、民生安定的根基。保障粮食安全是一项系统工程，涉及粮食生产、流通、消费等各环节。目前，我国已初步建立了以《粮食安全保障法》《突发事件应对法》为基础，《国家粮食应急预案》《中央储备粮管理

---

[1]《习近平在党的新闻舆论工作座谈会上强调：坚持正确方向创新方法手段 提高新闻舆论传播力引导力》，载中国共产党新闻网，http://jhsjk.people.cn/article/28136289，2023年7月1日访问。

[2] 王云龙：《守好人民饭碗　确保粮食安全》，载《山西日报》2018年12月4日，第16版。

条例》《粮食流通管理条例》等相关法律法规为依托的粮食应急管理制度体系。在突发事件中，粮食管理的任何一个环节出现问题，都可能造成粮食供应短缺、粮价飙升、粮食哄抢等现象，引发粮食危机，甚至造成社会的不稳定。

一、粮食应急管理典型案例分析

我国建立的以预警监测、应急响应、应急保障和后期处置等为主要内容的粮食应急管理制度，旨在发挥制度优势，及时化解突发公共事件中的粮食问题，防止事态升级、演变为公共危机。粮食应急管理是防范粮食风险的关键，是保证国家粮食安全的重要防线。我国在四川汶川地震、青海玉树地震、河南郑州特大暴雨灾害中进行了粮食应急管理实践，这些实践值得深入探究。

（一）四川汶川地震中的粮食应急管理

2008年5月12日，在我国四川发生的以汶川为震中的大地震，是中华人民共和国成立以来遭受的重大自然灾害之一，其破坏力之强、波及范围之广、损失之重、救援难度之大，史上罕见。汶川地震的发生，使粮食应急管理工作经受了巨大考验。但是，在此次自然灾害中，我国依靠粮食应急管理制度优势，保证了受灾群众的粮食供应。

第一，建立统一指挥体系。在地震发生当天，国务院启动"Ⅰ级灾害响应"，并组建了以国务院总理为总指挥的抗震救灾指挥部，四川省则迅速成立了以省委书记为指挥长的抗震救灾指挥部，在全国和四川省范围内形成了紧密联系、分工负责、联动配合的指挥模式，及时高效地解决了受灾地区的粮食筹备、加工、运输等应急保障难题。

第二，全面保障粮食应急运输。大地震使道路、桥梁遭到破坏，并引发了滑坡、泥石流等次生灾害，给运输援助粮造成了极大困难。为了应对交通大面积中断、灾区粮食短缺等问题，国家及时通过调运、征运粮食，采用空运、陆运等多种方式，将粮食运往灾区，保障了灾区的粮食供应。

第三，切实执行粮食应急政策。2008年5月20日，民政部、财政部、国家粮食局联合发布《关于对汶川地震灾区困难群众实施临时生活救助有关问题的通知》，要求补助金和救济粮从5月28日开始发放，确保6月1日前全部发放到灾区困难群众手中。5月27日，明确了对"三无"人员实施救助的时限为2008年6—8月（共3个月），对受灾"三无"困难群众每人每天发放10元补助金和1斤口粮。"1斤粮"政策出台后，粮食应急供应逐渐向常态化供应转变。截至2008年11月，四川省共发放救助粮30.8万吨，救助困难群众699.4万人，对稳定灾区社会秩序起到了重要作用。抗震救灾期间，四川省粮食系统共组织供应救灾粮油54.6万吨，其中粮食52.8万吨、食用油1.8万吨，切实保障了700多万受灾群众和救援大军的口粮供应。[①]

（二）青海玉树地震中的粮食应急管理

2010年4月14日，在青海省玉树市发生的地震，是青海省历史上破坏最严重、波及范围最广、人员伤亡和救援难度最大的自然灾害。地震造成灾区粮食基础设施严重破坏，多地粮库塌陷、毁损，粮食供应系统瘫痪。青海省迅速启动应急预案，通过采取有力措施，周密安排部署，成功克服海拔高、氧气稀薄、运粮距离长、难度大等困难，及时将应急粮食运抵灾区，化解了灾区的粮食危机。

第一，进一步完善粮食应急预案。《青海省粮食应急预案》及其实施细则明确了突发事件发生时，应急管理部门及相关职能部门的职能、职责。地震发生后，青海省紧急启动Ⅱ级粮食应急预案，从《青海省粮食应急预案》和应急管理工作要求出发，成立粮食应急供应领导小组，负责筹粮、运粮和军粮供应等工作。青海省粮食应急供应领导小组首先将玉树的储备粮紧急投入灾区群众手中，并调动省级及周边州（县）的储备粮，解决救援队伍的粮食供应问题。青海省粮食局（现粮食和物资储备局）负责监督粮食供应，保障各项措施落实到位。由于青海省反应快速，使得地震发生后三小时，第一批应急粮食即向灾区运发，三天内紧急调用的粮油及制成品悉数运抵灾区，为救援和重建奠定了坚实基础。2021年12月，青海省人民政府办公厅印发《青海省粮食应急供应预案》，废止了《青海省粮食应急预案》。

[①] 黎明、王世海：《四川粮食应急供应工作实践与启示》，载《中国粮食经济》2012年第11期。

第二，提高粮食应急保障能力。地震发生后，青海省迅速出台《青海省玉树抗震救灾粮油供应管理办法》，以最快的速度，紧急从全省及周边县市调集粮食。充分考虑受灾群众、救援队伍等不同人群的需求，登记不同种类、不同规格的救灾粮，并通过积极宣传，使灾区群众和社会各界充分理解粮食供应政策，避免因信息不对称等引起恐慌。青海省粮食局会同财政、发改委、工商等部门，通过走访调研，审核、认定一批有能力、有实力的粮食应急定点企业，拨付应急建设专项资金，加大对定点企业的资金投入，提高粮食应急保障能力。

第三，加强粮食应急预警和处置。青海省为及时掌握本省粮食生产、供应、需求、价格等信息的变化，在全国率先建立了粮食安全预警预报系统。建立粮食安全预警预报系统是加强粮食宏观调控，保证粮食安全的基础性工作。为了提升粮食应急供应能力，青海省多次组织应急演习，提高全省各级粮食部门针对突发事件的应急处置能力，强化应急指挥部的作用，检验粮食行政管理部门和粮食企业应对危机的能力、应急预案的可行性。完善的粮食应急预警措施，使青海省在地震发生后，能够及时调动本地区可用之粮，保质、保量、快速、高效地将粮食供应到灾区，起到了稳定人心、加快救援的重要作用。

（三）河南郑州特大暴雨中的粮食应急管理

2021年7月17—22日，郑州出现了超历史极端特大暴雨。此次特大暴雨持续时间之长，过程雨量之大，受灾面积之广，经济损失之重，在中国气象史上极为罕见。在此次突发事件中，强降雨导致郑州部分粮库外墙坍塌、电路受损、生产车间被迫停机等，面对"7·20"特大暴雨带来的挑战，河南省政府、郑州市政府、中国储备粮管理集团有限公司等政府部门和企业积极采取应对措施，全力保障突发事件中的粮食供应，将次生灾害降到最低。

第一，高效部署防灾救灾工作。特大暴雨发生后，河南省紧急启动粮食应急预案，部署抢险救灾工作。启动特殊时期值班制度，每隔两小时通报一次各辖区粮库安全状况，保障信息沟通渠道畅通；根据灾情变化，及时调整抗汛救灾工作，集中力量将粮食等物资运往灾区；河南省粮食和物资储备局领导亲赴一线，及时协调粮食供应和调拨工作，检查粮库安全状况，指挥受灾库区排涝泄洪，降低受灾风险，积极开展灾后重建工作。

第二，保障粮油市场供应。为应对暴雨带来的粮食紧缺、粮价上涨等问题，河南省及时组织省、市、县三级粮食应急储备，启动粮油市场监测机制，实时监测粮食供需及价格波动等。同时组织人员前往超市、应急加工企业进行调研，详细了解成品粮油库存情况、工厂产能及销售情况，督促企业面向市场、充足供应，并向社会发布保供稳市承诺，努力做到主要粮食不断档、粮价不上涨、质量不降低，保障灾区粮油市场平稳运行。[①]

第三，及时调运应急粮食。灾情发生后，河南省应急管理部门立即启动应急预案，第一时间部署防汛救灾工作，做好命令接收与信息反馈，确保上情下达，下情上报。河南省粮食和物资储备部门对储备粮受灾情况进行摸底、排查，对受灾库区积极组织力量进行救援。在保障受灾群众粮食供应的同时，加强与抗洪部队、抗洪志愿者的联系，通过预先号令，及时将应急粮食调运至灾区，做好军粮和保障粮的供应，确保了抗洪工作有序进行。

二、粮食应急管理取得的成效

我国粮食应急管理制度虽然起步较晚、基础薄弱，但是经过四川汶川地震、青海玉树地震、河南郑州特大暴雨等自然灾害的应急历练，进一步完善和丰富了粮食应急管理的内涵，锻炼了应急管理队伍，提高了应急管理水平，粮食应急管理取得了明显成效。

（一）粮食应急管理制度初步建立

2005年，国务院办公厅印发的《国家粮食应急预案》，明确了突发事件中的预警监测、应急响应、应急保障、后期处置等规范性操作流程，初步建立了粮食应急管理的基本框架。2007年，全国人大常委会通过了《突发事件

[①] 张家祺：《积极应对河南特大暴雨汛情　全力保障粮食安全和物资调运》，载河南省人民政府网，https://www.henan.gov.cn/2021/07-27/2190525.html，2023年7月1日访问。

应对法》，明确了突发事件的概念，规范了突发事件应对活动。2014年，国务院印发了《关于建立健全粮食安全省长责任制的若干意见》；2015年，国务院办公厅印发了《粮食安全省长责任制考核办法》，进一步强化粮食安全意识和责任。2021年修订的《粮食流通管理条例》和2023年出台的《粮食安全保障法》，都将粮食应急管理作为重要内容。这为粮食应急管理法律制度的构建奠定了基础。客观地讲，我国已经初步形成以《突发事件应对法》《粮食安全保障法》为基础，以《国家粮食应急预案》《中央储备粮管理条例》《粮食流通管理条例》等行政法规和规范性文件为支撑，以粮食安全省长责任制为保障的粮食应急管理制度。

（二）粮食应急管理组织能力不断提高

近年来，我国粮食应急管理坚持问题导向，聚焦补齐短板，组织能力得到持续提升。一是粮食应急预案建设持续深化。以《国家粮食应急预案》为依托，国家、省、市、县四级粮食应急预案体系初步形成。我国已有19个省（区、市）、333个地级市、2431个县形成较为完备的粮食应急预案。[①]同时，各地加强粮食应急预案的演练，检验预案的针对性、实用性和可操作性，使突发事件发生后，粮食能够调得动、用得上。二是应急救援队伍处置能力持续提升。2009年，国务院办公厅印发了《关于加强基层应急队伍建设的意见》，明确了基层应急救援队伍建设的基本原则和目标。2010年颁布的《国家中长期人才发展规划纲要（2010—2020）》将防灾减灾人才培养作为重点目标。2018年，中共中央办公厅、国务院办公厅联合印发了《组建国家综合性消防救援队伍框架方案》，将组建一支综合性的、具有中国特色的救援队伍作为重要内容。应急管理部成立后，进一步明确了以国家综合性消防救援队伍、各类专业应急救援队伍、社会应急力量、人民解放军和武警部队等应急救援队伍为核心的救援力量，着力提升应急救援队伍的应急处置能力，减轻突发事件可能造成的负面影响。三是应急工作机制持续完善。粮食应急管理预警监测机制，粮食应急调配、运输、供应等配套工作体系，部门高效协作、军

---

① 刘慧：《做好应急保供　守护百姓粮仓》，载《经济日报》2023年1月5日，第5版。

地有效联动的工作机制进一步完善；粮食定期采购与储备进一步规范，粮食应急管理组织能力不断提高。

（三）粮食应急管理保障能力持续提升

我国不断加强粮食生产、储存、加工和流通等方面的建设，丰富粮食应急管理资源，提高应对突发事件的能力。在成品粮供应方面，强化国家粮食储备的"压舱石"作用，完善成品粮储备、加工、配送、供应等全链条的体系建设。在36个大中型城市及粮食市场波动区，建立起供应能力为15天的成品粮储备库存；山西、江西、贵州等省份在所辖地级市建立供应量为10—15天的成品粮储备，以保障关键时刻的应急需要。[1]在资金投入方面，应急管理部门同财政部门协商、配合，明确各地所需的粮食应急储备规模和种类，将粮食应急物资采购计划所需资金纳入年度预算。针对粮食应急保障网点建设薄弱地区，加大资金投入力度，增加保障网点数量，优化保障网点布局。同时，提供国家项目资金支持，发挥企业、高校、科研单位的产学研合作优势，通过研发质量好、效率高、数量多的粮食应急储备物资，持续提升粮食应急管理保障能力。

三、粮食应急管理中存在的问题

由于我国粮食应急管理制度建设起步较晚，加之近年来突发事件多发频发，粮食应急管理制度建设、运行机制及平台建设方面的问题日益显现，在一定程度上影响了粮食应急管理能力的有效提升。

（一）粮食应急管理制度尚未形成体系

在粮食应急管理方面，我国目前尚缺乏专门的法律制度，粮食应急管理的强制性、规范性、体系性存在薄弱环节。第一，粮食应急管理立法滞后。《突发事件应对法》《国家安全法》《农业法》《粮食安全保障法》等法律制度

---

[1] 刘慧：《做好应急保供　守护百姓粮仓》，载《经济日报》2023年1月5日，第5版。

中的部分内容,对粮食应急管理进行了规定;而粮食应急预案、粮食储备制度等多分散在行政法规、部门规章或其他规范性文件中,尚未建立粮食应急管理法,不能适应粮食应急管理的需要。第二,粮食应急预案亟待修订。目前,我国沿用的仍然是国务院办公厅于2005年印发的《国家粮食应急预案》。随着时间的推移和形势的变化,现行《国家粮食应急预案》已不适应时代发展的要求,其中预警监测方面缺少信息化建设的要求,应急响应、应急保障、后期处置的内容过于笼统,亟待细化。第三,粮食应急管理体系亟待完善。在粮食应急管理过程中,存在核心流程、组织结构不够科学,岗位职责不够明确,绩效考核不够完善,创新激励作用发挥不充分等问题。

(二)粮食应急管理运行机制亟待优化

粮食应急管理运行机制贯穿突发事件及处置全过程、各方面,其主要问题包括:一是缺乏常备的粮食应急管理队伍。我国应对突发事件主要采用组建临时指挥部的运行模式。由于是临时组建,使得指挥机构中的人员互不熟悉,在一定程度上影响了工作效率,不利于应对耦合性高、情况复杂的突发事件。同时,临时指挥机构的工作重点是应对突发事件后的处置与恢复等工作,危机的预防、监测等则不属于其职责范畴,突发事件处置工作完成后临时指挥部解散。这种粮食应急管理运行机制难以积累宝贵的粮食应急管理实践经验。二是粮食应急管理运行效率不高。一方面,我国粮食储备以未加工的小麦、稻谷等原粮为主,以面粉、大米等成品粮储备为辅。这使得突发事件发生时,往往需要先将原粮紧急加工成成品粮后,才能供应灾区。另一方面,我国现有的粮食储备库布局与流通体系衔接度较低,运输成本高,在重、特大灾害中,粮食应急调运的短板较为突出。三是粮食应急管理信息披露滞后。突发事件信息披露(涉及国家安全、影响公共利益和个人隐私的除外)是统一思想、应对危机的重要举措。实践中,往往由于获取信息困难,粮食应急物资供需信息不对称,致使物资的筹措乱象丛生。

(三)粮食应急管理平台建设滞后

粮食应急管理是一项系统工程。但是,各地区在粮食储运、加工、装备、信息、管理等方面尚存在信息壁垒。大数据、物联网、人工智能等先进科学技术在粮食应急管理方面的运用滞后。其突出表现：一是缺乏制度层面的顶层设计。《突发事件应对法》《国家粮食应急预案》等文件因发布较早，且未进行过修订与更新，其中没有关于建立粮食应急管理平台的规定。故建立粮食应急管理平台缺少制度支撑。二是缺少国家层面的粮食应急管理平台。尽管部分省（区、市）建立了粮油质量监测、储粮监测等平台系统，但这些系统均是针对特定对象的封闭系统，无法与外界互联互通，其作用发挥非常有限。当遭遇突发事件时，上述系统无法使应急信息跨机构、跨区域、跨领域互通共享，在一定程度上降低了粮食应急决策及处置效率。

四、粮食应急管理的优化路径

粮食应急管理实践中存在的问题，进一步揭示了加强粮食应急管理、完善粮食应急管理制度的重要性。因此，加强粮食应急管理制度体系建设，优化粮食应急管理运行机制，构建粮食应急管理平台，将有助于提升粮食应急管理的科学化、制度化、规范化。

（一）加强粮食应急管理制度体系建设

粮食应急管理制度是保障粮食应急管理工作平稳、高效运行的重要支撑。但是，近年来，在地震、雪灾、洪水等突发事件中暴露出来的问题，提示我们加强粮食应急管理制度体系建设，仍是应对风险、挑战的关键。第一，加快粮食应急管理立法。把握粮食应急管理规律，加快粮食应急管理立法修规进程，积极推进地方粮食立法工作。第二，完善粮食应急预案。顺应时代发展，依靠科技进步，加快推进《国家粮食应急预案》修订进程，落实粮食安全省长责任制，为粮食应急供给提供全方位支持。第三，完善粮食应急管理体系。针对粮食应急管理实践中存在的管理方式落后、工作效率低下等问题，应加强粮食应急管理核心流程、组织结构、岗位职责、绩效考核、激励机制、创新机制等内容的研究和实践，使之形成高效运转、闭环可控的管理制度体系。

（二）优化粮食应急管理运行机制

高效的粮食应急管理运行机制，是有效防灾、减灾、救灾的重要保证。在粮食应急管理过程中，应不断优化其运行机制。一是规范粮食应急管理队伍。组建常态化粮食应急管理工作队伍，让其承担日常防灾，突发事件时救灾、减灾的工作职责；发挥应急管理部统一指挥、上下联动的作用，强化粮食应急管理的系统性；完善专家咨询制度，注重粮食应急管理研究，提高粮食应急队伍决策的科学性和可行性。二是提高粮食应急管理效率。落实粮食物资分级储备责任，以自然灾害高发区、人口密集区为中心，按照均衡布局、配送便利原则，统筹建设国家级、综合性的粮食应急储备库，优化粮食储备库布局。三是推进粮食应急管理信息公开。通过拓宽政务媒体、新闻发布会、网络等信息公开渠道，落实信息发布制度，加大对突发事件的事前预警、事中处置、事后保障的应急信息披露，引导社会舆论，消除粮食应急物资供需信息不对称现象，切实提高粮食应急管理效能。

（三）构建粮食应急管理平台

信息化是落实粮食应急管理制度的重要抓手。粮食应急管理具有时间紧、任务重、要求高的特点，往往需要全面、可靠的信息，以便科学决策。针对粮食应急管理的特点，亟须加快粮食应急管理的信息化建设。国家应加大科技投入，构建全国统一的粮食应急管理平台。运用大数据、物联网、人工智能等先进信息技术，收集、分析全国粮食信息，实现粮食生产、加工、储存、调拨、运输等全流程的信息化管理；构建粮食需求预测、粮食智能分配、粮食科学调运等数据模型，为粮食应急管理提供全程跟踪、监督回溯、动态把控等科学数据；依据科学数据，加强中央与地方的粮食应急协调联动，为粮食应急管理科学决策提供权威、可靠的信息支撑，推动粮食应急管理制度的落实。

第七章

涉粮财税金融支持法律制度

在现代社会，任何产业的发展都离不开金融支持，粮食产业基于其关系国计民生的重要性、事关国家安全的战略性、天然弱质性等原因，各国的财政税收制度均为支持其发展给予优惠或保护。为此，《乡村振兴促进法》在第八章"扶持措施"的第58条中规定，国家建立健全农业支持保护体系和实施乡村振兴战略财政投入保障制度。在第63条中进一步规定，国家综合运用财政、金融等政策措施，完善政府性融资担保机制，依法完善乡村资产抵押担保权能，改进、加强乡村振兴的金融支持和服务。本章主要介绍我国为推动粮食产业发展、确保粮食安全所制定和实施的财税金融支持法律制度。

第一节　涉粮财税支持法律制度

涉粮财税支持法律制度包括涉粮财政支持法律制度和涉粮税收支持法律制度两块内容。涉粮财政支持法律制度主要通过一系列的财政支农政策得以体现和实施。涉粮税收支持法律制度主要通过涉粮税收优惠或减免制度得以体现和实施。

一、涉粮财政支持法律制度

（一）涉粮财政支持法律制度概述

自2002年起，我国相继出台了一系列农业补贴政策，一度形成了"以粮食直补和农资综合直补为主的综合性收入补贴、由良种补贴和农机具购置补贴构成的生产性专项补贴以及粮食主产区实施的最低收购价政策相结合、兼顾国家粮食安全与种粮农民收入的新型农业补贴政策体系"[1]。粮食直接补贴，亦称种粮农民直接补贴，是指政府为实现保障粮食安全、促进农民增收等目

---

[1] 高玉强：《农业补贴：效率测试与制度优化》，经济管理出版社2021年版，第90页。

标，在生产环节直接给予粮农一定经济补偿的转移性财政支出。[①]它是我国调动农民生产粮食积极性、保障粮食安全的一项重要举措。粮食直补主要是为了减轻或缓解农产品价格波动对种粮农民收入的不利影响。农资综合直补主要是为了弥补因柴油、化肥、农药等农业生产资料价格上涨而增加的支出，降低种粮成本，保证农民的种粮收益。良种补贴是为了实现推广良种、改善粮食品质、促进农业稳定发展和农民持续增收等目标，中央财政设立的良种补贴专项资金，专门对生产中使用农作物良种的农民（包括农场职工）给予补贴。农机具购置补贴主要是为了鼓励和支持农民使用先进适用、技术成熟、安全可靠、节能环保的农业机械，促进农机装备总量增加与结构优化，加快农业生产的机械化进程，提高农业生产效率。粮食最低收购价政策是在粮食直补的基础上，进一步加强对粮食主产区种粮食农民收入的保障，稳定粮食种植面积，保障粮食的有效供给。

2016年，中央财政全面开展农业"三项补贴"改革工作，将农作物良种补贴、种粮农民直接补贴和农资综合补贴合并为农业支持保护补贴，政策目标调整为支持耕地地力保护和粮食适度规模经营，补贴资金全部直补到户，确保广大农民直接受益。2016年6月23日，财政部和农业部印发《农业支持保护补贴资金管理办法》，后被废止。2017年4月28日，财政部和农业部印发《农业生产发展资金管理办法》，该办法分别在2020年3月和2022年4月进行了修订，并于2023年4月被财政部和农业农村部《关于印发农业相关转移支付资金管理办法的通知》废止。根据《关于印发农业相关转移支付资金管理办法的通知》，涉粮转移支付资金管理办法包括《粮油生产保障资金管理办法》《农业经营主体能力提升资金管理办法》《农业生态资源保护资金管理办法》《农业产业发展资金管理办法》。2019年11月，财政部、农业农村部和水利部印发《农业生产和水利救灾资金管理办法》。2023年4月，财政部和农业农村部印发《耕地建设与利用资金管理办法》。这些办法是近年来我国实施支农惠农财政政策的主要依据。依据这些办法及中央财政对农民的直接补贴实践，下文介绍目前主要的涉粮财政补贴项目。

[①] 高玉强：《农业补贴：效率测试与制度优化》，经济管理出版社2021年版，第91页。

（二）目前主要的涉粮财政补贴

1.耕地地力保护补贴

根据《耕地建设与利用资金管理办法》，耕地地力保护补贴由耕地建设与利用资金列支。耕地建设与利用资金是指中央财政支持各地耕地建设与利用的共同财政事权转移支付资金。耕地建设与利用资金用于补助各省、自治区、直辖市、计划单列市、新疆生产建设兵团、中央直属垦区等的耕地建设与利用，其支出范围包括耕地地力保护补贴支出，该支出主要用于发放耕地地力保护补贴，支持耕地地力保护。对非农征（占）用耕地、已作为畜牧养殖场使用的耕地、林地、草地、成片粮田转为设施农业用地等已改变用途的耕地，以及抛荒地、占补平衡中"补"的面积和质量达不到耕种条件的耕地等不予补贴。具体补贴依据由省级人民政府结合本地实际自定，可以是二轮承包耕地面积、计税耕地面积、确权耕地面积或粮食种植面积等。[①]

补贴对象原则上为拥有耕地承包权的种地农民，补贴资金通过"一卡（折）通"等形式直接兑现到户，严禁任何方式统筹集中使用，严防"跑冒滴漏"，确保补贴资金不折不扣发放到种地农民手中。按照财政部办公厅和农业农村部办公厅《关于进一步做好耕地地力保护补贴工作的通知》要求，探索耕地地力保护补贴发放与耕地地力保护行为相挂钩的有效机制，加大耕地使用情况的核实力度，做到享受补贴农民的耕地不撂荒、地力不下降，切实推动落实"藏粮于地"战略部署，遏制耕地"非农化"。[②]

2.实际种粮农民一次性补贴

为适当弥补农资价格上涨增加的种粮成本支出，保障种粮农民合理收益，近年来中央财政对实际种粮农民发放一次性农资补贴，释放支持粮食生产积极信号，稳定农民收入，调动农民种粮积极性。补贴对象为实际承担农资价格上涨成本的实际种粮者，包括利用自有承包地种粮的农民，流转土地种粮

[①] 参见《对十四届全国人大一次会议第5222号建议的答复》，载中国农业农村部网站，http://www.moa.gov.cn/govpublic/CWS/202307/t20230720_6432566.htm，2023年11月15日访问。

[②] 本段内容参见《财政部、农业农村部发布2022年重点强农惠农政策》，载中国农业农村部网站，http://www.moa.gov.cn/gk/cwgk_1/nybt/202206/t20220610_6402146.htm，2023年11月15日访问。

的大户、家庭农场、农民合作社、农业企业等新型农业经营主体,以及开展粮食耕种收全程社会化服务的个人和组织,确保补贴资金落实到实际种粮的生产者手中,提升补贴政策的精准性。补贴标准由各地区结合有关情况综合确定,原则上县域内补贴标准应统一。2023年,报经国务院同意,中央财政在4月份春耕生产的关键时期向实际种粮农民再次发放一次性补贴。[1]

3.农机购置补贴

农机购置补贴是农业机械购置补贴资金的简称。农业机械购置补贴资金是指中央财政和地方财政为农民和农业生产经营组织购买国家支持推广的先进适用的农业机械给予的补贴。[2]为了鼓励、扶持农民和农业生产经营组织使用先进适用的农业机械,促进农业机械化、提高农业生产率、促进农业增产增收,2004年6月25日第十届全国人民代表大会常务委员会第十次会议通过《农业机械化促进法》,其第27条规定:"中央财政、省级财政应当分别安排专项资金,对农民和农业生产经营组织购买国家支持推广的先进适用的农业机械给予补贴。补贴资金的使用应当遵循公平、公开、公正、及时、有效的原则,可以向农民和农业生产经营组织发放,也可以采用贴息方式支持金融机构向农民和农业生产经营组织购买先进适用的农业机械提供贷款。"2005年财政部和农业部联合下发《农业机械购置补贴专项资金使用管理暂行办法》(2017年4月废止)。2017年4月28日财政部和农业部印发的《农业生产发展资金管理办法》规定,农机购置补贴由农业生产发展资金支出。该办法于2023年4月被财政部和农业农村部《关于印发农业相关转移支付资金管理办法的通知》废止,该通知的附件发布了财政部和农业农村部最新的《农业产业发展资金管理办法》。根据该办法第2条,农业产业发展资金,是指中央财政安排用于巩固提升农业产业发展基础、推动农业产业融合发展、提高农业综合生产能力等的共同财政事权转移支付资金。农业产业发展资金支出范围包括农机购置与应用补贴支出。该支出主要用于支持购置与应用先进适用农业机械,以及开展报废更新和

---

[1] 参见《对十四届全国人大一次会议第5222号建议的答复》,载中国农业农村部网站,http://www.moa.gov.cn/govpublic/CWS/202307/t20230720_6432566.htm,2023年11月15日访问。

[2] 参见2005年2月25日财政部、农业部《农业机械购置补贴专项资金使用管理暂行办法》(已废止)。

农机研发制造推广应用一体化试点等相关创新试点等方面。

2021年3月，农业农村部办公厅和财政部办公厅印发《2021—2023年农机购置补贴实施指导意见》，是当前主要的落实农机购置补贴政策的规范性文件，根据该文件及其附件的相关规定，将农机购置补贴的相关内容简述以下几点：（1）实施重点。主要有：在支持重点方面着力突出稳产保供、在补贴资质方面着力突出农机科技自主创新、在补贴标准方面着力做到"有升有降"、在政策实施方面着力提升监督服务效能。（2）补贴范围和补贴机具。中央财政资金全国农机购置补贴机具种类范围（以下简称全国补贴范围）为15大类44个小类172个品目。各省根据农业生产需要和资金供需实际，从全国补贴范围中选取本省补贴机具品目。大力支持农机创新产品列入补贴范围。地方特色农业发展所需和小区域适用性强的机具，可列入地方各级财政安排资金的补贴范围，具体补贴机具品目和补贴标准由地方自定，不得占用中央财政补贴资金。（3）补贴对象和补贴标准。补贴对象为从事农业生产的个人和农业生产经营组织，其中农业生产经营组织包括农村集体经济组织、农民专业合作经济组织、农业企业和其他从事农业生产经营的组织。中央财政农机购置补贴实行定额补贴。

4.农业保险保费补贴

在地方财政自主开展、自愿承担一定补贴比例基础上，中央财政对稻谷、小麦、玉米、棉花、马铃薯、油料作物、糖料作物、天然橡胶、能繁母猪、育肥猪、奶牛、森林、青稞、牦牛、藏系羊，以及三大粮食作物制种保险给予保费补贴支持。加大农业保险保费补贴支持力度，中央财政对中西部和东北地区的种植业保险保费补贴比例由35%或40%统一提高至45%，实现三大粮食作物完全成本保险和种植收入保险主产省产粮大县全覆盖。将中央财政对地方优势特色农产品保险奖补政策扩大至全国。[①]

[①] 本段内容参见《财政部、农业农村部发布2022年重点强农惠农政策》，载中国农业农村部网站，http://www.moa.gov.cn/gk/cwgk_1/nybt/202206/t20220610_6402146.htm，2023年11月15日访问。

（三）粮食最低收购价

1.概述

粮食最低收购价政策是国家为了保护农民的利益而出台的一项粮食价格调控政策。粮食收购价格主要受市场供求的影响。在丰收之后新粮集中上市、供大于求，粮食价格就会随之下降，导致农民们虽然丰收了却挣不到钱，"谷贱伤农"。为了避免这种情况，保护农民种粮的利益，从2004年起，国家决定对部分重点粮食品种在粮食主产区实行最低收购价政策，为粮食价格托底。[1]当满足政策条件时，国家就会按照一个市场托底价收购农民的粮食。这项政策对于促进粮食增产、农民增收和市场稳定发挥了重要作用。因此，最低收购价收购也被称为"托市收购"。从2004年这项政策实施以来，受国务院委托，中储粮集团成为最低收购价的政策执行主体。20年来，带动农民增收数千亿元，切实将国家惠农政策落到了实处。

2.主要内容[2]

粮食最低收购价的主要内容可以概括为：国家为某些地区的某些粮食品种设定一个价格水平，在设定的收购期内如果市场价格低于设定的价格水平，则由中央财政承担全部费用利息，通过指定收购企业来收购农民想售出的粮食。[3]具体而言包括以下几个方面。

第一，最低收购价的制定。国家发展和改革委员会依据相关制度牵头财政部、国家粮食和物资储备局在每年粮食播种期开始前公布本档期最低收购价，在粮食收获上市前颁布不同品种的收购预案。[4]

第二，启动条件。当市场价格低于最低收购价时，粮食最低收购价预案才启动，否则最低收购价将处于休眠状态。[5]

---

[1] 最低价收购的前身是保护价收购。在2004年之前，保护价收购是补贴农业的主要方式。在2004年粮食流通体制改革之后，很多地区将原来通过保护价方式发放的补贴折算为粮食直补，直接发放给农民；同时规定，在必要时可由国务院决定对重点粮食品种实行最低收购价格。

[2] 张环：《中国粮食最低收购价政策研究现状及其实践分析》，载《农业展望》2020年第3期。

[3] 高玉强：《农业补贴：效率测试与制度优化》，经济管理出版社2021年版，第99页。

[4] 张环：《中国粮食最低收购价政策研究现状及其实践分析》，载《农业展望》2020年第3期。

[5] 高玉强：《农业补贴：效率测试与制度优化》，经济管理出版社2021年版，第99页。

第三，执行主体。执行主体为中储粮总公司（包括其分支机构）及其委托的公司，当市场价格低于最低收购价时，就必须按照最低收购价收购粮食。①

第四，执行品种、执行区域和执行时间。一般来说，执行品种为国家重点短缺粮食品种，如小麦、稻谷等。执行区域为13个粮食主产区。一般来说，早籼稻主产区为安徽、江西、湖南、广西、湖北等，执行时间从当年7月中上旬到9月末；中晚稻主产区为江苏、安徽、江西、河南、湖北、湖南等，执行时间北方省区从当年11月下旬到次年3月末，南方省区从当年9月中下旬到12月底；小麦从当年7月中旬到9月底，主产区为河北、江苏、安徽、山东、河南等。②

第五，信贷支持。中国农业发展银行是执行此项政策的信贷提供方，主要用于收购的财政资金由中储粮下属公司统一向农业发展银行承贷。③

二、涉粮税收支持法律制度④

（一）增值税

根据《增值税暂行条例》第1条的规定，在中华人民共和国境内销售货物或者加工、修理修配劳务，销售服务、无形资产、不动产以及进口货物的单位和个人，为增值税的纳税人，应当依照本条例缴纳增值税。根据该条例第2条的规定，销售或者进口粮食等农产品应当依法缴纳增值税，且税率为11%。

根据国家相关政策，涉粮领域对于缴纳增值税实施优惠或减免政策，主要有以下几个方面。

第一，对纳税人销售或者进口的粮食等农产品实行税收优惠政策，增值税税率调整为9%。所谓农产品，是指种植业、养殖业、林业、牧业、水产业

---

① 高玉强：《农业补贴：效率测试与制度优化》，经济管理出版社2021年版，第99页。
② 张环：《中国粮食最低收购价政策研究现状及其实践分析》，载《农业展望》2020年第3期。
③ 张环：《中国粮食最低收购价政策研究现状及其实践分析》，载《农业展望》2020年第3期。
④ 本部分内容借鉴了《税收优惠政策指南（2019年版）》编写组：《税收优惠政策指南（2019年版）》，中国税务出版社2019年版。

生产的各种植物、动物的初级产品。具体征税范围暂继续按照财政部、国家税务总局《关于印发〈农产品征税范围注释〉的通知》及现行相关规定执行。其中，植物类包括人工种植和天然生长的各种植物的初级产品。粮食是首要的植物类农产品，它是指各种主食食科植物果实的总称。征税范围包括小麦、稻谷、玉米、高粱、谷子和其他杂粮（如大麦、燕麦等），以及经碾磨、脱壳等工艺加工后的粮食（如面粉、米、玉米面等）。切面、饺子皮、馄饨皮、面皮、米粉等粮食复制品，也属于征税范围。以粮食为原料加工的速冻食品、方便面、副食品和各种熟食品，不属于此类征税范围。

第二，农业生产者销售的自产农产品免征增值税。根据《增值税暂行条例》第15条第1款第1项之规定，农业生产者销售的自产农产品免征增值税。农业生产者销售的自产农产品，是指直接从事植物的种植、收割和动物的饲养、捕捞的单位和个人销售的前述注释所列的自产农产品；对上述单位和个人销售的外购的农产品，以及单位和个人外购农产品生产、加工后销售的仍然属于注释所列的农产品，不属于免税的范围，应当按照规定税率征收增值税。

第三，农业机耕、排灌、病虫害防治、植物保护、农牧保险以及相关技术培训业务免征增值税。主要依据为财政部、国家税务总局《关于全面推开营业税改征增值税试点的通知》附件3《营业税改征增值税试点过渡政策的规定》第1条第10项。其中，农业机耕，是指在农业、林业、牧业中使用农业机械进行耕作（包括耕耘、种植、收割、脱粒、植物保护等）的业务；排灌，是指对农田进行灌溉或者排涝的业务；病虫害防治，是指从事农业、林业、牧业、渔业的病虫害测报和防治的业务；农牧保险，是指为种植业、养殖业、牧业种植和饲养的动植物提供保险的业务；相关技术培训，是指与农业机耕、排灌、病虫害防治、植物保护业务相关以及为使农民获得农牧保险知识的技术培训业务。

（二）企业所得税

根据《企业所得税法》第1条的规定，在中华人民共和国境内，企业和其他取得收入的组织（以下统称企业）为企业所得税的纳税人，依法缴纳企业所得税。该法第4条第1款规定，企业所得税的税率为25%。

1. 涉粮企业所得税减免政策

《企业所得税法》第27条第1项规定，企业从事农、林、牧、渔业项目的所得，可以免征、减征企业所得税。根据《企业所得税法实施条例》第86条之规定，企业从事农、林、牧、渔业项目的所得中，以下涉粮所得免征企业所得税，包括：蔬菜、谷物、薯类、油料、豆类、棉花、麻类、糖料、水果、坚果的种植；农作物新品种的选育；灌溉、农产品初加工、兽医、农技推广、农机作业和维修等农、林、牧、渔服务业项目。根据财政部、国家税务总局《关于发布享受企业所得税优惠政策的农产品初加工范围（试行）的通知》和财政部、国家税务总局《关于享受企业所得税优惠的农产品初加工有关范围的补充通知》（该两项通知以下简称《范围》），粮食初加工包括：第一，小麦初加工。通过对小麦进行清理、配麦、磨粉、筛理、分级、包装等简单加工处理，制成的小麦面粉及各种专用粉。《范围》规定的小麦初加工产品还包括麸皮、麦糠、麦仁。第二，稻米初加工。通过对稻谷进行清理、脱壳、碾米（或不碾米）、烘干、分级、包装等简单加工处理，制成的成品粮及其初制品，具体包括大米、蒸谷米。《范围》规定的稻米初加工产品还包括稻糠（砻糠、米糠和统糠）。第三，玉米初加工。通过对玉米籽粒进行清理、浸泡、粉碎、分离、脱水、干燥、分级、包装等简单加工处理，生产的玉米粉、玉米碴、玉米片等；鲜嫩玉米经筛选、脱皮、洗涤、速冻、分级、包装等简单加工处理，生产的鲜食玉米（速冻黏玉米、甜玉米、花色玉米、玉米籽粒）。第四，薯类初加工。通过对马铃薯、甘薯等薯类进行清洗、去皮、磋磨、切制、干燥、冷冻、分级、包装等简单加工处理，制成薯类初级制品。具体包括薯粉、薯片、薯条。《范围》规定的薯类初加工产品还包括变性淀粉以外的薯类淀粉。薯类淀粉生产企业须达到国家环保标准，且年产量在1万吨以上。第五，食用豆类初加工。通过对大豆、绿豆、红小豆等食用豆类进行清理去杂、浸洗、晾晒、分级、包装等简单加工处理，制成的豆面粉、黄豆芽、绿豆芽。第六，其他类粮食初加工。通过对燕麦、荞麦、高粱、谷子等杂粮进行清理去杂、脱壳、烘干、磨粉、轧片、冷却、包装等简单加工处理，制成的燕麦米、燕麦粉、燕麦麸皮、燕麦片、荞麦米、荞麦面、小米、小米面、高粱米、高粱面。《范围》规定的杂粮还包括大麦、糯米、青稞、芝麻、核桃；相应的初加工产品还包括大麦芽、糯米粉、青稞粉、芝麻粉、核桃粉。

2.前述企业从事涉粮项目所得，企业所得税优惠政策实施的注意事项[①]

第一，企业从事《企业所得税法实施条例》第86条规定的享受税收优惠的农、林、牧、渔业项目，除另有规定外，参照《国民经济行业分类》（GB/T 4754—2002）的规定标准执行。企业从事农、林、牧、渔业项目，凡属于《产业结构调整指导目录（2011年本）》中限制和淘汰类的项目，不得享受《企业所得税法实施条例》第86条规定的优惠政策。

第二，企业从事农作物新品种选育的免税所得，是指企业对农作物进行品种和育种材料选育形成的成果，以及由这些成果形成的种子（苗）等繁殖材料的生产、初加工、销售一体化取得的所得。

第三，农产品初加工相关事项的税务处理。一是企业根据委托合同，受托对《范围》规定的农产品进行初加工服务，其所收取的加工费，可以按照农产品初加工的免税项目处理。二是《关于发布享受企业所得税优惠政策的农产品初加工范围（试行）的通知》规定的"油料植物初加工"工序包括"冷却、过滤"等；"糖料植物初加工"工序包括"过滤、吸附、解析、碳脱、浓缩、干燥"等，适用时间按照《关于享受企业所得税优惠的农产品初加工有关范围的补充通知》的规定执行。三是企业从事《企业所得税法实施条例》第86条第1款第2项适用企业所得税减半优惠的种植、养殖项目，并直接进行初加工且符合农产品初加工目录范围的，企业应合理划分不同项目的各项成本、费用支出，分别核算种植、养殖项目和初加工项目的所得，并各按适用的政策享受税收优惠。

第四，购入农产品进行再种植、养殖的税务处理。企业将购入的农、林、牧、渔产品，在自有或租用的场地进行育肥、育秧等再种植、养殖，经过一定的生长周期，使其生物形态发生变化，且并非由于本环节对农产品进行加工而明显增加了产品的使用价值的，可视为农产品的种植、养殖项目享受相应的税收优惠。

第五，企业同时从事适用不同企业所得税政策规定项目的，应分别核算，

[①] 本部分内容参见国家税务总局《关于实施农、林、牧、渔业项目企业所得税优惠问题的公告》。

单独计算优惠项目的计税依据及优惠数额；分别核算不清的，可由主管税务机关按照比例分摊法或其他合理方法进行核定。

第六，企业委托其他企业或个人从事《企业所得税法实施条例》第86条规定的农、林、牧、渔业项目取得的所得，可享受相应的税收优惠政策。企业受托从事《企业所得税法实施条例》第86条规定的农、林、牧、渔业项目取得的收入，比照委托方享受相应的税收优惠政策。

第七，企业购买农产品后直接进行销售的贸易活动产生的所得，不能享受农、林、牧、渔业项目的税收优惠政策。

（三）城镇土地使用税

为了合理利用城镇土地，调节土地级差收入，提高土地使用效益，加强土地管理，我国制定了《城镇土地使用税暂行条例》。根据该条例，在城市、县城、建制镇、工矿区范围内使用土地的单位和个人，为城镇土地使用税的纳税人，应当依法缴纳土地使用税。

根据该条例第6条第5项的规定，直接用于农、林、牧、渔业的生产用地，免缴城镇土地使用税。《关于土地使用税若干具体问题的解释和暂行规定》第11条将直接用于农、林、牧、渔业的生产用地解释为，直接从事于种植、养殖、饲养的专业用地，不包括农副产品加工场地和生活、办公用地。

（四）印花税

根据《印花税法》，在中华人民共和国境内书立应税凭证、进行证券交易的单位和个人，为印花税的纳税人，应当依法缴纳印花税。在中华人民共和国境外书立在境内使用的应税凭证的单位和个人，应当依法缴纳印花税。同时，该法第12条第1款第4项规定，农民、家庭农场、农民专业合作社、农村集体经济组织、村民委员会购买农业生产资料或者销售农产品书立的买卖合同和农业保险合同，免征印花税。

（五）车船税

《车船税法》第5条规定，省、自治区、直辖市人民政府根据当地实际情况，可以对公共交通车船，农村居民拥有并主要在农村地区使用的摩托车、三轮汽车和低速载货汽车定期减征或者免征车船税。

(六) 耕地占用税

根据《耕地占用税法》第2条的规定，在中华人民共和国境内占用耕地建设建筑物、构筑物或者从事非农业建设的单位和个人，为耕地占用税的纳税人，应当依照本法规定缴纳耕地占用税。占用耕地建设农田水利设施的，不缴纳耕地占用税。另外，该法第12条第3款规定，占用园地、林地、草地、农田水利用地、养殖水面、渔业水域滩涂以及其他农用地建设直接为农业生产服务的生产设施的，不缴纳耕地占用税。

《耕地占用税暂行条例实施细则》现已失效，但其第30条规定的直接为农业生产服务的生产设施可作为参考，即指直接为农业生产服务而建设的建筑物和构筑物。具体包括：储存农用机具和种子、苗木、木材等农业产品的仓储设施；培育、生产种子、种苗的设施；畜禽养殖设施；木材集材道、运材道；农业科研、试验、示范基地；野生动植物保护、护林、森林病虫害防治、森林防火、木材检疫的设施；专为农业生产服务的灌溉排水、供水、供电、供热、供气、通信基础设施；农业生产者从事农业生产必需的食宿和管理设施；其他直接为农业生产服务的生产设施。

第二节 涉粮金融支持法律制度[①]

涉粮金融一般是指金融货币资金在粮食生产、加工、流通领域的筹集、分配和管理活动。涉粮金融属于农村金融的组成部分。《乡村振兴促进法》第65条第1款规定："国家建立健全多层次、广覆盖、可持续的农村金融服务体系，完善金融支持乡村振兴考核评估机制，促进农村普惠金融发展，鼓励金融机构

[①] 本节内容借鉴了曾睿主编：《农业法概论》，法律出版社2022年版。

依法将更多资源配置到乡村发展的重点领域和薄弱环节。"所谓涉粮金融法律制度，是指调整与粮食生产、加工和流通相关金融关系的法律规范的总称，具有政策性、合作性和保障性的特征。本节主要论述涉粮金融法律制度中的涉粮政策性金融法律制度、涉粮商业性金融法律制度和涉粮合作性金融法律制度。

一、涉粮政策性金融法律制度

政策性金融是指在政府大政方针指导下，为贯彻和配合国家特定社会经济发展政策，以国家信用为基础，以合理的金融配置为目标，严格按照国家法规限定的业务范围和经营对象，运用各种特殊的融资手段，以优惠性利率开展的一种特殊性资金融通行为。[1]基于农业的强位弱势产业地位，各国政府均对农业发展进行干预调节和支持扶助，主要手段之一就是通过设立农业政策性银行，为农业发展提供政策性信贷资金支持，更好地贯彻落实国家产业政策和区域发展政策，促进农业和农村经济的健康发展。涉粮政策性金融就是农业政策性银行为粮食产业发展提供政策性信贷资金支持，其具有经营方向的政策性、经营目标的非营业性、资金来源的稳定性、资金运用的优惠性以及与商业金融的互补性等特点。[2]

虽然政策性农业保险公司、商业银行的政策性贷款、政策性担保机构等都属于农业政策性金融的范畴，但考虑到中国农业发展银行作为农业政策性金融的标志性载体，我们在论及农村政策性金融法律制度时，通常指向的是农业政策性银行法律制度。[3]农业政策性银行主要是指由政府创立或担保，以贯彻国家农业政策为目的，具有特殊的融资原则，不以营利为目标的金融机构。中国农业发展银行是直属国务院领导的唯一一家农业政策性银行，主要为农业和农村发展提供政策性融资服务。[4]

---

[1] 曾睿主编：《农业法概论》，法律出版社2022年版，第212页。
[2] 曾睿主编：《农业法概论》，法律出版社2022年版，第213—215页。
[3] 曾睿主编：《农业法概论》，法律出版社2022年版，第215页。
[4] 曾睿主编：《农业法概论》，法律出版社2022年版，第217页。

（一）中国农业发展银行的性质与任务

中国农业发展银行成立于1994年，是国家出资设立、直属国务院领导、支持农业农村持续健康发展、具有独立法人地位的国有政策性银行。其经营宗旨是紧紧围绕服务国家战略，建设定位明确、功能突出、业务清晰、资本充足、治理规范、内控严密、运营安全、服务良好、具备可持续发展能力的农业政策性银行。中国农业发展银行的主要任务是：以国家信用为基础，以市场为依托，筹集支农资金，支持"三农"事业发展，发挥国家战略支撑作用。[①]

中国农业发展银行实施"六个坚持"总体战略和"四个全力"发展战略。"六个坚持"总体战略是指：坚持党的领导、党的建设的政治保证，坚持支农为国、立行为民的崇高使命，坚持建设现代化农业政策性银行的宏伟愿景，坚持家国情怀、专业素养的价值追求，坚持执行国家意志、服务"三农"需求、遵循银行规律"三位一体"的办行理念，坚持服务乡村振兴的银行的战略定位。"四个全力"发展战略也称为"一二六六"战略，指"十四五"时期，农发行要围绕实现"一大目标"，即"高质量发展达到同业先进水平"；贯通驱动高质量发展的"两大路径"，即"改革"和"创新"；以服务乡村振兴统揽工作全局，聚焦支持农业农村重点领域和薄弱环节的"六大领域"，即"全力服务国家粮食安全、巩固拓展脱贫攻坚成果同乡村振兴有效衔接、农业现代化、农业农村建设、区域协调发展和生态文明建设"；强化"六大支撑"，即"依法治理、人才队伍、风险管控、基础管理、数字科技、文化品牌"。[②]

（二）中国农业发展银行的业务范围

中国农业发展银行支持的领域主要包括：办理粮食、棉花、油料、食糖、猪肉、化肥等重要农产品收购、储备、调控和调销贷款，办理农业农村基础

[①] 参见中国农业发展银行官网，http://www.adbc.com.cn/n4/index.html，最后访问日期：2023年7月19日。

[②] 本段内容引自中国农业发展银行官网，http://www.adbc.com.cn/n4/n1017/index.html，最后访问日期：2023年7月19日。

设施和水利建设、流通体系建设贷款，办理农业综合开发、生产资料和农业科技贷款，办理棚户区改造和农民集中住房建设贷款，办理易地扶贫搬迁、贫困地区基础设施、特色产业发展及专项扶贫贷款，办理县域城镇建设、土地收储类贷款，办理农业小企业、产业化龙头企业贷款，组织或参加银团贷款，办理票据承兑和贴现等信贷业务；吸收业务范围内开户企事业单位的存款，吸收居民储蓄存款以外的县域公众存款，吸收财政存款，发行金融债券；办理结算、结售汇和代客外汇买卖业务，按规定设立财政支农资金专户并代理拨付有关财政支农资金，买卖、代理买卖和承销债券，从事同业拆借、存放，代理收付款项及代理保险，资产证券化，企业财务顾问服务，经批准后可与租赁公司、涉农担保公司和涉农股权投资公司等合作开展涉农业务；经国务院银行业监督管理机构批准的其他业务。[1]

（三）中国农业发展银行的治理架构

中国农业发展银行始终坚持以习近平新时代中国特色社会主义思想为指导，坚持两个"一以贯之"不动摇，将党的领导融入公司治理各环节，持续推进加强党的领导与完善公司治理有机统一，遵循各治理主体独立运作、有效制衡、相互合作、协调运转的基本原则，构建起党委全面领导、董事会战略决策、高级管理层授权经营，权责法定、权责透明、协调运转、有效制衡的公司治理机制，持续推进农业政策性金融治理体系和治理能力现代化。

中国农业发展银行党委发挥全面领导作用，把方向、管大局、促落实，保证监督党和国家的方针、政策得到贯彻执行，把党的领导融入公司治理各个环节。[2]

中国农业发展银行董事会对经营和管理承担最终责任，董事会在党的领导下，在落实国家政策、制定经营战略、完善公司治理、制定风险管理及资本管理战略、决策重大项目等方面发挥战略决策作用，领导并监督高管层有

---

[1] 参见中国农业发展银行官网，http://www.adbc.com.cn/n4/index.html，2023年7月19日访问。
[2] 参见中国农业发展银行官网，http://www.adbc.com.cn/n1296/n1297/index.html，2023年7月19日访问。

效履行经营管理职责。①董事会的主要职责包括：制定业务范围及业务划分调整方案、章程修改方案、注册资本调整方案以及组织形式变更方案，按程序报国务院批准；审议批准中长期发展战略、年度经营计划和投资方案、年度债券发行计划、资本管理规划方案、资本补充工具发行方案、薪酬和绩效考核体系设置方案等；制定年度财务预算方案和决算方案、利润分配和弥补亏损方案等。②按照《中国农业发展银行章程》，农发行董事会由11名董事组成，包括3名执行董事（含董事长）、4名部委董事和4名股权董事。③执行董事指在农业发展银行担任董事长、行长和其他高级管理职务的董事；部委董事和股权董事是非执行董事，他们在农业发展银行不担任除董事以外的其他职务；部委董事由相关部委指派的部委负责人兼任，股权董事由股东单位负责选派。④董事会下设战略发展和投资管理（绿色金融）委员会、审计委员会、风险管理委员会、内部控制委员会、人事与薪酬委员会、关联交易控制委员会等6个专门委员会，负责向董事会提供专业意见或根据董事会授权就专业事项进行决策。

中国农业发展银行高级管理层由行长、副行长、行长助理、董事会秘书及中国银行保险监督管理委员会行政许可的其他高级管理人员组成，可根据实际需要设置首席财务官、首席风险官、首席审计官、首席信息官等高级管理人员职位。农业发展银行调整首席风险官应当得到董事会的批准，并向中国银行保险监督管理委员会报告调整原因。⑤高级管理层接受党委领导，对董事会负责，同时接受监事会的监督。高级管理层在经营管理活动中，坚决贯彻落实党中央、国务院的决策部署，认真执行党委决定，按照农发行章程及董事会授权开展经营管理活动，依法合规经营，确保农发行经营发展与董事会审议批准的

---

① 参见中国农业发展银行官网，http://www.adbc.com.cn/n1296/n1297/index.html，2023年7月19日访问。
② 曾睿主编：《农业法概论》，法律出版社2022年版，第219页。
③ 参见中国农业发展银行官网，http://www.adbc.com.cn/n1296/n1298/index.html，2023年7月19日访问。
④ 曾睿主编：《农业法概论》，法律出版社2022年版，第219页。
⑤ 曾睿主编：《农业法概论》，法律出版社2022年版，第220页。

发展战略、风险偏好及其他政策相一致,确保董事会决议落地生效。[①]

二、涉粮商业性金融法律制度

涉粮商业性金融属于农村商业性金融中与粮食生产、加工、流通相关的部分,涉粮商业性金融法律制度属于农村商业性金融法律制度的组成部分。农村商业性金融是指以商业性银行为主体的金融机构在农村地区以营利为主要目的的各种商业性金融活动的总称。农村商业性金融法律制度是指调整农村地区商业性金融组织和商业性金融活动的法律规范的总和。农村商业性金融法律制度在调整相关法律关系时,需要同时兼顾其支农性、商业性及金融性的特点。就目前而言,我国一方面注重通过立法保障政策性金融与商业性金融在农村金融领域的互补性,另一方面为适应持续经营目标和服务"三农"功能,根据《公司法》和《商业银行法》的有关规定,通过改组、改造和新设等多种方式,迅速发展农村商业性金融,陆续成立了农村商业银行、农村合作银行、村镇银行、邮政储蓄银行和贷款公司等农村商业性金融机构。[②]2019年12月,中国银行保险监督管理委员会发布了《中国银保监会农村中小银行机构行政许可事项实施办法》。根据该办法第2条和第4条之规定,农村中小银行机构包括农村商业银行、农村合作银行、农村信用社、村镇银行、贷款公司、农村资金互助社以及经银保监会[③]批准设立的其他农村中小银行机构。农村中小银行机构的机构设立、机构变更、机构终止、调整业务范围和增加业务品种,董事(理事)和高级管理人员任职资格,以及法律、行

[①] 参见中国农业发展银行官网,http://www.adbc.com.cn/n1296/n1297/index.html,2023年7月19日访问。

[②] 曾睿主编:《农业法概论》,法律出版社2022年版,第222—223页。

[③] 根据2023年3月全国人民代表大会通过的《第十四届全国人民代表大会第一次会议关于国务院机构改革方案的决定》,国家金融监督管理总局在中国银行保险监督管理委员会基础上组建,将中国人民银行对金融控股公司等金融集团的日常监管职责、有关金融消费者保护职责,中国证券监督管理委员会的投资者保护职责划入国家金融监督管理总局。不再保留中国银行保险监督管理委员会。《中国银保监会农村中小银行机构行政许可事项实施办法》系2019年12月发布,为行文方便,下文所涉"银保监会"的相关表述不作修改。

政法规规定和国务院决定的其他行政许可事项须经银保监会及其派出机构行政许可。该办法成为涉粮商业性金融法律制度和涉粮合作性金融法律制度的重要组成部分。

(一)农村商业银行法律制度

1.农村商业银行的概念和特征

根据2003年9月中国银行业监督管理委员会发布的《农村商业银行管理暂行规定》(已废止)之规定,农村商业银行是由辖内农民、农村工商户、企业法人和其他经济组织共同发起成立的股份制地方性金融机构。主要任务是为当地农民、农业和农村经济发展提供金融服务,促进城乡经济协调发展。我国现有的农村商业银行是农村信用社改革的产物,主要以农村信用社和农村信用县(市)联社为基础组建而来。

农村商业银行的主要特征包括:第一,设立主体的限定性,即辖区内农民、农村工商户、企业法人和其他经济组织共同发起成立。第二,组织形式的法人性。农村商业银行采取股份有限公司的组织形式。第三,业务范围的区域性。农村商业银行作为一种区域性商业银行,是主要立足于农村地区的金融机构,具有服务农村的地区特性,其业务经营活动应当限制在住所地范围内依法开展,未经批准不得跨区域开展业务。第四,服务功能的双重性。农村商业银行同时具备了商业性与政策性的双重属性:一方面,农村商业银行作为市场经济主体,必然也要以实现利润最大化为目标;另一方面,作为农村区域性金融服务机构,农村商业银行始终绕不过"三农"功能的考问,使命上具备"支农支小"的政策性倾向。[1]

2.农村商业银行的市场定位

农村商业银行是县域地区重要的法人银行机构,是银行业支持"三农"和小微企业的主力军。农村商业银行专注服务本地、服务县域、服务社区。农村商业银行应准确把握自身在银行体系中的差异化定位,确立与所在地域经济总量和产业特点相适应的发展方向、战略定位和经营重点,严格审慎开

---

[1] 曾睿主编:《农业法概论》,法律出版社2022年版,第223页。

展综合化和跨区域经营，原则上机构不出县（区）、业务不跨县（区）。应专注服务本地，下沉服务重心，当年新增可贷资金应主要用于当地。农村商业银行坚守"支农支小"金融服务主业。农村商业银行应提高金融服务精准匹配能力，重点满足"三农"和小微企业的个性化、差异化、定制化需求。①

3.农村商业银行的成立条件

根据《中国银保监会农村中小银行机构行政许可事项实施办法》第6条之规定，设立农村商业银行应当符合以下条件：第一，有符合《公司法》《商业银行法》和银保监会有关规定的章程；第二，在农村商业银行、农村合作银行、农村信用社的基础上组建；第三，注册资本为实缴资本，最低限额为5000万元人民币；第四，有符合任职资格条件的董事、高级管理人员和熟悉银行业务的合格从业人员；第五，有健全的组织机构和管理制度；第六，有与业务经营相适应的营业场所、安全防范措施和其他设施。该办法第7条规定，设立农村商业银行，还应符合其他审慎性条件，至少包括：第一，具有良好的公司治理结构；第二，具有清晰的农村金融发展战略和成熟的农村金融商业模式；第三，具有健全的风险管理体系，能有效控制各类风险；第四，具备有效的资本约束与资本补充机制；第五，具有科学有效的人力资源管理制度，拥有高素质的专业人才；第六，建立与业务经营相适应的信息科技架构，具有支撑业务经营的必要、安全且合规的信息科技系统，具备保障信息科技系统有效安全运行的技术与措施；第七，最近一年无严重违法违规行为和因内部管理问题导致的重大案件，或者相关违法违规及内部管理问题已整改到位并经银保监会或其派出机构认可；第八，主要审慎监管指标符合监管要求；第九，所有者权益大于等于股本（即经过清产核资与整体资产评估，且考虑置换不良资产及历年亏损挂账等因素，拟组建机构合并计算所有者权益剔除股本后大于或等于零）；第十，银保监会规章规定的其他审慎性条件。

《中国银保监会农村中小银行机构行政许可事项实施办法》第8条规定，设立农村商业银行应有符合条件的发起人，发起人包括自然人、境内非金融机构、境内银行业金融机构、境内非银行金融机构、境外银行和银保监会认

---

① 曾睿主编：《农业法概论》，法律出版社2022年版，第224页。

可的其他发起人。境内银行业金融机构指在中华人民共和国境内依法设立的商业银行、农村信用社等吸收公众存款的金融机构以及政策性银行。该办法第9—16条对前述主体作为发起人提供了诸多条件要求，不再赘述。

4.农村商业银行的差异化监管

农村商业银行作为商业银行的一种，除受到中国银行保险监督管理委员会、中国人民银行等的监管外，还将受到省级农村信用社联合社的监管。根据2013年5月中国银行业监督管理委员会办公厅发布的《关于农村商业银行差异化监管的意见》的规定，农村商业银行的差异化监管的原则有：第一，分类指导原则。根据农村商业银行所处的经营环境、资产规模、风险状况和业务复杂程度等因素，采取差异化审慎监管措施。第二，激励相容原则。对资本充足、治理健全、内控严密和评级2级（含）以上的农村商业银行，督促加大改革创新力度，支持在体制、机制、产品和服务模式创新上先行先试；对监管评级较低的农村商业银行，督促其夯实基础，强化经营管理，适当采取限制性监管措施。第三，宽严相济原则。对规模较大的农村商业银行适当提高监管要求；对经营规模较小的农村商业银行，赋予一定的监管弹性和容忍度。第四，持续监管原则。通过横向、纵向和内外监管联动，加强持续风险监测，定期评价并不断优化差异化政策，加快推进现代农村银行建设，引领实现科学发展，持续提升核心竞争力。

（二）村镇银行法律制度

1.村镇银行概述

根据2007年1月中国银行业监督管理委员会发布的《村镇银行管理暂行规定》（已废止）第2条的规定，村镇银行是指经国务院银行监督管理机构依据有关法律、法规批准，由境内外金融机构、境内非金融机构企业法人、境内自然人出资，在农村地区设立的主要为当地农民、农业和农村经济发展提供金融服务的银行业金融机构。村镇银行产生于我国农村金融体制改革的背景下，是原中国银行业监督管理委员会调整放宽农村金融机构准入政策下催生的试点产物。根据《关于进一步促进村镇银行健康发展的指导意见》的要求，村镇银行应牢固树立"立足县域、服务社区、支农支小"的市场定位，制定支农支小发展战略，创新探索支农支小商业模式。支持开业半年以上、主要监管指标符合要求的村镇银行向下延伸分支机构，不断拓展服务网络，着力打造专业化、精细化服务支农支小的社区性银行。村镇银行应将资金主要用于发放"三农"和小微企业贷款。支持村镇银行发行专项用于"三农"和小微企业的金融债券，不断拓宽信贷资金来源，加大对"三农"和小微企业的资金扶持力度。村镇银行应建立支农支小的正向激励和反向约束机制，鼓励在绩效考核中适当提高农户和小额贷款业务的考核权重，在风险可控的前提下，合理确定支农支小业务的风险容忍度，增强支农支小的内在动力。

2.村镇银行的市场准入制度

（1）设立村镇银行的条件

根据《中国银保监会农村中小银行机构行政许可事项实施办法》第26条之规定，设立村镇银行应符合的条件如下：第一，有符合《公司法》《商业银行法》和银保监会有关规定的章程。第二，发起人应符合规定的条件，且发起人中应至少有1家银行业金融机构。第三，注册资本为实缴资本，在县（区）设立的，最低限额为300万元人民币；在乡（镇）设立的，最低限额为100万元人民币。投资管理型村镇银行注册资本最低限额为10亿元人民币；"多县一行"制村镇银行注册资本最低限额为1亿元人民币。第四，具有符合任职资格条件的董事、高级管理人员和熟悉银行业务的合格从业人员。第五，具有必需的组织机构、管理制度和风险管理体系。第六，具有清晰的支持"三农"和小微企业发展的战略。第七，具有与业务经营相适应的营业场所、安全防范措施和其他设施。第八，建立与业务经营相适应的信息科技架构，具有支撑业务经营的必要、安全且合规的信息科技系统，具备保障信息科技系统有效安全运行的技术与措施。第九，银保监会规章规定的其他审慎性条件。已经设立的村镇银行作为投资管理型村镇银行，还应符合以下条件：主要审慎监管指标符合监管要求；经营管理水平较高，支农支小特色明显。

（2）村镇银行的发起人及主发起人

根据《中国银保监会农村中小银行机构行政许可事项实施办法》第27条的规定，设立村镇银行应有符合条件的发起人，发起人包括自然人、境内非金融机构、境内银行业金融机构、境内非银行金融机构、境外银行和银保监会认可的其他发起人。该办法第28条对于非投资管理型村镇银行作为主发起人规定了以下条件：须是银行业金融机构；监管评级良好；具有清晰的发展战略规划和可行有效的商业模式；具备对外投资实力和持续补充资本能力；具有合格人才储备；具有充分的并表管理能力及信息科技建设和管理能力。该办法第29条对于投资管理型村镇银行作为主发起人规定了以下条件：主要审慎监管指标符合监管要求；公司治理良好，内部控制健全有效；具有清晰的发展战略规划和可行有效的商业模式；具备对外投资实力和持续补充资本能力；具有合格人才储备；具有充分的并表管理能力及信息科技建设和管理能力；入股资金为自有资金，不得以委托资金、债务资金等非自有资金入股；银保监会规章规定的其他审慎性条件。该办法第30条还规定，村镇银行主发起人持股比例不得低于村镇银行股本总额的15%。单个自然人及其近亲属合计投资入股比例不得超过村镇银行股本总额的10%。职工自然人合计投资入股比例不得超过村镇银行股本总额的20%。单个境内非金融机构及其关联方、一致行动人合计投资入股比例不得超过村镇银行股本总额的10%。单个境内非银行金融机构及其关联方、一致行动人合计投资入股比例不得超过村镇银行股本总额的10%。

3.村镇银行的业务经营范围

根据《关于进一步促进村镇银行健康发展的指导意见》的要求，根据村镇银行的设立区域、功能定位和经营管理能力，持续强化村镇银行有限持牌管理，限定经营区域和业务范围，加快建成服务"三农"和小微企业的社区性银行，形成差异化、特色化的竞争优势。

村镇银行原则上应在注册地所在的县（市、旗、区）域内依法经营。村镇银行可以办理吸收公众存款，发放短期、中期和长期贷款，办理国内结算，办理票据承兑与贴现，从事同业拆借，从事银行卡业务，代理发行、代理兑付和承销政府债券，代理收付款项和代理保险业务，以及银行业监管机构批准的其他业务。

（三）贷款公司法律制度

贷款公司是经中国银行保险监督管理委员会依据有关法律、法规批准，由境内商业银行或农村合作银行在农村地区设立的，专门为县域农民、农业和农村经济发展提供贷款服务的非银行业金融机构。目前，对贷款公司进行调整的规范性文件是2009年8月中国银行业监督管理委员会发布的《贷款公司管理规定》。

1. 贷款公司的性质和特点

根据《贷款公司管理规定》第2条、第3条之规定，"贷款公司是经中国银行业监督管理委员会依据有关法律、法规批准，由境内商业银行或农村合作银行在农村地区设立的专门为县域农民、农业和农村经济发展提供贷款服务的非银行业金融机构。贷款公司是由境内商业银行或农村合作银行全额出资的有限责任公司。贷款公司是独立的企业法人，享有由投资形成的全部法人财产权，依法享有民事权利，并以全部法人财产独立承担民事责任。贷款公司的投资人，依法享有资产收益、重大决策和选择管理者等权利"。

2. 贷款公司的设立条件

根据《贷款公司管理规定》第8条、第9条及《中国银保监会农村中小银行机构行政许可事项实施办法》第32条、第33条、第34条之规定，在县（市）级及以下地区设立贷款公司应符合以下条件：第一，有符合银保监会有关规定的章程；第二，注册资本为实缴资本，最低限额为50万元人民币；第三，有具备任职专业知识和业务工作经验的高级管理人员和工作人员；第四，有必需的组织机构和管理制度；第五，有与业务经营相适应的营业场所、安全防范措施和其他设施。设立贷款公司，还应符合其他审慎性条件，至少包括：第一，具有良好的公司治理结构；第二，具有科学有效的人力资源管理制度和符合条件的专业人才；第三，具备有效的资本约束和补充机制。设立贷款公司，应有符合以下条件的出资人：第一，出资人为境内外银行；第二，公司治理良好，内部控制健全有效；第三，主要审慎监管指标符合监管要求；第四，银保监会规章规定的其他审慎性条件。

3. 贷款公司的业务经营范围

根据《贷款公司管理规定》第20条、第22条、第23条之规定，贷款公司可经营下列业务：办理各项贷款；办理票据贴现；办理资产转让；办理贷款项下的结算；经中国银行保险监督管理委员会批准的其他资产业务。贷款公司不得吸收存款。贷款公司开展业务必须坚持为农民、农业和农村经济发展服务的经营宗旨，贷款的投向主要用于支持农民、农业和农村经济发展。贷款公司发放贷款应当坚持小额、分散的原则，提高贷款覆盖面，防止贷款过度集中。贷款公司对同一借款人的贷款余额不得超过资本净额的10%；对单一集团企业客户的授信余额不得超过资本净额的15%。

三、涉粮合作性金融法律制度

农村合作性金融是指在商品经济条件下，农村劳动者为改善自己的生产与生活条件，按照合作制原则，自愿入股联合，实行民主管理，获得服务与利益的一种集体所有与个人所有相结合的资金融通方式。农村合作性金融从本质上说是市场竞争中难以通过正常金融渠道获得金融服务的弱势群体建立起来的自助金融组织，其服务对象和业务领域有一定的局限性。从广义上说，农村合作性金融法律制度是指调整农村地区以社员为主要服务对象的、总体上不以营利为经营目标的互助的金融活动，以及按照合作制原则建立起来的非营利性的互助性金融组织的法律规范的总称。[①]

《农业法》第六章"农业投入与支持保护"第45条第3款规定："农村信用合作社应当坚持为农业、农民和农村经济发展服务的宗旨，优先为当地农民的生产经营活动提供信贷服务。"我国通过立法的方式，明确了农村信用合作社服务"三农"的设立宗旨。《商业银行法》第93条规定："城市信用合作社、农村信用合作社办理存款、贷款和结算等业务，适用本法有关规定。"由于对城市信用合作社和农村信用合作社没有单独立法，因此其业务运营等均适用《商业银行法》的有关规定。《银行业监督管理法》第2条第1款、第2款规定："国务院银行业监督管理机构负责对全国银行业金融机构及其业务活动监督管理的工作。本法所称银行业金融机构，是指在中华人民共和国境内设立的商业银行、城市信用合作社、农村信用合作社等吸收公众存款的金融机构以及政策性银行。"该条款明确农村信用合作社作为银行业金融机构，现由

[①] 曾睿主编：《农业法概论》，法律出版社2022年版，第230页。

中国银行保险监督管理委员会负责金融监管工作。另外，还有大量的规范性文件涉及国家和监管部门对农村合作金融机构的改革方向、监管职责、税收政策、金融创新、准入政策、经营业务、股权设置、并购重组等方面的指导意见和政策规定。①

（一）农村信用合作联社法律制度

1.概述

党的十一届三中全会以后，我国农村合作金融法律制度供给主要围绕农村信用合作社展开，在形式上表现为以政策为依据的主管金融机构（农业银行）、国务院、人民银行通过和颁布的规定、办法以及相关文件；在内容上表现为对农村信用合作社的产权、性质、业务范围的不断反复调整。由于缺乏稳定的合作金融法律制度供给，我国农村信用合作社自愿、民主、互助互利等合作原则消失殆尽，合作制名存实亡，农村信用合作社已演变为实质上的商业性金融机构。

我国农村信用合作社在产权制度和管理体制方面进行了改革，按照当时的制度设计预期，农村信用合作社改革根据各地不同的经济发展状况和农村信用合作社原有资产状况，有股份制的农村商业银行、股份合作制的农村合作银行和以合作制为基础的以市（县）为单位统一法人的联社发展模式三种可供选择。

2.农村信用合作联社的成立条件

根据《中国银保监会农村中小银行机构行政许可事项实施办法》第22条之规定，设立农村信用合作联社应符合以下条件：第一，具有清晰的农村金融发展战略和成熟的农村金融商业模式；第二，有符合银保监会有关规定的章程；第三，在农村信用合作社及其联合社基础上以新设合并方式发起设立；第四，注册资本为实缴资本，最低限额为300万元人民币；第五，股权设置合理，符合法人治理要求；第六，有符合任职资格条件的理事、高级管理人员和熟悉银行业务的合格从业人员；第七，有健全的组织机构、管理制度和风

---

① 曾睿主编：《农业法概论》，法律出版社2022年版，第231页。

险管理体系；第八，有与业务经营相适应的营业场所、安全防范措施和其他设施；第九，建立与业务经营相适应的信息科技架构，具有支撑业务经营的必要、安全且合规的信息科技系统，具备保障信息科技系统有效安全运行的技术与措施；第十，银保监会规章规定的其他审慎性条件。

设立农村信用合作联社应有符合条件的发起人，发起人包括自然人、境内非金融机构、境内银行业金融机构、境内非银行金融机构、境外银行和银保监会认可的其他发起人。发起人应当具备的条件同设立农村商业银行对发起人的要求，即《中国银保监会农村中小银行机构行政许可事项实施办法》第9条至第16条之规定，不再赘述。

3.农村信用合作社省（自治区、直辖市）联社

为了加强对农村信用社省（自治区、直辖市）联合社（以下简称省联社）的管理，规范省联社行为，2003年9月中国银行业监督管理委员会发布了《农村信用社省（自治区、直辖市）联合社管理暂行规定》，对农村信用合作社省（自治区、直辖市）联社的成立及其运营提供了基本的规范依据，简要介绍如下。

（1）省联社概述

根据《农村信用社省（自治区、直辖市）联合社管理暂行规定》第2条至第6条之规定，省联社是由所在省（自治区、直辖市）内的农村信用合作社市（地）联合社、县（市、区）联合社、县（市、区）农村信用合作联社、农村合作银行自愿入股组成，实行民主管理，主要履行行业自律管理和服务职能，具有独立企业法人资格的地方性金融机构。省联社享有由社员社投资入股形成的法人财产权，依法享有民事权利，承担民事责任。其合法财产及依法开展业务受国家法律保护，任何单位及个人不得侵犯和非法干涉。社员社以其所持股份为限对省联社承担责任；省联社以其全部资产对其债务承担责任。经省（自治区、直辖市）政府授权，省联社承担对辖内农村信用社（含农村合作银行，下同）的管理、指导、协调和服务职能。省联社贯彻执行国家的金融方针政策，依法自主经营，自负盈亏，自担风险，自我约束，其业务活动以为社员社提供服务，促进社员社的发展为宗旨。省联社不对公众办理存贷款金融业务。

(2) 省联社的设立

根据《农村信用社省（自治区、直辖市）联合社管理暂行规定》第8条至第10条之规定，设立省联社，应当具备下列条件：第一，有符合本规定的章程；第二，注册资本金不低于500万元人民币；第三，有符合任职资格条件的高级管理人员和符合要求的从业人员；第四，具有健全的组织机构和管理制度；第五，国家金融监督管理部门规定的其他条件。省联社以发起方式设立，发起人认购省联社发行的全部股份。

(3) 省联社的股权设置及组织机构

《农村信用社省（自治区、直辖市）联合社管理暂行规定》第17条至第19条规定，农村信用合作社市（地）联合社、县（市、区）联合社、县（市、区）农村信用合作联社、农村合作银行和农村商业银行可向省联社入股，省联社不吸收其他法人和自然人入股。省联社每股股金10万元人民币。单个社员社出资比例不得超过省联社股本总额的10%，社员社入股金额不得超过其实收资本的30%。社员社必须以货币资金入股，股金必须一次募足。

《农村信用社省（自治区、直辖市）联合社管理暂行规定》第四章规定了省联社的组织机构，简述如下：社员大会是省联社权力机构，由社员社代表组成。每个社员社的代表数量相同。社员社代表每届任期三年，可连选连任。省联社设理事会。理事会是社员大会的执行和监督机构，由9—15名理事（奇数）组成。每个社员社担任理事的人数不得超过一人，省联社职工中担任理事的人数不得超过理事人数的20%。关于社员大会、理事会及高级管理层的职权，不再列举。

(4) 省联社的基本职能

根据《农村信用社省（自治区、直辖市）联合社管理暂行规定》第34条之规定，省联社履行下列职能：督促农村信用社贯彻执行国家金融方针政策，落实支农工作；制定行业自律管理制度并督促执行；指导农村信用社健全法人治理结构，完善内控制度；对农村信用社业务经营、财务活动、劳动用工和社会保障及内部管理等工作进行辅导和审计；督促农村信用社依法选举理事和监事，选举、聘用高级管理人员；指导防范和处置农村信用社的金融风险；指导、协调电子化建设；指导员工培训教育；协调有关方面关系，维护农村信用社的合法权益；组织农村信用社之间的资金调剂；参加资金市场，为农村信用社融通资金；办理或代理农村信用社的资金清算和结算业务；提供信息咨询服务；省联社章程规定的其他职能。

（二）农村资金互助社法律制度

为加强农村资金互助社的监督管理，规范其组织和行为，保障农村资金互助社依法、稳健经营，改善农村金融服务，2007年中国银行业监督管理委员会出台了《农村资金互助社管理暂行规定》和《农村资金互助社示范章程》，就设立农村资金互助组织进行了规定。根据《农村资金互助社管理暂行规定》第2条之规定，农村资金互助社是指经银行业监督管理机构批准，由乡（镇）、行政村农民和农村小企业自愿入股组成，为社员提供存款、贷款、结算等业务的社区互助性银行业金融机构。农村资金互助社是在原有信用形式的基础上衍生的一种新型信用体系形式，为我国农业发展过程提供了强大的资金扶持与保障。[①]

1.农村资金互助社的设立

根据《农村资金互助社管理暂行规定》第9条、第18条至第20条和《中国银保监会农村中小银行机构行政许可事项实施办法》第37条至第41条之规定，农村资金互助社的设立要求如下。

设立农村资金互助社应符合以下条件：第一，有符合银保监会有关规定的章程。第二，以发起方式设立且发起人不少于10人。第三，注册资本为实缴资本，在乡（镇）设立的，最低限额为30万元人民币；在行政村设立的，最低限额为10万元人民币。第四，有符合任职资格的理事、经理和具备从业条件的工作人员。第五，有必需的组织机构和管理制度。第六，有与业务经营相适应的营业场所、安全防范措施和其他设施。第七，银保监会规章规定的其他审慎性条件。

设立农村资金互助社应有符合条件的发起人，发起人包括乡（镇）、行政村的农民和农村小企业。农民作为发起人，应符合以下条件：第一，具有完

[①] 曾睿主编：《农业法概论》，法律出版社2022年版，第238页。

全民事行为能力的中国公民；第二，户口所在地或经常居住地（本地有固定住所且居住满3年）在农村资金互助社所在乡（镇）或行政村内；第三，有良好的社会声誉和诚信记录，无犯罪记录；第四，入股资金为自有资金，不得以委托资金、债务资金等非自有资金入股；第五，银保监会规章规定的其他审慎性条件。

农村小企业作为发起人，应符合以下条件：第一，注册地或主要营业场所在农村资金互助社所在乡（镇）或行政村内；第二，具有良好的信用记录；第三，最近2年内无重大违法违规行为；第四，上一会计年度盈利；第五，年终分配后净资产达到全部资产的10%以上（合并会计报表口径）；第六，入股资金为自有资金，不得以委托资金、债务资金等非自有资金入股；第七，银保监会规章规定的其他审慎性条件。

单个农民或单个农村小企业向农村资金互助社入股，其持股比例不得超过农村资金互助社股金总额的10%。

2.农村资金互助社的治理结构

《农村资金互助社管理暂行规定》第四章规定了农村资金互助社的组织机构。治理机构主要由"三会"组成，决策权、经营管理权和监督权分别属于社员大会（社员代表大会）、理事会（经理）和监事会。通过权力的制衡，促使三大机构各司其职又互相制约，从而确保农村资金互助社的顺利运行。[①]农村资金互助社社员大会由全体社员组成，是该社的权力机构。社员超过100人的，可以由全体社员选举产生不少于31名的社员代表组成社员代表大会，社员代表大会按照章程规定行使社员大会职权。农村资金互助社原则上不设理事会，设立理事会的，理事不少于3人，设理事长1人，理事长为法定代表人。农村资金互助社设经理1名（可由理事长兼任），未设理事会的，经理为法定代表人。经理按照章程规定和社员大会（社员代表大会）的授权，负责该社的经营管理。农村资金互助社应设立由社员、捐赠人以及向其提供融资的金融机构等利益相关者组成的监事会，其成员一般不少于3人，设监事长1人。监事会按照章程规定和社员大会（社员代表大会）授权，对农村资金互

[①] 曾睿主编：《农业法概论》，法律出版社2022年版，第239页。

助社的经营活动进行监督。农村资金互助社经理和工作人员不得兼任监事。

3.农村资金互助社的业务范围

农村资金互助社的业务范围规定在《农村资金互助社管理暂行规定》第五章中，主要有：农村资金互助社的资金应主要用于发放社员贷款，满足社员贷款需求后确有富余的可存放其他银行业金融机构，也可购买国债和金融债券。农村资金互助社发放大额贷款、购买国债或金融债券、向其他银行业金融机构融入资金，应事先征求理事会、监事会意见。农村资金互助社可以办理结算业务，并按有关规定开办各类代理业务。农村资金互助社开办其他业务应经属地银行业监督管理机构及其他有关部门批准。农村资金互助社不得向非社员吸收存款、发放贷款及办理其他金融业务，不得以该社资产为其他单位或个人提供担保。农村资金互助社根据其业务经营需要，考虑安全因素，应按存款和股金总额一定比例合理核定库存现金限额。

（三）农村合作银行法律制度

农村合作银行是由辖内农民、农村工商户、企业法人和其他经济组织入股组成的股份合作制社区性地方金融机构。其主要任务是为农民、农业和农村经济发展提供金融服务。股份合作制是在合作制的基础上，吸收股份制运作机制的一种企业组织形式。农村合作银行以效益性、安全性、流动性为经营原则，实行自主经营、自担风险、自负盈亏、自我约束。[1]

农村合作银行主要以农村信用合作社和农村信用社县（市）联社为基础组建，是独立的企业法人，享有由股东入股投资形成的全部法人财产权，依法享有民事权利，并以全部法人资产独立承担民事责任。农村合作银行的股东按其所持股份享有所有者的资产收益、参与重大决策和选择管理者等权利，并以所持股份为限对农村合作银行的债务承担责任。2010年11月9日发布的《关于加快推进农村合作金融机构股权改造的指导意见》决定，我国不再组建农村合作银行，符合农村商业银行准入条件的农村信用联社和农村合作银行，应直接改制为农村商业银行。也就是说，现有农村合作银行最终也要全

---

[1] 曾睿主编：《农业法概论》，法律出版社2022年版，第241—242页。

部改制为农村商业银行。中国银行保险监督管理委员会公布的数据显示,截至2021年12月31日,农村合作银行已由2011年时的210家缩减至23家。①

四、农业保险法律制度[②]

农业保险作为一种风险管理工具和国家农业支持保护体系的组成部分,对提高农业抗风险能力、保障粮食生产安全具有重要意义。我国《农业法》明确规定,"国家建立和完善农业保险制度"。长期以来,我国农业保险时断时续,缺乏持久稳定的制度支持。因此,为了规范农业保险活动,保护农业保险活动当事人的合法权益,提高农业生产抗风险能力,促进农业保险事业健康发展,国务院于2012年11月12日颁布了《农业保险条例》,结束了我国农业保险无法可依的局面,明确了发展政策性农业保险的定位,规定了农业保险坚持"政府引导、市场运作、自主自愿和协同推进"的原则,并对农业保险的概念、农业保险机构、部门职责、财政补贴、赔付程序、经营规则、法律责任等作出了较为详细的规定,为发展农业保险提供了法治保障。我国现行农业保险法律制度体系是以《保险法》《农业法》为遵循,以《农业保险条例》为基础,以部门和地方规范性文件为具体操作准则,以行业规定为辅的制度体系。

(一)农业保险的概念和特征

根据我国《农业保险条例》第2条第1款之规定,农业保险是指"保险机构根据农业保险合同,对被保险人在种植业、林业、畜牧业和渔业生产中因保险标的遭受约定的自然灾害、意外事故、疫病、疾病等保险事故所造成的财产损失,承担赔偿保险金责任的保险活动"。农业保险运行的基本原理是共担风险、分摊损失,通过缴纳保险费使风险在农业生产者之间或者农业生产者与社会之间分散和转移,为农业生产者提供一种有偿的风险保障。③

---

① 曾睿主编:《农业法概论》,法律出版社2022年版,第242页。
② 本部分内容主要参考了曾睿主编:《农业法概论》,法律出版社2022年版,第242—249页。
③ 曾睿主编:《农业法概论》,法律出版社2022年版,第243页。

农业保险作为国家农业支持保护体系的组成部分，具有不同于一般商业保险和财产保险的以下特征。

（1）政策性

我国《农业保险条例》第3条第1款明确规定，"国家支持发展多种形式的农业保险，健全政策性农业保险制度。"虽然《农业保险条例》未将农业保险局限于政策性保险，并规定农业保险由保险机构进行市场化运作，但是该条例中无处不突出着政府在农业保险中的主导地位，彰显着农业保险"政策支持"的特性。[1]

（2）地域性和季节性

农业生产是自然生产与经济生产互相融合的物质生产过程。由于我国幅员辽阔，南北、东西差异较大，农业生产具有明显的地域性差别，这就决定了农业保险应当因地制宜确定具体的运作方式。另外，农业生产特别是种植业生产受温度、气候等因素的影响，表现出明显的季节性特点，这就要求农业保险必须考虑生产的季节性和时效性，以便在展业、承保和防灾防损过程中有的放矢。[2]

（3）保险对象的分散性

农业保险对象涉及广袤分散的农村地区，而不是像人身保险和财产保险一样主要集中于城镇地区，而许多农村地区交通不太方便，特别是在中西部山区农村，展业、理赔时要翻山越岭，分散的大量保险标的给农业保险经营和风险控制带来了极大的困难。[3]

（4）高赔付率与高风险性

农业保险对象所面临的期望损失远大于一般人身和财产保险对象，后者期望损失率一般在千分之几以内，而农业风险损失率少则百分之一二、多则百分之一二十，因而农业保险的经营风险相当大，一般需要政府给予一定的扶持。[4]

---

[1] 陈政：《论我国〈农业保险条例〉对农业保险的定位》，载《广西社会科学》2013年第4期。
[2] 曾睿主编：《农业法概论》，法律出版社2022年版，第244页。
[3] 曾睿主编：《农业法概论》，法律出版社2022年版，第244页。
[4] 曾睿主编：《农业法概论》，法律出版社2022年版，第244页。

（二）农业保险市场准入法律制度

《农业保险条例》第17条规定："保险机构经营农业保险业务，应当符合下列条件：（一）有完善的基层服务网络；（二）有专门的农业保险经营部门并配备相应的专业人员；（三）有完善的农业保险内控制度；（四）有稳健的农业再保险和大灾风险安排以及风险应对预案；（五）偿付能力符合国务院保险监督管理机构的规定；（六）国务院保险监督管理机构规定的其他条件。除保险机构外，任何单位和个人不得经营农业保险业务。"

（三）农业保险合同法律制度

《农业保险条例》第10条规定，农业保险可以由农民、农业生产经营组织自行投保，也可以由农业生产经营组织、村民委员会等单位组织农民投保。由农业生产经营组织、村民委员会等单位组织农民投保的，保险机构应当在订立农业保险合同时，制定投保清单，详细列明被保险人的投保信息，并由被保险人签字确认。保险机构应当将承保情况予以公示。因此，农业保险合同的投保方可以是农民、农业生产经营组织或者村民委员会，保险方是保险机构。[①]

农业保险合同与其他保险合同相比较，有两个特点：一是对农业保险合同解除权的限制。在农业保险合同有效期内，合同当事人不得因保险标的的危险程度发生变化增加保险费或者解除农业保险合同。二是对农业保险合同残余价值权利的限制。保险机构不得主张对受损的保险标的残余价值的权利，农业保险合同另有约定的除外。[②]

农业保险的赔付需经过以下程序：保险机构接到发生保险事故的通知后，应当及时进行现场查勘，会同被保险人核定保险标的的受损情况。由农业生产经营组织、村民委员会等单位组织农民投保的，保险机构应当将查勘定损结果予以公示。保险机构按照农业保险合同约定，可以采取抽样方式或者其

[①] 曾睿主编：《农业法概论》，法律出版社2022年版，第246页。
[②] 曾睿主编：《农业法概论》，法律出版社2022年版，第246—247页。

他方式核定保险标的的损失程度。采用抽样方式核定损失程度的，应当符合有关部门规定的抽样技术规范。法律、行政法规对受损的农业保险标的的处理有规定的，理赔时应当取得受损保险标的已依法处理的证据或者证明材料。保险机构应当在与被保险人达成赔偿协议后10日内，将应赔偿的保险金支付给被保险人。农业保险合同对赔偿保险金的期限有约定的，保险机构应当按照约定履行赔偿保险金义务。保险机构应当按照农业保险合同约定，根据核定的保险标的的损失程度足额支付应赔偿的保险金。任何单位和个人不得非法干预保险机构履行赔偿保险金的义务，不得限制被保险人取得保险金的权利。农业生产经营组织、村民委员会等单位组织农民投保的，理赔清单应当由被保险人签字确认，保险机构应当将理赔结果予以公示。[1]

（四）农业保险大灾风险分散制度

发生超过农业保险经营机构和本地农业保险风险责任承担能力的风险损失的可能性，就是农业保险大灾风险。[2]农业保险大灾风险分散制度是指为农业保险经营机构和地方大灾风险所做的风险分散转移的一系列制度安排。[3]在农业保险制度中，建立大灾风险分散制度是整个农业保险，特别是政策性农业保险制度必不可少的组成部分。[4]《农业保险条例》第8条规定："国家建立财政支持的农业保险大灾风险分散机制，具体办法由国务院财政部门会同国务院有关部门制定。国家鼓励地方人民政府建立地方财政支持的农业保险大灾风险分散机制。"

为了进一步完善农业保险大灾风险分散机制，规范农业保险大灾风险准备金管理，促进农业保险持续健康发展，2013年12月，财政部印发了《农业保险大灾风险准备金管理办法》。该办法适用于各级财政按规定给予保费补贴的种植业、养殖业、林业等农业保险业务。根据该办法之规定，大灾准备金是指农业保险经办机构根据有关法律法规和本办法规定，在经营农业保险的

---

[1] 曾睿主编：《农业法概论》，法律出版社2022年版，第247页。
[2] 曾睿主编：《农业法概论》，法律出版社2022年版，第247页。
[3] 曾睿主编：《农业法概论》，法律出版社2022年版，第247页。
[4] 曾睿主编：《农业法概论》，法律出版社2022年版，第247页。

过程中，为增强风险抵御能力、应对农业大灾风险专门计提的准备金。大灾准备金的管理遵循以下原则：一是独立运作。保险机构根据本办法规定自主计提、使用和管理大灾准备金，对其实行专户管理、独立核算。二是因地制宜。保险机构根据本办法规定，结合不同区域风险特征、当地农业保险工作实际和自身风险管控能力等，合理确定大灾准备金的计提比例。三是分级管理。保险机构总部与经营农业保险的省级分支机构，根据本办法规定，计提、使用和管理大灾准备金，并依法接受相关部门的监督。四是统筹使用。保险机构计提的大灾准备金可以在本机构农业保险各险种之间、相关省级分支机构之间统筹使用，专门用于弥补农业大灾风险损失。

（五）农业保险监管法律制度

根据《农业保险条例》第4条的规定，国务院保险监督管理机构对农业保险业务实施监督管理。《中央财政农业保险保费补贴管理办法》明确了财政部门履行牵头主责，从发展方向、制度设计、政策制定、资金保障等方面推进农业保险发展，通过保费补贴、机构遴选等多种政策手段，发挥农业保险机制性工具作用，督促承保机构依法合规展业。财政部还适时对农业保险保费补贴工作进行监督检查，对农业保险保费补贴资金的使用情况和效果进行评价。地方各级财政部门应当建立健全农业保险保费补贴资金执行情况动态监控机制，定期或不定期自查本地区农业保险保费补贴工作，监管局应当定期或不定期抽查，有关情况及时报告财政部。[1]

农业保险的具体监管内容包含：对政府行为以及它的农业保险扶植行为，包括但不限于各种财政资金补贴、税收减免优惠、成立巨灾风险基金补助行为等监督管理；对农业保险机构的组织形式管理，即对农业保险经营、中介组织机构的市场进入退出机制的监管；对农业保险业务的规范和市场行为的约束；对农业保险机构财务监管，包括对准备金预算、财务审核计算和自身资金周转的强制报送审核监督机制；偿债支付能力监控，即考察保险公司资产负债状况良好的最低要求，即保险公司的资产规模高出负债规模；对投保

---

[1] 曾睿主编：《农业法概论》，法律出版社2022年版，第248—249页。

农户的投保资格进行审查、道德风险防范和逆向选择问题管控等。我国现阶段实施的监管手段规定了最低资本充足率、监控风险资本、成立保险监管指标测评体系和现场审查保险机构组织等。[①]

[①] 曾睿主编:《农业法概论》,法律出版社2022年版,第249页。

第八章

涉粮生态环境保护法律制度

联合国2030年可持续发展议程明确提出"实现粮食安全和促进可持续农业的目标"。粮食与生态保护息息相关，粮食安全需要生态环境保护法律制度的保障才能实现可持续。以牺牲生态环境达到的粮食安全并非真正的粮食安全；同时，以牺牲粮食质量为代价获得的粮食高产，可能是严重的食品安全风险源，食品安全无法有效保障，甚至可能使人们面临粮食危机，亦非粮食安全的状态。因此，在现阶段，粮食的发展方向需要向食品安全、生态安全同时延伸，实现粮食、生态、食品三位一体全面安全。生态安全是粮食安全的前提，是其向前延伸的方向；粮食安全是食品安全的条件；食品安全则是粮食安全向后延伸的方向。

涉粮生态环境保护主要是指影响粮食生产和安全的生态环境保护的要求，包括涉粮环境污染防治、资源利用和生态治理等内容。其中涉粮环境污染防治包括土壤污染防治、水污染防治、农药污染防治等；涉粮资源利用主要有土地管理、水资源利用等；涉粮生态治理主要包括水土保持和防沙治沙等。粮食安全和农业的可持续发展，不能以自然资源受到威胁为代价，需要将自然资源的保护工作及管理工作作为重要的基础，满足粮食安全需求。相应地，涉粮生态环境保护法律制度主要包括涉粮环境污染防治法律制度、涉粮资源利用法律制度和涉粮生态治理性法律制度。其中，涉粮环境污染防治法律制度包括土壤污染防治相关法律制度、水污染防治法律制度、农药污染防治法律制度等。涉粮资源利用法律制度主要有土地管理法律制度。涉粮生态治理性法律制度主要包括水土保持相关法律制度和防沙治沙法律制度。

第一节　涉粮环境污染防治法律制度

一、土壤污染防治法律制度

（一）土壤污染的概念

2018年8月31日颁布的《土壤污染防治法》第2条对土壤污染的概念进

行了界定，规定土壤污染是指因人为因素导致某种物质进入陆地、海洋生物、地表层土壤，引起土壤化学、物理、生物等方面特性的改变，影响土壤功能和有效利用，危害公众健康或者破坏生态环境的现象。

土壤污染的危害往往较为严重，不仅会对整个生态环境造成破坏，还会影响人类社会的可持续发展。根据不同的划分标准，土壤污染可以划分为不同的类型。根据污染来源的不同，土壤污染可分为：（1）水污染引起的土壤污染，主要包括城市污水和工业污水进入土壤造成的污染；（2）固体废物引起的土壤污染，即对固体废物不合理的处理方式使其中的重金属物质进入土壤造成的污染；（3）大气颗粒物沉降引起的土壤污染，即大气颗粒物通过酸雨、飘尘等方式沉降造成的污染；（4）化学农药引起的土壤污染，即农业生产过程中对农药、化肥的不合理使用而使其直接进入土壤造成的污染。根据土壤污染物的种类还可以划分为：（1）放射性元素引起的土壤污染；（2）有机物引起的土壤污染；（3）重金属引起的土壤污染；（4）病原体引起的土壤污染。

造成土壤污染的原因繁杂，污染源复杂多变，这就使得土壤污染具有如下特征：（1）隐藏性和累积性。土壤污染是通过媒介进入土壤造成的污染，必须借助科学仪器分析和识别，污染程度可能还需经过长期的监测、观察方能得出。（2）富集性和难以修复性。土壤本身具有的吸附功能和自净能力决定了土壤污染是通过长期的累积和固定在土壤中造成的，是一个量变引起质变的过程，这就导致了被污染的土地治理或修复的困难。（3）影响范围的广泛性和不确定性。土壤内部是一个复杂的生态系统，土壤污染的范围往往无法准确确定。

（二）我国土壤污染防治的立法沿革与概况

我国最早明确提到防治土壤污染、保护土壤的法律是1979年《环境保护法（试行）》。该法第10条、第21条作出了防止土壤污染的原则性规定。之后，《土地管理法》《水污染防治法》《固体废物污染环境防治法》《农产品质量安全法》等法律都对土壤污染防治作了规定。2005年11月，国家环保总局发布的《"十一五"全国环境保护法规建设规划》明确指出土壤污染防治立法空白，提出抓紧制定《土壤污染防治法》；同年12月，国务院《关于落实科学发展观加强环境保护的决定》拉开了土壤污染防治专门立法的序幕。2006年起，国家环境保护部成立土壤污染防治立法起草研究小组并开展相关调研活动。2008年6月，国家环境保护部发布了《关于加强土壤污染防治工作的意见》。2014年12月，《土壤污染防治法（草案建议稿）》报送全国人大，土壤污染防治立法进入快车道。2016年5月，国务院发布的《土壤污染防治行动计划》进一步推动了土壤污染防治立法。

2018年8月31日，十三届全国人大常委会第五次会议通过了《土壤污染防治法》。该法成为国家确立绿色发展理念以来制定的首部全新重要的环境立法，不仅有利于将土壤污染防治工作纳入法制化轨道，遏制土壤环境恶化的趋势，还填补了我国环境污染防治特别是土壤污染防治法律的空白，进一步完善了我国的环境保护法律体系。

（三）《土壤污染防治法》的主要内容

《土壤污染防治法》在价值目标方面，明确区别"生态风险"与"健康风险"，并将前者作为独立的价值目标和判断因素；在政府主体方面，强化政府主体监管职责的同时重视政府角色的多重考量；在监管对象上，突破了以往以企事业单位为主要监管对象的限制；在制度设置上，除延续《环境保护法》修订以来基本成型的目标责任和考评、人大年度报告、约谈等常规制度之外，还建立了土壤环境信息共享机制及相关信息公开制度；在动力机制上，综合运用多种举措。该法共7章99条，规定了我国土壤污染防治的管理体制、基本制度、具体措施以及法律责任，同时对农用地和建设用地土壤污染的防治作了具体规定。

1. 土壤污染防治的基本规定

（1）立法目的和基本原则

《土壤污染防治法》的立法目的是保护和改善生态环境，防治土壤污染，保障公众健康，推动土壤资源永续利用，推进生态文明建设，促进经济社会的可持续发展。

土壤污染防治的治理原则包括预防为主、保护优先、分类管理、风险管控、污染担责和公众参与。

（2）监督管理体制

国务院生态环境主管部门对全国土壤污染防治工作实施统一监督管理；国务院农业农村、自然资源、住房城乡建设、林业草原等主管部门在各自职责范围内对土壤污染防治工作实施监督管理。

地方人民政府生态环境主管部门对本行政区域土壤污染防治工作实施统一监督管理；地方人民政府农业农村、自然资源、住房城乡建设、林业草原等主管部门在各自职责范围内对土壤污染防治工作实施监督管理。

地方各级人民政府应当对本行政区域土壤污染防治和安全利用负责。

（3）基本制度、机制

第一，土壤污染防治目标责任制和考核评价制度。将土壤污染防治目标完成情况作为地方各级人民政府及其负责人、县级以上人民政府负有土壤污染防治监督管理职责的部门及其负责人考核评价的内容。2016年，《土壤污染防治行动计划》提出，对年度评估结果较差或未通过考核的省（自治区、直辖市），要提出限期整改意见，整改完成前，对有关地区实施建设项目环评限批；整改不到位的，要约谈有关省级人民政府及其相关部门负责人。

第二，土壤环境信息共享机制。国务院生态环境主管部门会同国务院农业农村、自然资源、住房城乡建设、水利、卫生健康、林业草原等主管部门，建立土壤环境基础数据库，构建全国土壤环境信息平台，实行数据动态更新和信息共享。

2.规划、标准、普查和监测制度

（1）土壤污染防治规划制度

设区的市级以上地方人民政府生态环境主管部门会同发展改革、农业农村、自然资源、住房城乡建设、林业草原等主管部门，根据环境保护规划要求、土地用途、土壤污染状况普查和监测结果等，编制土壤污染防治规划，报本级人民政府批准后公布实施。

（2）土壤污染防治标准体系

国务院生态环境主管部门根据土壤污染状况、公众健康风险、生态风险和科学技术水平，并按照土地用途，制定国家土壤污染风险管控标准。省级人民政府对国家标准中未作规定的项目，可以制定地方标准；对国家标准中已作规定的项目，可以制定严于国家标准的地方标准。地方标准报国务院生态环境主管部门备案。土壤污染风险管控标准是强制性标准。

（3）土壤污染状况普查制度

国务院统一领导全国土壤污染状况普查。国务院生态环境主管部门会同国务院农业农村、自然资源、住房城乡建设、林业草原等主管部门，每十年至少组织开展一次全国土壤污染状况普查。国务院有关部门、设区的市级以上地方人民政府可以根据本行业、本行政区域实际情况组织开展土壤污染状况详查。

（4）土壤环境监测制度

国务院生态环境主管部门制定土壤环境监测规范，会同国务院农业农村、自然资源、住房城乡建设、水利、卫生健康、林业草原等主管部门组织监测网络。统一规划国家土壤环境监测站（点）的设置。地方人民政府农业农村、林业草原主管部门会同生态环境、自然资源主管部门对农用地地块①和建设用地地块②进行重点监测。

3.预防和保护

（1）预防性制度

第一，环境影响评价制度。各类涉及土地利用的规划和可能造成土壤污染的建设项目，应当依法进行环境影响评价。环境影响评价文件包括对土壤可能造成的不良影响及应采取的相应预防措施等内容。

第二，重点单位管理名录制度。设区的市级以上地方人民政府生态环境主管部门应当按照国务院生态环境主管部门的规定，根据有毒有害物质排放等情

---

① 农用地地块重点监测对象包括：（1）产出的农产品污染物含量超标的；（2）作为或者曾作为污水灌溉区的；（3）用于或者曾用于规模化养殖、固体废物堆放、填埋的；（4）曾作为工矿用地或者发生过重大、特大污染事故的；（5）有毒有害物质生产、贮存、利用、处置设施周边的；（6）国务院农业农村、林业草原、生态环境、自然资源主管部门规定的其他情形。

② 建设用地地块重点监测对象包括：（1）曾用于生产、使用、贮存、回收处置有毒有害物质的；（2）曾用于固体废物堆放、填埋的；（3）曾发生过重大、特大污染事故的；（4）国务院生态环境、自然资源主管部门规定的其他情形。

况，制定本行政区域土壤污染重点监管单位名录，向社会公开并适时更新。

土壤污染重点监管单位应当履行下列义务：首先，严格控制有毒有害物质排放，并按年度向生态环境主管部门报告排放情况；其次，建立土壤污染隐患排查制度，保证持续有效防止有毒有害物质渗漏、流失、扬散；最后，制定实施自行监测方案，并将监测数据报生态环境主管部门。

第三，环境标准和总量控制制度。各级人民政府生态环境、自然资源主管部门应当依法加强对矿产资源开发区域土壤污染防治的监督管理，按照相关标准和总量控制的要求，严格控制可能造成土壤污染的重点污染物排放。尾矿库运营、管理单位应当按照规定，加强尾矿库的安全管理，采取措施防止土壤污染。危库、险库、病库以及其他需要重点监管的尾矿库的运营、管理单位应当按照规定，进行土壤污染状况监测和定期评估。

（2）土壤环境保护的禁止性规定

禁止在土壤中使用重金属含量超标的降阻产品；

禁止向农用地排放重金属或者其他有毒有害物质含量超标的污水、污泥，以及可能造成土壤污染的清淤底泥、尾矿、矿渣等；

禁止生产、销售、使用国家明令禁止的农业投入品；

禁止在居民区和学校、医院、疗养院、养老院等单位周边新建、改建、扩建可能造成土壤污染的建设项目；

禁止将重金属或者其他有毒有害物质含量超标的工业固体废物、生活垃圾或者污染土壤用于土地复垦。

4.风险管控和修复

土壤污染风险管控和修复，包括土壤污染状况调查和土壤污染风险评估、风险管控、修复、风险管控效果评估、修复效果评估、后期管理等活动。2018年6月22日，生态环境部发布的《土壤环境质量 农用地土壤污染风险管控标准（试行）》《土壤环境质量 建设用地土壤污染风险管控标准（试行）》分别规定了"农用地土壤污染风险筛选值和管制值以及监测、实施与监督要求"，保护人体健康的建设用地土壤污染风险筛选值和管制值，以及监测、实施与监督要求，加强了国家土壤污染防治标准体系建设，保障了《土壤污染防治法》的实施。

（1）一般规定

首先，编制土壤污染状况调查报告。污染状况调查报告包括地块基本信息、污染物含量是否超过土壤污染风险管控标准等内容。其次，编制土壤污染风险评估报告。土壤污染风险评估报告应包括主要污染物状况，土壤及地下水污染范围，农产品质量安全风险、公众健康风险或者生态风险、风险管控、修复的目标和基本要求等内容。再次，制订转运计划。修复施工单位转运污染土壤的，应当制订转运计划，将运输时间、方式、线路和污染土壤数量、去向、最终处置措施等，提前报所在地和接收地生态环境主管部门。从次，编制效果评估报告。效果评估报告应包括是否达到土壤污染风险评估报告确定的风险管控、修复目标等内容。最后，土壤污染责任人的责任与费用规定。土壤污染责任人负有实施土壤污染风险管控和修复的义务。土壤污染责任人无法认定的，土地使用权人应当实施土壤污染风险管控和修复。因实施或者组织实施土壤污染状况调查和土壤污染风险评估、风险管控、修复、风险管控效果评估、修复效果评估、后期管理等活动所支出的费用，由土壤污染责任人承担。

（2）农业地的管控与修复

建立农用地分类管理制度。按照土壤污染程度和相关标准，将农用地划分为优先保护类、安全利用类和严格管控类。首先，将符合条件的优先保护类耕地划为永久基本农田，实行严格保护。在永久基本农田集中区域，不得新建可能造成土壤污染的建设项目；已经建成的，应当限期关闭拆除。其次，对安全利用类农用地地块，地方人民政府农业农村、林业草原主管部门应当结合主要作物品种和种植习惯等情况，制定并实施安全利用方案。安全利用方案应当包括：农艺调控、替代种植，定期开展土壤和农产品协同监测与评价，对农民、农民专业合作社及其他农业生产经营主体进行技术指导和培训等内容。最后，人民政府农业农村草原主管部门应当采取风险管控措施。风险管控措施包括：提请划定特定农产品禁止生产区域的建议，报本级人民政府批准后实施；按照规定开展土壤和农产品协同监测与评价；对农民、农民专业合作社及其他农业生产经营主体进行技术指导和培训等。

（3）建设用地的管控与修复

实行建设用地土壤污染风险管控和修复名录制度。名录由省级人民政府生态环境主管部门会同自然资源等主管部门制定，按照规定向社会公开，并根据风险管控、修复情况适时更新。

首先，对土壤污染状况普查、详查和监测现场检查表明有土壤污染风险的建设用地，地方人民政府生态环境主管部门应当要求土地使用权人按照规定进行土壤污染状况调查。其次，对土壤污染状况调查报告评审表明污染物含量超过土壤污染风险管控标准的建设用地地块，土壤污染责任人、土地使用权人应当按照国务院生态环境主管部门的规定进行土壤污染风险评估，并将土壤污染风险评估报告报省级人民政府生态环境主管部门。再次，对建设用地土壤污染风险管控和修复名录中的地块，土壤污染责任人应当采取相应的风险管控措施；地方人民政府生态环境主管部门可以根据实际情况采取风险管控措施。最后，对达到土壤污染风险评估报告确定的风险管控、修复目标的建设用地地块，土壤污染责任人、土地使用权人可以申请省级人民政府生态环境主管部门移出建设用地土壤污染风险管控和修复名录。未达到土壤污染风险评估报告确定的风险管控、修复目标的建设用地地块禁止开工建设任何与风险管控、修复无关的项目。

5.保障和监督

（1）经济政策和措施

国家采取有利于土壤污染防治的财政、税收、价格、金融等经济政策和措施：一是加大土壤污染防治资金投入力度，建立土壤污染防治基金制度。设立中央土壤污染防治专项资金和省级土壤污染防治基金，主要用于农用地土壤污染防治和土壤污染责任人或者土地使用权人无法认定的土壤污染风险管控和修复以及政府规定的其他事项。二是鼓励金融机构加大对土壤污染风险管控和修复项目的信贷投放。鼓励金融机构在办理土地权利抵押业务时开展土壤污染状况调查。三是从事土壤污染风险管控和修复的单位依照法律、行政法规的规定，享受税收优惠。四是鼓励并提倡社会各界为防治土壤污染捐赠财产，并依照法律、行政法规的规定，给予税收优惠。

（2）监督管理措施

土壤污染防治的监督管理措施有：一是关于政府报告和人大监督。县级以上人民政府应当将土壤污染防治情况、环境状况和环境保护目标完成情况年度报告，向本级人民代表大会或者人民代表大会常务委员会报告。二是约谈制度。省级以上人民政府生态环境主管部门应当会同有关部门对土壤污染问题突出、防治工作不力、群众反映强烈的地区，约谈设区的市级以上地方人民政府及其有关部门主要负责人，要求其采取措施及时整改。约谈整改情况应当向社会公开。三是现场检查制度。生态环境主管部门及其环境执法机构和其他负有土壤污染防治监督管理职责的部门，有权对从事可能造成土壤污染活动的企业事业单位和其他生产经营者进行现场检查、取样，要求被检查者提供有关资料、就有关问题作出说明。四是行政强制措施的规定。生态环境主管部门和其他负有土壤污染防治监督管理职责的部门，可以查封、扣押违反法律法规规定排放有毒有害物质的有关设施、设备、物品。五是尾矿库和未利用地的监管。地方人民政府安全生产监督管理部门应当监督尾矿库运营、管理单位履行防治土壤污染的法定义务，防止其发生可能污染土壤的事故；地方人民政府及其有关部门应当依法加强对向沙漠、滩涂、盐碱地、沼泽地等未利用地非法排放有毒有害物质等行为的监督检查。六是相关单位和个人的监管。应当将从事土壤污染状况调查和土壤污染风险评估、风险管控、修复、风险管控效果评估、修复效果评估、后期管理等活动的单位和个人的执业情况，纳入信用系统建立信用记录，将违法信息记入社会诚信档案，并通过全国信用信息共享平台和国家企业信用信息公示系统向社会公布。

（3）信息公开及舆论监督

首先，关于土壤环境信息公开制度。生态环境主管部门和其他负有土壤污染防治监督管理职责的部门应当依法公开土壤污染状况和防治信息。国务院生态环境主管部门负责统一发布全国土壤环境信息；省级人民政府生态环境主管部门负责统一发布本行政区域土壤环境信息。生态环境主管部门应当将涉及主要食用农产品生产区域的重大土壤环境信息，及时通报同级农业农村、卫生健康和食品安全主管部门。

其次，关于新闻媒体舆论监督制度。规定了新闻媒体对违反土壤污染防治法律法规的行为享有舆论监督的权利，受监督的单位和个人不得打击报复。

最后，关于举报制度。任何组织和个人对污染土壤的行为，均有向生态环境主管部门和其他负有土壤污染防治监督管理职责的部门报告或者举报的权利。生态环境主管部门和其他负有土壤污染防治监督管理职责的部门应当将土壤污染防治举报方式向社会公布,方便公众举报。接到举报的部门应当及时处理并对举报人的相关信息予以保密;对实名举报并查证属实的,给予奖励。举报人举报所在单位的,该单位不得以解除、变更劳动合同或者其他方式对举报人进行打击报复。

6.法律责任

《土壤污染防治法》第85—98条规定了相关主体不同类型行为的法律责任。其中第96条规定,污染土壤造成他人人身或者财产损害的,应当依法承担侵权责任。土壤污染责任人无法认定,土地使用权人未依照本法规定履行土壤污染风险管控和修复义务,造成他人人身或者财产损害的,应当依法承担侵权责任。土壤污染引起的民事纠纷,当事人可以向地方人民政府生态环境等主管部门申请调解处理,也可以向人民法院提起诉讼。

二、水污染防治法律制度

(一)水污染及水污染防治

1.水污染的概念

水是生命的源泉,是人类和其他一切生物生存和发展不可缺少且不能代替的环境要素。我国水资源总量为2.8万亿立方米,但人均占有量只有1945立方米,是联合国列出的13个严重缺水国家之一。当前,我国水污染的形势依然严峻,水体污染会加剧水资源缺乏,势必制约经济发展、危害群众健康、影响社会稳定。因此,深化水污染减排,治理水环境破坏,解决群众关心的水生态环境保护至关重要。

关于水污染的概念,一般是指由于人们的生产和其他活动,使污染物进入水环境,导致其物理、化学、生物或者放射性特征的改变,造成水质恶化,影响水体的有效利用,危害人体健康、生命安全或者破坏生态的现象。常见的水体污染物,从化学角度来看,可以分为无机有毒物质、有机有毒物质和病原体等;从环境工程学角度来看,可以分为植物营养物质污染物(如生活污水和某些工业废水中的磷和氮)、需氧物质污染物(如蛋白质、碳水化合物)、病原体污染物、石油污染物、农药污染物和放射性污染物等。我国城市河流主要污染物为氮、磷、高锰酸盐和石油类等。

2. 水污染防治的必要性

《水污染防治法》第1条表明了立法目的，即为了保护和改善环境，防治水污染，保护水生态，保障饮用水安全，维护公众健康，推进生态文明建设，促进经济社会可持续发展。水污染的危害主要表现为水污染直接影响工农业生产，如使产品质量下降，有的企业被迫停产、农作物绝收，有些地区的粮蔬肉茶等因含毒物质过高而影响销售。如2005年中石油吉林石化分公司双苯厂发生爆炸引发的松花江水污染事件，严重危害了哈尔滨等城乡工农业生产和居民生活。水污染进一步加剧了水资源的短缺。

（二）我国水污染防治立法现状

从20世纪50年代起，我国就由卫生部门负责开展水污染防治工作，当时的工作重点只限于饮用水卫生管理方面。1984年5月11日，全国人大常委会通过了《水污染防治法》，1989年国务院又通过了《水污染防治法实施细则》，此后颁布了一系列相关法规。1995年，针对我国淮河流域的严重污染状况，国务院制定了《淮河流域水污染防治暂行条例》。1996年5月15日，第八届全国人民代表大会常务委员会第十九次会议对《水污染防治法》进行了第一次修正；2008年2月28日，第十届全国人民代表大会常务委员会第三十二次会议对《水污染防治法》进行了修订；2017年6月27日，第十二届全国人民代表大会常务委员会第二十八次会议对《水污染防治法》进行了第二次修正。

现行《水污染防治法》共8章103条，包含了水污染防治的标准和规划、水污染防治的监督管理、水污染防治措施、饮用水水源和其他特殊水体保护、水污染事故处置及法律责任。

（三）水污染防治法的主要内容

《水污染防治法》关于水污染防治措施一章有关农业农村水污染对粮食保障和安全的影响比工业水污染防治、城镇水污染防治和传播水污染防治的内容更为直接和重要。因此，在《水污染防治法》的内容介绍中，关于防治措施主要分析一般性规范和农业农村水污染防治两部分。

1.水污染防治的基本原则

（1）预防为主、防治结合、综合治理原则

《水污染防治法》第3条规定："水污染防治应当坚持预防为主、防治结合、综合治理的原则，优先保护饮用水水源，严格控制工业污染、城镇生活污染，防治农业面源污染，积极推进生态治理工程建设，预防、控制和减少水环境污染和生态破坏。"由此可知，预防为主、防治结合、综合治理是防治水污染的原则。

（2）优先保护饮用水水源

保护饮用水水源一直是我国水污染防治和水资源保护的重点。近年来，随着工农业的飞速发展，水污染物的排放量也迅猛增长，加上农村乡镇企业和畜禽养殖业排放的水污染物，对生活饮用水水源构成严重威胁，成为我国水污染防治过程中的突出问题。1996年，《水污染防治法》修正时已设置生活饮用水水源保护区制度，对饮用水水源予以特殊保护。2002年《水法》修订时，规定国家建立饮用水水源保护区制度，"禁止在饮用水水源保护区内设置排污口"重申了上述制度。2005年，《国务院关于落实科学发展观加强环境保护的决定》在"切实解决突出的环境问题"中也提出了以饮用水安全和重点流域为重点，加强水污染防治。2008年修订后的《水污染防治法》在总则中进一步规定"优先保护饮用水水源"，并在第五章专门规定了特殊的保护措施，体现了优先保护饮用水水源的立法精神。

（3）严格控制工业污染、城镇生活污染

随着我国工业化与城市化的推进，我国对能源、资源和环境需求巨大，且长期存在高投入、高消耗、高排放、不协调、难循环、低效率等问题。高消耗换来了高增长，其代价必是高排放和高污染。我国单位工业产值的固体废弃物比发达国家高十多倍。高消耗、高污染的传统增长方式带来了严重的资源、能源短缺和环境污染，工业污染是造成我国环境污染包括水污染的主要污染源。《水污染防治法》将严格控制工业污染、城镇生活污染作为该法两项防治水污染的举措，在第四章"水污染防治措施"的第二节、第三节分别规定了"工业水污染防治"和"城镇水污染防治"。

（4）预防、控制和减少环境污染和生态破坏

《水污染防治法》要求在推进生态工程建设的同时，积极预防、控制和减少水环境污染和生态破坏。该法第五章规定，禁止在饮用水水源保护区内设置排污口或者从事一切可能污染饮用水水源的建设项目和其他活动；在准保护区内采取工程措施或者建造湿地、水源涵养林等生态保护措施，必须防止水污染物直接排入饮用水水体，以确保饮用水安全。

（5）开发、利用和调节、调度水资源应当维护水体的生态功能

《水污染防治法》第27条规定："国务院有关部门和县级以上地方人民政府开发、利用和调节、调度水资源时，应当统筹兼顾，维持江河的合理流量和湖泊、水库以及地下水体的合理水位，保障基本生态用水，维护水体的生态功能。"即应当统筹兼顾，做到双"维护"。针对地方对水资源的开发利用程度过高，加剧了水污染的恶化趋势，《水法》第三章"水资源开发利用"中明确，开发利用水资源，应当首先满足城乡居民生活用水，并兼顾农业工业、生态环境用水以及航运等需要。跨流域调水，应当进行全面规划和科学论证，统筹兼顾调出调入流域的用水需要，防止对生态环境造成破坏。此外，《水污染防治法》以更高的理念，要求各级人民政府在开发、利用和调节、调度水资源时，应当从生态保护的高度，维护江河的合理流量和湖泊、水库以及地下水体的合理水位，防止加剧水体污染、水源枯竭和破坏生态。

2.水污染防治一般措施

根据《水污染防治法》第四章的规定，水污染防治措施包括以下几个方面。

（1）防止地表水污染

其一，禁止向水体排放、倾倒有毒有害物质的规定。地表水，是指地球表面的水体，如江河、湖、池、运河、渠道、水库等流动或者积聚的水，是相对于地下水而言的。根据《水污染防治法》第33—39条的规定，禁止向水体排放、倾倒有毒有害的物质。这些物质包括：油类、酸液、碱液或者剧毒废液；放射性固体废物或者含有高放射性和中放射性物质的废水；工业废渣、城镇垃圾和其他废弃物；含汞、镉、砷、铬、铅、氰化物、黄磷等的可溶性剧毒废渣。此外，禁止在水体清洗装贮过油类或者有毒污染物的车辆和容器；

禁止在江河、湖泊、运河、渠道、水库最高水位线以下的滩地和岸坡堆放、存贮固体废弃物和其他污染物；禁止将可溶性剧毒废渣直接埋入地下。其二，对地表水排放其他污染物必须符合标准。《水污染防治法》第34—36条规定，对于含低放射性物质的废水、含热废水、含病原体的废水，要求排放单位应当做到符合国家或者地方排放标准方可排放。这些规定与上述禁止性规定的宗旨都是不得污染或者加剧水体污染，否则将承担相应的法律责任。

（2）限制向水体排入其他污染物的规定

《水污染防治法》第34条第2款、第35条、第36条对含低放射性物质的废水、含热废水、含病原体的废水都作了具体规定，要求上述污染物的排放应当符合国家或者地方规定的排放标准。第37条第3款规定存放可溶性剧毒废渣的场所应采取防水、防渗漏、防流失的措施。

（3）防止地下水污染

地下水是指地壳以下的承压水和潜水，具有温度变小、能在水循环中得到补充和分布广等优点，同时具有受污染过程长，难以发现，一旦受污染就很难治理等缺点。由于地表水和地下水之间存在循环补给关系，地表水一旦受污染就会在水循环中将污染物传入地下，使地下水体受污染。因此，防止地下水受污染在很大程度上依赖于防止地表水污染。前述有关防止地表水受污染的条款中含有防止地下水受污染的规定，《水污染防治法》第39—43条专门规定了防止污染地下水体的条款：其一，禁止利用渗井、渗坑、裂隙和溶洞排放、倾倒含有毒污染物的废水、含病原体的污水和其他废弃物；禁止利用无防渗漏措施的沟渠、坑塘等输送或者存贮含有毒污染物的废水、含病原体的污水和其他废弃物；在开采多层地下水的时候，如果各含水层的水质差异大，应当分层开采；对已受污染的潜水和承压水，不得混合开采。其二，兴建地下工程设施或者进行地下勘探、采矿等活动，应当采取防护性措施，防止地下水污染。其三，人工回灌补给地下水，不得恶化地下水质。

3.农业和农村水污染防治及相关措施

（1）农业和农村水污染

随着经济的快速发展，农村的水污染现象已经成为一个不容忽视的问题。第一次全国污染源普查成果表明，农业源污染物排放对水环境的影响较大。

其化学需氧量排放量占化学需氧量总量的43.7%，农业源也是总氮、总磷排放的主要来源，其排放量分别占排放总量的57.2%和67.4%。迅速增加的乡镇企业，技术水平及环境治理设施相对落后；化肥和农药的使用不合理，畜禽养殖、水产养殖、农业灌溉等引起的面源污水成为很多水体污染的主要因素，污染了土壤、河流、湖泊和地下水体；不良的生产、生活习惯也加剧了农村环境污染。如农用废弃塑料薄膜、化肥编织袋、废弃农药瓶等，不做任何处理就抛弃于田间地头；在一些专业养殖村，大量畜禽粪便被任意堆放在路边，一些村民将垃圾倒进水中。[1]

因此，《水污染防治法》将"农业和农村水污染防治"单独放在"城镇水污染防治"之后的第52条至第58条中，分别对农药、畜禽养殖、水产养殖、农业灌溉等污染的防治进行了规定。具体措施包括：县级以上地方人民政府农业主管部门和其他有关部门，应当采取措施，指导农业生产者科学、合理地施用化肥和农药，推广测土配方施肥技术和高效低毒低残留农药，控制化肥和农药的过量使用，防止造成水污染。国家支持畜禽养殖场、养殖小区建设畜禽粪便、废水的综合利用或者无害化处理设施。畜禽养殖场、养殖小区应当保证其畜禽粪便、废水的综合利用或者无害化处理设施正常运转，保证污水达标排放，防止污染水环境。畜禽散养密集区所在地县、乡级人民政府应当组织对畜禽粪便污水进行分户收集、集中处理利用。从事水产养殖应当保护水域生态环境，科学确定养殖密度，合理投饵和使用药物，防止污染水环境。

（2）农田灌溉渠道排放废、污水符合水质标准

《水污染防治法》第58条规定："农田灌溉用水应当符合相应的水质标准，防止污染土壤、地下水和农产品。禁止向农田灌溉渠道排放工业废水或者医疗污水。向农田灌溉渠道排放城镇污水以及未综合利用的畜禽养殖废水、农产品加工废水的，应当保证其下游最近的灌溉取水点的水质符合农田灌溉水质标准。"该规定要求向农田灌溉渠道排放工业或者医疗污水的企业事业单位，应当保证达标排放，即保证其下游最近的灌溉取水点的水质，符合国家

---

[1]《造成农村环境污染的原因是什么？》，载《中国环境报》2010年3月2日。

颁布的《农田灌溉水质标准》（GB 5084—2021）。[1]用工业废水和城镇污水进行灌溉的农业生产者，应当防止因利用废水、污水灌溉而污染土壤、地下水和农产品。该款规定对农业生产和农村生活饮水安全很有必要。但是应当特别指出的是，在贯彻落实上需要地方（尤其是缺水地区）的各级人民政府高度重视，并帮助附近农民提高认识，防止盲目利用废水、污水灌溉农田；各级环境保护、农业行政主管部门，应当加强监督，对流入农田水源进行经常性监测，发现排入农田灌溉渠道的水质超过国家或者地方排放标准的，应当依法给予行政处罚；同时，应当立即告知有关农田使用者尽快关闭入水口，防止废水、污水污染土壤、农产品和地下水体。

（3）安全使用农药

《水污染防治法》第54条规定："使用农药，应当符合国家有关农药安全使用的规定和标准。运输、存贮农药和处置过期失效农药，应当加强管理，防止造成水污染。"这些规定和标准包括《农药管理条例》《农药管理条例实施细则》《农药安全使用规定》《农业转基因生物安全管理条例》，及《农业法》《农产品质量安全法》《基本农田保护条例》中有关安全使用农药的规定和标准等。

4.水污染防治的主要法律制度

（1）重点水污染物排放的总量控制制度

重点水污染物排放总量控制制度，是指在特定时期内综合经济、技术、社会等条件，采取通过向排污源分配水污染排放量的形式，将一定空间范围内排污时产生的水污染物的数量控制在水环境容许限度内而实行的污染控制方式及其管理规范的总称。为体现预防为主的原则，加强对水污染物的源头削减和排放控制，《水污染防治法》将实施重点水污染物排放总量控制制度的范围扩大到了全国。一是国家对重点水污染物排放实施总量控制制度。二是省、自治区、直辖市人民政府应当按照国务院的规定削减和控制本行政区域

---

[1] 为贯彻《环境保护法》《土壤污染防治法》《水污染防治法》，加强农田灌溉水质监管，保障耕地、地下水和农产品安全，制定了《农田灌溉水质标准》，该标准规定了农田灌溉水质要求、监测和监督管理要求。

的重点水污染物排放总量,并将重点水污染物排放总量控制指标分解落实到市、县人民政府。市、县人民政府根据本行政区域重点水污染物排放总量控制指标的要求,将重点水污染物排放总量控制指标分解落实到排污单位。具体办法和实施步骤由国务院规定,省、自治区、直辖市人民政府可以根据本行政区域水环境质量状况和水污染防治工作的需要,确定本行政区域实施总量削减和控制的重点水污染物。对超过重点水污染物排放总量控制指标的地区,有关人民政府环境保护主管部门应当暂停审批新增重点水污染物排放总量的建设项目的环境影响评价文件。三是国务院环境保护主管部门对未按照要求完成重点水污染物排放总量控制指标的省、自治区、直辖市予以公布。省、自治区、直辖市人民政府环境保护主管部门对未按照要求完成重点水污染物排放总量控制指标的市、县予以公布;县级以上人民政府环境保护主管部门对违反法律规定、严重污染水环境的企业予以公布。

(2)排污许可制度

排污许可制度是加强污染物排放监管的重要手段。《水污染防治法》规定,直接或者间接向水体排放工业废水和医疗污水及其他按照规定应当取得排污许可证方可排放的废水、污水的企业事业单位,应当取得排污许可证;城镇污水集中处理设施的运营单位,也应取得排污许可证。排污许可的具体办法和实施步骤由国务院规定。禁止企业事业单位无排污许可证或者违反排污许可证的规定向水体排放前述废水、污水。同时,禁止私设暗管或者采取其他规避监管的方式排放水污染物,否则,应当承担《水污染防治法》第75条规定的责任。

(3)水污染排污收费制度

我国水污染形势日益严峻,环境保护工作面临越来越严峻的挑战。必须实行更严格的环境保护法律制度,把防治污染特别是防治水污染作为工作的重中之重。为此,《水污染防治法》规定,排放水污染物不得超过国家或者地方规定的水污染物排放标准和重点水污染物排放总量控制指标,超标排污或超过重点水污染物排放总量控制指标排污的,都属于违法行为,应当承担相应的法律后果。

三、农药污染防治法律制度

(一)农药污染防治法律制度概述

1. 农药污染的概念

农药污染是指因生产、运输、销售、存放或者施用化学农药而污染环境以致影响生态系统的平衡,引起人和动植物急性或者慢性中毒的现象。农药,在《农药管理条例》第2条中界定为用于预防、控制危害农业、林业的病、虫、草、鼠和其他有害生物以及有目的地调节植物、昆虫生长的化学合成或者来源于生物、其他天然物质的一种物质或者几种物质的混合物及其制剂。主要分为杀虫剂、杀菌剂、除草剂,包括预防、消灭或控制危害农业、林业的病、虫(包括昆虫、蜱、螨)、草,调节植物、昆虫生长的用于农业产品保鲜或控制蚊、蝇、蜚蠊、鼠等有害生物或危害河流堤坝、铁路建筑和其他场所的农药。

农药在农业生产中有重要的作用。其中,化学农药是林牧业病、虫、草、鼠害的克星,是保障农收的重要生产资料和救灾物资,在杀灭商业仓储害虫的过程中有广泛用途。然而,大量使用农药也会给人类带来严重问题,对人体健康和环境造成危害。因为农药具有如下特点。

第一,具有毒性是化学农药的基本属性。农药是为了控制、消灭对农、林、牧业等构成危害的有害生物而发明、使用的,即通过"以毒攻毒"达到目的,所以农药基本上是有毒物质,其中有些品种还有剧毒性。管理不善或使用不合理,会造成人类农药中毒和大量益虫、益鸟、益兽被杀。农药的有毒性使其不仅杀死害虫,也将大量害虫的"天敌"、传粉的昆虫甚至益鸟一起杀死,从而破坏了生态平衡和物种多样性。

第二,最广泛、最直接暴露于环境是化学农药的最终归宿。凡有现代农业之处,化学农药就有可能被使用。因此,化学农药可以说是对陆地生态系统最为宽广的污染物。化学农药被直接施用于环境中,并被环境所接纳。从这个意义上讲,生产施用农药,是把特定有毒物质生产出来并投放于特定环境要素中使其直接暴露于环境。

第三，扩散、残留、富集是化学农药不可避免且难以克服的环境影响。进入环境的农药会随着大气和水的运动进行长距离迁移，通过食物链影响到距农药使用地很远的地区的人和其他动物。据悉，人们已从世界屋脊青藏高原的南迦巴瓦峰（海拔4250米）的积雪和北极、南极地区的一些动物体中检测到有机氯农药。在施用时，由于结构、降解速率等方面的原因，一些化学性质比较稳定的农药以各种形式残留于农作物和其他环境要素中。例如，"六六六"在土壤中降解95%所需的时间是六年半。美国从1972年起用"滴滴涕"，直到现在还可以从环境中检测出这种物质。这些性质稳定、高残留的农药污染土壤、农作物、地下水等环境介质，进而危害人类。同时，这些残留在生物体脂肪内积累和浓集可使害虫产生抗药性，增加人类与这些有害生物斗争的难度。化学农药的这些特点决定了其环境安全性系数较低，在生产供销和使用全过程中都存在较大的危险性。

2.农药污染的危害

我国是世界上农药生产和使用大国。据学者统计，中国占全球7%的土地，农药使用量却占全球的35%。[①]同时，在农药管理方面较为薄弱，生产流通秩序混乱，环境安全隐患多。我国的化学农药污染相当严重。有的地方开办的小农药加工厂不具备基本的技术、设备、标准、检测等生产条件，产品质量无保障。特别是在农药使用中缺乏技术指导和安全使用意识，不按规定盲目加大药量或者违规混配，短期作物上施用禁用的剧毒高残留农药，对废农药或者农药废物未加处置，加剧了农药污染，经常发生农药污染中毒事故。各种非生产性农药中毒，包括误食、误用、投毒自杀等也时有发生。

（二）我国农药污染防治管理的法律规范

农药污染是世界性的环境问题之一，各国通过立法采取严格控制措施，包括对农药的研制、生产、加工运输、贮存、销售、使用废农药和药废物的处置等，均以环境安全性为原则施以管制，采用了对农药品种、剂型、应用剂量、最高限量、使用范围、适用对象、使用方法和次数、全间隔期、最高

---

① 蒋高明：《净化食物链——向食物中的有害成分宣战》，载《科学种植》2018年2月。

残留和再残留限量、农药禁施区域等制度或者禁止性的严格措施，以保护人体健康和环境安全。我国为了对农药进行管理，早在1955年就颁发了《关于严防农药中毒的联合通知》，1982年发布了《农药安全使用规定》和《农药登记规定》，1984年发布了《农药安全使用标准》和《农药合理使用准则》等。1997年，国务院制定《农药管理条例》，并于2001年11月进行全面修改。《农业法》《农业技术推广法》中也有防治农药污染的条款。我国2008年修订的《水污染防治法》是最早规定防治农业面源污染的立法文件。2011年通过的《经济和社会发展第十二个五年规划纲要》中首先明确提出"治理农药、化肥和农膜等面源污染，全面推进畜禽养殖污染防治"。《环境保护法》第33条首次规定了关于农业面源污染的监测预警。农药污染防治相关立法虽尚未系统化，但这些规范在实践中发挥着一定的指导作用。

1. 农药管理的基本原则

《农药管理条例》第6条第1款规定："国家鼓励和支持研制、生产、使用安全、高效、经济的农药，推进农药专业化使用，促进农药产业升级。"高效指的是农药的药效高毒性小、残留期短；安全既指农药毒性低，对人畜无害，又指使用农药时关注生态环境安全，严格遵守使用范围、剂量和方法，减少环境污染；经济指用少量的经济支出取得较高的防治效果。实行这一原则旨在科学、合理、安全使用，避免不计后果大量盲目施药，充分发挥农药的有益效能，最终既在经济上有效，又符合人体健康和生态环境保护的要求。《农药管理条例》第16条规定，农药生产应当符合国家农药工业的产业政策，提高农药的安全性、有效性，体现了"高效、低毒、低残留"的原则。

2. 农药使用安全与防污染的规定

（1）农药使用指导的规定

县级以上人民政府农业主管部门应当加强农药使用指导、服务工作，建立健全农药安全、合理使用制度，并按照预防为主、综合防治的要求，组织推广农药科学使用技术，规范农药使用行为。林业、粮食、卫生等部门应当加强对林业、储粮、卫生用农药安全、合理使用的技术指导，环境保护主管部门应当加强对农药使用过程中环境保护和污染防治的技术指导。国家鼓励农业科研单位、有关学校、农民专业合作社、供销合作社、农业社会化服务组织和专业人员为农药使用者提供技术服务。

（2）农药安全使用标准制度

农药使用者应当遵守国家有关农药安全、合理使用制度，妥善保管农药，并在配药、用药过程中采取必要的防护措施，避免发生农药使用事故。《农药安全使用规定》《农药安全使用标准》《农药合理使用准则》等针对水稻、小麦、棉花等不同的农作物，对农药使用范围、适用对象、使用方法、使用次数、安全间隔期等作了具体规定。农药使用者应当严格按照农药的标签标注的使用范围、使用方法和剂量、使用技术要求和注意事项来使用农药，不得扩大使用范围、加大用药剂量或者改变使用方法。农药使用者不得使用禁用的农药。标签标注安全间隔期的农药，在农产品收获前应当按照安全间隔期的要求停止使用。剧毒、高毒农药不得用于防治卫生害虫，不得用于蔬菜、瓜果、茶叶、菌类、中草药材的生产，不得用于水生植物的病虫害防治。农药使用者应当保护环境，保护有益生物和珍稀物种，不得在饮用水水源保护区、河道内丢弃农药、农药包装物或者清洗施药器械。严禁在饮用水水源保护区内使用农药，严禁使用农药毒害鱼、虾、鸟、兽等。

（3）废农药和农药废物管理的规定

废农药是指过期、失效的农药和需要安全处置的农药，农药废物是指使用农药后弃置的农药包装物、容器和农药喷洒工具。废农药和农药废物都属于有毒害性的废物，管理不善易产生污染。对废农药和农药废物管理的规定散见于环境保护法律法规中。如《固体废物污染环境防治法》中，废农药和农药废物属于危险废物的范畴，对其污染防治应适用有关危险废物污染防治的特别规定；《水污染防治法》规定废农药和农药废物属剧毒废液、废渣，被禁止向水体排放或者利用水体进行处置。《海洋环境保护法》中也明确禁止将农药和农药废物及陆源有毒、有害废液、废物，失效或者禁用的药物及药具弃置于海岸海滩。

第二节　涉粮资源利用和生态治理性法律制度

一、土地管理法律制度

1986年6月25日，第六届全国人民代表大会常务委员会第十六次会议通过了《土地管理法》；1988年12月29日，第七届全国人民代表大会常务委员会第五次会议对《土地管理法》进行第一次修正；1998年8月29日，第九届全国人民代表大会常务委员会第四次会议对《土地管理法》进行了修订；2004年8月28日，第十届全国人民代表大会常务委员会第十一次会议对《土地管理法》进行了第二次修正；2019年8月26日，第十三届全国人民代表大会常务委员会第十二次会议对《土地管理法》进行了第三次修正。

现行《土地管理法》主要规定了土地的所有权和使用权、土地利用总体规划、耕地保护、建设用地、监督检查和法律责任。《土地管理法》的立法目的是加强土地管理，维护土地的社会主义公有制，保护、开发土地资源，合理利用土地，切实保护耕地，促进社会经济的可持续发展。

（一）土地用途管制制度

土地用途管制制度是指国家为了保证土地资源的合理利用，使经济、社会和环境协调发展，通过编制土地利用总体规划划定土地用途区域，确定土地使用限制条件，土地所有者、使用者严格按照国家确定的用途利用土地的法律规定。

原《土地管理法》采用分级限额审批制度，实践证明已难以有效控制建设用地总量，一些地方人民政府采用"化整为零""下放土地审批权"等办法扩大审批土地的权力，致使建设用地供应总量失控。《土地管理法》第4条规定："国家实行土地用途管制制度。国家编制土地利用总体规划，规定土地用途，将土地分为农用地、建设用地和未利用地。严格限制农用地转为建设用地，控制建设用地总量，对耕地实行特殊保护。……使用土地的单位和个人必须严格按照土地利用总体规划确定的用途使用土地。"

土地用途管制制度，是1998年修订后的《土地管理法》新增加的重要内容之一。该制度与用地分级限额审批制度的主要区别在于，主动依据土地利用总体规划划定土地用途，并依法规定土地利用行为，划分土地管理权限，控制土地用途变更。

土地用途管制，是对农用地特别是耕地的保护的加强；在土地用途管制的前提下，上收审批权，包括土地利用总体规划的审批权、占用农用地特别是耕地的审批权和征地的审批权；充实和完善了执法监督检查和法律责任，加大了对土地违法行为的处罚力度。之后，国务院发布了《土地管理法实施条例》和《基本农田保护条例》。此外，与土地保护有关的法律还有《农业法》《矿产资源法》《水土保持法》《防沙治沙法》《环境保护法》等。

（二）土地调查统计制度

土地调查是指国家有关部门对本行政区域内土地自然条件、资源状况以及开发利用情况进行勘测，从而弄清本行政区域内土地的基本状况的工作。与土地调查密切相关的是土地统计。土地统计是国家对土地数量、质量、分布、利用和权属状况进行调查、汇总、统计分析和提供统计资料的工作。建立土地调查统计制度，可以保证科学地组织土地调查统计工作，保障调查统计资料的准确性、及时性，为编制土地利用总体规划提供依据。

1.土地调查制度

国家建立土地调查制度。县级以上人民政府自然资源主管部门会同同级有关部门进行土地调查，并根据土地调查成果、规划土地用途和国家制定的统一标准，评定土地等级。

2.土地统计制度

《土地管理法》规定，国家建立土地统计制度。县级以上人民政府统计机构和自然资源主管部门依法进行土地统计调查，定期发布土地统计资料。土地所有者或者使用者应当提供有关资料，不得拒报、迟报，不得提供不真实、不完整的资料。

（三）土地利用总体规划的规定

土地利用总体规划是指在一定区域内，根据国民经济和社会发展对土地的需求及当地的自然、经济和社会条件，对该地区范围内全部土地的利用所做的长期的、战略性的总体布局和安排。它是实施土地用途管制制度的依据，也是保护和改善生态环境以及土地可持续利用的重要保障。

各级人民政府应当依据国民经济和社会发展规划、国土整治和资源环境保护的要求、土地供给能力以及各项建设对土地的需求，组织编制土地利用总体规划。土地利用总体规划的规划期限由国务院规定。土地利用总体规划一经批准，具有法律效力，必须严格执行。

《土地管理法》规定，国家建立国土空间规划体系。编制国土空间规划应当坚持生态优先，绿色、可持续发展，科学有序统筹安排生态、农业、城镇等功能空间，优化国土空间结构和布局，提升国土空间开发、保护的质量和效率。经依法批准的国土空间规划是各类开发、保护、建设活动的基本依据。已经编制国土空间规划的，不再编制土地利用总体规划和城乡规划。

（四）控制建设用地的规定

建设用地是指建造建筑物、构筑物的土地。一般分为国家建设用地、乡（镇）村建设用地和其他建设用地三类。基于土地资源的有限性和不可替代性，以及土地资源受到污染和破坏后很难恢复其原有的功能等特性，必须严格控制建设用地。

《土地管理法》对建设用地设了专章规定，其主要内容有以下几个方面。

1. 转地审批制度

凡建设占用土地涉及农用地转为建设用地的，应当办理农用地转用审批手续。征用土地的，应当按照被征用土地的原用途给予补偿。征用耕地的补偿费用包括土地补偿费、安置补助费以及地上附着物和青苗的补偿费。征用城市郊区的菜地，除缴纳上述费用外，还应当缴纳新菜地开发建设基金。

2. 实行国有土地有偿使用制度

国家实行国有土地有偿使用制度，除了法律规定的范围内划拨国有土地使用权外，建设单位使用国有土地，应当以出让等有偿使用方式取得，并按照国务院规定的标准和办法，缴纳土地使用权出让金等土地有偿使用费和其他费用后，方可使用土地。土地有偿使用费用，30%上缴中央财政，70%留给有关地方人民政府，二者都专项用于耕地开发。

3.严格控制乡（镇）村建设用地

乡（镇）村建设用地是指在乡（镇）村范围内进行的乡镇企业建设用地、乡（镇）村公共设施和公益事业建设用地、农村村民住宅建设用地。过去由于对乡（镇）村建设用地控制不严，致使乡镇企业和农村建房乱占耕地、滥用土地的现象普遍存在，对国家建设和人民生活造成严重后果。因此，要严格控制乡（镇）村建设用地，一是严格按照乡（镇）土地利用总体规划和土地利用年度计划用地，二是控制乡（镇）村公用设施、公益事业建设用地，三是控制农村村民建住宅用地。农村村民一户只能拥有一处宅基地，其面积不得超过省、自治区、直辖市规定的标准。农村村民建住房，应当符合乡（镇）土地利用总体规划，并应尽量使用原有的宅基地和村内空闲地。村民住宅用地，经乡（镇）人民政府审核，由县级人民政府批准；农村村民出卖、出租、赠与住宅后，再申请宅基地的，不予批准。

（五）土地管理监督检查的规定

土地管理监督检查，是指土地行政管理部门依法对本行政区域内土地管理法律、法规进行监督检查，并对违法者实施法律制裁的活动。它是实现土地管理法制化的重要途径，是保证土地用途管制实施和提高公民及单位法律意识的有效手段。1998年修订后的《土地管理法》增设了监督检查一章，主要内容包括以下几个方面。

1.监督检查必备的条件

县级以上人民政府自然资源主管部门对违反土地管理法律、法规的行为进行监督检查。土地管理监督检查人员应当熟悉土地管理法律、法规，忠于职守，秉公执法。

2.履行监督检查职责时所享有的权力和可采取的措施

一是要求被检查的单位或者个人提供有关土地权利的文件和资料，进行查阅或者予以复制；二是要求检查单位或者个人就有关土地权利问题做出说明；三是进入被检查单位或者个人非法占用的土地现场进行勘测；四是责令非法占用土地的单位或者个人停止违反土地管理法律、法规的行为。

3.支持土地管理监督检查人员依法执行职务

有关单位和个人对县级以上人民政府自然资源主管部门就土地违法行为进行的监督检查应当支持与配合，并提供工作方便，不得拒绝与阻碍土地管理监督检查人员依法执行职务。

4.主管部门严格执法

县级以上人民政府自然资源主管部门在监督检查工作中发现国家工作人员的违法行为，依法应当给予处分的，应当依法处理；自己无权处理的，应当依法移送监察机关或者有关机关处理。

二、水土保持法律制度

（一）水土保持法律制度概述

1.水土保持的概念和意义

水土流失是指在水的侵蚀和冲击的作用下，土壤结构发生破碎和松散，土壤随水流动而散失的现象。水土流失通常发生在山区、丘陵区，因为在这些地区雨水不能就地消纳，而顺着沟坡下流冲刷，造成水分和土壤同时流失。水土流失的原因有自然因素和人为因素两个方面，人为因素一般是水土流失发生、发展的主要原因。自然因素包括地貌起伏不平、坡陡沟多、暴风雨多、植被稀少等；人为因素主要是指不合理开发利用自然资源，如乱砍滥伐森林、滥垦乱牧草原、陡坡开荒、破坏天然植被等。

水土保持是指对自然因素和人为活动造成水土流失所采取的预防和治理措施，其目的是预防和治理水土流失，保护和合理利用水土资源，减轻水、旱、沙灾害，改善生态环境，保障经济和社会的可持续发展。

我国是世界上水土流失最严重的国家之一，水土流失面积大、分布广、危害重、治理难，严重威胁着我国的生态安全、粮食安全和防洪安全，已经成为制约经济社会可持续发展的重要因素之一。搞好水土保持工作对预防和治理水土流失，发展山区和丘陵地区，改善农业生产条件和生态环境，从根本上进行国土整治和江河治理及促进经济社会全面、协调、可持续发展等方面具有重要的意义。

2. 水土保持立法概况

早在1952年，政务院发出了《关于发动群众继续开展防旱、抗旱运动并大力推行水土保持工作的指示》，1957年国务院发布了《水土保持暂行纲要》，1982年又发布了《水土保持工作条例》，1988年发布了《开发建设晋陕蒙接壤地区水土保持的规定》。1991年第七届全国人大常委会第二十次会议通过了《水土保持法》。1993年国务院发布了《水土保持法实施条例》。随着经济的迅速发展和人们对生态环境的要求不断提高，水土保持工作也出现了一些问题，如水土保持工作统筹不够，水土流失预防和治理措施不完善，水土流失重点预防和治理的区域及对象已不限于当时《水土保持法》规定的区域和范围，水土保持监测体系和监督措施也不够完善等。所有这些，已不能满足新形势下水土保持工作的需要。2010年12月25日第十一届全国人大常委会对《水土保持法》进行了全面修订。此外，《环境保护法》《土地管理法》《防沙治沙法》《水法》《森林法》《草原法》等法律也对水土保持作了重要的规定。

（1）水土保持工作方针

《水土保持法》第3条规定："水土保持工作实行预防为主、保护优先、全面规划、综合治理、因地制宜、突出重点、科学管理、注重效益的方针。"该方针具有以下特点：其一，把保护放在首要位置，强调保护优先；其二，突出重点，对水土流失潜在危险较大的区域和水土流失严重的区域，划定重点预防区和重点治理区，进行重点预防和治理。

（2）水土保持监督管理体制

《水土保持法》第5条规定："国务院水行政主管部门主管全国的水土保持工作。国务院水行政主管部门在国家确定的重要江河、湖泊设立的流域管理机构（以下简称流域管理机构），在所管辖范围内依法承担水土保持监督管理职责。县级以上地方人民政府水行政主管部门主管本行政区域的水土保持工作。县级以上人民政府林业、农业、国土资源等有关部门按照各自职责，做好有关的水土流失预防和治理工作。"

(二) 水土保持法律制度的内容

1.水土保持规划制度

水土保持规划是对水土保持工作的总体部署和安排,规划的编制、实施直接关系到水土保持工作的综合、长远成效。2010年修订后的《水土保持法》新增了"规划"一章,对水土保持规划的编制依据、编制主体、规划内容和种类、编制要求等作了如下规定。

(1) 确立水土流失调查制度

国务院水行政主管部门和省级人民政府水行政主管部门负责水土流失调查并公告调查结果;县级以上人民政府应当依据水土流失调查结果划定并公告水土流失重点预防区和重点治理区。

(2) 规划的编制依据

水土保持规划应当在水土流失调查结果及水土流失重点预防区和重点治理区划定的基础上遵循统筹协调、分类指导的原则编制。

(3) 规划的编制主体及程序

县级以上人民政府水行政主管部门会同同级人民政府有关部门编制水土保持规划,本级人民政府或者其授权的部门批准后,由水行政主管部门组织实施。水土保持规划一经批准,必须严格执行;经批准的规划依据实际情况需要修改的,应当按照规划编制程序报原批准机关批准。

(4) 规划的内容、种类及编制要求

水土保持规划的内容应当包括水土流失状况、水土流失类型划分、水土流失防治目标、任务和措施等。水土保持规划包括对流域或者区域预防和治理水土流失、保护和合理利用水土资源做出的整体部署,及根据整体部署对水土保持专项工作或者特定区域预防和治理水土流失做出的专项部署。水土保持规划应当与土地利用总体规划、水资源规划、城乡规划和环境保护规划等相协调。编制水土保持规划,应当征求专家和公众的意见。

2.水土保持预防的规定

针对水土流失预防措施不够完善问题,《水土保持法》专章设置了水土流失的预防,对其作了进一步规定。

（1）特定区域的水土保持措施

在水土流失严重、生态脆弱的地区，应当限制或者禁止可能造成水土流失的生产建设活动，严格保护植物、沙壳、结皮、地衣等。在侵蚀沟的沟坡和沟岸、河流的两岸以及湖泊和水库的周边，应当营造植物保护带；禁止开垦、开发植物保护带。禁止在25度以上陡坡地开垦种植农作物；在25度以上陡坡地种植经济林的，应当科学选择树种，合理确定规模，采取水土保持措施，防止造成水土流失。禁止毁林、毁草开垦和采集发菜。禁止在水土流失重点预防区和重点治理区铲草皮、挖树兜或者滥挖虫草、甘草、麻黄等。

（2）生产建设造成水土流失的预防措施

生产建设项目选址、选线应当避让水土流失重点预防区和重点治理区；无法避让的，应当提高防治标准，优化施工工艺，减少地表扰动和植被损坏范围，有效控制可能造成的水土流失。对生产建设活动中排弃的砂石、土、石、尾矿、渣等应当综合利用；不能综合利用，确需废弃的，应当堆放在水土保持方案确定的专门存放地，并采取措施保证不产生新的污染。

（3）生产建设项目水土保持方案管理制度

在山区、丘陵区、风沙区以及水土保持规划确定的容易发生水土流失的其他区域开办可能造成水土流失的生产建设项目，建设单位应当编制水土保持方案，报县级以上人民政府水行政主管部门审批；水土保持方案应当包括水土流失预防和治理的范围、目标、措施和投资等内容，未编制水土保持方案或者水土保持方案未经水行政主管部门批准的，生产建设项目不得开工建设。县级以上人民政府水行政主管部门、流域管理机构，应当对生产建设项目水土保持方案的实施情况进行跟踪检查，发现问题及时处理。

3.水土流失治理的规定

《水土保持法》设专章规定了水土流失的治理，完善了水土流失治理措施，并强化了对不同类型水土流失的综合治理。

（1）鼓励社会力量参与水土流失治理

国家鼓励单位和个人按照水土保持规划参与水土流失治理，并在资金、技术、税收等方面予以扶持。国家鼓励和支持承包治理荒山、荒沟、荒丘、荒滩，防治水土流失，保护和改善生态环境，促进土地资源的合理开发和可持续利用，并依法保护土地承包合同当事人的合法权益。承包治理荒山、荒沟、荒丘、荒滩和承包水土流失严重地区农村土地的，在依法签订的土地承包合同中应当包括预防和治理水土流失责任的内容。

（2）水土流失治理和补偿制度

开办生产建设项目或者从事其他生产建设活动造成水土流失的，应当进行治理。在山区、丘陵区、风沙区以及水土保持规划确定的容易发生水土流失的其他区域开办生产建设项目或者从事其他生产建设活动，损害水土保持设施、地貌植被、不能恢复原有水土保持功能的，应当缴纳水土保持补偿费，专项用于水土流失的预防和治理。专项水土流失的预防和治理由水行政主管部门负责组织实施。

（3）不同类型地区水土流失的治理措施

针对水力侵蚀地区，地方各级人民政府及其有关部门应当组织单位和个人，以天然沟壑及其两侧山坡地形成的小流域为单元，因地制宜地采取工程、植物和保护性耕作等措施，进行坡耕地和沟道水土流失综合治理。针对风力侵蚀地区，应当组织单位和个人，因地制宜地采取轮封轮牧、植树种草、设置人工沙障和网络林带等措施，建立防风固沙防护体系。针对重力侵蚀地区，应当组织单位和个人，采取监测、径流排导、削坡减载、支挡固坡、修建拦挡工程等措施，建立监测、预防、预警体系。针对饮用水水源保护区，应当组织单位和个人，采取预防保护、自然修复和综合治理措施，配套建设植物过滤带，积极推广沼气、开展清洁小流域建设，严格控制化肥和农药的使用，减少水土流失引起的面源污染，保护饮用水水源。

（4）生产建设活动的水土保持要求

对生产建设活动所占用土地的地表土应当进行分层剥离、保存和利用，做到土石方挖填平衡，减少地表扰动范围；对废弃的砂、石、土、矸石、尾矿、废渣等存放地，应当采取拦挡、坡面防护、防洪排导等措施。生产建设活动结束后，应当及时在取土场、开挖面和存放地的裸露土地上植树种草、恢复植被，对闭库的尾矿库进行复垦。在干旱缺水地区从事生产建设活动，应当采取防止风力侵蚀措施，设置降水蓄渗设施，充分利用降水资源。

4.水土保持监测和监督的规定

水土保持监测是水土保持工作的重要组成部分,针对我国目前水土保持监测体系和监督措施不能满足新形势下水土保持监督管理的需要,《水土保持法》设专章作了规定。

(1)水土保持监测和公告制度

国务院水行政主管部门应当完善全国水土保持监测网络,对全国水土流失进行动态监测;省级以上人民政府水行政主管部门应当根据水土保持监测情况,定期公告水土流失类型、面积、强度、分布状况和变化趋势,以及水土流失造成的危害、水土流失的预防和治理等情况;县级以上人民政府水行政主管部门应当加强水土保持监测工作,发挥政府决策在水土保持监测工作中的作用。县级以上人民政府应当保障水土保持监测工作经费。

(2)生产建设单位水土流失的监测义务

对可能造成严重水土流失的大中型生产建设项目,生产建设单位应当自行或者委托具备水土保持监测资质的机构,对生产建设活动造成的水土流失进行监测,并将监测情况定期上报当地水行政主管部门。

(3)监督检查措施

执法人员依法实施监督检查时,有权要求被检查单位或者个人提供有关文件、证照和资料;对预防和治理水土流失的有关情况做出说明;可以进入现场调查、取证。被检查单位或者个人拒不停止违法行为,造成严重水土流失的,报经水行政主管部门批准,可以查封、扣押实施违法行为的工具及施工机械、设备等。被检查单位或者个人对水土保持监督检查工作应当给予配合,如实报告情况,不得拒绝或者阻碍水政监督检查人员依法执行公务。

(4)水土流失纠纷解决机制

不同行政区域之间发生水土流失纠纷的应当协商解决;协商不成的,由共同的上一级人民政府裁决。

三、防沙治沙法律制度

（一）防沙治沙法律制度概述

1.防沙治沙的概念及立法

党的十八大以来，"绿水青山就是金山银山"理念深入人心，"保护生态就是发展生产力"理念成为共识。粮食生产及其安全需要保护生态，防沙治沙。土地沙化是指因气候变化和人类活动所导致的天然沙漠扩张和沙质土壤上植被破坏、沙土裸露的过程。我国《防沙治沙法》所规范的土地沙化是指主要因为人类不合理活动所导致的天然沙漠扩张和沙质土壤上植被及覆盖物被破坏，形成流沙及沙土裸露的过程。我国沙化土地面积大、分布广、危害重，是世界上荒漠化、沙化较严重的地区之一，做好防沙治沙止漠对生态文明建设具有十分重要的意义。

2001年8月31日，第九届全国人大常委会第二十三次会议通过《防沙治沙法》，并于2002年1月起施行，该法适应防沙治沙工作系统工程的需要，规定了政府及有关部门在防沙治沙工作中的权力、职责，以及社会团体及公民个人在防沙治沙工作中的权利和义务，将我国防沙治沙工作进一步纳入法制化轨道，是防沙治沙工作的基本法律依据。该法共7章47条，分为总则、防沙治沙规划、土地沙化的预防、沙化土地的治理、保障措施、法律责任和附则。

2.防沙治沙工作的基本原则

《防沙治沙法》总结我国多年来开展防沙治沙工作取得的宝贵经验，针对我国的现实国情，提出了防沙治沙的基本原则：统一规划，因地制宜，分步实施，坚持区域防治与重点防治相结合的原则；预防为主，防治结合，综合治理的原则；保护和恢复植被与合理利用自然资源相结合的原则；遵循生态规律，依靠科技进步的原则；改善生态环境与帮助农牧民脱贫致富相结合的原则；国家支持与地方自力更生相结合，政府组织与社会各界参与相结合，鼓励单位、个人承包防治的原则；保障防沙治沙者的合法权益的原则。

在管理体制上，《防沙治沙法》明确：在国务院的领导下，由国务院林业草原行政主管部门负责组织、协调、指导全国防沙治沙工作。国务院林业草原、农业、水利、土地、生态环境等行政主管部门和气象主管机构，按照有关法律规定的职责和国务院确定的职责分工，各负其责，密切配合，共同做好防沙治沙工作。县级以上地方人民政府组织、领导所属有关部门，按照职责分工，各负其责，密切配合，共同做好本行政区域的防沙治沙工作。

防沙治沙工作不仅是政府机关的职责，使用土地的单位和个人同样有防止该土地沙化的义务。使用已沙化的土地的单位和个人，有治理该沙化土地的义务。为动员广大人民群众的力量，沙化土地所在地区的各级人民政府应当组织有关部门开展防沙治沙知识的宣传教育，增强公民的防沙治沙意识，提高公民防沙治沙的能力。

（二）防沙治沙法律制度的内容

1.防沙治沙规划的规定

我国的防沙治沙工作任务艰巨，为了协调好各方面的活动，明确任务和目标，防沙治沙要实行统一规划。从事防沙治沙活动及在沙化土地范围内从事开发利用活动，必须遵循防沙治沙规划。防沙治沙规划应当对遏制土地沙化扩展趋势，逐步减少沙化土地的时限、步骤、措施等作出明确规定，并将具体实施方案纳入国民经济和社会发展五年计划和年度计划。《防沙治沙法》详细规定了各级行政机关编制防沙治沙规划的权限分工，指出了编制规划的依据，并强调防沙治沙规划应当与土地利用总体规划相衔接，防沙治沙规划中确定的沙化土地用途，应当符合本级人民政府的土地利用总体规划。

2.土地沙化预防的规定

为了贯彻预防为主，防治结合，综合治理的原则，《防沙治沙法》规定了各级国家行政机关对土地沙化情况的监测报告制度。预防土地沙化的措施主要包括保护土地植被、加强草原的管理和建设、合理利用水资源、限制土地开垦和移民等。

沙化土地所在地区的县级以上地方人民政府应当按照防沙治沙规划，划出一定比例的土地，因地制宜地营造防风固沙林网、林带，种植多年生灌木和草本植物。由林业草原行政主管部门负责确定植树造林的成活率、保存率的标准和具体任务，并逐片组织实施，明确责任，确保完成。除了抚育更新性质的采伐外，不得批准对防风固沙林网、林带进行采伐。在对防风固沙林网、林带进行抚育更新性质的采伐之前，必须在其附近预先形成接替林网和林带，对林木更新困难地区已有的防风固沙林网、林带，不得批准采伐。禁止在沙化土地上砍挖灌木、药材及其他固沙植物。沙化土地所在地区的县级人民政府，应当制定植被管护制度，严格保护植被，并根据需要在乡（镇）、村建立植被管护组织，确定管护人员。在沙化土地范围内，各类土地承包合同应当包括植被保护责任的内容。

草原地区的地方各级人民政府，应当加强草原的管理和建设，由林业草原行政主管部门会同畜牧业行政主管部门负责指导、组织农牧民建设人工草场，控制载畜量，调整牲畜结构，改良牲畜品种，推行牲畜圈养和草场轮牧，消灭草原鼠害、虫害，保护草原植被，防止草原退化和沙化。草原实行以产草量确定载畜量的制度。由林业草原行政主管部门会同畜牧业行政主管部门负责制定载畜量的标准和有关规定，并逐级组织实施，明确责任，确保完成。

沙化土地所在地区的县级以上地方人民政府水行政主管部门，应当加强流域和区域水资源的统一调配与管理，在编制流域和区域水资源开发利用规划与供水计划时，必须考虑整个流域和区域植被保护的用水需求，防止因地下水和上游水资源的过度开发利用，导致植被破坏和土地沙化。该规划和计划经批准后，必须严格实施。沙化土地所在地区的地方各级人民政府应当节约用水，发展节水型农牧业和其他产业。

沙化土地所在地区的县级以上地方人民政府，不得批准在沙漠边缘地带和林地、草原开垦耕地；已经开垦并对生态产生不良影响的，应当有计划地组织退耕还林还草。禁止在沙化土地封禁保护区范围内安置移民。对于沙化土地封禁保护区范围内的农（牧）民，县级以上地方人民政府应当有计划地组织其迁出，并妥善安置。

3.沙化土地治理的规定

沙化土地的治理与预防相结合是解决我国国土已经出现大面积沙化问题的必然选择。沙化土地所在地区的地方各级人民政府，应当按照防沙治沙规划，组织有关部门、单位和个人因地制宜地采取合理措施治理已经沙化的土地。沙化土地的治理可以采用以下方式：国家鼓励单位和个人在自愿的前提下，采用捐资或者以其他形式开展公益性的治沙活动；使用已经沙化的国有土地的使用权人和农民集体所有土地的承包经营权人，必须采取合理措施，改善土地质量，确实无能力完成治理任务的，可以委托他人治理或者与他人合作治理；依法取得土地使用权的单位和个人在向行政机关提出申请后，可以从事营利性治沙活动；已经沙化的土地范围内的铁路、公路、河流和水渠两侧、城镇、村庄、厂矿和水库周围，实行单位治理责任制，由县级以上地方人民政府下达治理责任书，由责任单位负责组织造林种草或者采取其他治理措施；沙化土地所在地区的地方各级人民政府，可以组织当地农村集体经济组织及其成员在自愿的前提下，对已经沙化的土地进行集中治理。

4.防沙治沙保障措施的规定

防沙治沙需要大量的人力、物力和财力，须依法保障防沙治沙者的合法权益。各级国家机关应当在本级财政预算中按照防沙治沙规划，通过项目预算安排资金，用于本级人民政府确定的防沙治沙工程；制定优惠政策，鼓励和支持单位及个人防沙治沙。使用已经沙化的国有土地从事治沙活动的，经县级以上人民政府依法批准，可享有不超过70年的土地使用权。因保护生态的特殊要求，将治理后的土地批准划为自然保护区或者沙化土地封禁保护区的，批准机关应当给予治理者合理的经济补偿。国家根据防沙治沙的需要，组织设立防沙治沙重点科研项目和示范、推广项目，并对科学研究与技术推广给予资金补助、财政贴息及税费减免等政策优惠。

第九章

涉粮知识产权创新与保护

我国粮食产量稳步增长，在2014年达到全球第一，但是随着粮食需求的不断增加，传统育种和技术已不能满足我国人民日益增长的粮食高质量需求。面临粮食安全问题，掌握知识产权底牌尤为重要，粮食产量的提升也需要具备先进的育种技术和农业科技。

第一节　涉粮知识产权概述

研究涉粮知识产权，既要明确其概念、范围、特点，又要分析国内外现有制度内容。

一、涉粮知识产权的概念和范围

（一）概念

知识产权是指在工业、科学、文学和艺术领域的智力活动产生的法定权利（legal right）。[1]我国学者对知识产权的界定大都沿袭了国外学者的观点。[2]本书将涉粮知识产权界定为人们对于科技和文艺领域的涉粮智力创新成果和工商业领域的投资成果享有的法定权益。

（二）范围

涉粮知识产权主要包括农业专利权、植物新品种权、农业科技著作权、农业产品商标权、农业商业秘密、农业地理标志等。

---

[1] WIPO.Introduction to Intellectual Property:Theory and Practice, Kluwer Law International Ltd. 1997.p.3.
[2] 郑成思教授认为，知识产权是人们就其智力创造的成果依法享有的专有权利。（参见郑成思：《知识产权法教程》，法律出版社1995年版，第1页。）刘春田教授认为，知识产权属于民事权利，是基于创造性智力成果和工商业标记依法产生的权利的统称。（参见刘春田：《知识产权法》，中国人民大学出版社2002年版，第3页。）吴汉东教授认为，知识产权是人们基于自己的智力活动创造的成果和经营管理活动中的标记、信誉而依法享有的权利。（参见吴汉东：《知识产权法学》，北京大学出版社2000年版，第1—3页。）

1.涉粮专利权

由于粮食品种在我国不受专利法的保护，因此涉粮专利主要包括两大部分：第一部分主要指粮食品种的培育方法和培育中专用的物质。这部分专利技术又可以分为四大类：一是粮食新品种的生产方法发明，如传统的生物技术方法、现代的杂交方法和基因重组方法等；二是微生物学方法及微生物发明，微生物主要是指各种细菌、放线菌、真菌、病毒、原生动物和藻类等；三是粮食新品种的自动化繁殖方法，如细胞全能性发展人工种子的方法、胚胎分割技术方法、动物激素转移技术方法等；四是遗传工程学方法发明。第二部分是与粮食生产有关产品的专利：一是粮食生产中所需要的各种工具的专利，统称为农业生产资料；二是"三农"产品，一般指农用化肥、农药和农用地膜及其包装。

2.涉粮新品种权

我国《植物新品种保护条例》第2条明确规定，所谓植物新品种，首先是经过人工培育的，如果是野生植物也需是经过人工加以开发的；其次，之所以是植物新品种，还必须符合构成要件，即具备新颖性、特异性、一致性和稳定性；最后，该植物品种应当有明确的名称。上述概念所指的植物品种产生的权利，是由国家主管机关依法赋予研发者的专有权利，其实施权包括生产权、销售权、使用权、标记权等，其处分权包括许可使用权、转让权、质押权、信托权以及证券化权等。

3.涉粮商标权

商标是区分商品来源的标志，是产品参与市场竞争的利器。商标已经从单纯的识别功能发展到对产品的表彰功能，成为标识商品的品质甚至企业文化的符号。对农业企业而言，除了粮食可以申请商标注册外，粮食副产品、粮食加工品等均可申请商标注册。

4.涉粮商业秘密

商业秘密是指不为公众所知悉、能为权利人带来经济利益、具有实用性并经权利人采取保密措施的技术信息和经营信息。涉粮技术信息主要包括：拟申请或已申请尚未公开的专利技术方案；拟申请或已申请尚未公开的粮食新品种、新种质和新培育材料；研究开发阶段的技术诀窍、工艺配方和技术情报等。涉粮经营信息主要包括与粮食生产销售等经营活动相关的经营方法、管理模式、产销策略、货源情报、客户名单、财务报表、供销渠道等。

5.涉粮著作权

著作权又称版权，是指著作权人对其文学、艺术和自然科学、社会科学、工程技术等作品依法享有的专有权利。涉粮著作权的客体主要包括涉粮科技著作、技术论文、工程图纸、照片、图片、计算机软件编码程序等。

6.涉粮地理标志

根据《与贸易有关的知识产权协定》第22条的规定，地理标志是指，其标示出某商品来源于某成员地域内，或来源于该地域中的某地区或某地方，该商品的特定质量、信誉或其他特征主要与该地理来源相关联。地理标志保护的对象往往是农产品、农副产品以及农业加工品，与粮食密切相关。

二、涉粮知识产权的特点

与其他知识产权相比较，涉粮知识产权有四个显著特点。

（一）载体的生物性

涉粮知识产权的载体是生物体，具有生物活性，能够自我复制，而工业知识产权都附着于工业产品，除了技术因素，工业产品能为人所控制，其本身不发生生命运动。而涉粮知识产权不同，其客体大多附着于具有生命特性的材料，除受人所施加的影响外，尚具有一定的自主性，如自我繁殖、变异等。这使得涉粮知识产权具有极大的不稳定性。以植物新品种权为例，其取得的条件之一是稳定性。因此，一旦该品种不能保持申请时的特征和性状，则权利人丧失对该品种享有的品种权。此外，在审查方面，对工业产权而言，由于其技术信息附着在一定的工业产品上或体现为一定的方法技术，可以通过具体描述形成技术方案，审查专利新颖性时直接审查其技术方案。而对植物新品种而言，很难通过书面形式描述和审查其特征与性状，因此不能通过审查技术方案确定其新颖性，而必须对繁殖材料和收获材料进行审查。

（二）权利难控制性

农业科研新成果、新技术一般在野外示范推广，可控性差、技术保密性弱，权利主体难以对其实施严密而有效的控制，他人易获取或非法使用。以植物新品种为例，农作物种植必须在一个开放的环境下进行，使得植物新品种及其繁殖材料易散失。比如用预留的自交系作为亲本生产受保护品种，截留委托育种的亲本自己再生产或转售牟利，高价套购，超面积、超区域生产等。因此，涉粮知识产权易流失扩散，难以像工业技术成果一样受到保护。

（三）侵权判断的复杂性

粮食生产与科学技术有关，同时与农作物生产周期及农业资源的分布影响有关。因此，涉粮知识产权的侵权判断具有复杂性。如植物新品种的生产具有季节性、周期性，有些案件起诉时已错过了证据保全的最佳时机，如成熟收获季节。而植物生长期的保全，限于法官专业知识，仅从植物的外观性状难以判断是否侵权，必须有专业人士配合。

（四）品种培育的风险性

对粮食新品种的取得和商业化过程而言，都面临较大的风险：第一，自然界带来的风险。粮食新品种的培育虽然可以在实验室进行，但这些品种必须经历大自然的考验，除了在前期培育中会受到科研水平、技术条件等影响外，还会受到季节更替、气候变化、地域不同、土壤水分等自然因素的影响。如果遭遇自然灾害，如虫灾、水灾、飓风等恶劣气候，试验田中的新品种有可能损失殆尽。第二，从商业化过程考察，作为种子的新品种，在加工、储藏和运输等环节，和商品粮区别较大，其生物特征一旦被破坏，本身价值就会大打折扣，甚至造成无可挽回的损失。

三、涉粮知识产权制度

从域外看，涉粮知识产权制度主要分布在三个领域，即生物技术领域、植物新品种领域和地理标志领域，在此，我们区分发达国家和发展中国家的知识产权制度，并对我国涉粮知识产权制度分别介绍如下。

（一）发达国家涉粮知识产权制度

在发达国家，知识产权是政府和企业开拓国内外市场的有力工具，随着经济和生物技术的发展，发达国家对涉粮知识产权保护采取了积极态度。以下仅以生物技术、植物新品种保护为例分析典型发达国家涉粮知识产权的保护。

1. 保护生物技术发明的规定

生物技术作为21世纪经济发展的重要推动力，受到各国普遍重视。美国在20世纪初就开始保护生物技术。欧盟于1998年7月6日通过了《生物技术发明保护指令》。根据该指令，生物技术发明的保护范围包括生物材料、植物或动物、微生物或其他技术方法。然而，对于农产品的生物技术市场准入方面，欧盟则采取了严格准入制度。日本生物技术起步晚，但发展迅速。在日本专利法和种苗法中规定了植物可成为专利申请的对象。

2. 植物品种保护的规定

美国对植物新品种采取三重保护的模式，即植物专利保护、普通专利保护与植物品种保护。1930年，美国通过了第一部保护植物育种的法律《植物专利法》(PAP)，由美国专利和商标办公室负责管理。1970年12月，通过了《植物新品种保护法》(PVPA)。该法规定了自保护之日起，育种者对受到保护的品种具有独家销售该新品18年的权利。但这种排他性权利对于研究者和农民例外。

欧盟较为尊重专利法的传统理论，对植物专利采取谨慎态度，主要采用植物新品种保护。[1]1994年，欧盟理事会通过了《欧共体植物新品种保护条例》，该条例成为欧盟植物新品种保护领域的统一规则。该条例采取了与美国截然不同的政策，即对某一特定的植物品种，法律保护方法是唯一的。申请人只可按照法律规定，依其发明的性质申请专利权或品种权，而不能在专利权和品种权两种法律保护手段之间自行选择。

---

[1] 吴立增、黄秀娟、刘伟平：《基因资源知识产权理论》，科学出版社2009年版，第30页。

日本是亚洲最早实行新品种保护制度的国家。1947年，日本公布了《农业种子和种苗法》，明确提出了种苗注册制度，对品种优良的植物新品种进行保护，保护期一般为3—10年。①此后，2003年6月，日本对《种苗法》进行了修订，新法共4章7节62个条款，包括品种登记、申请、公示、审查、育种者权利、权利侵害、权利维持与取消等内容。

（二）发展中国家涉粮知识产权制度

在发展中国家中，印度人口众多，十分重视发展农业和农业知识产权的保护；巴西生物资源丰富，随着经济实力的增长逐步加大了对生物技术研发的投入，相应的法律制度措施也值得借鉴。在此，仅以这两个典型的发展中国家为例进行简要分析。

1.生物技术的知识产权政策

印度早在20世纪80年代就十分重视遗传工程、细胞融合、蛋白质工程等生物技术在农业领域的应用，并将生物技术作为国家科学技术发展的重要推动力。2002年，印度对1970年专利法进行修订，其修改的重要内容之一加强了对遗传资源和传统知识的保护。除有关人类基因的生物技术成果不授予专利外，对一般转基因动植物可给予专利权保护。

巴西拥有十分丰富的生物能源，巴西的生物技术特别是为农业服务的生物技术发展迅速。为了促进和保护本国生物技术的发展，巴西制定和修改了相关法律，如2004年通过了《生物安全法》修正案。但巴西并没有认可动植物的专利权，即动植物发明在巴西不能获得专利法保护。

2.植物新品种的保护政策

印度是农业大国，重视对农作物的保护。1988年，印度新《种子法》准许私人投资者进入育种产业。1993年，印度农业部起草了《植物新品种保护与农民权利法》，草案经过了三次修改（1997年、1999年和2000年），于2001年正式生效，该法构筑了一个兼顾育种者利益和农民权利的植物新

---

① 王春艳、沈进、李成江：《日本植物新品种保护制度及其对中国的启示》，载《河南农业大学学报》2008年第5期。

品种保护制度。同时，对植物品种权的适用予以严格限制，主要包括：第一，农民免责，除无权出售受保护品种的"有品牌种子"以外，农民有权以《植物新品种保护与农民权利法》生效之前同样的方式储存、使用、播种、补种、交换、共享或出售其农场生产的种子，且对于农民的无意识侵权行为不予追究。第二，研究免责。即利用受保护品种开发其他品种，不构成侵权。第三，强制许可。自授权之日起3年后，如果公众对受保护品种的合理需求无法获得满足，或公众不能以合理价格获得受保护品种，经任何人的申请，在给予品种权人以合理报偿的情形下，保护机构有权宣告对该品种实施强制许可。

巴西于1965年通过了《种子法》，并于次年开始实施，随后数次修订该法，清楚地将公共研究部门与私营种子公司分开，私营种子公司只负责种子生产与销售，公共研究部门负责亲本生产与遗传研究。巴西对植物品种权保护的主要法律制度是1997年颁布的《植物品种保护法》，品种权的内容包括商业生产、繁殖、销售或其他商业利用行为等专有权，对品种权的限制包括研究免责、农民免责、强制许可等。

（三）我国涉粮知识产权制度

涉粮知识产权国内立法主要涉及生物技术领域、植物新品种保护领域、地理标志领域、农业科技发展领域等。

1.生物技术领域

我国拥有丰富的生物遗传资源，需要法律的有效保护。我国于1980年加入了世界知识产权组织（WIPO），1984年3月《专利法》的通过标志着我国专利制度的正式诞生。随着我国经济和社会的发展和变迁，《专利法》在经历了1992年、2000年、2008年以及2020年的四次修改后，日臻完善和成熟。出于谨慎的考虑，我国目前《专利法》中明确将动植物品种排除在专利权之外，但赋予培育动植物新品种的新方法符合专利法规定的申请条件的，可获得专利保护。对生物遗传资源保护的主要法律制度有《基因工程安全管理办法》《农业生物基因工程安全管理实施办法》《用于专利程序的微生物保藏办法》《农业转基因生物安全管理条例》《农业转基因生物安全评价管理办法》《农业转基因生物进口安全管理办法》《农业转基因生物标识管理办法》等。

2.植物新品种领域

此类法律制度主要是1997年颁布实施的《植物新品种保护条例》以及与其配套的两个实施条例，即《植物新品种保护条例实施细则（农业部分）》《植物新品种保护条例实施细则（林业部分）》。我国植物新品种保护条例颁布的时间较晚，但顺应了社会经济和国际发展的需要，注重我国育种者的权利和农民权益的利益平衡。2000年7月8日颁布的《种子法》进一步完善了我国农业领域的知识产权保护制度。

3.地理标志领域

1994年，国家工商行政管理局制定了《集体商标、证明商标注册和管理办法》，首次以法律性文件明确了我国通过证明商标保护地理标志。2001年10月，第二次修正后的《商标法》首次在国家法律层面对地理标志的概念及保护方式作了明确规定，随后，国务院颁布的《商标法实施条例》进一步明确我国通过集体商标、证明商标对地理标志予以保护。1999年，国家质量技术监督局在借鉴法国原产地监控命名制度的基础上，结合我国国情，发布了《原产地域产品保护规定》，该规定是我国地理标志产品专门保护制度的第一部部门规章。2001年，国家出入境检验检疫局发布了《原产地标记管理规定》及其实施办法。2005年，国家质检总局在原有两个规章的基础上，制定了《地理标志产品保护规定》，并接受地理标志产品的申请和认定。农业部根据《农业法》和《农产品质量安全法》的相关规定，于2007年12月25日颁布了《农产品地理标志管理办法》，对农产品地理标志实行公共标识与地域产品名称相结合的标注制度，并先后制定了18个相关配套规范文件。目前，在法律层面，我国对地理标志实施双重保护，即商标法保护和地理标志产品保护。

除上述三方面的涉粮知识产权外，还有关于农业科技发明的专利法保护、农业科技著作的著作权法保护、农产品的商标法保护、农业商业秘密的反不正当竞争法保护等，另外，《知识产权海关保护条例》等其他法律法规对涉粮知识产权也有涉及。

第二节　粮食新品种权及取得

粮食新品种权作为一种重要的植物新品种权，发挥着促进粮食新品种开发和培育的作用，事关国家粮食安全、乡村振兴与农业农村发展。粮食新品种权作为一种特殊类型的知识产权，是育种人所享有的专有权利，具体包括生产权、销售权、使用权、许可权、转让权等权利内容。某一粮食新品种要想得到法律的专有保护，需具备新颖性、特异性、一致性、稳定性并应具备适当的名称。品种权的申请人，需按照立法规定的程序和要求提交申请，并经过主管机关的初步审查与实质审查，才可能获得对粮食新品种的专有权利。

一、粮食新品种权及内容

（一）概念及其释义

对粮食新品种概念的认识是界定粮食新品种权的基础。粮食新品种是一种重要的农业植物新品种，根据《种子法》及《植物新品种保护条例》中关于植物新品种的规定可知，粮食新品种是经过人工培育的或者对发现的粮食作物加以开发，具备新颖性、特异性、一致性和稳定性并有适当命名的粮食品种。

而认识粮食新品种权这一概念，事实上也是对植物新品种权进行界定。《民法典》第123条将"植物新品种"规定为知识产权的客体，植物新品种权如著作权、商标权、专利权等亦是知识产权的一种类型。就育种领域而言，主要有两类知识产权：一类是对植物新品种给予专门保护的植物新品种权，另一类则是对生产植物的方法给予保护的专利权。[①]植物新品种权实质上是"育种者权"，简称品种权，是植物新品种育种人对其研发和培育的新品种获得的一种专有权，

[①] 刘春田主编：《知识产权法》，高等教育出版社、北京大学出版社2019年版，第159页。

它是一种独立的、自成一类的专门用于植物新品种的产权形式。植物新品种权已经成为农业领域中重要的创造性成果权，并已被纳入国际知识产权法律保护体系之中。[1] 作为农业领域最重要的知识产权，粮食新品种权是育种人对其研发和培育的粮食新品种所享有的专有权。和其他类型的知识产权一样，粮食新品种权同样具有客体的非物质性、专有性、地域性、时间性等特征。[2]

（二）权利内容

根据《植物新品种保护条例》第6条的规定，完成育种的单位或者个人对其授权品种，享有排他的独占权。任何单位或者个人未经品种权人许可，不得为商业目的生产或者销售该授权品种的繁殖材料，不得为商业目的将该授权品种的繁殖材料重复使用于生产另一品种的繁殖材料。但是，非商业化的育种及其他科研活动、农民自繁自用授权品种的繁殖材料可以不经植物新品种权人许可，也不向其支付使用费，取得强制许可的单位和个人无须植物新品种权人许可，但应当付给品种权人合理的使用费。

最高人民法院《关于全面加强知识产权司法保护的意见》明确指出，要加强对植物新品种在内的科技创新成果的保护，实现知识产权保护范围、强度与其技术贡献程度相适应，推动科技进步和创新，充分发挥科技在引领经济社会发展过程中的支撑和驱动作用。但是从实际情况来看，植物新品种的繁殖材料通常都能够自我繁殖，这就意味着出售很少数量的繁殖材料就可以使所有人都获得该品种。由于品种权人不能确保仅通过第一次发布其品种就能获得充足的经济回报，因此对于某些品种，给予品种权人对其品种的独占性使用权就成为促进种业发展的有效激励措施。[3] 具体来说，粮食新品种权人享有以下权利。

1. 生产权

粮食新品种权人有权依法再生产自己的授权品种，任何单位和个人不得

---

[1] 吴汉东：《知识产权法》，法律出版社2021年版，第710页。
[2] 王迁：《知识产权法教程》，中国人民大学出版社2021年版，第5—12页。
[3] 周波、刘珺玮：《植物新品种领域的合法来源抗辩》，载《山东法官培训学院学报》2022年第6期。

阻止粮食新品种权人合法生产自己的授权品种。同时,任何单位或者个人未经粮食新品种权人许可,不得为商业目的生产或者销售该授权品种的繁殖材料,不得为商业目的将该授权品种的繁殖材料重复使用于生产另一品种的繁殖材料。否则,就构成侵权。但是,《植物新品种保护条例》规定利用授权品种进行育种及其他科研活动,农民自繁自用授权品种的繁殖材料,审批机关为了公共利益强制许可生产繁殖材料不构成侵权。获得强制许可的单位或者个人应当向粮食新品种权人支付适当合理的许可费用。

2.销售权

粮食新品种权人有权合法销售自己的授权品种。其他人销售授权品种必须经过粮食新品种权人的许可,否则不管销售的繁殖材料由谁生产以及销量多少,只要是为了商业目的都构成侵权。审批机关为了公共利益强制许可销售繁殖材料则不构成侵权。获得强制许可的单位或者个人应当向粮食新品种权人支付适当合理的许可费用。

3.使用权

粮食新品种权人有权合法使用自己的授权品种,只要不违反国家的法律法规和社会公德,粮食新品种权人对自己的授权品种如何使用是没有限制的,别人只要是为了商业目的使用就必须获得粮食新品种权人的许可,如果未经许可即构成侵权。任何单位和个人使用授权品种进行育种及其他科研活动可以不经粮食新品种权人许可,农民自繁自用也不侵权。

4.许可权

许可权是指粮食新品种权人除可以自己实施粮食新品种权外,还可允许他人实施其粮食新品种权。粮食新品种权人主要通过签订可实施合同等办法,允许他人有条件地为商业目的生产、销售和使用其授权品种的繁殖材料。许可他人实施其授权品种,只是使用权的有偿转让,而不是所有权的转让,所有权仍归粮食新品种权人所有。而被许可人只能在合同所规定的范围内生产、销售或利用其授权品种的繁殖材料,并应按合同规定履行相应义务。

5.转让权

转让权是指转让粮食新品种的申请权和品种权的权利。根据《植物新品种保护条例》第9条的规定,植物新品种的申请权和品种权可以依法转让。申请权的转让，是指育种人可以将自己培育出来的粮食新品种申请品种权的权利转让给任何单位或个人的行为。粮食新品种权的转让是指粮食新品种权人将其品种权转让给任何单位和个人的行为。中国的单位或者个人就其在国内培育的粮食新品种向外国人转让申请权或者品种权的，应当经审批机关批准。国有单位在国内转让申请权或者品种权的，应当按照国家有关规定报经有关行政主管部门批准。转让申请权或者品种权的，当事人应当订立书面合同，并向审批机关登记，由审批机关予以公告。

6.标记权

粮食新品种权人销售自己的授权品种可以在销售授权品种时标记有关粮食新品种授权信息，如品种权申请号、品种权号、品种权人名称、授权时间等。

7.追偿权

根据《植物新品种保护条例》第33条的规定，粮食新品种权被授予后，在自初步审查合格公告之日起至被授予品种权之日止的期间，对未经申请人许可，为商业目的生产或者销售该授权品种的繁殖材料的单位和个人，粮食新品种权人享有追偿的权利。

二、粮食新品种权的构成要件

粮食新品种权的构成要件，即授予粮食新品种权的条件。申请品种权的粮食新品种应属于国家植物品种保护名录中列举的属或者种，植物品种保护名录由审批机关确定和公布。根据《种子法》第25条、第90条及《植物新品种保护条例》第14—18条的规定，授予品种权的粮食新品种应当具备新颖性、特异性、一致性、稳定性并应具备适当的名称。

（一）新颖性

《植物新品种保护条例》第14条规定了授予品种权的植物新品种应当具备新颖性。新颖性是指在申请日前申请品种权的植物新品种的繁殖材料未被销售，或者经育种者许可，在中国境内销售该品种繁殖材料未超过1年；在中国境外销售藤本植物、林木、果树和观赏树木品种繁殖材料未超过6年，销售其他植物品种繁殖材料未超过4年。

首先，植物新品种的新颖性强调"新"，新颖性判断的核心在于申请品种繁殖材料的销售情况，即在申请日前申请品种的繁殖材料是否被销售，实质上是申请品种的繁殖材料是否进入公有领域为社会公众所获取。实践中，申请品种权保护的品种因销售丧失新颖性的判断标准至关重要。育种者为委托制种目的交付繁殖材料，并约定回购的行为不属于导致品种丧失新颖性的销售行为。如在"大连致泰种业有限公司与农业农村部植物新品种复审委员会、衣泰龙植物新品种权无效行政纠纷案"中，最高人民法院二审认为，销售行为是否存在是判断申请品种是否具备新颖性的重要事实。导致申请植物新品种权保护的品种丧失新颖性的销售是指行为人为交易目的将品种繁殖材料交由他人处置，放弃自身对该繁殖材料的处置权的行为。育种者委托他人制种而交付申请品种繁殖材料，同时约定制成的品种繁殖材料返归育种者，因育种者实质上保留了对该品种繁殖材料的处置权，除非法律另有规定，否则不会导致申请品种丧失新颖性。①

其次，在申请日之前未被销售的申请品种显然是具备新颖性的。同时，出于最大限度地维护申请人权益的考虑，对于经育种者许可的销售规定了宽限期，给予了育种者一定的优惠待遇。

最后，根据申请品种是在中国境内销售，还是在中国境外销售及申请品种的生物学特性，宽限期有所不同。考虑到能够受保护的植物品种是按照保护名录逐步增加的，《种子法》还规定对于新列入国家植物品种保护名录的植物的属或者种，从名录公布之日起一年内提出植物新品种权申请的，在境内销售、推广该品种种子未超过四年的，具备新颖性。即对此种情况设定了更长的宽限期，但是，对于适用更长的宽限期也规定了前提条件，就是要在名录公布之日起一年内提交申请。这说明申请植物新品种要及时与尽早申请。

另外，根据《种子法》第90条的规定，除销售、推广行为丧失新颖性外，有两种情形也被视为丧失新颖性：一是品种经省、自治区、直辖市人民政府农业农村、林业草原主管部门依据播种面积确认已经形成事实扩散的；二是

---

① 参见最高人民法院（2022）最高法知行终809号行政判决书。

农作物品种已审定或者登记两年以上未申请植物新品种权的。

(二) 特异性

根据《植物新品种保护条例》第15条的规定,特异性是指申请品种权的植物新品种应当明显区别于在递交申请以前已知的植物品种。而《种子法》第90条将特异性进一步界定为一个植物品种有一个以上性状明显区别于已知品种,即要求申请品种至少应当有一个能够观察到的特征明显区别于已知品种。已知品种是指已受理申请或者已通过品种审定、品种登记、新品种保护,或者已经销售、推广的植物品种。特异性其实就是要求品种是"独一无二"的。

实践中,对于"特异性"的判定,关键是已知品种的认定问题。如在"黑龙江阳光种业有限公司诉植物新品种复审委员会植物新品种申请驳回复审行政纠纷案"中,法院的判决便阐明了植物新品种特异性判定中的已知品种的认定问题。品种特异性要求申请品种权的植物新品种应当明显区别于在递交申请以前已知的植物品种。因此,判断的基准时间是申请品种权的申请日,而非申请品种审定的时间。在特异性的判定中,确定在先的已知品种的目的是固定比对对象,即比较该申请品种与递交申请日以前的已知品种是否存在明显的性状区别。申请植物新品种权保护的品种在申请日之前进行品种审定、品种推广的时间,对判断其是否具备新颖性具有意义,但与选择确定作为特异性比较对象的已知品种并无关联,对特异性判断不产生影响。[1]

(三) 一致性

根据《植物新品种保护条例》第16条的规定,一致性是指申请品种权的植物新品种经过繁殖,除可以预见的变异外,其相关的特征或者特性一致。简单理解,就是品种要长得"整整齐齐"。

(四) 稳定性

根据《植物新品种保护条例》第17条的规定,稳定性是指申请品种权的

---

[1] 参见最高人民法院(2021)最高法知行终453号行政判决书。

植物新品种经过反复繁殖后或者在特定繁殖周期结束时，其相关的特征或者特性保持不变。即稳定性要求品种需"年年长得一样"。与前述"一致性"类似，植物品种的稳定，是一个品种适用于农业生产或种子贸易的先决条件，缺乏一致性可能影响权利的授予，丧失稳定性则可能导致权利的撤销。即一致性和稳定性是植物新品种在繁殖过程中生物学与品种权授予的法律要求。[①]

特异性（Distinctness）、一致性（Uniformity）和稳定性（Stability）三项基本要求一并简称为"DUS"。在判定是否符合这三个特性时，所关注与比较的重点存在区别，特异性关注品种间的比较，一致性关注同一品种内的比较，而稳定性则关注同一品种世代间的比较。

（五）命名要求

根据《种子法》第27条及《植物新品种保护条例》第18条的规定，植物新品种的命名应当与相同或相近的植物属或种中已知品种的名称相区别；仅以数字组成，或违反社会公德，或对植物新品种的特征、特性或者育种者身份等容易引起误解的，不得作为品种名称。此外，同一植物品种在申请新品种保护、品种审定、品种登记、推广、销售时只能使用同一个名称。这说明植物新品种名称确定后，非经法定程序不能够变更，这在法律上也保证了品种名称和品种样品的关联。

另外，《植物新品种保护条例实施细则（农业部分）》（以下简称《实施细则》）第18条，对新品种命名进行了排除规定，主要包括以下情形：仅以数字组成的；违反国家法律或者社会公德或者带有民族歧视性的；以国家名称命名的；以县级以上行政区划的地名或者公众知晓的外国地名命名的；同政府间国际组织或者其他国际国内知名组织及标识名称相同或者近似的；对植物新品种的特征、特性或者育种者的身份等容易引起误解的；属于相同或相近植物属或者种的已知名称的；夸大宣传的。已通过品种审定的品种，或获得《农业转基因生物安全证书（生产应用）》的转基因植物品种，如品种名称符合植物新品种命名规定，申请品种权的品种名称应当与品种审定或农业转

[①] 吴汉东：《知识产权法》，法律出版社2021年版，第715页。

基因生物安全审批的品种名称一致。

（六）不得授予粮食新品种权的情形

根据《种子法》第26条第2款以及《实施细则》第4条规定的"不得授予植物新品种权的情形"可知，粮食新品种一旦存在违反法律、危害公共利益、生态环境的情形，该粮食品种将不会被授予粮食新品种权。这体现了我国在立法中维护社会公共利益以及保护生态环境的价值导向。

三、粮食新品种权申请

育种者培育出粮食新品种后，如需保护自己的合法权益，应当向农业农村部提出植物新品种权申请。只有在农业农村部批准授予植物新品种权后，育种者的权益才可以得到国家的保护。

（一）申请主体

《植物新品种保护条例》第19条、第20条以及《实施细则》第19条对植物新品种的申请主体进行了规定，并区分了国内和国外两类申请主体。

1. 本国申请者

我国的单位和个人申请粮食新品种权的，可以直接或者委托代理机构向审批机关即品种保护办公室提出申请。但是，如果我国的单位和个人申请品种权的粮食新品种涉及国家安全或者重大利益需要保密的，应当按照国家有关规定办理。

2. 外国申请人

外国人、外国企业或者外国其他组织在我国申请粮食新品种权的，应当按其所属国和我国签订的协议或者共同参加的国际条约办理，或者根据互惠原则，依照《植物新品种保护条例》办理。在我国没有经常居所的外国人、外国企业或其他外国组织，向品种保护办公室提出品种权申请的，应当委托代理机构办理。

申请人委托代理机构办理品种权申请等相关事务时，应当与代理机构签订委托书，明确委托办理事项与权责。代理机构在向品种保护办公室提交申请时，应当同时提交申请人委托书。品种保护办公室在上述申请的受理与审查程序中，直接与代理机构联系。

（二）申请原则

不管是申请人向审批机关申请粮食新品种权保护，还是审批机关对某一粮食品种授予新品种权保护，都应遵循先申请原则、单一性原则以及优先权原则。我国《种子法》第26条，《植物新品种保护条例》第8条、第23条，《实施细则》第10条对上述原则进行了规定。

1. 先申请原则

所谓先申请原则，即两个以上的申请人分别就同一个品种申请植物新品种权的，植物新品种权授予最先申请的人；同时申请的，植物新品种权授予最先完成该品种育种的人。当两个申请人在同一日针对同一粮食品种提出品种权申请时，按照《实施细则》的相关规定处理。即一个植物新品种由两个以上申请人分别于同一日内提出品种权申请的，由申请人自行协商确定申请权的归属；协商不能达成一致意见的，品种保护办公室可以要求申请人在指定期限内提供证据，证明自己是最先完成该新品种育种的人。逾期未提供证据的，视为撤回申请；所提供证据不足以作为判定依据的，由品种保护办公室驳回申请。

2. 单一性原则

单一性原则，即一个植物新品种只能授予一项植物新品种权。即申请人不能就一个粮食新品种提出两项或者以上的品种权申请，一项品种权也不能同时授予两个或以上的粮食新品种。根据《实施细则》第34条的规定，一件植物品种权申请包括两个以上新品种的，品种保护办公室应当要求申请人提出分案申请。申请人在指定期限内对其申请未进行分案修正或者期满未答复的，视为撤回申请。申请人按照品种保护办公室要求提出的分案申请，可以保留原申请日；享有优先权的，可保留优先权日。但不得超出原申请文件已有内容的范围。

3. 优先权原则

申请人自在外国第一次提出品种权申请之日起12个月内，又在中国就该植物新品种提出品种权申请的，依照该外国同中华人民共和国签订的协议或者共同参加的国际条约，或者根据相互承认优先权的原则，可以享有优先权。申请人要求优先权的，应当在申请时提出书面说明，并在3个月内提交经原受理机关确认的第一次提出的品种权申请文件的副本；未依照《植物新品种保护条例》规定提出书面说明或者提交申请文件副本的，视为未要求优先权。

（三）申请文件

根据《实施细则》第20条的规定，申请品种权的，申请人应当向品种保护办公室提交请求书、说明书和品种照片各一式两份，同时提交相应的请求书和说明书的电子文档。请求书、说明书按照品种保护办公室规定的统一格式填写。请求书、说明书和该品种的照片等基本材料，用来体现申请品种的系谱、亲本或者其他繁殖材料来源、育种过程和育种方法、环境以及栽培技术、性状及与近似品种的性状对比等。

1.请求书

新品种权申请请求书的内容主要包括申请保护的品种、育种人和代理人等基本信息。

2.说明书

说明书主要包括品种的暂定名称、育种信息、近似品种及对比、品种特性说明、适于生长的区域或环境以及栽培技术的说明等与品种相关的详细信息。根据《实施细则》第21条的规定，申请人提交的说明书应当包括下列内容：申请品种的暂定名称，该名称应当与请求书的名称一致；申请品种所属的属或者种的中文名称和拉丁文名称；育种过程和育种方法，包括系谱、培育过程和所使用的亲本或者其他繁殖材料来源与名称的详细说明；有关销售情况的说明；选择的近似品种及理由；申请品种特异性、一致性和稳定性的详细说明；适于生长的区域或者环境以及栽培技术的说明；申请品种与近似品种的性状对比表。其中，说明书中所称近似品种是指在所有已知植物品种中，相关特征或者特性与申请品种最为相似的品种。

3.品种照片

照片及其说明有其格式上的要求，相关受理部门的网站上有注意事项及示例，需要按照说明和实例拍摄清晰的照片并进行说明。《实施细则》第22条规定了申请人所要提交照片的具体要求：照片有利于说明申请品种的特异性，申请品种与近似品种的同一种性状对比应在同一张照片上等。

另外，根据《实施细则》第23条的规定，当品种权申请文件存在瑕疵时，会导致品种保护办公室的不予受理，这些瑕疵情形主要包括：未使用中文的，缺少请求书、说明书或者照片之一的，请求书、说明书和照片不符合本细则规定格式的等。

（四）修改和撤回

根据《植物新品种保护条例》第25条的规定，申请人可以在品种权授予前修改或者撤回品种权申请。另外，《实施细则》第38条规定了部分内容的修改需经过品种保护办公室批准，第39条规定了"视为撤回申请"的情形。

具体为，未经品种保护办公室批准，申请人在品种权授予前不得修改申请文件的下列内容：申请品种的名称、申请品种的亲本或其他繁殖材料名称、来源以及申请品种的育种方法；申请品种的最早销售时间；申请品种的特异性、一致性和稳定性内容。品种权申请文件的修改部分，除个别文字修改或者增删外，应当按照规定格式提交替换页。品种保护办公室负责对品种权申请进行实质审查，并将审查意见通知申请人。品种保护办公室可以根据审查的需要，要求申请人在指定期限内陈述意见或者补正。申请人期满未答复的，视为撤回申请。

四、粮食新品种权的授权审查

（一）审查主体

我国植物新品种保护工作是由国家林业和草原局、农业农村部两个部门来进行的，二者有独立的植物新品种申请系统，国家林业和草原局的植物新品种申请系统为林草植物新品种保护管理系统，农业农村部的申请系统为农业农村部政务服务平台。根据《实施细则》第3条的规定，农业农村部为农业植物新品种权的审批机关，依照《植物新品种保护条例》的规定授予农业植物新品种权。农业农村部植物新品种保护办公室（简称品种保护办公室），承担品种权申请的受理、审查等事务，负责植物新品种测试和繁殖材料保藏的组织工作。粮食品种属于农业植物品种，其新品种权申请通过农业农村部政务服务平台进行网上申请，具体由农业农村部科技发展中心受理审查。

（二）审查内容

对于符合规定的粮食新品种权申请，审批机关应当受理。审批过程中根据审查程序的不同，审查的内容也有所不同。《植物新品种保护条例》第27条、第29条规定了新品种申请的审查内容。在初步审查中，主要审查内容为：是否属于植物品种保护名录列举的植物属或者种的范围；外国申请人提出的申请是否符合国际条约或互惠原则的相关规定；是否符合新颖性的规定；植物新品种的命名是否适当。

初审符合要求的植物新品种权申请将进行实质审查，在此阶段，审批机关对品种权申请的特异性、一致性和稳定性进行实质审查。此环节必须进行DUS测试，即特异性、一致性和稳定性的栽培鉴定试验或室内分析测试。DUS测试的主要方法是在至少两个独立生长周期内，对品种的性状进行观测、拍照和综合评价。目前DUS测试主要包括官方测试、委托测试和自主测试三种方式，三种方式在进行测试以前，均需要向对应的农业或林业植物新品种保护办公室提出申请，并在其监督管理下，按照对应的具体流程进行测试。正常情况下每个样品进行DUS测试的周期为2年（每年一个生长周期），但当样品两年间表现不一致时将安排第3年测试。[①]

（三）审查程序

对于粮食新品种权申请的审查程序，主要规定在《植物新品种保护条例》第27—33条中。审查程序主要分为两个阶段，即初步审查和实质审查。

1.初步审查

审批机关应当自受理品种权申请之日起6个月内完成初步审查。对经初步

[①] 于春博、连飞：《种业科技成果的植物新品种权保护》，载IPRdaily中文网，https://mp.weixin.qq.com/s/dOyufU8-hlmE2d4HOp6hdQ，2023年7月9日访问。

审查合格的品种权申请，审批机关予以公告，并通知申请人在3个月内缴纳审查费。对经初步审查不合格的品种权申请，审批机关应当通知申请人在3个月内陈述意见或者予以修正；逾期未答复或者修正后仍然不合格的，驳回申请。

2. 实质审查

审批机关主要依据申请文件和其他有关书面材料进行实质审查。审批机关认为必要时，可以委托指定的测试机构进行测试或者考察业已完成的种植或者其他试验的结果。因审查需要，申请人应当根据审批机关的要求提供必要的资料和该植物新品种的繁殖材料。对经实质审查符合《植物新品种保护条例》规定的品种权申请，审批机关应当作出授予品种权的决定，颁发品种权证书，并予以登记和公告。对经实质审查不符合该条例规定的品种权申请，审批机关予以驳回，并通知申请人。申请人对驳回品种权申请的决定不服的，可以自收到驳回通知之日起3个月内，向植物新品种复审委员会请求复审。植物新品种复审委员会应当自收到复审请求书之日起6个月内作出决定，并通知申请人。申请人对植物新品种复审委员会的决定仍然不服的，可以自接到通知之日起15日内向人民法院提起诉讼。

第三节　粮食新品种权主体及权利归属

对粮食新品种进行保护的制度基础是我国的植物新品种保护制度，而对新品种进行保护也是在保护育种者的权利。粮食新品种的真正培育人享有申请植物新品种权的权利。但是，随着粮食育种技术的发展，育种也成为一项耗资大、风险大及对育种人才要求高的活动。粮食新品种的培育人与育种活动的投资人之间便出现了分离，从而出现了职务育种和委托育种的现象。同时，由于各方面条件的限制，有时育种活动需要两方或多方合作才能完成，于是合作育种也成为一种常见现象。[1]

---

[1] 李秀丽：《植物新品种权保护原理》，知识产权出版社2021年版，第187页。

一、粮食新品种权的主体

(一) 育种人

根据《实施细则》第8条的规定,育种人是指完成新品种育种的单位或者个人。可见,育种人既可以是自然人,也可以是法人、非法人团体或组织。但是,我国对育种人的定义与《国际植物新品种保护公约》的规定有所不同。《国际植物新品种保护公约》(1991年文本)对育种人的定义为:"'育种者'系指培育或发现并开发了一个品种的人;上述人员的雇主或按照有关缔约方的法律规定代理雇主工作的人;或视情况而定,上述第一个人或第二个人的继承人"。"'品种'系指已知植物最低分类单元中单一的植物群,不论授予育种者的权利的条件是否充分满足,该植物群可以是:以某一特定基因型或基因型组合表达的特征来确定;至少表现出上述的一种特性,以区别于任何其他植物群,并且作为一个分类单元其适用性经过繁殖不发生变化"。可见,按照《国际植物新品种保护公约》(1991年文本)对育种人的定义,育种人是指培育或发现并开发了一个品种的人,不论该品种是否属于"新品种"以及能否被授予品种权。而我国立法所规定的育种人只包括完成"新品种"育种的单位或个人,不包括完成"非新品种"育种的单位或个人。[1]

(二) 培育人

根据《实施细则》第9条的规定,培育人是指对新品种培育作出创造性贡献的人。仅负责组织管理工作、为物质条件的利用提供方便或者从事其他辅助工作的人不能被视为培育人。培育人身份的获得,是因个人对新品种培育作出"创造性贡献"这一客观事实的存在而发生的。而在实践中对"创造性贡献"的最低要求是该被培育出的品种为新品种,如果被培育出的品种是已知品种,就很难认定某人对该品种存在"创造性贡献"。从这一点来看,培

---

[1] 江本伟:《论我国育种者、申请人、培育人、品种权人之间的法律关系》,载《中国种业》2020年第12期。

育人完成的客体也只能是"新品种",而不能是"非新品种"。[①]

另外,培育人只能是自然人,可依法享有署名权、品种权申请权和品种权。并且,在知识产权制度中,署名权是精神性权利且不可转让,所以署名权只能由作为自然人的培育人享有。粮食新品种的培育人可能是一个人,也可能是两个或两个以上的人。当两人以上共同培育出新品种时,各培育人均享有署名权。[②]

根据现有立法的规定,粮食品种在完成育种后如果未发生任何权利转移,那么育种人应与该品种的申请人、品种权人是同一人。育种人、申请人、品种权人只是在不同程序与保护阶段中,对同一人根据不同身份所赋予的不同名称。育种人对自己完成育种的粮食品种提起植物新品种保护后,自然成为该品种的申请人,该品种被授权后育种人则成为粮食新品种权人。目前,实践中理解混乱且尚存争议的是育种人与培育人之间的关系。根据上述立法的规定,育种人是完成植物新品种育种的自然人或单位,培育人是对新品种培育作出创造性贡献的自然人。如果育种人是单位,那么品种的培育人应当是育种人的雇员或按照有关法律规定代理育种人工作的自然人,此时育种人与培育人较易进行区分。但是,当育种人是自然人时,其也应是对新品种培育作出创造性贡献的自然人,此时该自然人既符合育种人的定义又符合培育人的定义,进而出现"育种人"与"培育人"二者难以区分的现象。造成这种现象的原因主要为:一是《国际植物新品种保护公约》没有培育人的概念,只有育种人的概念。而我国立法将"育种人"的范围限定为"完成新品种育种"的主体,导致"培育人"与"育种人"存在重合的可能。二是我国立法没有规定完成育种活动后至申请品种权保护期间,相关主体所享有的权利,即未完成新品种育种的人没有"育种人"的法律地位与身份。但在实践中,一个未被授予新品种权的品种完成人或单位,在品种审定中或通过品种审定

[①] 江本伟:《论我国育种者、申请人、培育人、品种权人之间的法律关系》,载《中国种业》2020年第12期。

[②] 李秀丽:《植物新品种权保护原理》,知识产权出版社2021年版,第190页。

后也会被称为"育种人"。[①]

二、权利归属

对于植物品种的权利归属涉及新品种的申请权和品种权。申请权是品种权取得的前提，其最终还是为了取得品种权，进而获得市场利益。品种权是私权的一种，其权利的归属可发挥私法的自治原则。所以植物品种的权利归属，也可以分为基于育种事实行为的原始取得、基于法律规定或合同约定的原始取得以及基于合同约定的继受取得。

（一）权利归属一般规定

一个植物新品种只能授予一项品种权。两个以上的申请人分别就同一个植物新品种申请品种权的，品种权授予最先申请的人；同时申请的，品种权授予最先完成该植物新品种育种的人。根据《植物新品种保护条例》第7条的规定，非职务育种植物新品种申请权属于完成育种的个人。申请被批准后，植物新品种权属于申请人。非职务育种是指育种人完全独立依靠自己的智力劳动以及资金、仪器设备、育种材料试验场地等物质条件所完成的育种。

（二）特殊情形的权利归属

1.职务育种

职务育种是指职工执行本单位工作任务的育种行为，或者主要是职工利用本单位的物质条件所完成的育种行为。《植物新品种保护条例》第7条第1款规定，执行本单位的任务或者主要是利用本单位的物质条件所完成的职务育种，植物新品种的申请权属于该单位。可见，在涉及粮食新品种权的申请时，职务育种下的品种权申请人不是该粮食品种的培育人，而是培育人所在

[①] 如我国《主要农作物品种审定办法》对育种人的定义是"品种选育的单位或者个人"，该定义并没有要求育种人完成育种的品种必须是"新品种"。品种审定也不会对参加审定的品种是否属于"新品种"进行审查，而主要就品种的经济推广价值进行审定。参见江本伟：《论我国育种者、申请人、培育人、品种权人之间的法律关系》，载《中国种业》2020年第12期。

的单位，培育人只享有署名权和荣誉权。

根据《实施细则》第7条的规定，"执行本单位任务所完成的职务育种"主要包括以下三种情形：一是在本职工作中完成的育种；二是履行本单位交付的本职工作之外的任务所完成的育种；三是退职、退休或者调动工作后，3年内完成的与其在原单位承担的工作或者原单位分配的任务有关的育种。而"本单位的物质条件"是指本单位的资金、仪器设备、试验场地以及单位所有的尚未允许公开的育种材料和技术资料等。

职务育种新品种申请权属于单位，申请获批后申请人即为品种权人。实践中涉及粮食新品种权属纠纷的争议焦点，也在职务育种的认定上。在"姚某与山西屯玉种业科技股份有限公司植物新品种申请权权属纠纷案"中，再审申请人姚某主张涉案植物新品种"屯玉808"不属于职务育种。最高人民法院认为姚某作为公司副总经理，负责公司研发管理、三级试验、新品种审定和引进，还曾是屯玉公司经营农业技术开发的北京生物技术研究院的负责人。屯玉公司不仅给姚某发放月工资，还向姚某支付育种经费、繁育亲本等费用。在《国家农作物品种审定申请书》中记载的涉案品种的亲本来源和选育过程，亦印证了屯玉公司在涉案育种培育期间所提供的物质条件。基于姚某在屯玉公司任职期间的工作内容以及屯玉公司为涉案育种培育提供的物质条件情况下，法院依据《植物新品种保护条例》第7条的规定，认定涉案植物品种"屯玉808"属于姚某为执行单位任务完成的职务育种，植物新品种的申请权应当属于该单位。[1]

2. 委托育种

委托育种即以合同方式委托他人完成的育种。育种是一项耗费大量时间、金钱，且具有较高专业性的技术活动。在自身没有条件或能力培育某一粮食新品种的情形下，便可以委托他方进行育种。实践中比较常见的形式为，企业委托农业科研机构进行育种。这样，既有利于企业以较低成本获得粮食新品种，又有利于农业科研机构育种研究目标与市场接轨，充分发挥其

---

[1] 参见最高人民法院（2017）最高法民申1801号民事裁定书。

科研实力。[①]

根据《植物新品种保护条例》第7条第2款的规定，在委托育种的情形下，粮食新品种权的归属由当事人在合同中约定；没有合同约定的，品种权属于受委托完成育种的单位或者个人。因此，虽然委托方没有直接从事育种工作，但也可以通过委托育种的形式，按照合同约定依法取得品种权。但是在没有合同约定的情况下，品种权则属于完成新品种培育的受委托方。实践中，委托方和受托方均应重视合同的订立。在合同中明确约定双方的权利义务、权利归属，以及未得到申请权人许可擅自申请的法律后果等。

另外，委托育种合同不同于新品种的委托生产合同。委托育种合同是在某新品种培育出来之前，委托方与受托方签订合同，由受托方完成新品种的培育工作的合同。而新品种的委托生产合同也称代繁合同，是指新品种已经培育出来并获得授权，委托方与受托方签订合同，由受托方代为生产该授权品种的繁殖材料的合同。[②]

3.合作育种

合作育种是指两人或两人以上共同完成的育种。根据《植物新品种保护条例》第7条第2款的规定，合作育种，品种权的归属由当事人在合同中约定；没有合同约定的，品种权属于共同完成育种的单位或者个人。即在合作育种下粮食新品种权的归属，在合作各方有约定时，按照约定处理；在没有约定或者约定不清的情形下，则由共同完成育种的各方共同所有。

因合作育种需为两人或两人以上共同完成育种，而"完成育种"是指"对新品种培育作出创造性贡献"。所以，合作育种主要包括两种情形：一是合作各方共同育种，各方既投资又实际从事育种工作；二是一方发现了一个品种，由他方将其开发成新品种。倘若一方或多方只进行投资，不从事实际育种工作，或者一方只提供资金、设备、材料等而不从事实际育种工作，则不能将其认定为合作育种的一方。[③]

[①] 李秀丽：《植物新品种权保护原理》，知识产权出版社2021年版，第196—197页。
[②] 胡潇潇：《植物新品种权法律基础》，知识产权出版社2018年版，第40页。
[③] 李秀丽：《植物新品种权保护原理》，知识产权出版社2021年版，第192页。

由于我国相关立法并未明确品种权共有人的权利行使规则，导致实践中对品种权共有人能否单独许可他人生产销售，并授权他人对侵犯植物新品种权的行为提起诉讼存在争议。[1]如在"甘肃省敦煌种业股份有限公司与河南省大京九种业有限公司等侵害植物新品种权纠纷案"中，最高人民法院认为，当植物新品种权存在两个以上权利主体，共有权人对权利的行使存在约定时，应当从其约定。品种权共有人黄某与武威农科院约定由武威农科院单独行使品种权并享有诉权，而武威农科院又许可敦煌种业公司生产经营并授权其可以单独就侵害"吉祥1号"品种权的行为提起诉讼。虽然武威农科院许可敦煌种业公司生产经营时，保留了被许可人武科公司以及武威甘鑫物种有限公司的生产经营权，敦煌种业公司实际上属于"吉祥1号"品种权的普通被许可人，但在武威农科院予以明确授权的情况下，敦煌种业公司作为"吉祥1号"植物新品种权的普通实施许可合同的被许可人，有权提起侵权诉讼。不同许可类型的起诉主体有所区别，但在获得明确授权的情形下，要结合具体情况判断。[2]

第四节　粮食新品种权的保护与限制

粮食新品种权的保护依据主要为我国立法对植物新品种权的保护规定，而植物新品种权保护是我国知识产权保护中非常重要的组成部分。粮食新品种权具有时间性，如保护期限届满，该品种便不再享有品种权。在保护期限届满前，粮食新品种权还可能因品种权人的放弃、未按要求提供繁殖材料、授权品种不再符合被授予品种权时的特征和特性等原因而提前终止。同时，立法还设置了品种权的无效宣告程序以及时纠正审批机关在审查授权过程中

---

[1] 高景贺：《从典型案例看植物新品种司法保护新发展》，载中银（深圳）律师事务所官网，http://www.zhongyinlawyer-sz.com/Culture/index3/id/72.html，2023年7月9日访问。

[2] 参见最高人民法院（2014）最高法民申52号民事裁定书。

可能出现的疏漏。另外，为了有效促进育种人、农民与社会公共利益的平衡，粮食新品种权也受到合理使用及强制许可制度的限制。

一、粮食新品种权的保护

（一）保护规定

关于粮食新品种权的保护规定，主要体现在《种子法》第28条及《植物新品种保护条例》第39条中，主要包括粮食新品种的保护范围和保护方式两方面的内容。

品种权的保护范围即品种权人行使权利的对象，粮食新品种权的保护范围主要是授权品种的繁殖材料，2021年修改的《种子法》将收获材料也纳入品种权保护范围中。品种的遗传特性包含在品种的繁殖材料中，繁殖材料在形成新个体的过程中进行品种的繁衍，传递了品种的特征特性，遗传信息通过繁殖材料实现了代代相传，表达了明显有别于在申请书提交之时已知的其他品种的特性，并且经过繁殖后其特征特性未变。因此，承载了品种特征特性的繁殖材料，是品种权人行使独占权的根本。[1]《种子法》第28条第2款及《植物新品种保护条例》第39条均规定了品种权的繁殖材料受到保护，即未经品种权人许可，以商业目的生产或者销售授权品种的繁殖材料的，品种权人或者利害关系人可以请求省级以上人民政府农业、林业行政部门依据各自的职权进行处理，也可以直接向人民法院提起诉讼。《实施细则》第5条将繁殖材料界定为可繁殖植物的种植材料或植物体的其他部分，包括籽粒、果实和根、茎、苗、芽、叶等。另外，《种子法》第28条第3款规定："实施前款规定的行为，涉及由未经许可使用授权品种的繁殖材料而获得的收获材料的，应当得到植物新品种权所有人的许可；但是，植物新品种权所有人对繁殖材料已有合理机会行使其权利的除外。"即《种子法》将品种权的保护范围延伸到了收获材料。

在《种子法》2021年修改之前，我国对品种权的保护仅限于繁殖材料，

---

[1] 周翔、罗霞、贠璐：《植物新品种权保护范围的确定》，载《人民司法·应用》2020年第2期。

这就造成权利人权利缺失，维权难度增加等问题。特别是在侵权所涉植物体既是繁殖材料又是收获材料的情形下，被诉侵权方往往以所涉植物体是收获材料进行抗辩而逃避侵权指控。如在"江苏明天种业科技股份有限公司诉响水金满仓种业有限公司侵害植物新品种权纠纷案"中，所涉植物体为小麦作物，其具有双重属性，既是收获材料又是繁殖材料。作为繁殖材料，小麦种子的纯度、发芽率、含水量等方面的要求均高于普通的商品粮，种子的生产成本和销售价格会明显高于商品粮。本案被诉侵权人否认销售的是种子，主张销售的是商品粮，但两次购买价格明显高于当年小麦商品粮的价格。在公证购买过程中，被诉侵权人的现场销售人员将进入购买现场人员的手机全部收走，具有违反交易惯例的反常行为。综合在案的相关证据和查明的事实，法院最终认定被诉侵权人销售的是侵权种子，不是商品粮，属于侵害品种权的侵权行为。[1]

事实上，品种权的保护范围还涉及直接制成品，但我国现行立法对于品种权的保护仅涉及繁殖材料和收获材料。实践中，保护范围的界定因植物种类和用途会有所不同。例如，对大田作物常规水稻品种而言，留种的稻谷是繁殖材料，用于加工的稻谷和稻草是收获材料，加工后的大米或草帘等是直接制成品。对杂交水稻品种来说，杂交种子是繁殖材料，生产出的稻谷和稻草是收获材料，加工后的大米或草帘等是直接制成品。[2]

当出现粮食新品种侵权纠纷时，品种权人或利害关系人可以选择请求行政部门和法院处理，即行政保护和司法保护。省级以上人民政府农业行政部门依据各自的职权，根据当事人自愿的原则，对侵权所造成的损害赔偿可以进行调解。调解达成协议的，当事人应当履行；调解未达成协议的，品种权人或者利害关系人可以提起民事诉讼。省级以上人民政府农业行政部门依据职权处理品种权侵权案件时，为维护社会公共利益，可以责令侵权人停止侵权行为，没收违法所得和植物品种繁殖材料；货值金额5万元以上的，可处货值金额1倍以上5倍以下的罚款；没有货值金额或者货值金额5万元以下的，根据情节轻重，可处25万元以下的罚款。

---

[1] 参见江苏省高级人民法院（2018）苏民终1492号民事判决书。
[2] 刘振伟、张桃林主编：《植物新品种保护法律制度》，中国民主法制出版社2022年版，第42页。

(二)保护期限和终止

1.保护期限及特殊保护时段

国际上对植物新品种规定了较长的保护期限,根据《保护植物新品种国际公约》(1978年文本)第8条的规定,育种者的权利自颁布证书之日起算,一般品种保护期限不少于15年,藤本植物、林木、果树和观赏树木及其根茎不少于18年。而该公约的1991年文本将15年修改为20年,18年延长到25年。我国对于植物新品种的保护期满足了上述公约1978年文本的下限要求,但低于1991年文本的期限要求。根据《植物新品种保护条例》第34条的规定,在我国,植物新品种权的保护期限,自授权之日起,藤本植物、林木、果树和观赏树木为20年,其他植物为15年。这也就意味着,粮食新品种权在我国的保护期限为15年,自授权公告之日起计算,有效期届满,品种权人不再享有专有权。

另外,在被授予品种权之前,粮食新品种还可获得一定期间的临时保护,这个期间是新品种的特殊保护时段。法律对粮食新品种的"临时保护"是以该品种被授予品种权为基础的。因此,粮食新品种获得品种授权的时间即是该品种获得"临时保护"的时间,而上述"一定期间的临时保护"即该品种的"临时保护期"。

《植物新品种保护条例》第33条规定:"品种权被授予后,在自初步审查合格公告之日起至被授予品种权之日止的期间,对未经申请人许可,为商业目的生产或者销售该授权品种的繁殖材料的单位和个人,品种权人享有追偿的权利。"该条规定中的"品种权被授予后"就是该品种获得"临时保护"的时间,"初步审查合格公告之日"就是该品种"临时保护期"的起始时间。即"自初步审查合格公告之日起至被授予品种权之日止",是粮食新品种被"临时保护"的特殊期间。

临时保护期的规定可以有效地为植物新品种提供全链条的保护,并充分补偿品种权人的经济利益。在"新乡市金苑邦达富农业科技有限公司与滑县丰之源农业科技有限公司、冯某某、项城市秣陵镇春花农资店植物新品种临时保护期使用费纠纷案"中,最高人民法院认为,"伟隆169"小麦品种于

2018年1月1日公告，2020年12月31日被授予植物新品种权，丰之源公司的被诉生产行为发生于2020年7月，春花农资店被诉销售行为发生于2020年9月，本案系金苑邦达富公司对品种权初步审查合格公告之日至被授予品种权期间，就生产、销售该授权品种繁殖材料的行为主张追偿利益，属于植物新品种临时保护期使用费纠纷。丰之源公司在临时保护期内未经许可生产、销售"伟隆169"，金苑邦达富公司有权对此主张追偿利益损失。[①]

2. 保护失效的情形

粮食新品种权的保护失效即粮食新品种权的终止。根据《植物新品种保护条例》第36条的规定，有下列情形之一的，粮食新品种权在其保护期限届满前终止：品种权人以书面声明放弃品种权的；品种权人未按照规定缴纳年费的；品种权人未按照审批机关的要求提供检测所需的该授权品种的繁殖材料的；经检测该授权品种不再符合被授予品种权时的特征和特性的。品种权的终止，需由审批机关进行登记和公告，自登记之日起，品种权终止。

另外，需要注意的是，根据《植物新品种保护条例》第35条的规定，品种权人应当自被授予品种权的当年开始缴纳年费。这一点目前是有变化的。2017年3月15日，财政部、国家发展改革委发布了《关于清理规范一批行政事业性收费有关政策的通知》，明确了自2017年4月1日起，停止植物新品种保护权收费。这意味着自2017年4月1日起，品种权人无须再缴纳年费，体现了国家对育种科研的重视和大力支持。因此，"品种权人未按照规定缴纳年费"不再构成品种权终止或失效的理由。

3. 权利无效的规定

根据《植物新品种保护条例》第37条及其《实施细则》的相关规定，自植物新品种保护办公室公告授予品种权之日起，植物新品种复审委员会可以依据职权，或者依据任何单位或者个人的书面请求，宣告不符合《植物新品种保护条例》有关规定的品种权无效。

当权利人取得的粮食新品种权不属于国家植物品种保护名录中列举的植物的属或者种，或者不符合《植物新品种保护条例》有关新颖性、特异性、

[①] 参见最高人民法院（2021）最高法知民终1661号民事判决书。

一致性和稳定性要求的，抑或所取得的品种权危害公共利益、生态环境，任何单位和个人都可以随时对该项品种权申请宣告无效。具体程序为，向农业农村部植物新品种复审委员会提交品种权无效宣告请求书和有关文件一式两份，说明所依据的事实和理由。但是，宣告无效的申请也存在不予受理的情形，即植物新品种权无效宣告请求书中未说明所依据的事实和理由或者所提出的理由不符合规定；复审委员会就一项植物新品种权无效宣告请求已审理并决定仍维持植物新品种权的，请求人又以同一事实和理由请求无效宣告。同时，在复审委员会对无效宣告请求作出决定前，无效宣告请求人也可以撤回其请求。对植物新品种复审委员会的决定不服的当事人，可以自收到通知之日起3个月内向人民法院提起诉讼。

根据《植物新品种保护条例》第38条的规定，被宣告无效的品种权视为自始不存在。宣告品种权无效的决定，对在宣告前人民法院作出并已执行的植物新品种侵权的判决、裁定，省级以上人民政府农业、林业行政部门作出并已执行的植物新品种侵权处理决定，以及已经履行的植物新品种实施许可合同和植物新品种权转让合同，不具有追溯力；但是，因品种权人的恶意给他人造成损失的，应当给予合理赔偿。依照前述规定，品种权人或者品种权转让人不向被许可实施人或者受让人返还使用费或者转让费，明显违反公平原则的，品种权人或者品种权转让人应当向被许可实施人或者受让人返还全部或者部分使用费或者转让费。

二、粮食新品种权的限制

（一）合理使用

1.概念

粮食新品种权的合理使用是指利用授权品种进行育种及其他科研活动或者农民自繁自用授权品种的繁殖材料，可以不经粮食新品种权人许可使用授权品种，并不向其支付使用费的行为。合理使用是对粮食新品种权人权利的限制，其目的是便利育种科研和改进创新，同时为农民保留了自繁自用的权利，体现了对农业传统习俗的尊重。

但是，利用授权品种进行育种及其他科研活动，农民自繁自用授权品种的繁殖材料等，不得侵犯粮食新品种权人享有的其他权利。虽然利用授权品种进行育种及其他科研活动不属于侵权，但对授权品种的繁殖材料特别是杂交亲本材料应是合理的取得，不能采取不正当手段获取，否则可能侵犯品种权人的合法权益而被提起诉讼。[1]在"河南金博士种业股份有限公司诉北京德农种业有限公司、河南省农业科学院侵害植物新品种权纠纷案"中，法院的认定对杂交种生产中涉及杂交种及其亲本关系的植物新品种侵权纠纷的处理具有一定的指导意义。法律并不禁止利用授权品种进行育种及其他科研活动，但在新品种获得授权及通过品种审定后，该新品种的权利人及其被许可人面向市场推广该新品种，将他人已授权品种的繁殖材料重复用于生产该新品种的繁殖材料时，仍需经过作为父母本的已授权品种的权利人同意或许可。[2]

而合理使用意义上的农民自繁自用也有一定的限制条件：一是使用主体须具备农民身份，即以农业种植为业的个人、农村承包经营户；二是首次使用的繁殖材料具有合法来源，即农民第一次使用的繁殖材料，是品种权人自己生产、销售或者许可他人生产、销售的繁殖材料，具有合法基础；三是农民留存的繁殖材料应当用于再次种植，即收获作物中保留的种子，应以后续生产为目的，而不得用于销售获利。[3]

在"江苏省金地种业科技有限公司诉江苏亲耕田农业产业发展有限公司侵害植物新品种权纠纷案"中，法院对于被诉侵权人亲耕田公司以通过信息网络途径组织买卖各方，以"农民""种粮大户"等经营主体名义为掩护实施的侵权行为进行了准确定性。亲耕田公司发布侵权种子销售具体信息，与购买方协商确定种子买卖的包装方式、价款和数量、履行期限等交易要素，销售合同已经依法成立，亲耕田公司系被诉侵权种子的交易组织者、决策者，实施了销售行为，构成侵权。亲耕田公司并非农民，其发布和组织交易的种子销售信息所涉种子数量达数万斤，远远超出了农民个人自繁自用的数量和规模。[4]另在

---

[1] 刘振伟、张桃林主编：《植物新品种保护法律制度》，中国民主法制出版社2022年版，第48页。
[2] 参见最高人民法院（2018）最高法民申4587号民事裁定书。
[3] 吴汉东：《知识产权法》，法律出版社2021年版，第720页。
[4] 参见最高人民法院（2021）最高法知民终816号民事判决书。

"江苏省高科种业科技有限公司诉秦某宏侵害植物新品种权纠纷案"中，最高人民法院明确了"农民自繁自用"适用的主体应是以家庭联产承包责任制的形式签订农村土地承包合同的农民个人，不包括合作社、种粮大户、家庭农场等新型农业经营主体；适用的土地范围应当是通过家庭联产承包责任制承包的土地，不应包括通过各种流转方式获得经营权的土地；种子用途应以自用为限，除法律规定的可以在当地集贸市场上出售、串换剩余常规种子外，不能通过各种交易形式将生产、留用的种子提供给他人使用。①

2. 规定

关于粮食新品种权的合理使用，体现在我国《种子法》第29条与《植物新品种保护条例》第10条的规定中。二者对植物新品种合理使用的规定并无本质区别。在下列情况下使用授权品种的，可以不经植物新品种权所有人许可，不向其支付使用费，但不得侵犯植物新品种权所有人依照相关法律、行政法规享有的其他权利：一是利用授权品种进行育种及其他科研活动；二是农民自繁自用授权品种的繁殖材料。

（二）强制许可

1. 概念

粮食新品种权的强制许可，是指国务院农业农村主管部门为了国家利益或公共利益，针对品种权人在规定期限内未实施或者未充分实施其品种权时所作出的许可他人实施其品种权的强制性决定。②

2. 规定

根据《种子法》第30条、《植物新品种保护条例》第11条及《实施细则》第12条关于植物新品种权强制许可的规定，粮食新品种权的强制许可制度主要包括以下内容。

（1）可以实施强制许可的情形

为了国家利益或者公共利益的需要；品种权人无正当理由自己不实施，

---

① 参见最高人民法院（2019）最高法知民终407号民事判决书。
② 刘振伟、张桃林主编：《植物新品种保护法律制度》，中国民主法制出版社2022年版，第49页。

又不许可他人以合理条件实施的；对重要农作物品种，品种权人虽已实施，但明显不能满足国内市场需求，又不许可他人以合理条件实施的。

（2）对实施权人的限制

取得实施强制许可的单位或者个人不享有独占的实施权，无权允许他人实施。并且应当付给品种权人合理的使用费，其数额由双方商定；双方不能达成协议的，由审批机关裁决。

（3）申请强制许可的程序

申请强制许可的，应当向农业农村部提交强制许可请求书，说明理由并附具有关证明文件各一式两份。农业农村部自收到请求书之日起20个工作日内作出决定。需要组织专家调查论证的，调查论证时间不得超过3个月。同意强制许可请求的，由农业农村部通知品种权人和强制许可请求人，并予以公告；不同意强制许可请求的，通知请求人并说明理由。

（4）品种权人的救济

品种权人对强制许可决定或者强制许可使用费的裁决不服的，可以自收到通知之日起3个月内向人民法院提起诉讼。

第十章

涉粮遗传资源保护法律制度

遗传资源是国家战略性资源，也是现代社会发展农业、生物及医药产业的基础。遗传资源的法律保护是全球性议题，各国及国际组织关注和讨论的热点话题。涉粮（粮农植物）遗传资源的保护和利用对国家粮食安全和农业可持续发展极为重要。种子生物多样性是粮食生产的生命保险。党的十八大以来，习近平总书记多次强调要下决心把民族种业搞上去，抓紧培育具有自主知识产权的优良品种，从源头上保障粮食安全。[①]

第一节　涉粮遗传资源保护与利用法律制度概述

一、涉粮遗传资源相关概念

（一）涉粮遗传资源

生物遗传资源是指具有实际或潜在价值的来自植物、动物、微生物或其他来源的任何含有生物遗传功能单位的材料、衍生物及其产生的信息资料（不包括人类遗传资源）。[②]《生物多样性公约》（CBD）第2条对遗传资源下的定义是"遗传资源是指具有实际或潜在价值的遗传材料"。同时指出"遗传材料"是指来自植物、动物、微生物或其他来源的任何含有遗传功能单位的材料。《粮食和农业植物遗传资源国际条约》（ITPGRFA）规定"遗传材料"是指"包括含有遗传功能单位的有性和无性繁殖材料"。《植物种质收集和转让国际行为守则》对植物遗传资源下的定义是"植物有性繁殖材料或无性繁殖材料"。我国《专利法实施细则》第29条第1款规定，专利法所称遗传资源，是指取自人体、动物、植物或者微生物等含有遗传功能单位并具有实际或者潜在价值的材料和利用此类材料产生的遗传信息；专利法所称依赖遗传资源完

[①] 中共中央文献研究室编：《十八大以来重要文献选编》，中央文献出版社2014年版，第664页。
[②] 参见《生物遗传资源获取与惠益分享管理条例（草案）》（征求意见稿）中对"生物遗传资源"的术语定义，载生态环境部网站，https://www.mee.gov.cn/ywgz/zrstbh/swdyxbh/201703/t20170323_408704.shtml，2024年3月1日访问。

成的发明创造，是指利用了遗传资源的遗传功能完成的发明创造。《生物遗传资源获取与惠益分享管理条例（草案）》（征求意见稿）规定，"衍生物"是指由生物遗传资源的遗传表达或新陈代谢产生的生物化学物质，以及直接以天然产物进行结构改造的类似物或利用生物遗传资源及其信息人工合成的化合物。从 CBD、ITPGRFA 等国际公约及我国专利法实施细则的规定来看，遗传资源的核心要素是含有遗传功能单位的材料。

关于"涉粮遗传资源"这一概念目前尚未形成统一认识，我国在立法和实践中并未直接使用这一概念，而是针对不同的农业遗传资源类型使用不同的概念称谓。农业农村部将种质资源和畜禽遗传资源统称为"农业遗传资源"。与之相关的概念是"种质资源"，如我国《种子法》《农作物种质资源管理办法》中的规定。就如何定义"涉粮遗传资源"，可参照《生物多样性公约》的规定，涉粮遗传资源主要是农作物遗传资源，是指在粮食生产中具有实际或潜在价值、具有遗传功能单元的原初材料。如源植物的功能基因、提取物、传统知识或者相关数据和信息。简单来说，就是农作物品种的繁殖材料。

（二）遗传资源来源国与提供国

根据《生物多样性公约》的规定，遗传资源来源国（Country of Origin of Genetic Resources）是指在原地（In-situ）条件下拥有生物遗传资源的国家。"原地条件"是指遗传资源生存于生态系统和自然生境之内的条件。对于驯化或培植的物种而言，其环境是指它们在其中发展出其明显特性的环境。

遗传资源提供国（Country Providing Genetic Resources）是指提供遗传资源的国家。此遗传资源可能取自原地来源，包括野生物种和驯化物种的群体，或取自移地（Ex-situ）来源，无论是否原产于该国。遗传资源的提供国可以不是遗传资源的来源国。

（三）土著与当地社区

《生物多样性公约》及《〈生物多样性公约〉关于获取遗传资源和公正公平地分享其利用所产生惠益的名古屋议定书》（以下简称《名古屋议定书》）中使用了"土著与当地社区"这一词汇，没有普遍标准的定义。《生物多样性公约》第8（j）条规定了每一缔约国应尽可能尊重并保护土著和当地社区的传统生活方式，促进生物多样性的保护和持续利用，保护相关的知识、创新等信息，并由该信息的拥有者参与相关活动，鼓励公平分享获得的惠益等。联合国大会于2007年通过的《联合国土著人民权利宣言》第31条第1款规定："土著人民有权保持、掌管、保护和发展其文化遗产、传统知识和传统文化表现形式，以及其科学、技术和文化表现形式，包括人类和遗传资源、种子、医药、关于动植物群特性的知识、口述传统、文学作品、设计、体育和传统游戏、视觉和表演艺术。他们还有权保持、掌管、保护和发展自己对这些文化遗产、传统知识和传统文化表现形式的知识产权。"第31条第2款进一步规定："各国应与土著人民共同采取有效措施，确认和保护这些权利的行使。"

《生物多样性公约》用"土著和当地社区"一词来承认与其传统依靠生存和利用的地域及水域关系久远的社区。① 当地社区可以定义为："生活在特殊生态区的人口，他们直接依靠其生物多样性和生态系统的商品和服务作为其全部或部分生计来源，并且由于这种依存关系，他们已发展或取得传统知识，包括农民、渔民、牧民、林区居民和其他人。"②

联合国环境规划署（UNEP）《缩略语和词汇表》对"土著人民"下的定义是："没有普遍、标准的定义。通常认为包括文化社区及其后裔，他们与某地区或某地区的一部分有历史连续性或关联，目前居住或在后来的殖民化或吞并之前曾经居住在该地区，或在民族国家的形成过程中与其他文化社区一同居住，或完全或基本不受民族国家所声称管制的影响，并且还至少部分保持着其独特的语言、文化和社会/组织特征，同时在一定程度上与周围人口和民族国家的主流文化保持区别。还包括自认为土著的人民和被其他群体认为是土著的人民。"③

---

① "The Concept of Local Communities", Background paper prepared by the Secretariat of the Permanent Forum on Indigenous Issues for the Expert Workshop on the Dissaggregation of Data（PFII/2004/WS.1/3/Add.1）.另见UNEP/CBD/WS-CB/LAC/1/INF/5。

② 见UNEP-CBD专门制度讲习班，UNEP/CBD/WG8J/4/INF/18，第2页。

③ 参见《知识产权与遗传资源、传统知识和传统文化表现形式重要词语汇编》，载世界知识产权组织网站，https://www.wipo.int/meetings/zh/doc_details.jsp?doc_id=192978，2023年7月16日访问。

二、涉粮遗传资源的特征

与其他智力成果相比，涉粮遗传资源具有以下特征。

（一）遗传性

遗传资源由遗传信息和遗传材料两部分构成。从生物学角度来看，遗传信息是指碱基对的排列顺序，或指核苷酸（DNA中的脱氧核苷酸或RNA中的核糖核苷酸）的排列顺序。遗传材料是遗传信息的承载者，但遗传信息可以不依附遗传材料而存在。DNA是遗传信息的载体。基因中脱氧核苷酸种类、数目和排列顺序的不同，决定了遗传信息的多样性。遗传资源大规模商业化应用的前提是利用技术方法分离遗传信息，然后将其投入生化材料生产和新品种动植物培育中，这种特点使得涉粮遗传资源极易被盗用。

（二）多样性

遗传资源是体现一国生物多样性、文化多样性的基础性资源，也是决定一国生物种群、生物资源能否永续生存、生态系统能否维持平衡的关键性资源，更是关乎一国生态安全的战略性资源。生物遗传基因具有多样性，基因的多样性导致了物种的多样性。任何一个物种或生物个体都保存着大量的遗传基因。基因的多样性是生命进化和物种分化的基础。自然资源的合理利用和生态环境的保护是人类可持续发展的基础。保护生物多样性，特别是涉粮遗传资源的多样性，是人类可持续发展的重要保障。

三、涉粮遗传资源保护性利用的必要性

涉粮遗传资源作为一种重要的非传统资源，在现代农业领域发挥着不可替代的作用。与此同时，作为一项关乎国家粮食安全和人类生命健康安全的重要战略资源，谁拥有丰富的生物遗传资源并掌握其利用技术，谁就在一定程度上掌握了实现可持续发展的主导权。各个国家都依赖来自其他地方的粮

食和农业植物遗传资源。

（一）涉粮遗传资源的保护性利用关涉粮食安全

粮食安全是事关人类生存的根本性问题，是全球发展领域最紧迫的挑战。种业是国家基础性、战略性核心产业。涉粮遗传资源是人类社会赖以生存和发展的重要物质基础，是保障国家粮食安全和农业科技创新的重要战略资源。全球粮食结构性矛盾始终存在，阶段性、区域性粮食短缺问题较为明显，国际粮食产业链供应链脆弱性凸显，粮食价格高位运行，饥饿人口有增无减，成为影响世界稳定的重要不确定因素。1996年，世界粮食首脑会议通过的《世界粮食安全罗马宣言》和《世界粮食首脑会议行动计划》，重申了"人人有获得安全而富有营养的粮食的权利"。粮食和农业植物遗传资源是通过农民选育、传统植物育种或现代生物技术等方法进行作物遗传改良不可或缺的原材料，并对适应无法预测的环境变化及满足人类未来需要至关重要。拥有遗传资源的数量和质量，是决定育种效果的重要条件，也是衡量育种水平的重要标志。我国当前面临的粮食及农业植物遗传资源流失和濒危的严重形势，要求必须通过有效的法律机制来促进粮食和农业植物遗传资源的权利保护，保证粮食和农业植物遗传资源的可持续利用。粮食和农业植物遗传资源保护既与国家粮食安全紧密相连，又与农业健康发展和农民基本权益紧密联系。涉粮遗传资源收集全球化，使得我国迫切需要引进国外资源。我国农业科技进步最大的短板就是种子。种源安全关系到国家安全、食品安全和农产品的有效供给，必须实现种业科技自立自强、种源自主可控。加强种质资源收集、保护和开发利用，加快生物育种产业化步伐，实现农作物种质资源的安全保护和高效利用，对于全面推进乡村振兴，加快建设农业强国，全方位夯实粮食安全根基，具有十分重要的意义。

（二）涉粮遗传资源的生态和经济价值凸显

生物技术的迅猛发展，在农业、食品、医药等领域的广泛应用，促进了生物产业的蓬勃发展。以生物技术和信息技术为特征的新一轮农业科技革命正在孕育大的突破，各国都在抢占制高点。大部分生物技术或产品的研发，通常以遗传资源作为研发的基础材料。良种在促进粮食增产方面具有十分关键的作用。培育具有自主知识产权的优良品种，可从源头上保障国家粮食安全。一粒种子可以改变一个世界，一项技术能够创造一个奇迹。粮食和农业植物遗传资源不仅是国家战略资源，更是经济社会可持续发展的基石，还是国家生态安全和生态文明的重要保障。随着生物技术的飞跃式发展，各国对生物遗传资源的争夺日益激烈，生物遗传资源的"生物剽窃"也越发严重。

各种生物与其周围环境构成了稳定的生态系统，在这个生态系统中，各个物种之间相互依赖、彼此制约，生物与其周围的各种环境因子亦相互作用。我国特有种质资源消失风险加剧，种质资源丰富与育种材料贫乏的矛盾突出。

四、涉粮遗传资源保护性利用的基本原则

（一）保护与利用相结合原则

涉粮遗传资源是保障国家粮食安全与重要农产品供给的战略性资源，是农业科技原始创新与现代种业发展的物质基础。只有有效保护和高效利用涉粮遗传资源，发挥其资源、经济价值，才能保证重要农产品的供给和国家粮食安全战略目标的实现。基于涉粮遗传资源客体的特殊性，保护是手段，利用是目的，保护和利用相互联系、相互促进、密不可分。因此，对涉粮遗传资源的保护应采取"在保护中利用与在利用中保护"的协调发展原则。持续不断收集新的优异资源，逐步扩大基因资源库。紧密结合市场需求，有序利用开发特色资源。拓展可供利用的资源范围和种类，创新保护与利用技术，在利用中保护涉粮遗传资源。

（二）资源共享与产权保护相结合原则

涉粮遗传资源既具有公共利益属性，又具有较大的经济属性。涉粮遗传资源的共享，能有效发挥其最大经济利益价值，促进农业经济的可持续发展。因此，在对涉粮遗传资源全面保护的前提下，可对其实施共享性利用，满足全社会用粮需求。然而，无序的利用和无产权的保护，会导致涉粮遗传资源灭失和生物多样性被破坏。加强对涉粮遗传资源的产权保护，有利于促

进对遗传资源利用方面的投资，促进对遗传资源的保护和持久使用，减少不利影响，鼓励生物多样性保护。因此，对涉粮遗传资源的保护应采取资源共享与产权保护相结合的原则。对涉粮遗传资源实施登记制度，实行差别化管理、权益化激励，对创新资源依规赋权交易，充分体现遗传资源的价值。

第二节　涉粮遗传资源保护与利用法律制度的内容

涉粮遗传资源兼具公共利益属性和经济属性，关涉国家粮食安全、人类可持续发展。涉粮遗传资源保护与利用法律制度的内容主要包括以下几个方面。

一、涉粮遗传信息的所有权

涉粮遗传资源指的是粮食和农业植物资源，包括粮食和农业植物遗传资源材料和遗传资源信息。粮食和农业植物遗传资源材料是指含有粮食和农业植物基因组、基因等遗传物质的组织、细胞等遗传材料。粮食和农业植物遗传资源信息是指利用粮食和农业植物遗传资源材料产生的数据等信息资料，也就是对遗传材料的信息解读产生的遗传信息数据。所有权的争夺源于价值，遗传信息具有较大的经济价值。关于遗传信息所有权的归属，涉及遗传信息提供者、获取者、集体（如社区）、全人类等主体。遗传信息价值的产生需要获取者投入相应的劳动活动，即从遗传材料中提取DNA，通过设计引物、测序等程序获得遗传信息，并对所获得的遗传信息进行解读。涉粮遗传信息与个人遗传信息相比，因不涉及个人隐私、家族成员利益等，其所有权的归属及其利用通常由遗传信息提供者与遗传信息获取者之间通过协议的方式来确定。

二、涉粮遗传资源登记赋权制度

涉粮遗传资源是关涉国家粮食安全的重要战略资源，国家有必要加强对涉粮遗传资源的保护，开展粮食和农业植物遗传资源调查，对重要遗传家系和特定地区涉粮遗传资源实行申报登记制度。建立农作物种质资源登记制度，实行差别化管理、权益化激励。对公共资源依法向全社会开放，对创新资源依规赋权交易，按规定或约定实现有效共享。获取和利用涉粮遗传资源，需要履行登记和审批手续。地方品种和野生种等特有种质资源、优异资源和基因资源发掘利用，按照统分结合、分级分类、共享交流、推进利用的原则，由省级农业农村主管部门负责涉粮遗传资源分类登记工作，实行统一身份信息管理。省级农业农村主管部门定期发布涉粮遗传资源登记信息，公布可供利用的涉粮遗传资源目录，有效保护创制人合法权益，激发种质资源创新的原动力。

三、涉粮遗传资源的所有权、保管权、使用权、收益权分置制度

涉粮遗传资源是通过农民选育、传统植物育种或现代生物技术等方法进行作物遗传改良不可或缺的原材料。涉粮遗传资源涉及资源所有者、提供者、持有人、保管者、利用者等不同利益主体，协调平衡好这些不同利益主体，能有效保障涉粮遗传资源获取与惠益分享机制的良好运行。联合国粮食及农业组织（FAO）于1983年通过的《植物遗传资源国际协定》确立了植物遗传资源"人类共同财产"的原则，即任何人不得对植物遗传资源主张法律权利。随着生物技术的迅猛发展，该原则适用于改良品种资源领域，难以满足发达国家和发展中国家的发展利益需求，特别是损害了育种者的利益实现。联合国粮食及农业组织于1991年修订了相关条款，指出"人类共同财产"原则不适用于改良物种领域。1992年通过的《生物多样性公约》及《名古屋议定书》确立了"自然资源国家主权原则"，即各国对其自然资源拥有主权和主权权利。2001年通过的《粮食和农业植物遗传资源国际条约》也明确了"国家主权原则"。这一原则的确立并不代表涉粮遗传资源的所有权归国家所有，而是以一种简单的方式指代特定国家管辖下的生物资源，[1]强调了国家拥有监管、

---

[1] 肇旭：《遗传资源流失防控法律对策研究》，法律出版社2022年版，第22页。

控制、保护涉粮遗传资源的权力。主权与所有权不是同一概念，两者的属性和内涵不同。主权系公法上的概念，是主权国家对其管辖区域所拥有的至高无上的、排他性的政治权力，是国家在国际法上所固有的独立处理对内对外事务的权力。所有权系民法上的私权，是物权的一种，所有人对物具有一般概括支配的权利。所有权是指物权人对标的物享有占用、使用、收益、处分，并排斥他人干涉对物的圆满支配状态的权利。

我国宪法和相关法律法规未明确规定"生物遗传资源"的所有权。《宪法》第9条规定："矿藏、水流、森林、山岭、草原、荒地、滩涂等自然资源，都属于国家所有，即全民所有；由法律规定属于集体所有的森林和山岭、草原、荒地、滩涂除外。国家保障自然资源的合理利用，保护珍贵的动物和植物。禁止任何组织或者个人用任何手段侵占或者破坏自然资源。"《民法典》第250条规定："森林、山岭、草原、荒地、滩涂等自然资源，属于国家所有，但是法律规定属于集体所有的除外。"第251条规定："法律规定属于国家所有的野生动植物资源，属于国家所有。"然而，这些规定不能将涉粮遗传资源归类于自然资源的范畴，理所当然地归国家所有。

涉粮遗传资源在分布上具有区域性特征，自身具有自我复制性特征，使得权利主体的确定具有较大的不确定性。同时，遗传资源也可能是农民世世代代选择培育出来的，品种的驯化是人难以确定的。为此，可以构建以利益分享为中心的复合式权利主体，即遗传资源的所有人是国家，权利支配人是社区共有人。[①]这样既可以避免确定涉粮遗传资源所有人的困境，也利于国家防控遗传资源流失，获得相应的利益分享。就具体的获取与利用程序而言，国家自然资源管理部门可以作为涉粮遗传资源所有权的行使者，负责审批并颁发遗传资源获取许可证。涉粮遗传资源的提供方（持有人）可将事前知情同意和惠益分享作为获取的前提条件。使用者在收集、利用农作物遗传资源之前，应获得相应的许可，即需要事先知情同意和达成共同商定条件。国家对遗传资源享有主权权利，其可在合作中对相关粗提物及其信息的后续研究、利用和第三方转让设

---

① 张海燕：《遗传资源权权利主体的分析——基于遗传资源权复合式权利主体的构想》，载《政治与法律》2011年第2期。

置约束性条件。涉粮遗传资源的保管由国家农业农村部门负责。

遗传资源的提供方为地方社区和居民，遗传资源的使用方为企业、科研机构。涉粮遗传资源持有人是指实际采集、保藏、保存生物遗传资源的自然人、法人或者组织。使用权是指利用农作物遗传资源，即对农作物遗传资源进行科学研究和商业开发等，如运用生物技术手段对遗产资源的遗传和（或）生物化学成分开展研究和开发活动。涉粮遗传资源的公共属性决定了其所产生的惠益不仅由个体享有，而且应当兼顾社会公共利益。

四、涉粮遗传资源保护中农民的权利

为了激发农民和社区在保护与利用农业遗传资源上的积极性，应当赋予农民权利。农民获得权利的基础是原产地中心及多样性中心的农民（农民特定群体、社区）在保存、改良及提供这些涉粮遗传资源方面作出的贡献。世世代代的农民对植物遗传资源作出的贡献是世界粮食安全的基础。对保护、保存涉粮遗传资源作出巨大贡献的传统群体或社区等应允许其拥有农业遗传资源权。地方社区享有使用遗传资源及传统知识的权利，以及分享因利用遗传资源及传统知识而产生的利益的权利。

五、涉粮遗传资源库（圃）认定挂牌和考核制度

加强涉粮遗传资源保护与利用的一项重要措施就是建设农作物遗传种质资源保护库（场、区、圃）。[①]种质资源的保存是利用、交换及出售的基础。农作物种质资源保护库（场、区、圃）用来保存已被特征化的物种、种质资源，以共享特征数据。这样便于遗传资源利用者查询、获取相关遗传资源。国家级农作物遗传种质资源库（圃）是我国农作物遗传种质资源安全保存与共享利用的战略性、基础性和公益性设施，承担着农作物种质资源收集、整

---

① 涉粮遗传资源的保存区，包括种质库、种质圃、繁育基地、保种场、野生种质资源离体保存中心等。

理、鉴定、登记、保存、交流和利用等工作。建立涉粮遗传资源库（圃）认定挂牌和考核制度，可以为农作物遗传种质资源收集保护、鉴定评价和共享利用奠定基础。

六、涉粮遗传资源共享利用信息反馈制度

建立规范涉粮遗传资源获取和信息反馈的机制，有利于防止遗传资源流失，提高资源共享利用效率，保障国家粮食安全和农业产业高质量发展。构建种质资源展示和共享平台，向国内分发、国外交换种质资源，为农作物育种与基础研究提供支撑。收集整理种质资源的来源、系统、眠性、化性及特殊性状等性能数据和采集图片，创建农作物种质资源信息数据库。针对涉粮遗传资源价值链全过程、全环节设置事先知情同意程序。涉粮遗传资源价值链包含获取或者采集、科学研究、知识产权保护、第三方转让、商业化（生产和销售）、出境等环节。各国主要在获取、转让、商业化等环节要求获取者事先征得提供者的同意或者书面同意。为了防止在惠益分享阶段产生信息不对等和分配不公平、致使资源流失现象的发生，保障涉粮遗传资源惠益分享的有效实施，行政权力要适当介入惠益分享环节，以掌握充分的信息。惠益分享环节重点关注研究成果商业化、成果转让、研究报告发布、知识产权实施、产品销售与再开发等五个方面的事先知情同意。

构建涉粮遗传资源大数据平台，实现数字化动态监测、信息化监督管理。为了提高涉粮遗传资源利用效率，实现资源的实物共享和资源保护带来的良好社会效益，涉粮遗传资源保管部门要向全国的科研、教学和生产单位提供涉粮遗传资源。

第三节　涉粮遗传资源保护与利用的国际公约

全球范围内生物遗传资源获取、开发、利用活动及由此产生的惠益的分

配与再分配是世界各国重点关注的议题。目前，全球范围内规范生物遗传资源获取和惠益分享的国际法律文件主要有《生物多样性公约》《名古屋议定书》《粮食和农业植物遗传资源国际条约》等。这些公约和议定书旨在构建一种体现缔约国意志的双边、多边获取和惠益分享法律机制，经过多年的发展已取得一定的成效。

一、《生物多样性公约》

随着生物技术的发展，遗传资源在农业、医药、化工、环保等领域发挥着越来越重要的作用，对人类社会发展具有重要意义。由于缺乏有效的制度和措施，创新能力较强的发达国家往往随意获取和利用他国的遗传资源，损害他国利益，特别是那些遗传资源较为丰富的发展中国家。为此，促使了1992年的《生物多样性公约》及《名古屋议定书》等国际法律文件的产生。

（一）《生物多样性公约》相关规定

早在20世纪70年代初，国际社会已经意识到生物资源对人类社会发展的重要意义以及生物资源面临的威胁，并着手开展生物资源的保护。经过国际社会二十多年的不懈努力，1992年6月5日，《生物多样性公约》最终在联合国环境与发展大会上开放签署。截至2021年10月12日，该公约已经有196个缔约方，成为签约方最多的国际公约之一。该公约是一项具有法律约束力的国际条约，自1993年12月29日正式生效。1993年生效的《生物多样性公约》规定了一系列遗传资源保护规则。该公约有三项主要目标：保护生物多样性、可持续利用生物多样性及公约的总体目标是鼓励建设可持续未来的行动。该公约涵盖了所有层面的生物多样性，即生态系统、物种和遗传资源。此外，通过《卡塔赫纳生物安全议定书》等，公约还涵盖了生物技术。

《生物多样性公约》第1条，开宗明义，确立了公约的三大目标，即保护生物多样性、对生物多样性组分的可持续利用、公正合理分享由利用遗传资源所产生的惠益（ABS）。《生物多样性公约》为缔约方或利益相关者设定了明确的义务和责任。5月22日为生物多样性国际日。《生物多样性公约》第十五次缔约方大会（COP15）第二阶段会议上通过了"昆明—蒙特利尔全球生物多样性框架"。

《生物多样性公约》确立了国家主权原则，即遗传资源的取得须经提供这种资源的缔约国事先知情同意，并应就所得惠益与提供国公平分享。《生物多样性公约》确立的国家主权原则主要通过政府对遗传资源获取、使用、出境等行政管理规则在国内法中予以体现。《生物多样性公约》确立了"事先知情同意原则"（PIC），该原则要求生物遗传资源的获取应以提供国的事先同意为前提。《生物多样性公约》确立的"公平合理分享因利用遗传资源而产生的惠益"（以下简称"惠益分享原则"）这一目标仅适用于遗传资源提供国。之所以如此规定，是为了规制发达国家的"生物海盗"行为。一些发达国家凭借经济、技术等方面的优势，从发展中国家获取大量生物遗传资源进行商业开发并获取高额利润，但遗传资源提供国却无法从中获得合理的惠益分享。各成员为了落实这一原则的要求，在专利法中规定，专利申请人提出应用了遗传资源的专利申请时，应当提供在先知情同意或惠益分享的证据；或者是在专利法中增加遗传资源披露义务制度，要求专利申请人披露遗传资源的直接或间接来源。《生物多样性公约》确立的"事先知情同意原则"和"惠益分享原则"从不同的角度保护了遗传资源提供者的合法权益。

（二）《波恩准则》

《波恩准则》（Bonn Guidelines）全称《关于获取遗传资源并公正和公平分享通过其利用所产生的惠益的波恩准则》，《生物多样性公约》成员大会于2002年通过第VI/24号决议，决定采纳该准则。[①]《波恩准则》为惠益分享的具体实施提供指导。《波恩准则》的目标是协助缔约方、各国政府和其他利益相关者制定全面的遗传资源获取和惠益分享战略，并确定获取和惠益分享过程的步骤。具体而言，《波恩准则》旨在协助遗传资源获取和惠益分享的法

---

① Secretariat of the Convention on Biological Diversity（2002）. Bonn Guidelines on Access to Genetic Resources and Fair and Equitable Sharing of the Benefits Arising out of their Utilization. Montreal: Secretariat of the Convention on Biological Diversity.

律、行政和政策措施的制定，并向发展中国家提供能力建设，以确保其有能力实施获取和惠益分享的规定。

《波恩准则》确定了获取和惠益分享过程步骤的重点是为遗传资源使用者寻求提供者的事先知情同意的义务，确定了共同商定条款的基本要求，规定了使用者和提供者的主要角色和职责，并强调了利益相关者参与的重要性。此外，准则还规定了奖励措施、问责制、检验方法和争端解决等。[①]

《波恩准则》强调了资源利用者向提供者征求事先知情同意的必要性，第26条规定了事先知情同意制度的原则：（1）法律上清晰确定。（2）以最低成本获取资源。（3）对资源获取限制设置透明度，有法可依，保护生物多样性不得与《生物多样性公约》目标相违背。（4）得到提供国的相关部门以及利益相关者同意。同时，列出了事先知情同意制度的基本要素和获取事先知情同意要求的清单：（1）申请者和/或收集者所属法律实体以及当申请者为机构时提供联络人。（2）获取的遗传资源的类型和数量。（3）资源采集的地理区域。（4）活动开始日和持续时长。（5）获取行为对保护利用生物多样性影响的评估，用以确定相关费用和惠益。（6）关于拟议用途的详细说明。（7）说明进行研制活动的地点。（8）说明如何进行研制。（9）指明研制中拟合作的当地机构。（10）可能参与的第三方。（11）采集、研究目的以及预测的结果。（12）获取可能产生的惠益的类型，包括通过资源商业使用和其他使用而产生的产品和衍生物的惠益。（13）说明惠益分享计划。（14）预算。（15）对机密资料的处理方法。

（三）《名古屋议定书》

联合国在《生物多样性公约》中明确规定，生物遗传资源的获取应以提供国的事先知情同意为前提，要求公平合理地分享因利用遗传资源产生的惠益。公约缔约方于2010年达成了《名古屋议定书》，由此形成了关于生物遗传资源获取与惠益分享的基本的国际法框架。《名古屋议定书》是一份旨在确保人们更好地获取遗传资源和公平地分享资源使用所得惠益的协议，其目的

[①] 刘银良：《生物技术法》，清华大学出版社、北京交通大学出版社2009年版，第90—96页。

是阻止遗传资源滥用,并确保与资源所有者公平平等地分享惠益。《名古屋议定书》为遗传资源的提供者和使用者提供更大的法律确定性和透明性,创造一个能促进遗传资源和相关传统知识使用的框架,同时增加公平平等分享使用惠益的机会。《名古屋议定书》明确指出各国对遗传资源享有主权权利,能否获取遗传资源取决于各缔约方政府;获取遗传资源须经提供国事先知情同意;在共同商定条件下,公平分享因遗传资源利用所产生的惠益等。对生物遗传资源的"使用"包括遗传资源的遗传或生化组成部分的研发以及这些资源的商业化。

《名古屋议定书》第5条(公平平等获取与惠益分享)规定惠益分享应遵守双方达成的条款,惠益应包括"金钱和非金钱方面的惠益",正如议定书附件列出的惠益,包括许可使用费以及共享研发成果。获取或惠益分享信息交流中心(ABS-CH)是根据《名古屋议定书》第14条规定设置的一个有关获取与惠益分享信息交流的平台。ABS-CH包含的信息:国家关注点;出版机构;检查点;有关获取与惠益分享的立法、行政或政策措施;国家网站和数据库。ABS-CH将"通过国际认可的合约履行证书等手段来改进获取程序以及监测价值链上的遗传资源的使用程序的法律确定性和透明度"。《名古屋议定书》第17条(遗传资源使用的监测)对检查点细节以及合约履行证书的内容作了规定,规定"成员应酌情采取措施监控并加强遗传资源利用的透明度,包括酌情指定有效的检查点以收集或接收在任何阶段的研究、开发、创新、商业化前、商业化中有关遗传资源利用的信息"。

二、《粮食和农业植物遗传资源国际条约》

《粮食和农业植物遗传资源国际条约》是由联合国粮食及农业组织制定并通过的有关粮食和农业植物遗传资源保护与可持续利用的国际法律文件,于2001年11月签订,2004年6月29日生效。该条约提供了一种供缔约方自动加入的、适用于全球范围粮食和农业植物遗传资源多边获取和惠益分享的机制,其核心制度主要是标准材料转让协议。该条约的立法目的是为可持续农业和粮食安全而保存并可持续地利用粮食和农业植物遗传资源以及公平合理地分享利用这些资源而产生的利益。该条约申明了粮食和农业植物遗传资源是通过农民选育、传统植物育种或现代生物技术等方法进行作物遗传改良不可或缺的原材料,并对适应无法预测的环境变化及满足人类的未来需要至关重要。世界所有地区的农民,特别是原产地中心及多样性中心的农民在保存、改良及提供这些资源方面的贡献是农民权利的基础。该条约明确界定了相关术语,特别是"粮食和农业植物遗传资源"系指对粮食和农业具有实际或潜在价值的任何植物遗传材料。"遗传材料"系指任何植物源材料,包括含有遗传功能单位的有性和无性繁殖材料。"原产地中心"系指驯化或野生植物物种首先形成其独特特性的地理区域。该条约对粮食和农业植物遗传资源的保存、考察、收集、特性鉴定、评价和编目、可持续利用、获取和利益分享多边系统等内容作出了规定。此外,还专门对农民的权利作出了规定,包括保护与粮食和农业植物遗传资源有关的传统知识、公平参与分享因利用粮食和农业植物遗传资源而产生的利益的权利、参与在国家一级就粮食和农业植物遗传资源保存及可持续利用有关事项决策的权利。

《名古屋议定书》《粮食和农业植物遗传资源国际条约》等国际法律文件确立了遗传资源获取和惠益分享的多边路径。所谓多边路径是指各参与主体就遗传资源获取惠益分享相关事宜进行广泛协商或确定相应规范、规则、制度,并邀请其他主体参与和加入的做法。[1]遗传资源获取和惠益分享机制包括事先知情同意、共同商定条件、来源披露、信息交换所、检查点、国际遵约证书等制度。

三、《与贸易有关的知识产权协定》

《与贸易有关的知识产权协定》(以下简称《TRIPS协定》)对解决知识产权与生物多样性之间的关系作出了适当规定。《TRIPS协定》第27.3(2)条规定:"以下情况,成员方也可不授予专利:微生物以外的动植物,非生物和微

---

[1] 生态环境部对外合作与交流中心编著:《遗传资源和相关传统知识获取与惠益分享制度探索与实践》,中国环境出版集团2022年版,第25页。

生物生产方法以外的动物或植物的实为生物的生产方法。然而，成员方应或以专利形式，或以一种特殊有效的体系，或以综合形式，对植物种类提供保护。应在世界贸易组织协定生效4年之后对本子款的规定进行审查。"第29.1条规定了专利申请者的条件，即"成员方应要求专利申请者用足够清晰与完整的方式披露其发明，以便于为熟悉该门技术者所运用，并要求申请者在申请之日指明发明者已知的运用该项发明的最佳方式，若是要求取得优先权，则需在优先权申请之日指明"。发展中国家要求在专利申请中设置遗传资源及传统知识来源、事先知情同意和惠益分享证据的披露义务。

第四节　我国涉粮遗传资源保护与利用法律制度

中国是农业大国，有着悠久的农耕历史和灿烂的农耕文化，是世界上八个作物起源中心之一。我国是《生物多样性公约》《粮食和农业植物遗传资源国际条约》《名古屋议定书》的成员，国内相关立法应与这些公约的规定相适应。为了规范和促进我国涉粮遗传资源的保护和利用，防止涉粮遗传资源的流失与丧失，增强我国粮食、生物和医药科技的研究开发能力，维护国家粮食安全，保障人民生命健康，符合国际公约的要求，有必要从国家层面建立完善的涉粮遗传资源保护与利用法律制度。我国在《种子法》《农作物种质资源管理办法》等法律、法规、规范性文件中对农作物种质资源、种质资源、畜禽遗传资源的保护、利用及管理作出了相应规定。我国对涉粮遗传资源的私法保护趋势也逐渐明显。

一、我国涉粮遗传资源保护和管理的政策性文件

为了切实加强生物遗传资源的保护、管理和利用，党中央、国务院从政策层面提出了相关的指导意见和实施方案，并从制度上进行建构。

(一)生物遗传资源保护和管理的文件

我国生物遗传资源丰富,长期以来都是发达国家获取生物遗传资源的主要对象,国外机构和个人大量开发利用我国生物遗传资源,但未与我国分享利用生物遗传资源所产生的惠益。我国生物遗传资源流失现象比较严重。为了保护我国生物遗传资源和维护国家安全,党中央、国务院高度重视对生物遗传资源的保护和管理工作。自2004年以来,国务院先后批准并发布了《关于加强生物物种资源保护和管理的通知》《全国生物物种资源保护与利用规划纲要》《中国生物多样性保护战略与行动计划(2011—2030年)》。2014年12月8日,中国生物多样性保护国家委员会审议并通过了关于中国加入《名古屋议定书》的建议和《加强生物遗传资源管理国家工作方案(2014—2020年)》。2016年6月8日,中国政府向公约秘书处递交了加入《名古屋议定书》的文书,2016年9月6日正式生效,中国成为第78个缔约国。国务院办公厅于2019年12月30日印发《关于加强农业种质资源保护与利用的意见》,该意见对"加强农业种质资源保护与利用工作的总体要求;开展系统收集保护,实现应保尽保;强化鉴定评价,提高利用效率;建立健全保护体系,提升保护能力;推进开发利用,提升种业竞争力"等作出要求。

(二)《农作物种质资源保护与利用三年行动方案》

为了进一步加强农作物种质资源和畜禽遗传资源(统称农业种质遗传资源)的保护与利用,强化种质遗传资源对发展现代种业、推进农业高质量发展的基础性支撑作用,根据《乡村振兴战略规划(2018—2022年)》《中央农村工作领导小组办公室、农业农村部关于做好2019年农业农村工作的实施意见》,农业农村部组织编制了《农作物种质资源保护与利用三年行动方案》。该行动方案要求,紧密围绕新时代农业科技原始创新和现代种业发展的重大需求,遵循"广泛收集、妥善保存、深入评价、共享利用、积极创新"的原则,充分发挥国家级和省级主管部门、相关单位的积极性、主动性和创造性,以种质资源安全保护、有序交流和高效利用为核心,突出系统性、前瞻性和开放性,坚持政府主导,强化科技支撑与政策支持,完善法治保障,建立健全种质资源保护体系、鉴定评价与创新利用体系、信息化管理体系，进一步增加我国种质资源保存数量、丰富多样性，发掘创制优异种质和基因资源，构建种质资源安全保护与国际交流相协调、鉴定创新与有效利用相融合的新格局，显著提升种质资源的保护与利用水平，为发展现代种业、保障粮食安全、实施乡村振兴战略奠定坚实基础。

二、我国涉粮遗传资源保护与利用相关法律法规

我国目前与粮食遗传保护与利用相关的法律法规主要有《种子法》《专利法》《农作物种质资源管理办法》，分别从不同的层面对涉粮遗传资源的保护与利用相关规则作出了规范。

（一）《种子法》

《种子法》的立法目的是保护和合理利用种质资源，规范品种选育、种子生产经营和管理行为，保护植物新品种权，维护种子生产经营者、使用者的合法权益，提高种子质量，推动种子产业化，发展现代种业，保障国家粮食安全，促进农业和林业的发展。党中央高度重视种业发展和知识产权保护，把种源安全提升到了关系国家安全的战略高度。2015年修订的《种子法》，将植物新品种知识产权保护从行政法规上升到法律层面，为保护育种者合法权益、促进种业创新发展提供了法治保障。我国种业原始创新动力不足，审定品种多但突破性品种少，同质化问题比较突出，亟须对《种子法》进行修改，加大知识产权保护力度，用制度导向激发原始创新活力。

2021年《种子法》主要从三个层面进行了修改：第一，扩大植物新品种权的保护范围及保护环节。修改后的《种子法》第28条扩大了植物新品种权的保护范围及保护环节，将保护范围由授权品种的繁殖材料延伸到收获材料，将保护环节由生产、繁殖、销售扩展到生产、繁殖和为繁殖而进行处理、许诺销售、销售、进口、出口以及为实施上述行为的储存。第二，建立实质性派生品种制度。《种子法》第28条、第90条提出建立实质性派生品种制度，明确了实质性派生品种定义，规定了实质性派生品种以商业为目的利用时，

应当征得原始品种的植物新品种权所有人的同意。第三，完善侵权处罚赔偿和行政处罚制度。为了加大对侵害植物新品种权行为的威慑力，将惩罚性赔偿数额的倍数上限由三倍提高到五倍；将法定赔偿额的上限由300万元提高到500万元。对生产经营假、劣种子行为加大了行政处罚力度。《种子法》专章规定了"种质资源保护"，共有四个条款。

(二)《专利法》

我国《专利法》第5条第2款规定："对违反法律、行政法规的规定获取或者利用遗传资源，并依赖该遗传资源完成的发明创造，不授予专利权。"依据该条规定，依赖遗传资源完成的发明创造，其遗传资源的获得和利用应当符合中国有关法律、行政法规的规定。依赖遗传资源完成发明创造的，专利申请人在专利申请文件中应当说明遗传资源的直接来源和原始来源；无法说明原始来源的，应当陈述理由。经国家知识产权局审查，如果该遗传资源的获取或者利用违反国家法律、行政法规的，将不授予专利权。对已授予专利权，发现其发明创造的遗传资源的获取或利用是违反法律、行政法规的，根据《专利法》第45条的规定，任何单位或者个人可以请求国务院专利行政部门宣告该专利权无效。《专利法》中增加遗传资源披露义务这一规定，是为了落实《生物多样性公约》所确立的"惠益分享原则"的要求。

从严格意义上讲，遗传资源并不属于专利法保护的客体。这是因为依赖遗传资源完成的发明创造，一旦被授予专利权，则具有了独占排他性。未经专利权人许可，任何单位或个人都不得使用其专利。这样一来，提供遗传资源的国家不仅不能分享专利权人因此获得的经济利益，而且使用其专利还要支付许可费。这种做法对遗传资源的提供国而言是极不公平的。遗传资源的提供方在现行专利制度下不具有获得利益分享的正当性基础。

印度、巴西等国家制定了专门保护遗传资源的法律，并明确专利申请人应当在申请文件中披露遗传资源的来源，否则将驳回专利申请，对已授权的专利宣告无效。

对于是否通过知识产权法律加强对遗传资源的保护，国际上主要有三种意见：一是印度、巴西等发展中国家提出，为了落实《生物多样性公约》的原则，应当修改《TRIPS协定》等国际公约，规定专利申请人有披露遗传资源来源的义务；二是以美国为代表的部分发达国家，反对为落实《生物多样性公约》的原则而修改《TRIPS协定》等国际公约，主张在专利法框架之外，由各国单独立法对遗传资源实施保护，并由当事人通过签订合同落实《生物多样性公约》的事先知情同意等原则；三是欧盟国家同意在专利法中落实遗传资源来源的揭示义务，但是反对将其和专利法的效力联系起来。[①]

我国生物遗传资源较为丰富，但遗传资源的流失较为严重，比如，我国的野生大豆遗传资源流失案、"北京鸭"遗传资源流失案等。为了维护我国因遗传资源所应获得的正当利益，通过专利法对遗传资源进行保护，在《专利法》中对依赖违法获得或利用的遗传资源所完成的发明创造不授予专利权作出规定，是极为重要的。限定依赖遗传资源申请专利的范围，遗传资源利用者可对植物的提取物申请专利。

（三）《农作物种质资源管理办法》

为了加强对农作物种质资源的保护，促进农作物种质资源的交流和利用，农业部于2003年制定了《农作物种质资源管理办法》，其后经过了两次修订。该管理办法规范管理在中华人民共和国境内从事农作物种质资源收集、整理、鉴定、登记、保存、交流、利用和管理等活动。

《农作物种质资源管理办法》对农作物种质资源的概念作出了界定，即农作物种质资源是选育农作物新品种的基础材料，包括农作物的栽培种、野生种和濒危稀有种的繁殖材料，以及利用上述繁殖材料人工创造的各种遗传材料，其形态包括果实、籽粒、苗、根、茎、叶、芽、花、组织、细胞和DNA、DNA片段及基因等有生命的物质材料。

三、我国涉粮遗传资源保护与利用体系

随着生物技术的迅速发展，我国涉粮遗传资源的相关立法逐步增多和完善。

[①] 王瑞贺：《中华人民共和国专利法释义》，法律出版社2021年版，第18页。

涉粮遗传资源保护和利用已经逐步形成了较为完备健全的法律框架体系。我国基本建立了分工明确、职责清晰、运行有效的国家级农作物种质资源保护体系。

(一) 涉粮遗传资源保护体系

种质资源是推动现代种业创新的物质基础，推进农业高质量发展的"芯片"，是保障国家粮食安全、建设生态文明、维护生物多样性的战略资源。在各级政府的高度重视和大力支持下，已建立了以国家农作物种质资源保存长期库为核心，以中期库、种质保存圃、原生境保护点和国家基因库为依托的国家农作物种质资源保护体系。2022年9月，农业农村部公告第一批72个国家农作物种质资源库圃和19个国家农业微生物种质资源库名单。这些种质资源库分布在全国29个省区市，体现了不同物种的地理分布及生态环境特征，基本构建了我国农作物、农业微生物种质资源保护体系。

我国建立了品种审定登记保护制度，设立了国家级、省级农作物品种审定委员会，负责农作物品种审定（认定）工作。从生产实践来看，面对当前粮食需求刚性增长和资源环境硬性约束，我国粮食和重要农产品供求的紧平衡状态仍将长期存在。[1] 为了激励原始创新，解决品种同质化问题，从审定品种DNA指纹差异位点数、产量指标和抗性指标等方面适当提高品种审定标准。目前，正在研究修订大豆品种审定标准和油菜花生登记指南，细化品种重要特征类型，引导育种方向，严把育种准入关口，加大对大豆油料新品种权的保护力度，激励品种原始创新。筛选具有高产、优质、抗病虫、抗逆、资源高效利用、适应机械化等特性的育种材料。

(二) 涉粮遗传资源信息化管理体系

国家农作物种质资源委员会办公室负责农作物种质资源的信息管理工作，包括种质资源收集、鉴定、保存、利用、国际交流等动态信息，为有关部门提供信息服务，保护国家种质资源信息安全。负责农作物种质资源收集、鉴

---

[1] 参见《农业农村部就国家农作物优良品种推广目录有关情况召开新闻发布会》，载农业农村部网站，http://www.moa.gov.cn/hd/zbft_news/ylpztgml/，2023年4月18日访问。

定、保存、登记等工作的单位，有义务向国家农作物种质资源委员会办公室提供相关信息，保障种质资源信息共享。

（三）涉粮遗传资源鉴定评价体系

《农作物种质资源管理办法》第二章对"农作物种质资源收集"作出了规定，第7—14条明确规定了农作物种质资源采集的主体、禁止采集或者采伐的对象、采集或采伐野生植物的特殊审批程序、采集数量、境外人员在中国境内采集农作物种质资源的程序、收集种质资源的要求等内容。

《农作物种质资源管理办法》第三章对"农作物种质资源鉴定、登记和保存"作出了规定，第15条明确规定："对收集的所有农作物种质资源应当进行植物学类别和主要农艺性状鉴定。农作物种质资源的鉴定实行国家统一标准制度，具体标准由农业农村部根据国家农作物种质资源委员会的建议制定和公布。农作物种质资源的登记实行统一编号制度，任何单位和个人不得更改国家统一编号和名称。"

我国将进一步加强对优异种质资源的鉴定和利用。突出大豆油料产量、品质、抗病性、生育期等重要农艺性状，开展大豆油料种质资源精准鉴定，发掘创新一批优异种质资源，为后续育种研发提供优异种质资源保障。农作物种质资源收集保护与鉴定评价、发掘创制与育种应用等工作的开展，有力支撑了突破性新品种的培育推广，推动实现了农作物矮秆化、杂交化等历次农业绿色革命，持续提升了我国种业自主创新能力。

（四）涉粮遗传资源共享与利用体系

我国建立了以中国农作物种质资源信息系统为核心，以种质保存库、种质保存圃、原生境保护点、鉴定评价中心为网点的国家农作物种质资源共享利用体系。依托现有的中国农作物种质资源信息系统，实现数据互联互通。种质保存库（圃）、原生境保护点、鉴定评价中心等网点负责原始数据采集、提交，数据信息系统实时汇集、处理、发布信息，并提供网上查询、申请、获取服务，定期发布优异种质资源目录，各网点负责优异种质资源的展示和分发。

《农作物种质资源管理办法》第四章对"农作物种质资源繁殖和利用"作

出了规定，第20—26条明确规定了国家长期种质库保存的种质资源的权属、利用的要求、从国家长期种质库取种繁殖的要求、国家中期种质库和国家种质圃种质资源的更新问题、可供利用的农作物种质资源目录的公布、国家中期种质库、种质圃提供种质资源条件等内容。国家长期种质库保存的种质资源属于国家战略资源，未经农业农村部批准，任何单位和个人不得动用。因国家中期种质库保存的种质资源绝种，需要从国家长期种质库取种繁殖的，应当报农业农村部审批。农业农村部根据国家农作物种质资源委员会的建议，定期公布可供利用的农作物种质资源目录，并评选推荐优异种质资源。因科研和育种需要目录中农作物种质资源的单位和个人，可以向国家中期种质库、种质圃提出申请。对符合国家中期种质库、种质圃提供种质资源条件的，国家中期种质库、种质圃应当迅速、免费向申请者提供适量种质材料。如需收费，不得超过繁种等所需的最低费用。从国家获取的种质资源不得直接申请新品种保护及其他知识产权。从国家中期种质库、种质圃获取种质资源的单位和个人应当及时向国家中期种质库、种质圃反馈种质资源利用信息，对不反馈信息者，国家中期种质库、种质圃有权不再向其提供种质资源。

四、我国涉粮遗传资源保护与利用制度取得的成效与不足

我国在生态文明建设的总体框架下，坚持在发展中保护、在保护中发展的原则，涉粮遗传资源的保护与利用取得了举世瞩目的成绩，已成为位居世界前列的种质资源大国，正朝着种质资源强国的方向迈进。习近平总书记强调，保障粮食和重要农产品稳定安全供给始终是建设农业强国的头等大事。[①]党的二十大对全方位夯实粮食安全根基、加快建设农业强国作出了系统部署，明确要求深入实施种业振兴行动。加快选育优良品种，对于实现这一重大战略任务具有重要作用。我国利用优异种质资源培育了一批突破性新品种，产生了良好的社会经济效益。

[①] 习近平：《加快建设农业强国　推进农业农村现代化》，载《求是》2023年第6期。

(一) 保存粮农植物遗传资源总量居世界前列

农业遗传资源普查收集工作的开展，使得我国发现了一大批性状优异、有较高利用价值的遗传资源材料，为研究我国作物、起源、演化、分类、品种遗传改良等奠定了坚实基础。我国分别于1956—1957年、1979—1984年组织开展了两次全国性农作物种质资源、地方品种的收集、整理工作，并持续开展了区域性农作物种质资源调查收集工作，2015年，启动了第三次全国农作物种质资源普查与收集行动，已在18省（区、市）1041个县开展，新收集资源4.9万多份。2022年，启动了全国农业种质资源普查，这次资源普查是新中国成立以来实施规模最大、覆盖范围最广、参与人数最多的一次农业资源普查。目前，通过两年多的努力，已经新收集了农业种质资源52万份，其中包括农作物的、畜禽的、水产的种质资源，抢救性保护了一大批珍稀濒危资源，也新发现了如豫西黑猪等一批畜禽地方品种。国家的农作物种质资源库和海洋渔业种质资源库也已经建成运行，两个资源库可以满足未来50年发展的需要。我国种质资源的保护利用水平大幅提升，当前保存的作物种质资源总量突破50万份，位居世界第二，资源战略安全保存能力显著提升。

(二) 已保存粮农植物遗传资源利用率得到提高

据统计，在我国作物育成品种中，80%以上含有国家作物种质资源库圃资源的遗传背景。一批具有成百上千年历史的作物农家品种，如上隆香糯、九山生姜、彭州大蒜等，一直是地方特色产业发展的源头支撑。当前，我国农作物自主品种占95%以上，品种对农业增产的贡献率达到45%。近年来，我国大豆油料科研育种工作取得了积极进展，积累了大量优异种质资源，品种选育步伐加快，品种类型多样化，尤其在品质提升方面成效显著。目前，我国已保存大豆资源4.3万份、油菜资源9600多份、花生资源8900多份，均居世界前列。近十年来，全国先后审定大豆品种1930个，登记油菜品种1444个、花生品种1047个，品种结构不断优化，推出了一批高产优质专用的突破性品种。目前，年推广面积十万亩以上的品种中，高油和高蛋白的大豆品种占比达到41%，油菜品种实现全部"双低"化，已育成抗倒宜机收品种和抗根肿病品种，花生已培育出高产高油高油酸品种。①

2023年，中央一号文件明确了要在措施上重点强化藏粮于技的物质基础，聚焦提高单产，向科技要产量、要产能。种子作为农业的"芯片"，支撑单产提升的潜力还很大。从我国的生产实践来看，品种对于农业生产的贡献很大。农作物品种先后经历了6到8次更新换代，对提高粮食产量发挥了举足轻重的作用。

从国际先进水平来看，品种增产的潜力还很大。据调查统计，我国2021年国家大豆品种试验亩产在149公斤到236公斤之间，玉米品种试验亩产在565公斤到1043公斤之间，接近或者超过美国大田的亩产水平。但从我国大田单产水平来看，大豆、玉米品种平均单产只有国家品种试验单产的70%左右，仅相当于美国大田单产的6到7成，与国际先进水平还有不小的差距。②通过持续品种选育和技术集成，将现有品种的增产潜力充分挖掘出来，有利于尽快缩小与大田产量和试验产量之间的差距。

从种业科技进步来看，我国的农作物品种选育步伐明显加快，培育了大量优良品种。近年来，我国不断加大育种创新攻关力度，品种选育数量大幅增加，审定品种、登记品种快速增长，品种类型不断丰富，有力保障了农业生产用种需求；在品种质量上，一批高产稳产、绿色优质、专用特用优良新品种加快推出，有效满足了市场需求和人民美好生活的需要，更好地适应了农业生产方式转变的新要求。

（三）我国涉粮遗传资源保护与利用存在的不足

生物技术时代，现代生物技术加速跨越，生物遗传资源研究利用呈现规范化、产权化、垄断化的趋势。我国特有种质资源消失风险加剧，种质资源丰富与育种材料贫乏的矛盾依然存在，并有继续加剧的趋势。农作物种质资源保护设施有待进一步完善。种质资源交流共享和深度挖掘利用不够，资源

---

① 参见《农业农村部就国家农作物优良品种推广目录有关情况召开新闻发布会》，载农业农村部网站，http://www.moa.gov.cn/hd/zbft_news/ylpztgml/，2023年4月18日访问。

②《农业农村部：聚焦提高粮食单产 种子培育潜力巨大》，载《经济参考报》2023年4月19日，第1版。

优势没能有效转化为育种研发优势，种质资源有效交流与共享亟待加强。虽然我国农作物种类丰富多样，但许多重要的农作物如小麦、玉米、马铃薯、油菜、紫花苜蓿等并不起源于我国，迫切需要引进这些作物的优异种质资源。我国需要加强与东南亚、西亚、拉丁美洲等玉米、小麦、马铃薯等作物起源地，及多样性富集国家如美国、俄罗斯、澳大利亚等牧草种质资源保护大国的合作，开展种质资源的联合考察、技术交流，建立联合实验室，共享研究成果和利益，加大优异资源引进和交换力度。

目前，我国农作物种质资源评价多为单一性状、单一环境下的鉴定结果，缺乏基因信息和综合评价，限制了种质资源在育种中的有效利用。因此，亟须开展种质资源多性状、多环境下的表型精准鉴定与基因型鉴定。我国拥有丰富的地方品种、野生种等种质资源，由于遗传累赘和生殖隔离等问题，许多优异基因难以被育种专家直接利用。因此，亟须开展种质创新，拓宽育种遗传基础。

我国农作物品种结构性供需矛盾突出。随着审定品种数量的快速增多，品种同质化问题也日益突出，高产、传统品种多，专、特、优、突破性品种少，这既给农民选种用种带来了一定的困难，也不利于品种的选育创新。目前，我国良种对农业增产的贡献率只有45%，距离欧美发达国家的60%以上还有很大的提升空间。随着生物技术等育种新技术的广泛应用和研发投入的不断加大，未来的品种培育潜力仍然巨大，可为农业用种提供更多的品种选择。

五、转基因技术的应用问题

转基因是一项新技术，也是一项新产业，具有广阔的发展前景。目前，转基因技术已广泛应用于医药、工业、农业、环保、能源、新材料等领域。社会各界对转基因技术具有较大争议和疑虑，特别是担心转基因农产品的安全性。确保农产品质量安全是事关人民生活、社会稳定的头等大事。农产品数量安全和质量安全是粮食安全的两个面向。因此，转基因农作物产业化、商业化推广，必须严格按照国家制定的技术规程规范进行。习近平总书记强调，要大胆研究创新，占领转基因技术制高点，不能把转基因农产品市场都让外国大公司占领了。①

转基因过程按照途径可分为人工转基因技术和自然转基因技术，按照对象可分为植物转基因技术、动物转基因技术和微生物基因重组技术。转基因技术的原理是将人工分离和修饰过的优质基因，导入生物体基因组中，从而达到改造生物的目的。人工转基因技术就是把一个生物体的基因转移到另一个生物体DNA中的生物技术。转基因植物是基因组中含有外源基因的植物。通过原生质体融合、细胞重组、遗传物质转移、染色体工程技术获得，改变植物的某些遗传特性，培育优质新品种，或生产外源基因的表达产物，如胰岛素等。研究转基因植物的主要目的是提高多肽或工业用酶的产量，改善食品质量，提高农作物对虫害及病原体的抵抗力。应用转基因植物来生产这些药用蛋白，包括疫苗、抗体、干扰素等细胞因子，可以利用植物大田栽种的方式大量生产，大幅降低生产成本，提高产量，还可以获得常规手段无法获得的药物。

根据我国《专利法》第5条第2款的规定，对违反法律、行政法规的规定获取或者利用遗传资源，并依赖该遗传资源完成的发明创造，不授予专利权。根据《专利法实施细则》第26条第1款的规定，专利法所称遗传资源，是指取自人体、动物、植物或者微生物等含有遗传功能单位并具有实际或者潜在价值的材料；专利法所称依赖遗传资源完成的发明创造，是指利用了遗传资源的遗传功能完成的发明创造。在上述规定中，遗传功能是指生物体通过繁殖将性状或者特征代代相传或者使整个生物体得以复制的能力。遗传功能单位是指生物体的基因或者具有遗传功能的DNA或者RNA片段。取自人体、动物、植物或者微生物等含有遗传功能单位的材料，是指遗传功能单位的载体，既包括整个生物体，又包括生物体的某些部分，如器官、组织、血液、体液、细胞、基因组、基因、DNA或者RNA片段等。发明创造利用了遗传资源的遗传功能是指对遗传功能单位进行分离、分析、处理等，以完成发明创造，实现其遗传资源的价值。违反法律、行政法规的规定获取或者利用遗传资源，

---

①《在中央农村工作会议上的讲话》（2013年12月23日），载习近平：《论"三农"工作》，中央文献出版社2022年版，第93页。

是指对遗传资源的获取或者利用未按照我国有关法律、行政法规的规定事先获得有关行政管理部门的批准或者相关权利人的许可。例如，按照《畜牧法》和《畜禽遗传资源进出境和对外合作研究利用审批办法》的规定，向境外输出列入中国畜禽遗传资源保护名录的畜禽遗传资源应当办理相关审批手续，某发明创造的完成依赖于中国向境外出口的列入中国畜禽遗传资源保护名录的某畜禽遗传资源，未办理审批手续，该发明创造不能被授予专利权。

《农业转基因生物安全管理条例》对农业转基因生物、农业转基因生物研究与试验、生产与加工、经营、进口与出口等作出了规定。该条例第3条规定，农业转基因生物，是指利用基因工程技术改变基因组构成，用于农业生产或者农产品加工的动植物、微生物及其产品，主要包括：（1）转基因动植物（含种子、种畜禽、水产苗种）和微生物；（2）转基因动植物、微生物产品；（3）转基因农产品的直接加工品；（4）含有转基因动植物、微生物或者其产品成分的种子、种畜禽、水产苗种、农药、兽药、肥料和添加剂等产品。农业转基因生物安全，是指防范农业转基因生物对人类、动植物、微生物和生态环境构成的危险或者潜在风险。生产转基因植物种子、种畜禽、水产苗种，应当取得国务院农业行政主管部门颁发的种子、种畜禽、水产苗种生产许可证。生产单位和个人申请转基因植物种子、种畜禽、水产苗种生产许可证，应取得农业转基因生物安全证书并通过品种审定。

总结而言，涉粮遗传资源是推动现代种业创新的物质基础、推进农业高质量发展的"芯片"，是保障国家粮食安全、建设生态文明、维护生物多样性的战略性资源。涉粮遗传资源的利用价值越来越大，已事关国家核心利益，其保护和利用受到世界各国的高度重视。拥有涉粮遗传资源的数量和质量，是决定育种效果的重要条件，也是衡量育种水平的重要标志。围绕现代种业发展的重大需求，本着"广泛收集、妥善保存、科学评价、合理利用"的原则，在坚持"保用结合""以用促保"的基本方针下，以安全保护和高效利用为核心，提升生物遗传资源保护水平，增强生物安全风险防控能力，促进生物多样性保护和绿色发展协同增效。

种业振兴行动自2021年开始启动实施，推进我国涉粮遗传资源保护与利用，有助于推进农业高质量发展，有力支撑乡村振兴战略实施和农业供给侧结构性改革。我国农业农村部应组织相关领域专家研究起草《农业生物遗传资源权属登记管理办法》，逐步建立农业生物遗传资源权属管理制度，推进其与专利法、植物新品种保护制度的衔接，建立健全来源披露和惠益分享制度。完善农业生物遗传资源进出口和对外合作研究利用管理办法，制定保护和利用农业生物遗传资源的国际策略与措施。逐步建立农业生物遗传资源权属管理工作体系和技术支撑体系，开展重要特色品种、地方品种普查登记，明晰责任权利范围，加强资源识别技术规范、标准研制和信息采集传播，加大资源主权和应用价值的宣传。调动农民、农村社区和农民专业合作社参与原生地保护的积极性，发挥资源效益，维护农业生物多样性。

我国需要进一步修改和完善《种子法》《农作物种质资源管理办法》等法律法规，建立农作物种质资源登记、共享、产权保护等制度，完善与《生物多样性公约》《国际植物新品种保护公约》相适应的农作物种质资源法律法规体系，规范种质获取和信息反馈，强化知识产权保护，防止资源流失，为我国农作物种质资源的保护和利用提供法律保障。

第十一章

涉粮刑事法律制度

第一节　涉粮刑事法律概述

一、涉粮刑事法律规范

自1997年《刑法》颁布以来到2023年，我国刑法共进行了12次修正，最高人民法院、最高人民检察院发布了数百个刑事司法解释，为治理涉粮刑事犯罪保障国家粮食安全提供了有效依托。除了刑法规范外，很多粮食法律规范也规定了刑事责任问题，例如《土地管理法》《农业法》《种子法》《粮食流通管理条例》等。这些粮食法律规定了粮食生产、流通、储存、销售等环节的刑事责任，具体内容概括如下。

（一）在粮食生产方面涉及的刑事法律规范

1.有关耕地的刑事保护

耕地是粮食生产的根本，对农用地非法占用、施工、取土、采矿、堆放固体废弃物、进行非农业建设等属于毁坏耕地违法行为，情节严重的将构成犯罪。《土地管理法》第74条规定，买卖或者以其他形式非法转让土地的，由县级以上人民政府自然资源主管部门没收违法所得；对违反土地利用总体规划擅自将农用地改为建设用地的，限期拆除在非法转让的土地上新建的建筑物和其他设施，恢复土地原状，对符合土地利用总体规划的，没收在非法转让的土地上新建的建筑物和其他设施；可以并处罚款；对直接负责的主管人员和其他直接责任人员，依法给予处分；构成犯罪的，依法追究刑事责任。

上述行为构成犯罪的，属于《刑法》分则第三章第八节扰乱市场秩序罪中的第228条非法转让、倒卖土地使用权罪。

《土地管理法》第75条规定，违反本法规定，占用耕地建窑、建坟或者擅自在耕地上建房、挖砂、采石、采矿、取土等，破坏种植条件的，或者因开发土地造成土地荒漠化、盐渍化的，由县级以上人民政府自然资源主管部门、农业农村主管部门等按照职责责令限期改正或者治理，可以并处罚款；构成犯罪的，依法追究刑事责任。《土地管理法》第77条规定，未经批准或者采取欺骗手段骗取批准，非法占用土地的，由县级以上人民政府自然资源主管部门责令退还非法占用的土地，对违反土地利用总体规划擅自将农用地改为建设用地的，限期拆除在非法占用的土地上新建的建筑物和其他设施，恢复土地原状，对符合土地利用总体规划的，没收在非法占用的土地上新建的建筑物和其他设施，可以并处罚款；对非法占用土地单位的直接负责的主管人员和其他直接责任人员，依法给予处分；构成犯罪的，依法追究刑事责任。超过批准的数量占用土地，多占的土地以非法占用土地论处。

上述行为构成犯罪的，属于《刑法》分则第六章第六节破坏环境资源保护罪中的非法占用农用地罪。

另外，对于黑土地的保护，重点打击盗挖滥挖黑钙土、草甸土以及非法占用、污染破坏黑土耕地等犯罪，与其对应的犯罪规定在《刑法》分则第五章侵犯财产罪中的盗窃罪、第六章第六节破坏环境资源保护罪中的第342条非法占用农用地罪以及第338条污染环境罪。

2.农资方面的犯罪

对于农资安全，紧盯种子、农药、化肥等农资产品和粮食储备流通环节，重点打击种子套牌侵权、化肥有效成分不达标、农药非法添加隐性成分等行为。《种子法》第91条规定，违反本法规定，构成犯罪的，依法追究刑事责任。根据我国《刑法》的相关规定，经营假种子可能触犯《刑法》分则第三章破坏社会主义市场经济秩序罪第一节生产、销售伪劣商品罪中的生产、销售伪劣农药、兽药、化肥、种子罪，生产、销售伪劣产品罪；《刑法》分则第三章破坏社会主义市场经济秩序罪第八节扰乱市场秩序罪；《刑法》分则第三章破坏社会主义市场经济秩序罪第七节侵犯知识产权罪中的销售假冒注册商标的商品罪，非法制造、销售非法制造的注册商标标识罪，侵犯商业秘密罪，为境外窃取、刺探、收买、非法提供商业秘密罪等罪名。

（二）粮食流通、收储、供给方面的刑事法律规范

根据《粮食流通管理条例》第50条和第53条的规定，对粮食经营活动中的扰乱市场秩序、违法等交易行为，情节严重构成犯罪的，触犯《刑法》分则第三章破坏社会主义市场经济秩序罪第八节扰乱市场秩序罪中的非法经营罪。

根据《粮食流通管理条例》第47条、第48条及第53条的规定，粮食收购者、粮食储存企业将不符合食用用途的粮食进行销售的或者从事粮食的食品生产，不符合食品安全法律、法规和标准规定的条件和要求的，构成犯罪的，依法追究刑事责任。这里涉及的食品安全犯罪主要是《刑法》分则第三章破坏社会主义市场经济秩序罪第一节中的生产、销售不符合安全标准食品罪，生产、销售有毒有害食品罪。走私大米、玉米等粮食行为违反了《海关法》，逃避海关监管，偷逃应缴纳税款的行为触犯了《刑法》分则第三章破坏社会主义市场经济秩序罪第二节走私罪中的走私普通货物、物品罪。

（三）涉及的粮食系统职务犯罪的刑事法律规范

《土地管理法》第80条规定，侵占、挪用被征收土地单位的征地补偿费用和其他有关费用，构成犯罪的，依法追究刑事责任；尚不构成犯罪的，依法给予处分。与此对应的犯罪规定在《刑法》分则第八章贪污贿赂罪中的贪污罪、挪用公款罪、贿赂罪。

《土地管理法》第84条规定，自然资源主管部门、农业农村主管部门的工作人员玩忽职守、滥用职权、徇私舞弊，构成犯罪的，依法追究刑事责任；尚不构成犯罪的，依法给予处分。与此对应的犯罪规定在《刑法》分则第九章渎职罪中的滥用职权罪，玩忽职守罪，非法批准征收、征用、占用土地罪，非法低价出让国有土地使用权罪。

《农业法》第92条规定，有下列行为之一的，由上级主管机关责令限期归还被截留、挪用的资金，没收非法所得，并由上级主管机关或者所在单位给予直接负责的主管人员和其他直接责任人员行政处分；构成犯罪的，依法追究刑事责任：违反本法第33条第3款规定，截留、挪用粮食收购资金的；

违反本法第39条第2款规定，截留、挪用用于农业的财政资金和信贷资金的；违反本法第86条第3款规定，截留、挪用扶贫资金的。

上述违法行为可能构成《刑法》分则第八章贪污贿赂罪中的贪污罪、挪用公款罪。

《农业法》第93条规定，违反本法第67条规定，向农民或者农业生产经营组织违法收费、罚款、摊派的，上级主管机关应当予以制止，并予公告；已经收取钱款或者已经使用人力、物力的，由上级主管机关责令限期归还已经收取的钱款或者折价偿还已经使用的人力、物力，并由上级主管机关或者所在单位给予直接负责的主管人员和其他直接责任人员行政处分；情节严重，构成犯罪的，依法追究刑事责任。此处构成犯罪的应当以贪污罪定罪处罚，因为国家工作人员在单位内具有一定的职务，具有代表单位从事一定行为的资格和能力，只要是基于该职务而实施的行为，无论其将单位依法收取的费用占为己有，还是虚设名目、隐瞒事实违规收费，并将收取的费用据为己有，均成立《刑法》分则第八章贪污贿赂罪中的贪污罪。[①]

《农业法》第97条规定，县级以上人民政府农业行政主管部门的工作人员违反本法规定参与和从事农业生产经营活动的，依法给予行政处分；构成犯罪的，依法追究刑事责任。该违法行为可能构成《刑法》分则第三章破坏社会主义市场经济秩序罪第八节扰乱市场秩序罪中的非法经营罪，以及第九章渎职罪中的滥用职权罪、玩忽职守罪。

二、粮食安全刑事保障的必要性

粮食安全是国家安全和人民生命安全的重要组成部分，保障粮食安全是国家的重要责任。刑法作为保护法益的最后一道屏障，是粮食安全法律规范体系的有机组成部分。刑法历来重视对国家安全和人民生命安全的保护，因此，粮食安全刑事保护的必要性主要体现在以下几个方面。

[①] 王永杰：《国家工作人员利用职务便利违规收费并占为己有构成贪污罪》，载《人民司法·案例》2007年第14期。

第一，保障国家安全。"民以食为天""有粮才能国安"。党的十九届五中全会审议通过的《中共中央关于制定国民经济和社会发展第十四个五年规划和二〇三五年远景目标的建议》明确指出，适应确保国计民生要求，以保障国家粮食安全为底线，健全农业支持保护制度。"十四五"规划则进一步强调了实施粮食安全战略对强化国家经济安全保障的重要作用，把粮食安全视为国家安全的重要组成部分。党的二十大报告也强调总体国家安全观，粮食安全是国家安全的重要基础与重点建设领域。因此，粮食事关国运民生，粮食安全是国家安全的重要基础，确保粮食安全始终是治国理政的头等大事，更是总体国家安全观的重要组成部分。[1]刑事保护可以通过打击粮食犯罪行为，维护粮食市场秩序，保障国家安全。

第二，保障人民生命安全。粮食是人民生命的重要物质基础，保障粮食安全是保障人民生命安全的重要保障。刑法作为保障法可以通过打击粮食犯罪行为，保障粮食安全，进而保障人民生命安全，以实现刑法的人权保护和犯罪预防功能。

第三，维护社会稳定。粮食安全是社会稳定的重要基础，保障粮食安全是维护社会稳定的重要保障。在粮食生产、流通、储备过程中存在各种违法犯罪活动，如破坏耕地、假冒伪劣、非法经营、生产销售有毒有害食品等行为，这些行为不仅损害了个人和企业的利益，也会对社会稳定造成影响。刑事保护可以通过打击这些犯罪行为，维护粮食市场秩序，维护社会稳定。

第四，保障经济安全。粮食安全也关乎经济安全。粮食走私是偷逃国家税收的违法行为，也会对国家粮食宏观调控和国家粮食安全造成危害。2021年7月26日最高人民法院发布的《关于为全面推进乡村振兴 加快农业农村现代化提供司法服务和保障的意见》中明确提出，坚持依法严惩方针，从严从快惩处走私大米、玉米、食糖等农产品犯罪行为，保持打击重要农产品走私犯罪活动高压态势，保障人民群众食品卫生安全和农产品质量安全。刑事保护可以保证国内粮食供求平衡，保障粮食质量和粮食安全。

---

[1] 张新平、代家玮：《总体国家安全观视域下我国粮食安全问题研究》，载《甘肃理论学刊》2022年第4期。

三、粮食安全刑事保护内容和方式

粮食安全刑事保护是指通过刑法对粮食生产、加工、储存、销售等环节中的违法行为进行打击和惩处,维护国家粮食安全和人民群众的饮食安全。具体的保护内容和方式有以下几个方面。

(一)涉及粮食生产方面的刑事保护内容和方式

首先,耕地是粮食生产的命根子,保护耕地就是保住老百姓的饭碗,对于那些非法占用农用地、破坏黑土耕地的行为构成犯罪的,必须以"零容忍"的态度用刑法进行规制,遏制违法占用耕地行为发生。对此,《刑法》规定了非法占用农用地罪、盗窃罪、破坏生产经营罪、污染环境罪。其次,农资是粮食的"粮食"。农药、兽药、化肥、种子等是现代农业生产的原料,直接关系粮食安全和农产品质量安全。只有确保农民买到真种子、真化肥、真农药、真兽药,才能确保粮食生产安全。因此,对生产、销售伪劣农药、兽药、化肥、种子的犯罪行为,刑法予以打击并规定了生产、销售伪劣农药、兽药、化肥、种子罪。

(二)涉及粮食流通方面的刑事保护内容和方式

粮食流通是国民经济的基础,也是维护国家安全和人民安全的重要保障,对粮食经营活动中扰乱市场秩序,生产、销售不符合食品安全法律法规和标准规定的条件和要求的犯罪行为,严重破坏了国家粮食安全和侵犯了人民身体健康,故要进行刑法规制,刑法对此规定了非法经营罪,生产、销售不符合安全标准的食品罪,生产、销售有毒有害食品罪等相关罪名。除此之外,粮食走私会对国内市场粮食价格造成冲击,扰乱国内粮食市场的正常流通秩序,也会影响国内粮食的供求平衡,对粮食质量和粮食安全构成威胁,其走私粮食属于违法犯罪行为,要运用刑法进行规制,刑法对此规定了走私普通货物、物品罪。

（三）粮食系统职务犯罪的保护内容和方式

民以食为天，粮食，自古以来就是民生之本，社会稳定之基。国家粮食和物资储备局作为保障粮食安全的重要部门，本应该守土有责，守土尽责，担负起保障国家粮食安全的重任，为人民守好粮食袋子，但是一些粮储系统的工作人员滥用职权、玩忽职守，把国家和人民赋予的权力当成自己谋利的工具，内外勾结，导致国家粮食安全隐患频发，国有资产严重流失，为了规制该现象的发生，刑法规定了滥用职权罪、玩忽职守罪、贪污罪、受贿罪、挪用公款罪等相关罪名。

第二节 涉粮刑事犯罪及处罚

一、粮食生产方面的犯罪及处罚

（一）有关耕地、土地方面的犯罪

1. 非法占用农用地罪的认定

珍惜、合理利用土地和切实保护耕地是我国的基本国策，是粮食生产的根基。一些非法占用农地，擅自改变土地用途的行为造成土地资源被大量非法占用和毁坏，严重侵害农民权益和农业农村的可持续发展，在社会上造成恶劣影响，其行为构成非法占用农用地罪。《刑法》第342条规定，违反土地管理法规，非法占用耕地、林地等农用地，改变被占用土地用途，数量较大，造成耕地、林地等农用地大量毁坏的行为。其认定需满足以下条件。

（1）"非法"的界定

根据全国人民代表大会常务委员会《关于〈中华人民共和国刑法〉第二百二十八条、第三百四十二条、第四百一十条的解释》，"非法"是指违反土地管理法、森林法、草原法等法律以及有关行政法规中关于土地管理的规定。根据罪刑法定的基本原则，若违反的是法律、行政法规效力位阶以下的

规范并不构成"非法"。

（2）"农用地"的界定

《土地管理法》第4条规定，"农用地"是指直接用于农业生产的土地，包括耕地、林地、草地、农田水利用地、养殖水面等。根据最高人民法院发布的《关于审理破坏草原资源刑事案件应用法律若干问题的解释》，违反《草原法》等土地管理法规，非法占用草原，改变被占用草原用途，数量较大，造成草原大量毁坏的，依照《刑法》第342条的规定，以非法占用农用地罪定罪处罚。由此可以看出，农用地不仅仅指耕地和林地，还包括草地（草原）、农田水利地、养殖水面等其他用于农业生产的土地。司法实践中有的法院甚至将园地也认为是农用地。[1]

（3）"非法占用"行为的认定

根据《土地管理法》及《土地管理法实施条例》的相关规定，本罪的"非法占用"行为有四种表现：一是未经批准或采取欺骗手段骗取批准占用农用地的；二是超过批准的数量占用土地的，即少批多占的；三是非法批准、使用的土地应当收回，有关当事人拒不归还的；四是占用耕地建窑、建坟、建房、挖沙、采石、采矿、取土、堆放固体废弃物或者进行其他非农业建设的。但实践中，人民法院也将合法占有、非法使用认定为本罪。例如在"于某非法占用农用地罪案"中，人民法院认为，非法占用是指未经法定程序审批、登记核发证书、确认林地使用权，或者行为人虽然合法取得林地使用权，但未在法律法规允许的范围内使用或者未经批准擅自改变林地用途。[2]因此，"非法占用"包含两层含义：非法占有或非法使用。二者具备其一就构成非法占用。

2.非法占用农用地罪的处罚

根据最高人民法院《关于审理破坏土地资源刑事案件具体应用法律若干问题的解释》《关于审理破坏草原资源刑事案件应用法律若干问题的解释》等司法解释，非法占用农用地罪的处罚具体规定如表11-1所示。

---

[1] 最高人民法院刑事审判第一、二、三、四、五庭编：《刑事审判参考》（总第56集），北京法律出版社2007年版，第156—160页。

[2] 吉林省四平市中级人民法院（2018）吉03刑终99号刑事裁定书。

表 11-1 非法占用农用地罪的处罚规定

土地类型	数 量	毁坏程度	处罚
耕地	非法占用基本农田 5 亩以上或者非法占用基本农田以外的耕地 10 亩以上。	行为人非法占用耕地建窑、建坟、建房、挖沙、采石、采矿、取土、堆放固体废弃物或者进行其他非农业建设，造成基本农田 5 亩以上或者基本农田以外的耕地 10 亩以上种植条件严重毁坏或者严重污染。	处 5 年以下有期徒刑或者拘役，并处或者单处罚金。单位实施刑法第 342 条规定的行为，对单位判处罚金，并对其直接负责的主管人员和其他直接责任人员，依照本解释规定的定罪量刑标准定罪处罚。
草地	非法占用草原，改变被占用草原用途，数量在 20 亩以上的，或者曾因非法占用草原受过行政处罚，在 3 年内又非法占用草原，改变被占用草原用途，数量在 10 亩以上的。	（一）开垦草原种植粮食作物、经济作物、林木的； （二）在草原上建窑、建房、修路、挖砂、采石、采矿、取土、剥取草皮的； （三）在草原上堆放或者排放废弃物，造成草原的原有植被严重毁坏或者严重污染的； （四）违反草原保护、建设、利用规划种植牧草和饲料作物，造成草原沙化或者水土严重流失的。	
林地	（一）非法占用并毁坏防护林地、特种用途林地数量分别或者合计达到 5 亩以上； （二）非法占用并毁坏其他林地数量达到 10 亩以上； （三）非法占用并毁坏本条第（一）项、第（二）项规定的林地，数量分别达到相应规定的数量标准的 50% 以上； （四）非法占用并毁坏本条第（一）项、第（二）项规定的林地，其中一项数量达到相应规定的数量标准的 50% 以上，且两项数量合计达到该项规定的数量标准。	违反土地管理法规，非法占用林地，改变被占用林地用途，在非法占用的林地上实施建窑、建坟、建房、挖沙、采石、采矿、取土、种植农作物、堆放或排泄废弃物等行为或者进行其他非林业生产、建设，造成林地的原有植被或林业种植条件严重毁坏或者严重污染。	

3.破坏黑土耕地犯罪行为的认定

黑土地土壤肥沃，对我国农业的发展和粮食生产具有不可替代的价值地位，牵系着全国粮食的命脉，实践中常出现盗挖黑土地的行为，严重威胁着人民群众的安全，因而保护黑土地的安全意义重大。但黑土地保护法益不清且在罪名选择上存在争议，也导致司法实践中对擅自采土行为存在同案不同判的现象。基于《民法典》第9条绿色原则的指引，黑土地生态法益是指确保黑土地能够持续生产，在自然系统中保持稳定态势，和人类社会保持协调发展的环境利益，并和秩序法益、财产法益共同构成黑土地的保护法益。[①] 那么基于不同的法益进行刑法规制触犯的罪名不同，大致可以分为以下三种情况。

第一，当刑法规制的盗挖黑土地的行为基于保护秩序法益时，适用非法占用农用地罪，其依据在于《土地管理法》第75条的规定："违反本法规定，占用耕地建窑、建坟或者擅自在耕地上建房、挖砂、采石、采矿、取土等，破坏种植条件的，或者因开发土地造成土地荒漠化、盐渍化的，由县级以上人民政府自然资源主管部门、农业农村主管部门等按照职责责令限期改正或者治理，可以并处罚款；构成犯罪的，依法追究刑事责任。"非法在耕地上"取土"的行为，情节严重的，符合"非法使用"条件将构成非法占用农用地罪。

第二，当刑法规制的盗挖黑土地的行为基于保护财产法益时，将构成盗窃罪和破坏生产经营罪，依据想象竞合选择适用。其构成《刑法》第264条的依据在于盗挖黑土地行为的犯罪对象是黑土地资源，侵犯了国家对黑土地资源的所有权并且行为人以非法占有为目的盗挖黑土，实施了将国有黑土资源转移为自己或他人占有的行为，在结果上，被盗黑土地的价值满足盗窃罪对犯罪数额的要求，且达到数额较大的标准。其还构成了破坏生产经营罪，原因在于《刑法》第276条规定，由于泄愤报复或者其他个人目的，毁坏机器设备、残害耕畜或者以其他方法破坏生产经营的行为，构成破坏生产经营罪。其构成要件包括：主体是一般主体，主观方面为直接故意，具有泄愤或者其他个人目的，客体是生产经营的正常活动，客观表现为毁坏机器设备、残害耕畜或者以其他方法破坏生产经营的行为，其盗挖黑土地的行为完全符合上述构成要件，但是盗

[①] 陈禹衡：《盗挖黑土地行为的法益整合与刑法规制》，载《中国不动产法研究》2022年第1期。

窃罪的法定刑更重，很多盗挖行为造成的黑土地财产法益损失较大，选择盗窃罪更合适。

第三，当刑法规制的盗挖黑土地的行为基于生态法益时，适用污染环境罪。其依据在于《刑法》第338条规定，违反国家规定，排放、倾倒或者处置有放射性的废物、含传染病病原体的废物、有毒物质或者其他有害物质，严重污染环境的行为，构成污染环境罪。其盗挖行为可以解释成处置行为，其具有处理、安置、惩治、发落的意思，人类所有与有害物质发生关联的行为都可以视为处理，进而视为处置，盗挖行为可以实质解释为处置行为，因为将盗挖行为解释为处置，实际上是另一种模式的"由内向外的供给型行为"，让土地母质暴露在自然环境中导致其他有害物质直接进入土地中且保护法益具有同质性。①故，盗挖黑土地的行为严重污染环境，构成污染环境罪。

（二）有关农资方面的犯罪及处罚

1.生产、销售伪劣农药、兽药、化肥、种子罪认定

《刑法》第147条规定的生产、销售伪劣农药、兽药、化肥、种子罪，是指生产假农药、假兽药、假化肥，销售明知是假的或者失去使用效能的农药、兽药、化肥、种子，或者生产者、销售者以不合格的农药、兽药、化肥、种子冒充合格的农药、兽药、化肥、种子，使生产遭受较大损失的行为。构成该罪需满足以下构成要件。

第一，主体为一般主体，即达到刑事责任年龄，具有刑事责任能力的任何自然人均可构成本罪。单位也能构成本罪之主体。

第二，主观方面必须是故意。故意的内容表现为三种形式：一是故意生产假农药、假兽药、假化肥；二是明知是假的或失去使用效能的农药、兽药、化肥、种子而故意予以销售；三是故意以不合格的农药、兽药、化肥、种子冒充合格的农药、兽药、化肥、种子。

第三，本罪侵犯的客体是国家对农用生产资料质量的监督管理制度和农业生产。本罪的犯罪对象是农药、兽药、化肥、种子。农药是指用于防治

---

① 陈禹衡：《盗挖黑土地行为的法益整合与刑法规制》，载《中国不动产法研究》2022年第1期。

药、虫、草、鼠害、调节植物生长发育的农用化学药虫剂、杀菌剂、除草剂等。兽药是指用于预防、治疗、诊断畜禽等动物疾病,有目的地调节其生理功能,并规定作用、用途、用法、用量的兽用药品。化肥是指经化学或者机械加工制成的各种化学肥料,又称无机肥料,用于为农业、林业生产提供一种或者一种以上植物必需的营养元素或者兼可改善土壤性质、提高土壤肥力的一类物质。化肥的范围包括化学氮肥、磷肥、钾肥、复合肥料、微量元素肥、其他肥料(上述列举以外的其他化学肥料)。种子是指用于农业、林业生产的籽粒、果实和根、茎、芽等繁殖材料。

第四,本罪在客观方面表现为违反农、林、牧、渔等生产管理法规,生产、销售伪劣农药、兽药、化肥、种子等农用生产资料,致使生产遭受较大损失的行为。包括三种行为:一是生产假农药、假兽药、假化肥。所谓"假农药、假兽药、假化肥",是指所含的成分与国家标准、行业标准不相符合或者以非农药、非化肥、非兽药冒充农药、化肥、兽药。二是销售明知是假的或者失去使用效能的农药、兽药、化肥、种子。"失去使用效能的农药、兽药、化肥、种子",是指因为过期、受潮、腐烂、变质等因素失去了原有功效和使用效能,丧失了使用价值的农药、兽药、化肥、种子。三是生产者、销售者以不合格的农药、兽药、化肥、种子冒充合格的农药、兽药、化肥、种子。"不合格",是指不具备应当具备的使用性能或者没有达到应当达到的质量标准。

2.生产、销售伪劣农药、兽药、化肥、种子罪的处罚

生产、销售伪劣农药、兽药、化肥、种子罪的处罚标准如表11-2所示。

表11-2 生产、销售伪劣农药、兽药、化肥、种子罪的处罚标准

刑期档次	情 形	处 罚
第一档	使生产遭受较大损失(一般以2万元为起点)	3年以下有期徒刑或者拘役,并处或者单处销售金额50%以上二倍以下罚金。
第二档	使生产遭受重大损失(一般以10万元为起点)	3年以上7年以下有期徒刑,并处销售金额50%以上二倍以下罚金。
第三档	使生产遭受特别重大损失(一般以50万元为起点)	7年以上有期徒刑或者无期徒刑,并处销售金额50%以上二倍以下罚金或者没收财产。

3. 本罪与破坏生产经营罪的区别

本罪的目的是非法牟利，采取的方式是生产、销售伪劣农药、兽药、化肥和种子；而破坏生产经营罪则是出于泄愤报复或者其他个人目的，采取的方式是毁坏机器设备、残害耕畜或其他方法。

4. 与生产、销售伪劣产品罪的区别

生产、销售伪劣农药、兽药、化肥、种子的行为，如果同时触犯两个罪名，按处刑较重的罪处罚。如果实施以上行为，未使生产遭受较大损失，但销售金额在5万元以上的，按生产、销售伪劣产品罪处罚。

（三）粮食生产生态环境方面犯罪

1. 污染环境罪的认定

《刑法》第338条规定，污染环境罪是指行为人违反国家规定，排放、倾倒或者处置有放射性的废物、含传染病病原体的废物、有毒物质或者其他有害物质，严重污染环境的行为。构成本罪需满足以下构成要件。

第一，主体为一般主体，即达到刑事责任年龄，具有刑事责任能力的任何自然人均可构成本罪。单位也能构成本罪之主体。

第二，主观方面是故意，一般是间接故意，即行为人明知自己的行为可能造成环境的严重污染而为之，放任这种损害后果的发生。

第三，客观方面表现为行为人违反国家规定，向土地、水体和大气排放、倾倒或者处置有放射性的废物、含传染病病原体的废物、有毒物质或者其他有害物质，严重污染环境的行为。这里的违反国家规定是指全国人大及其常务委员会制定的有关环境保护方面的法律，以及国务院制定的相关行政法规、行政措施、发布的决定或命令。这些法律、法规主要包括《环境保护法》《大气污染防治法》《水污染防治法》《海洋环境保护法》《固体废物污染环境防治法》等法律，以及《放射性同位素与射线装置安全和防护条例》等一系列专门法规。

其中，排放是指把各种危险废物排入土地、水体、大气的行为，包括泵出、溢出、泄出、喷出、倒出等；倾倒是指通过船舶、航空器、平台或者其他载运工具，向土地、水体、大气倾卸危险废物的行为；处置是指以焚烧、填埋或其他改变危险废物属性的方式处理危险废物或者将其置于特定场所或者设施并不再取回的行为。①

第四，污染环境罪保护的法益不仅仅是生态环境，还包括人与自然之间生态关系受到破坏所反映的社会关系，其中包括国家的环境保护制度、对不特定多数人的人身、财产的危害。②

2.污染环境罪的处罚

污染环境罪的处罚标准如表11-3所示。

表11-3　污染环境罪的处罚标准

刑期档次	情　形	处　罚
第一档	严重污染环境的情形：（1）在饮用水水源一级保护区、自然保护区核心区排放、倾倒、处置有放射性的废物、含传染病病原体的废物、有毒物质的；（2）非法排放、倾倒、处置危险废物三吨以上的；（3）排放、倾倒、处置含铅、汞、镉、铬、砷、铊、锑的污染物，超过国家或者地方污染物排放标准三倍以上的；（4）排放、倾倒、处置含镍、铜、锌、银、钒、锰、钴的污染物，超过国家或者地方污染物排放标准十倍以上的；（5）通过暗管、渗井、渗坑、裂隙、溶洞、灌注等逃避监管的方式排放、倾倒、处置有放射性的废物、含传染病病原体的废物、有毒物质的；（6）二年内曾因违反国家规定，排放、倾倒、处置有放射性的废物、含传染病病原体的废物、有毒物质受过两次以上行政处罚，又实施前列行为的；（7）重点排污单位篡改、伪造自动监测数据或者干扰自动监测设施，排放化学需氧量、氨氮、二氧化硫、氮氧化物等污染物的；（8）违法减少防治污染设施运行支出100万元以上的；（9）违法所得或者致使公私财产损失30万元以上的；（10）造成生态环境严重损害的；（11）致使乡镇以上集中式饮用水水源取水中断12小时以上的；（12）致使基本农田、防护林地、特种用途林地5亩以上，其他农用地10亩以上，	处3年以下有期徒刑或者拘役，并处或者单处罚金。

---

① 法律出版社法规中心编：《中华人民共和国刑法注释本》，北京法律出版社2021年版，第367页。

② 王秀梅、戴小强：《刑法修正案（十一）修订污染环境罪的理解与适用》，载《人民检察》2021年第7期。

续表

刑期档次	情 形	处 罚
	其他土地20亩以上基本功能丧失或者遭受永久性破坏的；（13）致使森林或者其他林木死亡50立方米以上，或者幼树死亡2500株以上的；（14）致使疏散、转移群众5000人以上的；（15）致使30人以上中毒的；（16）致使3人以上轻伤、轻度残疾或者器官组织损伤导致一般功能障碍的；（17）致使1人以上重伤、中度残疾或者器官组织损伤导致严重功能障碍的；（18）其他严重污染环境的情形。	
第二档	情节严重包括：（1）致使县级以上城区集中式饮用水水源取水中断12小时以上的；（2）非法排放、倾倒、处置危险废物100吨以上的；（3）致使基本农田、防护林地、特种用途林地15亩以上，其他农用地30亩以上，其他土地60亩以上基本功能丧失或者遭受永久性破坏的；（4）致使森林或者其他林木死亡150立方米以上，或者幼树死亡7500株以上的；（5）致使公私财产损失100万元以上的；（6）造成生态环境特别严重损害的；（7）致使疏散、转移群众15000人以上的；（8）致使100人以上中毒的；（9）致使10人以上轻伤、轻度残疾或者器官组织损伤导致一般功能障碍的；（10）致使3人以上重伤、中度残疾或者器官组织损伤导致严重功能障碍的；（11）致使1人以上重伤、中度残疾或者器官组织损伤导致严重功能障碍，并致使5人以上轻伤、轻度残疾或者器官组织损伤导致一般功能障碍的；（12）致使1人以上死亡或者重度残疾的；（13）其他后果特别严重的情形。	处3年以上7年以下有期徒刑，并处罚金。
第三档	从重情节：（1）在饮用水水源保护区、自然保护地核心保护区等依法确定的重点保护区域排放、倾倒、处置有放射性的废物、含传染病病原体的废物、有毒物质，情节特别严重的；（2）向国家确定的重要江河、湖泊水域排放、倾倒、处置有放射性的废物、含传染病病原体的废物、有毒物质，情节特别严重的；（3）致使大量永久基本农田基本功能丧失或者遭受永久性破坏的；（4）致使多人重伤、严重疾病，或者致人严重残疾、死亡的。	处7年以上有期徒刑，并处罚金。

二、粮食流通、收储和供给方面的犯罪及处罚

（一）非法经营罪的认定及处罚

从《粮食流通管理条例》第50条和第53条的规定来看，对粮食经营活动中扰乱市场秩序、违法等交易行为，情节严重构成犯罪的，依据《刑法》第225条的规定处罚。[①]构成非法经营罪需满足以下条件。

本罪适用的前提是"违反国家规定"，根据《刑法》第96条的规定，"违反全国人民代表大会及其常务委员会制定的法律和决定，国务院制定的行政法规、规定的行政措施、发布的决定和命令"。此外，根据最高人民法院《关于准确理解和适用刑法中"国家规定"的有关问题的通知》的规定，以国务院办公厅名义制发的文件若符合"（1）有明确的法律依据或者同相关行政法规不相抵触；（2）经国务院常务会议讨论通过或者经国务院批准；（3）在国务院公报上公开发布"三个条件，亦应视为刑法中的"国家规定"。

综上所述，"违反国家规定"中的国家规定只包括全国人民代表大会及其常务委员会制定的法律和决定，国务院制定的行政法规、规定的行政措施、发布的决定和命令，国务院办公厅名义制发的部分文件。根据罪刑法定原则，《粮食流通管理条例》属于行政法规，因此满足该前提条件。

构成非法经营罪还需要存在其他满足严重扰乱市场秩序的非法经营行为。但刑法未作明确或指引性规定。根据最高人民法院《关于准确理解和适用刑法中"国家规定"的有关问题的通知》的规定，对被告人的行为是否属于《刑法》第225条第4项规定的"其他严重扰乱市场秩序的非法经营行为"，有关司法解释未作明确规定的，应作为法律适用问题，逐级向最高人民法院

[①]《刑法》第225条规定："违反国家规定，有下列非法经营行为之一，扰乱市场秩序，情节严重的，处五年以下有期徒刑或者拘役，并处或者单处违法所得一倍以上五倍以下罚金；情节特别严重的，处五年以上有期徒刑，并处违法所得一倍以上五倍以下罚金或者没收财产：（一）未经许可经营法律、行政法规规定的专营、专卖物品或者其他限制买卖的物品的；（二）买卖进出口许可证、进出口原产地证明以及其他法律、行政法规规定的经营许可证或者批准文件的；（三）未经国家有关主管部门批准非法经营证券、期货、保险业务的，或者非法从事资金支付结算业务的；（四）其他严重扰乱市场秩序的非法经营行为。"

请示。换句话说，对于第4项的适用，除了要求"违反国家规定"，还要求司法解释作出明确规定，在无规定的情况下，只能层报最高人民法院请示决定。若在案发时并无相关司法解释指出该项行为属于非法经营行为，或案发后层报最高人民法院未获得明确答复，则不能认定为非法经营罪。

对于粮食经营中是否存在严重扰乱市场秩序的行为，还需要从以下方面综合判断：一是所从事的经营行为严重危害人民群众的生命财产安全；二是引发社会不稳定因素；三是破坏正常运营秩序；四是严重影响城市形象；五是利润高，如不遏制将引发更多违法行为等。

（二）生产、销售不符合安全标准食品罪的认定及处罚

1.生产、销售不符合安全标准食品罪的认定

根据《刑法》第143条的规定，[1]构成生产、销售不符合安全标准的食品罪必须具备以下几个构成要件。

第一，本罪的主体是一般主体，包括个人和单位，即所有生产、销售不符合食品安全标准的食品的单位或自然人都可以成为本罪的主体。

第二，行为人在主观上是故意，即明知是不符合食品安全标准的食品仍然生产、销售。

第三，本罪侵犯的客体是复杂客体，侵犯了国家对食品安全的监督管理制度以及不特定多数人的身体健康权利。国家为了保证人民群众的身体健康，实行了严格的食品安全监督制度，对食品安全规定了具体的标准，因而，生产、销售不符合食品安全标准的食品的行为，就是对食品安全监督制度的侵犯。同时，生产、销售不符合食品安全标准的食品的行为，有可能对他人的生命、健康构成危害，因而，本罪也侵犯了不特定多数人的生命、健康权利。本罪的犯罪对象是不符合食品安全标准的食品。根据《食品安全法》第150条的规定，这里的"食品"，是指各种供人食用或者饮用的成品

---

[1]《刑法》第143条规定："生产、销售不符合食品安全标准的食品，足以造成严重食物中毒事故或者其他严重食源性疾病的，处三年以下有期徒刑或者拘役，并处罚金；对人体健康造成严重危害或者有其他严重情节的，处三年以上七年以下有期徒刑，并处罚金；后果特别严重的，处七年以上有期徒刑或者无期徒刑，并处罚金或者没收财产。"

和原料以及按照传统既是食品又是药品的物品,但是不包括以治疗为目的的物品,因此粮食属于食品。

本罪在客观方面表现为违反国家食品安全管理法规,生产、销售不符合食品安全标准的食品,足以造成严重食物中毒事故或者其他严重食源性疾病的行为。根据最高人民法院、最高人民检察院《关于办理危害食品安全刑事案件适用法律若干问题的解释》第1条的规定,生产、销售不符合食品安全标准的食品,具有下列情形之一的,应当认定为《刑法》第143条规定的"足以造成严重食物中毒事故或者其他严重食源性疾病":(1)含有严重超出标准限量的致病性微生物、农药残留、兽药残留、生物毒素、重金属等污染物质以及其他严重危害人体健康的物质的;(2)属于病死、死因不明或者检验检疫不合格的畜、禽、兽、水产动物肉类及其制品的;(3)属于国家为防控疾病等特殊需要明令禁止生产、销售的;(4)特殊医学用途配方食品、专供婴幼儿的主辅食品营养成分严重不符合食品安全标准的;(5)其他足以造成严重食物中毒事故或者严重食源性疾病的情形。在食品加工、销售、运输、贮存等过程中,违反食品安全标准,超限量、超范围滥用食品添加剂,或者在食用农产品种植、养殖、销售、运输、贮存等过程中,违反食品安全标准,超限量、超范围滥用添加剂、农药、兽药等,足以造成严重食物中毒事故或者其他严重食源性疾病的,以本罪论。

2.生产、销售不符合安全标准食品罪的处罚

生产、销售不符合安全标准食品罪的处罚标准如表11-4所示。

表11-4 生产、销售不符合安全标准食品罪的处罚标准

刑期档次	情　形	处　罚
第一档	足以造成严重食物中毒事故或者其他严重食源性疾病的包括:(一)含有严重超出标准限量的致病性微生物、农药残留、兽药残留、重金属、污染物质以及其他危害人体健康的物质的;(二)属于病死、死因不明或者检验检疫不合格的畜、禽、兽、水产动物及其肉类、肉类制品的;(三)属于国家为防控疾病等特殊需要明令禁止生产、销售的;(四)婴幼儿食品中生长发育所需营养成分严重不符合食品安全标准的;(五)其他足以造成严重食物中毒事故或者严重食源性疾病的情形。	处3年以下有期徒刑或者拘役,并处罚金

续表

刑期档次	情 形	处 罚
第二档	对人体健康造成严重危害的：（一）造成轻伤以上伤害的；（二）造成轻度残疾或者中度残疾的；（三）造成器官组织损伤导致一般功能障碍或者严重功能障碍的；（四）造成10人以上严重食物中毒或者其他严重食源性疾病的；（五）其他对人体健康造成严重危害的情形。 其他严重情节：（一）生产、销售金额20万元以上的；（二）生产、销售金额10万元以上不满20万元，不符合食品安全标准的食品数量较大或者生产、销售持续时间较长的；（三）生产、销售金额10万元以上不满20万元，属于婴幼儿食品的；（四）生产、销售金额10万元以上不满20万元，一年内曾因危害食品安全违法犯罪活动受过行政处罚或者刑事处罚的；（五）其他情节严重的情形。	处3年以上7年以下有期徒刑，并处罚金。
第三档	后果特别严重的：（一）致人死亡或者重度残疾的；（二）造成3人以上重伤、中度残疾或者器官组织损伤导致严重功能障碍的；（三）造成10人以上轻伤、5人以上轻度残疾或者器官组织损伤导致一般功能障碍的；（四）造成30人以上严重食物中毒或者其他严重食源性疾病的；（五）其他特别严重的后果。	处7年以上有期徒刑或者无期徒刑，并处罚金或者没收财产。

（三）生产、销售有毒、有害食品罪的认定及处罚

1.生产、销售有毒、有害食品罪的认定

根据《粮食流通管理条例》第47条、第48条及第53条的规定，粮食收购者、粮食储存企业将不符合食用用途的粮食进行销售的或者从事粮食的食品生产，不符合食品安全法律、法规和标准规定的条件和要求的，构成犯罪的，依法追究刑事责任。这里涉及的食品安全犯罪主要是《刑法》分则第三章破坏社会主义市场经济秩序罪中第143条生产、销售不符合安全标准食品罪，第144条生产、销售有毒有害食品罪。

根据《刑法》第144条的规定，生产、销售有毒、有害食品罪，是指违反我国食品卫生管理法规，在生产、销售的食品中掺入有毒、有害的非食品原料或者销售明知掺有有毒、有害的非食品原料的食品的行为。生产、销售

不符合安全标准的食品罪必须具备以下几个构成要件。

第一，本罪的主体是一般主体，包括自然人和单位，单位犯本罪的，实行双罚制。

第二，本罪在主观方面只能由故意构成，本罪为行为犯。只要行为人出于故意实施了在所生产、销售的食品中掺入有毒、有害的非食品原料之行为，或者明知是掺有有毒、有害物质的食品仍然予以销售的行为，就构成本罪。如果有以上行为，造成受害人死亡、中毒或者健康受到损害，在量刑时作为量刑情节适用。

第三，本罪侵犯的客体为复杂客体，包括了国家对食品卫生的监督管理秩序和广大消费者即不特定多数人的生命、健康权利。

第四，本罪在客观方面表现为，违反国家食品卫生管理法规，对生产、销售的食品掺入有毒、有害的非食品原料或者销售明知掺有有毒、有害的非食品原料的食品的行为。

2.生产、销售有毒、有害食品罪的处罚

生产、销售不符合安全标准食品罪的处罚标准如表11-5所示。

表11-5 生产、销售有毒、有害食品罪的处罚标准

刑期档次	情　形	处　罚
第一档	在生产、销售的食品中掺入有毒、有害的非食品原料的，或者销售明知掺有有毒、有害的非食品原料的食品的。	处5年以下有期徒刑或者拘役，并处罚金。
第二档	对人体健康造成严重危害的：（一）造成轻伤以上伤害的；（二）造成轻度残疾或者中度残疾的；（三）造成器官组织损伤导致一般功能障碍或者严重功能障碍的；（四）造成10人以上严重食物中毒或者其他严重食源性疾病的；（五）其他对人体健康造成严重危害的情形。 其他严重情节：（一）生产、销售金额20万元以上不满50万元的；（二）生产、销售金额10万元以上不满20万元，有毒、有害食品的数量较大或者生产、销售持续时间较长的；（三）生产、销售金额10万元以上不满20万元，属于婴幼儿食品的；（四）生产、销售金额10万元以上不满20万元，一年内曾因危害食品安全违法犯罪活动受过行政处罚或者刑事处罚的；（五）有毒、有害的非食品原料毒害性强或者含量高的；（六）其他情节严重的情形。	处5年以上10年以下有期徒刑，并处罚金。

续表

刑期档次	情 形	处 罚
第三档	致人死亡或者有其他特别严重情节的：（一）致人死亡或者重度残疾的；（二）造成3人以上重伤、中度残疾或者器官组织损伤导致严重功能障碍的；（三）造成10人以上轻伤、5人以上轻度残疾或者器官组织损伤导致一般功能障碍的；（四）造成30人以上严重食物中毒或者其他严重食源性疾病的；（五）其他特别严重的后果；（六）销售金额50万元以上。	处10年以上有期徒刑、无期徒刑或者死刑，并处罚金或者没收财产。

（四）走私普通货物、物品罪的认定及处罚

1.走私普通货物、物品罪的认定

走私普通货物、物品罪，是指违反海关法规，非法从事运输、携带、邮寄除毒品、武器、弹药、核材料、伪造的货币、国家禁止出口的文物、黄金、白银和其他贵重金属、珍贵动物及其制品、珍稀植物及其制品、淫秽物品、固体废物以外的其他货物、物品，进出国（边）境，偷逃关税，情节严重的行为。走私粮食构成走私普通货物、物品罪须满足以下条件。

第一，本罪的主体是一般主体，包括个人和单位。

第二，本罪在主观上表现为故意，过失不构成本罪，本罪的成立不要求具有牟利目的。

第三，本罪所侵犯的客体是国家的关税管理秩序。

第四，本罪的客观方面表现为违反海关法律法规，逃避海关监管，运输、携带、邮寄除《刑法》第151条、第152条、第347条规定以外的货物、物品即粮食进出国（边）境，偷逃应缴关税额较大或者一年内曾因走私被两次行政处罚后又走私的行为。

2.走私普通货物、物品罪的处罚

走私普通货物、物品罪的处罚标准如表11-6所示。

表11-6 走私普通货物、物品罪的处罚标准

量刑档次	处罚	偷逃应缴纳税额
第一档	3年以下有期徒刑或者拘役，并处偷逃应缴税额一倍以上五倍以下罚金	偷逃应缴税额较大（10万元以上不满50万元）
第二档	3年以上10年以下有期徒刑，并处偷逃应缴税额一倍以上五倍以下罚金	偷逃应缴税额巨大（50万元以上不满250万元）
第三档	10年以上有期徒刑或者无期徒刑，并处偷逃应缴税额一倍以上五倍以下罚金或者没收财产	偷逃应缴税额特别巨大（250万元以上）

三、粮食系统职务犯罪及处罚

（一）贪污罪的认定及处罚

根据《刑法》第382条的规定，国家工作人员利用职务上的便利，侵吞、窃取、骗取或者以其他手段非法占有公共财物的，是贪污罪。受国家机关、国有公司、企业、事业单位、人民团体委托管理、经营国有财产的人员，利用职务上的便利，侵吞、窃取、骗取或者以其他手段非法占有国有财产的，以贪污论。与前两款所列人员勾结，伙同贪污的，以共犯论处。因此，粮食系统的工作人员构成贪污罪，须满足以下几项条件。

第一，本罪的主体，粮食系统的工作人员必须是国家工作人员。根据《刑法》第93条的规定，国家工作人员有四种情形，即国家机关中从事公务的人员；国有公司、企业、事业单位、人民团体中从事公务的人员；国家机关、国有公司、企业、事业单位委派到非国有公司、企业、事业单位、社会团体从事公务的人员；其他依照法律从事公务的人员。

第二，本罪的主观方面，贪污罪是故意犯罪，要求粮食系统的工作人员主观上必须具有故意，并且具有非法占有的目的，这里包括使自己占有或者使第三人占有。

第三，本罪的客体为复杂客体，既侵犯了公共财物的所有权，又侵犯了国家机关、国有企业事业单位的正常活动以及职务的廉洁性，但主要是侵犯了职务的廉洁性。

第四，本罪的客观方面，粮食系统的工作人员利用职务上的便利，侵吞、窃取、骗取或者以其他手段非法占有公共财物。这里的"利用职务上的便利"根据最高人民法院的裁判要点来看，是指利用职务上主管、管理、经手公共财物的权力及方便条件，既包括利用本人职务上主管、管理公共财物的职务便利，也包括利用职务上有隶属关系的其他国家工作人员的职务便利。[1]但是并不能认为只要国家工作人员利用职务上的便利非法占有公共财物就必然成立贪污罪。只有当国家工作人员现实地对公共财物享有支配权、决定权，或者对具体支配财物的人员处于领导、指示、支配地位，进而利用职务便利，才能认定为贪污罪。[2]

对犯贪污罪的，根据情节轻重处罚：

第一档，贪污数额较大（3万元以上不满20万元）或者有其他较重情节的，处3年以下有期徒刑或者拘役，并处罚金。

第二档，贪污数额巨大（20万元以上不满300万元）或者有其他严重情节的，处3年以上10年以下有期徒刑，并处罚金或者没收财产。

第三档，贪污数额特别巨大（300万元以上）或者有其他特别严重情节的，处10年以上有期徒刑、无期徒刑，并处罚金或者没收财产；数额特别巨大，并使国家和人民利益遭受特别重大损失的，处无期徒刑或者死刑，并处没收财产。

对多次贪污未经处理的，按照累计贪污数额处罚。

对于贪污罪的处罚，新规定了终身监禁。根据《刑法修正案（九）》的规定，终身监禁是指对贪污、受贿行为，罪行极其严重，判处死缓二年期满，依法减为无期徒刑后，不得减刑、假释的刑罚执行措施。其严厉性介于死缓和死刑立即执行之间。如果提起公诉前如实供述自己罪行、真诚悔罪、积极退赃、避免、减少损害结果发生，根据犯罪情形，可以从轻、减轻或者免除处罚。

（二）受贿罪的认定及处罚

粮食系统受贿是指在粮食生产、加工、储存、运输、销售等环节中，国家工作人员利用职务上的便利，索取他人财物，或者非法收受他人财物，为

---

[1] 吴光侠：《杨延虎等贪污案的理解与参照》，载《人民司法》2014年第6期。
[2] 张明楷：《通过职务行为套取补偿款的行为性质》，载《法学评论》2021年第2期。

他人谋取利益。根据《刑法》第385条的规定，粮食系统受贿罪的认定应当具备以下条件。

第一，本罪的主体，粮食系统的工作人员必须是国家工作人员。

第二，受贿罪是故意犯罪，要求粮食系统的工作人员主观上必须具有故意，也即只要行为人认识到他人交付的财物是对自己职务行为的不正当报酬，就具备了受贿罪的故意。

第三，根据我国刑法理论通说，受贿罪的客体是职务行为的廉洁性。粮食系统的工作人员在收受贿赂的情况下，这种廉洁性可以表现为职务行为的不可收买性。这里的职务行为只要是与职务有关的行为即可。不可收买性是指职务行为与财物的不可交换性（权钱交易），或者说职务行为没有获得不正当报酬。

第四，受贿罪的客观方面表现为索取或者收受贿赂两种，二者的区别在于前者不要求为他人谋取利益，但是为他人谋取的利益是否正当，为他人谋取的利益是否实现，不影响受贿罪的认定。[1]

对犯受贿罪的，根据情节轻重处罚：

第一档，受贿数额在3万元以上不满20万元的，系"数额较大"，依法判处3年以下有期徒刑或者拘役，并处罚金。

第二档，受贿数额在20万元以上不满300万元的，系"数额巨大"，依法判处3年以上10年以下有期徒刑，并处罚金或者没收财产。

第三档，受贿数额在300万元以上的，系"数额特别巨大"，依法可判处10年以上有期徒刑、无期徒刑或者死刑，并处罚金或者没收财产。当然，处死刑的，除了"数额特别巨大"之外，还必须有"使国家和人民利益遭受特别重大损失"的情节。

（三）挪用公款罪的认定及处罚

根据《刑法》第384条规定："国家工作人员利用职务上的便利，挪用公款归个人使用，进行非法活动的，或者挪用公款数额较大、进行营利活动的，或者挪用公款数额较大、超过三个月未还的，是挪用公款罪，处五年以下有

---

[1] 参见最高人民检察院《关于人民检察院直接受理立案侦查案件立案标准的规定（试行）》。

期徒刑或者拘役；情节严重的，处五年以上有期徒刑。挪用公款数额巨大不退还的，处十年以上有期徒刑或者无期徒刑。挪用用于救灾、抢险、防汛、优抚、扶贫、移民、救济款物归个人使用的，从重处罚。"从该条可以看出，粮食系统工作人员构成挪用公款罪需要满足以下条件。

第一，本罪的主体，粮食系统的工作人员必须是国家工作人员。

第二，本罪的主观方面为故意，并不具有非法占有目的，如果行为人具有非法占有目的，就应该以贪污罪论处。

第三，本罪的客体是复杂客体，既侵犯国家工作人员的职务廉洁性，也侵犯公共财产的占有、使用、收益权。[①]挪用公款罪侵犯的直接客体是公款的使用权，同时行为人挪用公款后必然占有，有的还因此获得收益。而所有权包括占有、使用、收益、处分四种相互联系又具有相对独立性的权能，因此对占有权权能的侵犯也必然是对所有权的侵犯。所有权被侵犯并不意味着所有权转移。

第四，本罪的客观方面表现为，粮食系统的工作人员利用职务上的便利挪用公款归个人使用，在此前提下可以分为三种情况：第一种是挪用公款进行非法活动；第二种是挪用公款数额较大、进行营利活动；第三种是挪用公款进行营利活动、非法活动以外的活动，数额较大，并且挪用时间超过了三个月。

挪用公款罪的处罚标准如表11-7所示。

表11-7　挪用公款罪的处罚标准

类　型	法定刑	适用情形
挪用公款进行"非法活动"	第一档：5年以下有期徒刑或者拘役	挪用数额3万元以上不满100万元，或者挪用公款不退还数额3万元以上不满50万元，或者挪用特定款物数额3万元以上不满50万元。
	第二档：5年以上有期徒刑（最高15年）	挪用数额100万元以上，或者挪用公款不退还数额50万元以上不满300万元，或者挪用特定款物数额50万元以上。
	第三档：10年以上有期徒刑或者无期徒刑	挪用公款不退还，数额300万元以上。

---

① 高铭暄、马克昌：《刑法学》（第十版），北京大学出版社2022年版，第621页。

续表

类　型	法定刑	适用情形
进行营利活动或者超过三个月未还型挪用公款	第一档：5年以下有期徒刑或者拘役	挪用数额5万元以上不满200万元，或者挪用公款不退还数额5万元以上不满100万元，或者挪用特定款物数额5万元以上不满100万元。
	第二档：5年以上有期徒刑（最高15年）	挪用数额200万元以上，或者挪用公款不退还数额100万元以上不满500万元，或者挪用特定款物数额100万元以上。
	第三档：10年以上有期徒刑或者无期徒刑	挪用公款不退还，数额500万元以上。

（四）滥用职权罪的认定及处罚

粮食系统中的工作人员构成滥用职权罪是指在粮食生产、销售、储备等环节中，由于违反法律规定的权限和程序，滥用职权或者超越职权，致使公共财产、国家和人民利益遭受重大损失的犯罪。粮食系统工作人员滥用职权导致粮食供应、价格等方面的问题，侵害社会公共利益和消费者合法权益，该行为违反了《刑法》第397条的规定，构成滥用职权罪犯罪。其认定标准需满足以下条件。

第一，只有具有国家机关工作人员身份的人才能成为本罪的主体。关于刑法中国家机关工作人员的认定，2003年11月13日最高人民法院印发的《全国法院审理经济犯罪案件工作座谈会纪要》作了规定，是指在国家机关中从事公务的人员，包括在各级国家权力机关、行政机关、司法机关和军事机关中从事公务的人员。符合下面两种情形可视为国家机关工作人员：一是在依照法律、法规规定行使国家行政管理职权的组织中从事公务的人员，或者在受国家机关委托代表国家行使职权的组织中从事公务的人员，或者虽未列入国家机关人员编制但在国家机关中从事公务的人员，视为国家机关工作人员；二是在乡（镇）以上中国共产党机关、人民政协机关中从事公务的人员，司法实践中也应当视为国家机关工作人员。[①]

[①] 最高人民法院刑事审判第一、二、三、四、五庭编：《刑事审判参考》（总第134辑），北京人民法院出版社2023年版，第127页。

第二，本罪在主观方面表现为故意，行为人明知自己滥用职权的行为会发生致使公共财产、国家和人民利益遭受重大损失的结果，并且希望或者放任这种结果发生。实践中，对危害结果持间接故意的情况比较多见。滥用职权既可以是为了自己的利益，也可以是为了他人的利益。

第三，本罪侵犯的客体是国家机关的正常管理活动。由于粮食系统的工作人员逾越职权，致使国家机关的粮食管理工作遭到破坏，给国家、集体和人民利益造成严重损害，从而破坏了国家机关的正常管理活动。

第四，本罪的客观方面表现为滥用职权，致使公共财产、国家和人民利益遭受重大损失的行为。"滥用"主要表现为两种情形：一是超越职权的滥用，即行为人超越法定权力范围，违法决定无权决定的事项、擅自处理无权处理的事务；二是违法行使职权的滥用，即行为人违反法定办事程序，胡作非为，滥施淫威，随心所欲地违法处理公务。

滥用职权罪的处罚标准如表11-8所示。

表11-8 滥用职权罪的处罚标准

量刑档次	适用情形	
3年以下有期徒刑或拘役	死亡1人以上、重伤3人以上、轻伤9人以上、重伤2人轻伤3人以上、重伤1人轻伤6人以上。	造成经济损失30万元以上。
	造成恶劣社会影响。	其他致使公共财产、国家和人民利益遭受重大损失的情形，其他特别严重的情节。
3年以上7年以下有期徒刑	死亡3人以上、重伤9人以上、轻伤27人以上、重伤6人轻伤9人以上、重伤3人轻伤18人以上。	造成经济损失150万元以上。
	造成特别恶劣社会影响。	造成前款规定的损失后果，不报、迟报、谎报或者授意、指使、强令他人不报、迟报、谎报事故情况，致使损失后果持续、扩大或者抢救工作延误的。
	其他特别严重的情节。	

（五）玩忽职守罪的认定及处罚

粮食系统工作人员构成玩忽职守罪，是指在从事粮食相关工作的过程中严重不负责任，不履行或不认真履行职责，致使粮食系统管理出现问题，致使公共财产、国家和人民利益遭受重大损失的行为。其构成《刑法》第397条玩忽职守罪，需要满足以下条件。

第一，本罪的主体，粮食系统的工作人员须是国家机关工作人员。其国家机关工作人员的认定标准和上述滥用职权罪中的国家机关工作人员认定标准一致。

第二，本罪在主观方面由过失构成，故意不构成本罪，也就是说，行为人对于其行为造成重大损失的结果，在主观上并不是出于故意而是由于过失造成的。换句话说，他应当知道自己擅离职守或者在职守中不认真履行职责可能发生一定的社会危害结果，但是他疏忽大意没有预见到，或者虽然已经预见到可能发生，但他凭借自己的知识或者经验而轻信可以避免，以致造成严重损失的危害结果。

第三，本罪侵犯的客体是国家机关的正常活动。由于粮食系统工作人员对本职工作严重不负责，不遵纪守法，违反规章制度，玩忽职守，不履行应尽的职责义务，致使粮食的生产、销售、储备等工作遭到破坏，给国家、集体和人民的利益造成严重损害，从而危害了粮食机关的正常活动。

第四，本罪在客观方面表现为粮食系统工作人员违反工作纪律、规章制度，擅离职守，不尽职责义务，或者不正确履行职责义务，致使公共财产、国家和人民利益遭受重大损失的行为。

由于滥用职权罪和玩忽职守罪的法定刑相同，故对犯玩忽职守罪的处罚，可参见上述滥用职权罪的量刑档次。

第三节　典型涉粮刑事案例分析

一、非法占用、破坏农用地案件

（一）案情简介

2015年1月，被告人吴某向陈某转承包位于文昌市冯坡镇白沙村委会上白沙村坡后处的一块面积约100亩的土地。2015年4月，被告人吴某在未向林业主管部门申请批准核发林地占用手续的情况下，雇用两辆推土机和一辆挖掘机，开始在该承包地上挖建鱼塘。2015年4月10日，文昌市林业局向被告人吴某送达《关于责令停止非法占用林地的通知》，此时被告人吴某已挖建成形两口鱼塘，但未蓄水养鱼。被告人吴某在接收通知书后，于2015年5月，再次雇用机械在该承包地上挖建了两口鱼塘，至此，被告人吴某共在冯坡镇白沙村委会上白沙村坡后处承包地上挖建四口鱼塘，并蓄水进行罗非鱼养殖。经文昌市林业科学研究所评估认定，该地块上已挖建成四口鱼塘，涉及林地64亩，鱼塘蓄水区域面积48亩正常情况已完全丧失林业种植条件。2017年8月，吴某到文昌市森林公安局主动到案归案。[1]

（二）犯罪成立及处罚

本案中，吴某的行为已经构成《刑法》第342条的非法占用农用地罪。理由如下：

主体方面，本案中吴某已达到刑事责任年龄且具有刑事责任能力，符合非法占用农用地罪中的一般主体要件。

主观方面，本案中文昌市林业局向被告人吴某送达《关于责令停止非法占用林地的通知》以后，吴某明知自己所占用的土地为林地且意识到自己在

---

[1] 海南省高级人民法院（2018）琼刑终137号刑事判决书。

未办理林地占用手续的情况下而非法占地挖建4口鱼塘的行为会导致农用地被占用损害的后果。由此可以认定，被告人吴某主观上存在非法占用农用地的故意。

客体方面，非法占用农用地罪规定于《刑法》分则第六章妨害社会管理秩序罪第六节破坏环境资源保护罪中。由此可以看出，非法占用农用地罪侵犯的客体是国家对农用地的管理秩序。由于国家对农用地的管理是通过一系列的法律法规予以具体规定的，因此，要判断一个行为是否侵害了国家对农用地的管理秩序，应当首先判断该行为是否违反了《土地管理法》《森林法》《草原法》等法律法规。本案中，吴某的行为违反了《土地管理法》对农用地保护的规定，应当认为吴某的行为侵害了国家对农用地的管理秩序。

客观方面，吴某占有、破坏林地的行为造成了值得刑法评价的危害后果。因为他占地挖建四口鱼塘，造成林地64亩毁坏的行为达到了最高人民法院《关于审理破坏林地资源刑事案件具体应用法律若干问题的解释》中明确规定的违反土地管理法规，改变被占用林地用途，在非法占用的林地上实施建窑、建坟、建房、挖沙、采石、采矿、取土、种植农作物、堆放或排泄废弃物等行为，非法占用并毁坏其他林地数量达到十亩以上构成非法占用农用地罪的犯罪情节。

根据上述分析，在吴某非法占用农用地案中，被告人吴某主体适格，客观上实施了非法占用林地的行为，侵犯了刑法保护的国家对农用地的管理秩序，达到了相关司法解释规定的数额标准，应当认为被告人的行为构成了《刑法》第342条的非法占用农用地罪。应受到5年以下有期徒刑或者拘役，并处或者单处罚金的处罚。

二、非法生产、销售农资案件

（一）案情简介

2019年3月至4月，被告人丁某让被告人岳某帮其联系购买便宜的磷酸二铵化肥。之后，岳某联系被告人刘某发货，刘某通过他人以每吨1600元的价格从山东省临沂市购进130吨"中国农资"牌磷酸二铵化肥，并以每吨1950

元的价格转售给岳某。岳某又以每吨2500元的价格转售给丁某，丁某收到化肥后以每吨3050元的价格销售给八五九农场中的被害人王某、赵某等37名农户，共计销售39万余元。在此过程中，刘某、岳某、丁某均未对该130吨"中国农资"牌磷酸二铵化肥的生产厂家、经营资质、产品质量等证照进行查验，造成王某等农户的生产损失达45万余元。经鉴定，该涉案化肥为假冒伪劣化肥。①

（二）犯罪成立及处罚

本案被告人刘某、岳某、丁某销售伪劣化肥，使生产遭受重大损失，其行为已构成《刑法》第147条的销售伪劣化肥罪。理由如下：

主体方面，本案中刘某、岳某、丁某已达到刑事责任年龄且具有刑事责任能力，符合销售伪劣化肥罪的一般主体要件。

主观方面，本案中刘某、岳某、丁某未对该130吨"中国农资"牌磷酸二铵化肥的生产厂家、经营资质、产品质量等证照进行查验的行为表明行为人具有销售伪劣化肥的故意，并客观上实施了销售行为，本罪的犯罪目的是牟利，对销售伪劣化肥造成王某等农户生产损失45万余元的后果具有放任结果发生的间接故意。

客体方面，本案中，刘某、岳某、丁某销售假冒伪劣化肥的行为造成农户生产损失45万余元的结果，该行为侵犯了国家对化肥质量的监督管理制度和农业生产秩序。

客观方面，本案中刘某、岳某、丁某实施了以不合格的化肥冒充合格的化肥，且造成了农户生产损失45万余元重大损失的后果②，且销售伪劣化肥的行为与造成农户生产损失之间具有因果关系。

---

① 参见《最高人民法院发布"农资打假"典型案例——依法严惩农资犯罪，切实保障农民增收》，载最高人民法院网站，https://www.court.gov.cn/zixun-xiangqing-392641.html，2024年3月12日访问。

② 最高人民法院、最高人民检察院《关于办理生产、销售伪劣商品刑事案件具体应用法律若干问题的解释》第7条规定："刑法第一百四十七条规定的生产、销售伪劣农药、兽药、化肥、种子罪中'使生产遭受较大损失'，一般以二万元为起点；'重大损失'，一般以十万元为起点；'特别重大损失'，一般以五十万元为起点。"

根据上述分析，在刘某、岳某、丁某销售伪劣化肥案中，被告人刘某、岳某、丁某实施了销售伪劣化肥的行为，侵犯了刑法保护的国家对化肥质量的监督管理制度和农业生产秩序，达到了相关司法解释规定的数额标准，应当认为被告人等人的行为构成《刑法》第147条的销售伪劣化肥罪。应受到3年以上7年以下有期徒刑，并处销售金额50%以上二倍以下罚金的处罚。

三、走私农产品案件

（一）案情简介

2011年10月至2013年3月，被告人高某引为逃避海关监管、偷逃应缴税款，伙同马某军（已判刑）将原产于印度的大批量花生米伪报为中越边民互市贸易货物，采用化整为零的方式走私至我国境内，偷逃国家进口环节税款人民币329万元。[①]

（二）犯罪成立及处罚

本案中，高某引偷逃应缴纳税额特别巨大，已经构成《刑法》第153条的走私普通货物罪。理由如下：

主体方面，本案中被告人高某引已达到刑事责任年龄且具有刑事责任能力，符合走私普通货物罪的一般主体要件。

主观方面，被告人高某引将明知应以一般贸易征税进口的货物伪报为中越边民互市贸易货物，具有逃避海关监管、偷逃关税的目的，满足走私普通货物罪主观上为故意犯罪要件。

客体方面，被告人高某引明知违反海关法规，走私农产品花生米进口，破坏了国家的关税管理秩序。

客观方面，被告人高某引具有逃避海关监管，走私农产品，偷逃应缴纳税额，造成国家税收损失329万元的后果，且走私普通农产品的行为与国家损失的后果具有因果关系，达到了刑事处罚的标准。

[①] 参见河北省高级人民法院（2021）冀刑终254号刑事裁定书。

根据上述分析，在被告人高某引走私农产品案中，主体适格，客观上实施了偷逃海关关税的行为，侵犯了刑法保护的国家关税管理秩序，达到了相关司法解释规定的数额标准，应当认为被告人高某引的行为构成《刑法》第153条的走私普通货物罪。其偷逃国家进口环节税款329万元，属于偷逃应缴税额特别巨大（250万元以上）的情形，可能受到10年以上有期徒刑或者无期徒刑，并处偷逃应缴税额一倍以上五倍以下罚金或者没收财产的处罚。

四、粮食系统腐败案件

（一）乔某军贪污罪、挪用公款案件

1. 案情简介

2011年11月，中储粮河南周口直属库主任乔某军携3亿多元巨款外逃，河南省检察机关立即介入侦查。后经查明，乔某军与粮商勾结，让粮商销售粮库中的储备转换粮，或虚报"托市粮"收购数量，骗取国家粮食款7亿多元。乔某军把部分赃款直接转入其指定的个人账户，再通过地下钱庄"对敲"的方式转移到境外。多年来，他转移到海外的赃款已经发现的就有过亿元人民币。[①]

2. 犯罪成立及处罚

（1）构成贪污罪的理由

主体方面，由于中储粮集团公司受国务院委托，具体负责中央储备粮棉油的经营管理，同时接受国家委托执行粮棉油购销调存等调控任务，在国家宏观调控和监督管理下，实行自主经营、自负盈亏，确保国有资产保值增值。因此乔某军身为中储粮河南周口直属库主任，系受国家机关委托代表国家行使职权的组织中从事公务的人员，属于国家工作人员。

主观方面，本案中，乔某军明知储粮款属于公款，骗取国家粮食款7亿余元的行为属于非法占为己有，主观方面是故意，并且具有非法占有公共财物的目的。

[①]《揭开28亿斤"转圈粮"黑幕》，载人民网，http://cpc.people.com.cn/n/2013/0917/c87228-22941714.html，2024年3月12日访问。

客体方面，本案中，乔某军侵吞公款的行为，侵犯了国家工作人员公务的廉洁性和公共财物所有权。

客观方面，乔某军身为国家工作人员，利用职务上主管、管理、经营经手储粮款的便利，骗取国家粮食款的行为，造成了国家公款7亿余元的损失。其骗取公款行为与国家损失之间具有因果关系。

根据上述分析，在乔某军侵吞公款案中，乔某军主体适格，客观上实施了侵吞储粮款为自己占有的行为，侵犯了刑法保护的国家工作人员的廉洁性和公共财物所有权，侵吞公款数额达到了相关司法解释规定的数额标准，应当认为被告人的行为构成《刑法》第382条规定的贪污罪。其贪污数亿元属于贪污数额特别巨大（300万元以上）或者有其他特别严重情节的情形，应当处10年以上有期徒刑、无期徒刑，并处罚金或者没收财产；其数额特别巨大，并使国家和人民利益遭受特别重大损失的，处无期徒刑或者死刑，并没收财产。

（2）构成挪用公款罪的理由

主体方面，根据上述贪污罪中的国家工作人员的认定，乔某军身为国家工作人员，符合主体要件。

主观方面，对于乔某军转到境外无法查清是否具有非法占有目的的公款，可以认定为行为人仅具有挪用公款的故意。

客体方面，乔某军挪用粮食款的行为既侵犯了国家工作人员的职务廉洁性，又侵犯了国家对粮食款的占有、使用、收益权。

客观方面，多年来，乔某军转到海外的赃款已经发现的就有过亿元人民币，其属于挪用公款罪的第三种挪用情况，即挪用公款数额较大、超过3个月未还的行为方式。

根据上述分析，在乔某军挪用公款案中，乔某军主体适格，客观上实施了挪用储粮款数额较大超过3个月未还，侵犯了刑法保护的国家工作人员的职务廉洁性，也侵犯了国家对粮食款的占有、使用、收益权，挪用公款数额达到了相关司法解释规定的数额标准，应当认为被告人的行为构成《刑法》第384条规定的挪用公款罪。其挪用公款的数额可能属于挪用公款不退还数额500万元以上，应当受到10年以上有期徒刑或者无期徒刑的处罚。

综上所述，乔某军犯贪污罪和挪用公款罪，应当数罪并罚。

（二）张某龙以陈顶新案

1.案情简介

2014年12月，吉林前郭白依拉嘎粮食收储库受中央储备粮松原直属库委托，作为国家政策性粮食收储库点，开始收购2014年最低收购价稻谷。2015年3月25日至3月30日，被告人张某龙从粮商赵某处购买洮南市那金粮食储备库和法库县金盛稻香米业有限公司已轮换的陈稻谷597吨，冒充新粮卖入吉林前郭白依拉嘎粮食收储库，骗取新粮与陈粮的差价款16万元。吉林前郭白依拉嘎粮食收储库工作人员张某军、孙某春、徐某、林某在负责粮食收储监督检查工作中，不认真履行监督检查职责，致使被告人张某龙将已轮换的陈稻谷冒充新粮卖入吉林前郭白依拉嘎粮食收储库，导致掺入此陈粮的8个货位7197吨稻谷黄粒米超过2%，给国家造成经济损失489万元。[1]

2.犯罪成立及处罚

被告人张某龙以非法占有为目的，采用以陈顶新的欺骗行为，骗取新粮与陈粮的差价款16万元，且数额较大，符合《刑法》分则第266条诈骗罪的构成要件，构成诈骗罪。其构成诈骗罪的理由如下。

首先，张某龙从粮商赵某处购买洮南市那金粮食储备库和法库县金盛稻香米业有限公司已轮换的陈稻谷597吨，把低价陈粮当高价新粮"收购"，违规套取粮食新陈差价的欺骗行为，使前郭白依拉嘎粮食收储库陷入错误认识。其次，受骗者前郭白依拉嘎粮食收储库基于对方的以陈顶新的欺骗行为陷入处分财产的错误认识。再次，受骗者前郭白依拉嘎粮食收储库基于错误认识处分财产。复次，行为人张某龙取得财产。最后，被害人国家机关遭受财产损失。

综上所述，张某龙主体适格，客观上实施了以陈顶新的欺骗行为，骗取国家水稻收购款的行为，侵犯了国家机关财产的所有权，诈骗数额达到了相关司法解释规定的认定标准，应当认为张某龙的行为构成《刑法》分则第266条的诈骗罪。其诈骗数额巨大（3万元至10万元以上），处3年以上10年以下有期徒刑，并处罚金。

---

[1] 吉林省中原市人民法院（2016）吉07刑终47号刑事裁定书。

吉林前郭白依拉嘎粮食收储库工作人员张某军、孙某春、徐某、林某，严重不负责任，造成国有企业严重损失，致使国家利益遭受重大损失。其行为构成《刑法》分则第168条的国有企业人员失职罪。理由如下：

主体方面，白依拉嘎粮库属中储粮总公司松原直属库委托的地方国有粮食库点，承担收购国家临储粮、最低保护价粮的任务，属于国有企业，张某军、孙某春、徐某、林某属于国有企业的工作人员。因此符合主体构成要件。

主观方面，其对致使国家利益遭受重大损失的结果不是直接故意的，亦即，其并不希望国有公司、企业破产或严重亏损。其对此损害结果的发生多出于过失。

客体方面，张某军、孙某春、徐某、林某的严重不负责任的行为侵犯了国有公司、企业财产权益和社会主义市场经济秩序。

客观方面，张某军、孙某春、徐某、林某身为工作人员，由于严重不负责任，不认真履行监督检查职责，致使被告人张某龙将已轮换的陈稻谷冒充新粮卖入吉林前郭白依拉嘎粮食收储库，导致掺入此陈粮的8个货位7197吨稻谷黄粒米超过2%，给国家造成经济损失489万元。

根据上述分析，张某军、孙某春、徐某、林某主体适格，客观上严重不负责任，造成国有企业严重损失，致使国家利益遭受重大损失的行为，侵犯了刑法保护的国有公司、企业财产权益和社会主义市场经济秩序，其不负责任的行为危害性达到了相关司法解释规定的认定标准，应当认为被告人等人的行为构成《刑法》分则第168条的国有企业人员失职罪。其玩忽职守造成恶劣社会影响应受到3年以下有期徒刑或拘役的处罚。其处罚为造成国有公司、企业破产或者严重损失，致使国家利益遭受重大损失的，处3年以下有期徒刑或者拘役；致使国家利益遭受特别重大损失的，处3年以上7年以下有期徒刑。

（三）胡某升滥用职权、受贿案[①]

1.胡某升滥用职权罪

2009年至2011年，被告人胡某升利用其担任丹阳市供销合作总社主任的

---

① 江苏省丹阳市人民法院（2016）苏1181刑初822号刑事判决书。

职务便利，被告人姜某将利用其担任丹阳市供销合作总社财务科科长的职务便利，伙同丹阳市丹农农资配送有限公司（以下简称丹农公司）法定代表人张某火，经事先商量、分工，通过伪造企业法人营业执照、虚假增资、虚报经营服务网点数量等方式，为丹农公司编造"新农村现代流通网络工程"（以下简称"新网工程"）的虚假申报材料，使该公司先后三次非法获取"新网工程"以奖代补专项资金共计140万元，给国家造成重大经济损失。

被告人胡某升利用其担任丹阳市供销合作总社主任的职务便利滥用职权，致使国家遭受重大经济损失的行为已经构成《刑法》第397条的滥用职权罪。理由如下：

主体方面，中华全国供销合作总社是全国供销合作社的联合组织，是国务院直属机构，各省、自治区、直辖市和新疆生产建设兵团均设有供销合作社，为省级政府直属机构，总社进行业务指导。因此，丹阳市供销合作总社属于国家机关，胡某升身为丹阳市供销合作总社主任，具有国家机关工作人员身份。

主观方面，胡某升明知自己滥用职权的行为会给国家造成重大经济损失，伙同丹农公司法定代表人张某火，经事先商量、分工，通过伪造企业法人营业执照、虚假增资、虚报经营服务网点数量等方式，为丹农公司编造"新网工程"的虚假申报材料，因此胡某升主观上存在故意。

客体方面，侵犯的客体是国家机关的正常管理活动。

客观方面，胡某升通过伪造企业法人营业执照、虚假增资、虚报经营服务网点数量等方式，为丹农公司编造"新网工程"的虚假申报材料的行为，使该公司先后三次非法获取"新网工程"以奖代补专项资金共计140万元，且给国家造成了重大经济损失。

根据上述分析，在胡某升滥用职权案中，主体适格，客观上实施了通过伪造企业法人营业执照、虚假增资、虚报经营服务网点数量等方式，为丹农公司编造"新网工程"的虚假申报材料的行为，使该公司先后三次非法获取"新网工程"以奖代补专项资金共计140万元，且给国家造成重大经济损失的行为，侵犯了国家机关的正常管理活动，达到了相关司法解释规定的数额标准，应当认为被告人等人的行为构成《刑法》第397条的滥用职权罪。其给国家造成了重大经济损失，依法判处3年以下有期徒刑或拘役。

2. 胡某升受贿罪

2008年春节前至2016年春节前，被告人胡某升利用其担任丹阳市供销合作总社主任、丹阳市经济开发区党工委副书记、丹阳市经济开发区管委会副主任、经济发展总公司副总经理、丹阳市练湖度假区党工委书记的职务便利，为他人谋取利益，多次收受丹农公司、袁某、郏某等人给予的38万元，购物卡2万元，共计价值40万元。其间，被告人胡某升主动向丹阳市供销合作总社上交4.48万元。

本案中胡某升作为担任丹阳市供销合作总社主任、丹阳市经济开发区党工委副书记、丹阳市经济开发区管委会副主任、经济发展总公司副总经理、丹阳市练湖度假区党工委书记，属于国家工作人员，利用职务之便，为他人谋取利益，收受贿赂40万元，其行为已构成《刑法》第385条的受贿罪。理由如下：

主体方面，丹阳市供销合作总社、丹阳市经济开发区、丹阳市经济开发区管委会、经济发展总公司、丹阳市练湖度假区属于国家机关，胡某升身为担任丹阳市供销合作总社主任、丹阳市经济开发区党工委副书记、丹阳市经济开发区管委会副主任、经济发展总公司副总经理、丹阳市练湖度假区党工委书记，具有国家工作人员身份。

主观方面，胡某升具有为他人谋取利益的目的，且认识到他人交付的38万元，购物卡2万元，共计价值40万元是对自己职务行为的不正当报酬，主观上具备了受贿罪的故意。

客体方面，丹阳市供销合作总社主任、丹阳市经济开发区党工委副书记、丹阳市经济开发区管委会副主任、经济发展总公司副总经理、丹阳市练湖度假区党工委书记胡某升在收受贿赂的情况下，侵犯了国家工作人员职务的廉洁性，这种廉洁性可以表现为职务行为的不可收买性。

客观方面，胡某升"利用职务上的便利"，为他人谋取利益，多次收受丹农公司、袁某、郏某等人给予的38万元，购物卡2万元，共计价值40万元且数额巨大，达到了受贿罪的数额标准。

根据上述分析，在胡某升受贿案中，主体适格，客观上实施了利用职务上的便利为他人谋取利益的行为，侵犯了刑法保护的国家工作人员职务的廉洁性，达到了相关司法解释规定的数额标准，应当认为被告人等人的行为构成《刑法》第385条的受贿罪。其收受贿赂40万元属于在20万元以上不满300万元的，系"数额巨大"，依法判处3年以上10年以下有期徒刑，并处罚金或者没收财产。综上，胡某升犯滥用职权罪和受贿罪，应当数罪并罚。

第十二章

涉粮国际法律制度

粮食问题关系国计民生，各国政府都将粮食问题作为国家安全的中心要素加以关注，通过粮食立法抑或粮食安全战略的制定，建构一系列保障粮食安全的法律机制。粮食问题亦是一个全球性的问题，其公共属性决定了通过国际合作机制解决粮食安全问题的重要性与必要性。

粮食问题与粮食安全保障现已纳入多边法律机制调整的范围，主要体现于联合国框架下的一系列粮食保护条约，以及WTO框架下与贸易有关的协定中。上述联合国框架下有关粮食保护的国际条约以及WTO框架下与粮食有关的贸易协定共同构成了目前调整粮食问题与保障粮食安全最主要的国际法律制度。一般而言，国际法律制度通常包括国际条约、国际习惯、一般法律原则与判例，与国内法律制度在法的制定、运行与效力方面有显著的差异，但由于域外国家的国内法律制度在一定程度上构成了国际私法渊源，而国际私法又是广义上的国际法律制度的组成部分，因此本章并未严格区分"国际"与"域外"的界限，亦将主要国家粮食安全保障法纳入涉粮国际法律制度的章节架构中。

第一节　涉粮国际法律制度概述

国际社会解决粮食问题的努力，经过了一个逐渐发展的过程。与粮食问题相关的国际法律制度的建构亦经过了一个从无到有，不断发展、演变的过程。粮食问题方面的国际合作，自20世纪早期已经开始，不过粮食问题真正成为国际社会共同关注的焦点，还是由于1972—1974年所发生的覆盖世界范围的粮食危机的影响。1972—1974年世界粮食危机是战后30年来最为严重的粮食危机。这次粮食危机带来了灾难性影响，之后使得国际社会以解决粮食危机为主要目标。确保粮食安全作为国际合作的中心问题也越发凸显其重要性。

整体而言，国际社会解决粮食问题的努力大致可以分为三个阶段：第一阶段从1945年至20世纪70年代，这一时期伴随联合国粮食及农业组织的成立，国际社会初步开展应对粮食危机的合作；第二阶段为20世纪70年代至20世纪90年代，这一阶段国际社会在联合国粮食及农业组织的多边尝试下，共同应对20世纪70年代的世界粮食危机，并初步建构了粮食领域的重要国际条约机制；第三阶段为20世纪90年代以后，国际社会通过多边法律机制应对粮食问题的合作更加深入，粮食与贸易问题成为关注的重点。

一、1945年—20世纪70年代：联合国粮食及农业组织成立

在联合国粮食及农业组织成立之前，粮食问题的国际合作主要通过国联以及国际农业机构来进行，致力于提高粮食产量，解决饥饿与营养不良问题。这一时期正值两次世界大战，粮食生产与粮食供给受战争及自然灾害等不稳定因素影响较大，粮食问题并非国联时期主要关注的问题，国联在应对粮食问题方面发挥的作用相对有限。即使国际农业机构为应对粮食问题做出了一定的努力，但国际农业与生物系统工程委员会（CIGR）、国际农业工程协会（ICAE）等当时主要的国际农业机构，在性质上更偏向于学术机构，其对粮食问题纳入国家为主体的多边机制成效有限。

1943年，时任美国总统罗斯福倡议召开世界粮食与农业大会，44个国家派驻代表参加，决定成立粮食与农业组织筹委会，并初步拟定了粮食与农业组织章程。1943年的会议旨在专门研究粮食与农业领域的匮乏问题，确保安全以及合适的粮食供应，同时着手探讨建立一个应对粮食问题的可持续性的国际机构。作为会议的成果，联合国粮食及农业组织建立。联合国粮食及农业组织成立之后，致力于在多边机制层面共同应对粮食问题，早期的实践着重于粮农生产和粮食供给的信息整合工作，之后逐渐将工作重点转向帮助发展中国家制定农业发展政策和战略以及为发展中国家提供技术援助。

一般来说，这一时期属于国际粮食法律制度构建的初始阶段，主要以联合国粮食及农业组织的成立及其粮食保护实践为主，虽然这一阶段应对粮食问题的重点集中于粮食的总体供给方面，联合国粮食及农业组织的工作也仅着重于粮农生产和粮食供给的信息整合，但国际社会通过常设机构的建立正式在多边层面确立了应对粮食问题的集体合作机制。

二、20世纪70—90年代：粮食危机与联合国粮食及农业组织的多边尝试

联合国粮食及农业组织成立于联合国建立之前，在1945年联合国建立之后成为联合国体系内的专门机构之一。自其成立之后至1974年联合国世界粮食大会召开之前，联合国粮食及农业组织在粮农问题上的工作形式以工作倡议以及提供支持为主，例如，1960年，发起免于饥饿运动以动员非政府部门的支持。1962年，联合国粮食及农业组织为制定国际食品标准而设立的世卫组织食品法典委员会开始工作。

1974年，世界性的粮食危机成为全球性的焦点问题，引发了国际社会的共同关注，主要粮食生产与出口国的粮食产量同时下降，各种不利因素叠加导致世界范围内的粮食供求关系出现异常紧张状态，也促使联合国粮食及农业组织在推动粮食问题进入多边法律机制方面真正发挥实质性的影响。1974年罗马联合国世界粮食大会召开，建议通过《世界粮食安全罗马宣言》，以规范粮食安全义务与相应法律责任。《世界粮食安全罗马宣言》将确保粮食安全上升为一项国际性的责任，要求有关国家保证粮食供应，避免粮食的严重短缺。

1974年的联合国世界粮食大会建议建立世界粮食安全委员会，作为联合国对世界粮食安全方面各项政策进行研究和落实的论坛，采纳了与粮食生产、粮食供给、粮食消费、粮食贸易、粮食安全、粮食援助相关的众多议题，对于世界粮食安全来说意义重大。自此之后，更多的国际组织与多边机制在工作中将粮食问题作为重要问题讨论，联合国第16届大会于1961年通过决议，在经社理事会中设立世界粮食计划署，推动与收集粮食以及资源援助，提供政策与策略以直接惠及饥饿人群。

这一阶段是粮食问题进入多边法律机制非常关键的20年，不仅在宏观层面通过国际协定使粮食问题的国际责任得到明确，同时在微观层面使粮食问题的应对细致到具体的谷物、种子安全、林业、动植物病虫害等多个领域。联合国建立了世界粮食理事会，审查影响粮食局势的主要问题与政策，制定解决这些问题的综合办法，监督联合国系统内有关机构对世界粮食会议在粮食生产、营养、粮食安全、粮食贸易、粮食援助以及其他有关事项方面的决

议的具体执行。联合国粮食及农业组织发起了粮食安全特别计划（SPFS），以低收入缺粮国（LIFDCs）为主要援助目标。为应对紧急情况做出更为灵活的反应，联合国粮食及农业组织还设立了粮农组织技术合作计划以保障目标的落实与执行。也是在这一阶段，技术层面获得新的突破，作为世界最全面的农业信息和统计数据来源，农业统计数据库AGROSTAT（现为粮农组织统计数据库FAOSTAT）开始运转。跨界动植物病虫害紧急预防系统（EMPRES）启动，使预防、控制以及在可能的情况下根除病虫害方面的工作得到加强。世界粮食计划署也建立了自己的粮食安全信息系统，对相关计划与规划活动开展有效的粮食安全监测。

联合国及其粮农组织推动粮食问题纳入多边法律机制的努力，在很大程度上缓解了发展中国家在粮食危机中的困境，也使得应对粮食问题的视角与议题更加广泛，为国际社会思考与解决粮食问题提出了可行的思路，也为粮食安全的国际法治化努力提供了支撑。

三、20世纪90年代以后：多边机制的深入与粮食问题全球治理

经过前20年在多边层面应对粮食问题的努力，国际社会在粮食问题方面展开了更深入的合作与探索，原先无涉粮食问题的机构亦开始关注粮食问题，并探索通过多边机制对粮食问题进行制度化的解决。[1]

这一时期，世界卫生组织进一步明确了粮食问题对人类健康的重要性，与联合国粮食及农业组织联合主办了1992年国际营养大会，尝试从各自的视角出发共同解决粮食安全问题。1993年，世界银行举办消除全球饥饿国际会议，强调向发展中国家提供粮食援助的重要性与必要性。1996年，世界粮食首脑会议召开，通过了《世界粮食安全罗马宣言》和《世界粮食首脑会议行动计划》两个正式文件，就应对粮食安全问题作出具体承诺，提出了27项落实目标与183项拟实施的行动计划。2002年，第二次世界粮食首脑会议召开，通过了《"世界粮食首脑会议：五年之后"宣言》，涵盖了"政治意愿""挑

---

[1] 曹阳：《国际法视野下的粮食安全问题研究》，中国政法大学出版社2016年版，第9页。

战""资源"共计34项具体条款，呼吁与会国家通力合作加强可持续农业和农业发展。2008年，联合国成立全球粮食安全危机高级别工作组，制定了首份《全面行动框架》，旨在敦促各方共同合作应对粮食价格危机。同年，联合国粮食及农业组织召开气候变化与生物能源挑战会议，达成了《全球粮食安全领导人宣言》，提出建立全球粮食与农业伙伴关系，并为粮食安全做出了具体的资金承诺。2009年，世界粮食首脑会议在"拉奎拉粮食安全倡议"的基础上，通过了《全球可持续粮食安全罗马五项原则》。

除了粮食生产、粮食援助等问题之外，粮食与贸易问题成为这一时期重点关注的粮食问题，各国认识到贸易与实现粮食安全之间的互益与博弈，强调落实改革农产品贸易体制以及加强国际合作对解决粮食问题的重要性。世界贸易组织（WTO）在多边贸易体制下关注农业与粮食问题的解决，WTO农业协议、SPS、反倾销、保障措施等协定皆从多个角度涉及粮食安全问题。WTO协议生效之后，发展中国家意识到贸易对自身农业发展与粮食安全问题的影响，在WTO框架下提出新的粮食安全议题，开始就建立公正、市场导向的贸易体系与阻止世界农业市场的限制与扭曲的长期目标进行深入谈判。

整体而言，在这一时期粮食问题作为农业问题的重要组成部分，在各国参与农业领域合作的过程中与其他领域之间的相互影响越发凸显，粮食生产与气候变化问题、粮食安全与转基因问题、粮食消费与知识产权问题、粮食流通与粮食贸易问题逐渐成为不容忽视的关联问题。粮食问题具有"不仅不是单纯的法律问题亦不是单一法律问题"这一特征，在这一时期进一步强化了粮食问题应对的复杂性，国家、国际管理与国际组织、区域合作与区域一体化、非国家行为体、跨国行为体、次国家行为体、个人（农民）等皆成为应对粮食问题的责任主体，而粮食法律客体更加细化，粮食法律行为与其他领域之间的联系更加深入，粮食法律救济方面的路径也更加多元。粮食权以及保障粮食权的目标也在这一时期逐渐融入全球治理的理念，出现了粮食问题全球治理的发展趋势。

值得注意的是，尽管通过多边机制应对粮食问题的努力在这一阶段成效明显，但达成的倡议、协定与宣言，多数仍然具有明显的国际软法性质，在落实国家在具体事项上的承诺与责任方面约束力有限，虽然WTO协议在市场准入、出口补贴以及给予发展中国家区别待遇方面取得了显著的成效，但粮食问题并未在WTO多边贸易框架下作为单独议题加以讨论，其仍然是WTO为解决贸易问题而涉及的具体事项之一。

第二节　与粮食问题有关的国际条约机制

一、联合国粮食及农业组织框架下的条约机制

联合国粮食及农业组织于1945年10月16日正式成立，是联合国结构框架内最早的常设机构，也是各成员相互之间专门就粮食与农业问题进行讨论的国际组织。联合国粮食及农业组织成立之后为世界粮农事业的稳定发展做出了重要的推动工作，其早期着重于各个国家在粮农生产与贸易领域的政策与信息整合工作，通过搜集和传播世界粮农生产、贸易和技术信息，促进成员之间进行信息交流，之后逐渐将工作重点转向向成员特别是发展中国家成员提供农业政策支持和咨询服务，通过向成员提供技术援助，以帮助成员提高农业技术水平，提高保障粮食安全的技术能力。[①]

整体而言，作为世界粮农领域的信息中心，联合国粮食及农业组织在动员国际社会进行投资，并执行国际开发和金融机构的农业发展项目，向成员提供粮农政策和计划的咨询服务方面发挥了重要作用。经过70多年的努力，通过组织世界性的粮食会议，讨论国际粮农领域的重大问题，制定粮农领域的国际行为准则和法规，联合国粮食及农业组织成为加强成员之间磋商与合作，建构粮食安全国际法律保障制度的重要力量。

[①] 参见《联合国粮食及农业组织》，载外交部网站，http://svideo.mfa.gov.cn/wjb_673085/zzjg_673183/gjjjs_674249/gjzzyhygk_674253/lhglsjnyzz_674409/gk_674411/，2023年9月12日访问。

（一）《世界粮食安全罗马宣言》与《世界粮食首脑会议行动计划》

1974年，联合国粮食及农业组织在罗马召开的第一次世界粮食首脑会议上首次提出了"粮食安全"的概念。1996年，第二次世界粮食首脑会议通过了《世界粮食安全罗马宣言》和《世界粮食首脑会议行动计划》，重申了"人人有获得安全而富有营养的粮食"的权利，同时进一步明确了"粮食安全"的内涵，即"所有人在任何时候都能在物质上和经济上获得足够、营养充分和安全的粮食"，来满足其基本营养需要。①

为实现"所有人"满足基本营养需要的宗旨，《世界粮食安全罗马宣言》中不仅强调了"妇女，特别是发展中国家的农村妇女对粮食安全的根本性贡献，要求确保男女平等权在粮食权利上的体现，同时将振兴乡村地区也作为一项重点工作，以加强社会稳定并帮助解决许多国家面临的农村人口过快流入城市的问题"。意识到"消除贫困方面取得可持续进展是增加获得粮食机会的关键所在"，《世界粮食安全罗马宣言》提出增加包括主粮在内的粮食生产，"应在持续管理自然资源、消除尤其是在工业化国家消除非持续性的消费和生产方式以及尽早稳定世界人口的范畴内进行"。与此同时，为规范政府在保障世界粮食安全上的关键责任，《世界粮食安全罗马宣言》提出"粮食不应作为一种施加政治和经济压力的手段"，重申了"国际合作和声援的重要性，要求制止违反国际法和联合国宪章并危害粮食安全的单方面措施"。②可以说，《世界粮食安全罗马宣言》是联合国粮食及农业组织成立之后，在应对全球粮食问题方面具有里程碑意义的成果，对粮食安全法律保障制度起到了极大的推动作用，也是联合国粮食及农业组织自成立之后50年来，在恢复战后农业生产、减轻世界性经济危机对农业冲击的实践基础上，达成的重要贡献。

为将《世界粮食安全罗马宣言》中的各项愿景落于实处，并明确各国政府在保障粮食安全问题上的责任，《世界粮食首脑会议行动计划》与《世界粮

---

① 《世界粮食安全罗马宣言》，载联合国粮食及农业组织网站，https://www.fao.org/3/w3613c/w3613c00.htm，2023年9月12日访问。

② 《世界粮食安全罗马宣言》，载联合国粮食及农业组织网站，https://www.fao.org/3/w3613c/w3613c00.htm，2023年9月12日访问。

食安全罗马宣言》同时达成。《世界粮食首脑会议行动计划》加上帽子条款在内共计62条，包容了七项具体承诺与行动目标：承诺一，"将确保一种以男女全面平等参与为基础、最有利于实现所有人可持续粮食安全的政治、社会和经济环境，为消除贫困并为持久和平创造最佳条件"，并在此承诺项下制定四项具体的行动目标，确保稳定的经济条件，执行发展战略，支持对包括农业、渔业、林业和乡村发展在内的可持续发展至关重要的卫生、教育、扫盲和其他技能培训等人力资源的开发进行投资。承诺二，"执行旨在消除贫困和不平等并增加所有人在任何时候都能在物质上和经济上获得足够、营养充分和安全的粮食及有效利用这些粮食的政策"，并在此承诺项下制定四项具体行动目标，确保粮食供应的安全，在物质上和经济上能够获得、适当并足以满足人民的能量和营养需要。承诺三，"考虑到农业的多功能特点，在高潜力和低潜力地区推行对家庭、国家、区域和全球各级获得充足和可靠的粮食供应不可缺少的参与性和可持续粮食、农业、渔业、林业及乡村发展的政策和做法，并同病虫害、干旱和荒漠化作斗争"，并在此承诺项下制定五项具体的行动目标，制定政策并执行计划，以经济、社会和环境方面稳妥的方式，优化旨在实现粮食安全的可持续农业、渔业和林业生产，尤其是主要粮食的生产。承诺四，"努力确保粮食、农产品贸易和整个贸易政策有利于通过公平和面向市场的世界贸易系统促进所有人的粮食安全"，并在此承诺项下制定三项行动目标，努力确保贸易政策与环境政策在支持可持续粮食安全方面相互促进。承诺五，"努力预防和准备应付自然灾害和人为紧急情况，并满足暂时和紧急粮食需要，以便鼓励恢复、重建、发展及提高满足未来需要的能力"，并在此承诺项下制定四项行动目标，通过加强预防并解决人为紧急情况，特别是国际、国家和地方冲突的努力，减少对应急粮食援助的需要。承诺六，"促进公共和私人投资的最佳分配和利用，加强高潜力和低潜力地区人力资源、可持续粮食和农业系统以及乡村发展"，并在此承诺项下制定两项行动目标，鼓励以促进粮食安全所需要的规模对公平和可持续粮食系统、乡村发展和人力资源进行最适当的公共和私人投资。承诺七，"与国际社会合作，在各级实施、监测和落实本《世界粮食首脑会议行动计划》"，并在此承诺项下制定五项行动目标，要求各国在加强粮食安全的框架内采取行动，并履行《世界粮食首脑会议行动计划》的承诺。①

《世界粮食安全罗马宣言》与《世界粮食首脑会议行动计划》是联合国粮食及农业组织成立之后，将各国政府在保障粮食安全方面的责任落实为条约义务的重大举措，将保障粮食安全的责任在多边机制下向前推进。诚如《世界粮食首脑会议行动计划》在帽子条款第1条中的陈述，"只有当所有人在任何时候都能够在物质上和经济上获得足够、安全和富有营养的粮食来满足其积极和健康生活的膳食需要及食物喜好时，才实现了粮食安全"，《世界粮食安全罗马宣言》与《世界粮食首脑会议行动计划》为不同途径实现"个人、家庭、国家、区域和全球各级实现粮食安全"奠定了基础。②

（二）《粮食和农业植物遗传资源国际条约》

《粮食和农业植物遗传资源国际条约》是联合国粮食及农业组织成立之后，缔结的又一重要的国际条约。由于遗传资源多样性是粮食安全的基础，而保持遗传资源多样性是可持续农业发展的基础。因此，只有保持遗传资源的多样性，才能为粮食安全提供必需的基础。《粮食和农业植物遗传资源国际条约》认识到农民对供养全世界的多样性农作物作出的巨大贡献，旨在为农民、植物育种者和科学家获取植物遗传资源材料建立一个信息整合的全球系统，确保受助人相互分享他们使用这些来自原产国的遗传资源材料的获益。

《粮食和农业植物遗传资源国际条约》在2004年6月29日正式生效，包括序言在内，共计35款正文与两项附件。正式文本规定了缔约方的一般义务，要求每一缔约方"应根据国家法律，酌情与其他缔约方合作，在粮食和农业植物遗传资源的考察、保存和可持续利用中加强综合措施的运用，促进粮食和农业植物遗传资源的收集以及那些受到威胁或具有潜在用途的植物遗传资源信息的收集，制定并坚持促进粮食和农业植物遗传资源可持续利用的相关

---

① 《世界粮食首脑会议行动计划》，载联合国粮食及农业组织网站，https://www.fao.org/3/w3613c/w3613c00.htm，2023年9月12日访问。

② 曹阳：《国际法视野下的粮食安全问题研究》，中国政法大学出版社2016年版，第50页。

政策和法律措施，并承诺在一般义务事项内加强与国际合作"。为了进一步明确农民在粮食和农业植物遗传资源方面的权利，敦促缔约国承认"世界各地区的当地社区和农民以及土著社区和农民，尤其是原产地中心和作物多样性中心的农民，对构成全世界粮食和农业生产基础的植物遗传资源的保存及开发已经作出并将继续作出的巨大贡献"，《粮食和农业植物遗传资源国际条约》第三部分要求"各缔约方落实与粮食和农业植物遗传资源有关的农民权利的责任，并依其国家法律，采取措施保护和加强农民的权利"。[1]

《粮食和农业植物遗传资源国际条约》不允许缔约国对条约内所约定的义务条款提出任何保留，并通过"附件Ⅱ：争议的解决"部分对义务履行过程中可能产生的争议提供了解决路径。尽管遵约条款中并没有进一步细化仲裁、调解等方式解决争议之后的执行问题，但缔约国在条约机制下对"粮食和农业植物遗传资源的保存、考察、收集、特性鉴定、评价和编目"等各项责任基本得到落实，为实现《世界粮食安全罗马宣言》和《世界粮食首脑会议行动计划》的目标以及可持续农业发展发挥了重要的作用。

二、WTO框架下的多边贸易机制与粮食问题

粮食贸易一直是国际贸易的重要组成部分，尽管由于农业问题的特殊性、复杂性和敏感性，相关的贸易事项长期游离于国际贸易协定之外，但贸易与粮食安全一直是国际社会广泛讨论的重要议题。联合国粮食及农业组织曾在《世界粮食首脑会议行动计划》框架下专门就贸易对粮食安全的促进作用展开讨论，并在此承诺项下制定三项行动目标，以确保贸易政策与环境政策在支持可持续粮食安全方面相互促进。[2] 尽管由于贸易保护主义的负面影响，农产品在关税与贸易总协定（GATT）时期一直游离于多边贸易机制之外，但世界贸易组织成立之后，农产品贸易与农业问题作为贸易的组成部分，成为WTO

---

[1]《粮食和农业植物遗传资源国际条约》，载联合国粮食及农业组织网站，https://www.fao.org/3/i0510c/i0510c.pdf，2023年9月12日访问。

[2]《世界粮食首脑会议行动计划》，载联合国粮食及农业组织网站，https://www.fao.org/3/w3613c/w3613c00.htm，2023年9月12日访问。

多边贸易框架下讨论的重要议题。

(一) GATT贸易机制与农产品贸易

关税与贸易总协定是WTO的前身。作为调整国际贸易活动的多边贸易法律体制，其通过贸易谈判降低关税与非关税贸易壁垒，倡导缔约方降低市场准入的条件，开放市场以实现国际贸易的自由化。GATT在衡量缔约方权利与义务平衡的基础上推行的贸易自由化，不仅限于工业产品，亦同样适用于原材料与农产品等初级产品，但由于相当长的时期内农业贸易保护主义盛行，国际农产品贸易实际上受到各国各高度保护的农业政策的调控，差别待遇明显。[1] GATT多边贸易机制仅在名义上适用于农产品与初级产品，实际上并未真正将农产品贸易纳入多边贸易法律机制的轨道。

农产品在GATT时期一直游离于多边贸易机制之外，有两个重要的原因。首先，保障粮食安全问题是国家稳定发展的重中之重，而影响粮食与农业市场的不确定因素较多，在通过贸易政策工具调控农业市场的过程中，主要发达国家与广大发展中国家两大群体皆对农业贸易政策持保守态度，不愿意将粮食等农产品纳入多边体制进行规制，发达国家对农业贸易采取严格限制措施，并通过巨额农业补贴对本国农场主与农产品提供价格支持，在一定程度上扭曲了世界农业市场秩序，使发展中国家的粮食安全受到严重影响，而发展中国家亦对农业进行高度干预，其在农业税收、农产品生产与消费以及农产品价格方面提供了巨额的财政补贴；其次，GATT虽然对农业和工业同样适用，但其总则中规定了较多例外规定，无论是数量限制、市场准入还是出口补贴方面皆因条款设置产生"农业特例"，不受GATT多边贸易规则的约束。因而，尽管在GATT时期进行了多轮将农业问题纳入多边贸易机制的谈判，但始终收效甚微，无论是狄龙回合谈判、肯尼迪回合谈判还是东京回合谈判，都没有达成有效的成果。[2]

---

[1] 张晓京：《WTO与粮食安全》，武汉大学2013年博士学位论文。
[2] 张晓京：《WTO与粮食安全》，武汉大学2013年博士学位论文。

(二) WTO 与《农业协定》

各国对农业采取的干预和保护措施，使农业贸易保护主义根植于各国的农业政策之中，也使得GATT时期农业贸易保护主义盛行，开放的贸易对于农业发展的负面影响大于对农业的正面影响。为了改变农产品市场的扭曲与日益盛行的贸易保护主义，GATT缔约方于1986年推动了乌拉圭回合谈判，致力于推进国际农产品贸易的自由化进程。整个谈判进程历时8年之久，且由于关系着各国敏感的农业政策而充斥着参与方的利益交锋，但1994年谈判结束之时，还是达成了《农业协定》。《农业协定》也成为WTO时期一系列农业谈判的前提与基础。

《农业协定》主要包括国内支持、出口竞争与市场准入三个方面的减让与承诺措施，共计13个部分，21个条款和5个附录。关于国内支持，《农业协定》的总体思路是对相关措施进行分类，对具有贸易扭曲作用的措施要求进行削减，并进而制定了分层级的削减措施与目标，其中"绿箱措施"是满足了"无贸易扭曲作用和对生产的作用，或此类作用非常小"的标准而免除削减承诺的国内支持措施，这些措施主要由政府通过公共资金供资，不涉及来自消费者的转让，亦不会对生产者提供价格支持，故归入其中的措施不需要进行减让；"黄箱措施"是包括"价格补贴""营销贷款""面积补贴"等在内的各项专门面向农业的国内支持措施，旨在通过提供补贴降低农产品的生产成本，提高农民进行农业生产的积极性，由于专项农业补贴在一定程度上扭曲了农业生产和贸易市场秩序，故归入其中的措施成员方必须进行削减承诺；"蓝箱措施"则是指那些本应削减，但因限产而无须削减的直接支付措施，包括"按固定面积和产量的补贴""按基期生产水平的85%或85%以下的补贴""固定牲畜头数给予的补贴"三种。[①] 关于出口竞争，《农业协定》通过"出口竞争承诺""出口补贴承诺""出口禁止和限制的纪律"对广泛存在的出口补贴进行规制，列举了需要削减的出口补贴事项，包括政府或其代理机构就特定事项提供的直接补贴，以农产品构成出口产品为条件而提供的补贴等

---

① 陈斌彬：《WTO "蓝箱"规则改革的新进展及我国的对策》，载《现代法学》2014年第3期。

六项具体的需要削减的出口补贴事项。关于市场准入，《农业协定》第三部分明确了"市场准入的一般义务"与"特殊保障条款"，主要目标在于降低农产品贸易的关税壁垒，增加农产品贸易市场的透明度，进而促进农产品的自由贸易。

《农业协定》的签署对推动农产品贸易进入自由化的国际市场发挥了重要作用。不过，由于《农业协定》也是各方相互妥协的结果，存在一定的局限性，对于WTO各成员关注的几大问题，如明显的关税壁垒、扭曲性的国内支持未得到有效削减和出口补贴居高不下等，均未能加以解决。[1]经过反复多次挫折，WTO启动多哈回合谈判，在乌拉圭回合谈判的基础上取得了一些重要的阶段性成果，包括2004年7月达成的《框架协议》、2005年达成的《香港宣言》、2008年形成的模式案文、2013年在WTO巴厘岛部长会议上达成的"早期收获"成果以及2015年内罗毕部长会系列成果。其中，《框架协议》在国内支持方面，对黄箱措施、微量允许和蓝箱措施按照分层公式进行削减，并引入"新蓝箱"概念，同时加强绿箱纪律，对发展中成员用于生计和资源匮乏农民的微量允许可以免于削减；在市场准入方面，《框架协议》对关税按照分层公式进行削减，允许发展中成员对一些与"粮食安全""生计安全""农业发展需要"相关的特殊产品，采取较小的减让幅度；在出口竞争方面，要求平行取消出口信贷和粮食援助等措施中的贸易扭曲成分，但也同意对发展中成员给予特殊和差别待遇。

《框架协议》的达成一方面可以减少农产品贸易扭曲，扩大农产品市场准入，促进市场公平和自由贸易，如降低关税水平和削减国内支持水平等，另一方面也在国内支持、市场准入和出口竞争三个方面对发展中成员给予特殊和差别待遇。2005年，《香港宣言》获得签署，在国内支持、市场准入、出口竞争方面，都给予了发展中国家较大的灵活性。2008年，WTO农业谈判形成了较为成熟的模式案文，确定了国内支持总体削减及纪律，以及关税削减公式及特殊产品数量和待遇，不过，由于WTO各成员未能经过协商达成一致，没有最终签署。

---

[1]《世贸组织农业谈判迄今有哪些成果？》，载"人民网"公众号，2019年9月10日。

即使《农业协定》存在一定的局限性，即使2008年模式案文没有最终签署，缺乏法律基础，甚至《框架协议》和《香港宣言》也受到部分成员的挑战，这些成果文件在农业谈判中仍发挥着重要的指引作用，并得到大多数发展中成员的支持，为多边农业谈判最终取得有利于发展的结果奠定了坚实基础，也在农产品国际贸易中发挥了重要作用。《农业协定》与《卫生和植物卫生措施协定》《马拉喀什决议》一同构成了WTO农产品贸易规则体系，将农业贸易真正纳入多边贸易规则的约束和管理，之后，WTO框架内一系列更加深入的农业谈判也是在以《农业协定》为基础的上述谈判的基础上不断推进的。

第三节 世界主要国家粮食立法

国家的粮食立法是涉粮域外法律制度的重要组成部分，各国皆重视粮食问题，先后制定与粮食问题相关的法律法规，将粮食问题纳入法治轨道。但并非所有国家都针对粮食问题进行了专项立法，更多时候粮食问题的规范与调整是作为农业法律关系这一整体问题的一部分体现的，或散见于其他与贸易、知识产权、投资等法律规范中。无论是涉粮国际条约还是国别立法中，都体现了这一特点，也凸显了粮食问题的复杂性以及应对粮食问题的难度。

一、美国的粮食立法历程

有学者曾系统梳理了美国粮食立法的基本历程，认为美国粮食法体系肇始于殖民地时期，定型于罗斯福新政时期，发展和完善于"冷战"时期。[1]如果以这三个时间节点来概括美国粮食立法的主要发展，大致呈现为以下主要内容。

---

[1] 穆中杰：《美国粮食法体系的历史演进及其启示》，载《河南师范大学学报（哲学社会科学版）》2014年第4期。

（一）殖民地时期的粮食立法

以英国作为宗主国在殖民地时期颁布的土地法为起始，美国在建国之后陆续通过《垦地权条例》（1841年）、《宅地法》（1861—1865年），通过明确的法律鼓励农民开垦土地，稳定西部开发，确保了粮食的生产与供给。《宅地法》之后，美国政府积极推动制定土地开垦法，建设大型灌溉工程，极大地推动了美国粮食产业的发展。为改善美国一般性商业银行在涉农贷款事项上一贯的严苛做法，威尔逊政府时期颁布了《农业贷款法》（1916年），成立了为农场主提供支持的农场借贷局与农业信贷银行，以帮助农场主更便利地获取银行的低息贷款。1921年，资本主义危机冲击了美国粮食价格，造成美国农业经济危机，为平抑粮食价格下跌，国会通过《麦克纳里－豪根法案》，以寻求确定农产品的公平交换价值，减少粮食价格下跌对农业生产积极性的打击。由于遭到总统的否决，这一法案并未成为美国法律，但"这场立法博弈为以后美国政府的粮食政策提供了可资借鉴的经验，为20世纪30年代政府对农业的大规模干预创造了条件"[①]。之后，时任美国总统胡佛签署了《农产品销售法》（1929年），通过法律明确了联邦政府对稳定农产品价格的承诺和责任。

这一时期，粮食立法对农业的扶持主要侧重于保护耕地，鼓励耕地开垦，以及稳定农产品物价，以保护农场主参与农业生产的积极性。

（二）罗斯福新政时期的粮食立法

罗斯福新政时期，资本主义严重的经济危机导致政府支持价格的努力彻底失败，但也正是在这一时期，又出台了一系列对农业进行积极干预的法案。1933年，美国国会通过了《农业调整法》，这也是美国历史上第一部系统的现代意义上的农业法案。之后的1933—1945年，美国国会密集通过了一系列继续推动农业活动的法案，包括《琼斯－康纳利法案》（1933年）、《农业调整法修正案》（1935年）、《农业销售协议法》（1937年）、《农业调整法》（1938

[①] 穆中杰：《美国粮食法体系的历史演进及其启示》，载《河南师范大学学报（哲学社会科学版）》2014年第4期。

年)、《斯蒂格尔修正案》(1941年)、《紧急价格控制法修正案》(1942年)。这些法案通过明确的条文进一步扩大了农业补贴覆盖的农产品范围，授权总统在特定条件下对包括粮食在内的农产品实行进口限额，鼓励使用粮食等农产品发展工业和其他用途，推动以市场控制代替直接的生产控制。

以一系列农业调整法案为基础，美国于1938年出台了《农作物保险法》，以法律形式确立了农业保险制度，建立了美国联邦农作物保险公司，并于1939年全面开展农业保险业务。农作物保险制度的建立，极大地稳定了粮食流通体系与粮食购买力，减少了农产品价格下跌和市场环境变化对农业经营与就业的冲击。这部《农作物保险法》隶属于1938年《农业调整法》第五部分，之后的几部《农业调整法》皆在修订过程中对农作物保险相关的条文作了优化与完善，不断扩大承保农作物的范围以及农作物风险的承保险种。

这一时期，农业的发展与农场主的利益得到了较好的保护。一系列农业法案的颁布，奠定了美国粮食法体系以《农业调整法》为基础展开调整的基本格局。也是在这一时期，美国的农业保险制度得到全面发展，政府对农作物保险的推动，极大地弥补了前期私营公司投资农业保险频频失败的不足。

(三)"冷战"之后的粮食立法

"冷战"之后至今，美国国会陆续通过了几十部涉粮农业法律，这一时期的粮食立法在内容、数量与力度上都是美国粮食立法进程中最突出的。

这一时期的粮食立法，包括《发展农产品贸易与援助法》(1954年)、《食品与消费者保护法》(1973年)、《谷物和农业法》(1977年)、《农业信贷法案》(1987年)、《食物、农业、资源保护和贸易法》(1990年)、《农作物保险改革法》(1994年)、《农业促进和改革法》(1996年)、《农业安全和农村投资法》(2002年)、《食物、保护与能源法案》(2008年)、《2014年农业法案》(2014年)等。一系列法案的通过，无论是对前期法案内容的补充还是改革，都使美国粮食法体系建设进入一个新的阶段，农业收入补贴、农业援助与贷款项目、粮食运输与仓储、农村发展措施、粮食贸易与海外农业，以及粮食、食物与农业研究方面，都有明确的法律条文加以规范、调整，使得粮食与农业的产业链基本上整体纳入法治轨道，对美国乃至整个世界的粮食安全产生了不可忽视的重要影响。

经过殖民地时期、罗斯福新政时期以及战后至今两百年的发展，美国的粮食立法基本上形成了以《农业法》为中心，以信贷、保险、仓储、贸易支持等法律相配套的综合法律体系。基于这一综合性的法律体系，美国构建了一个包括全面的农业信贷政策、完善的农作物保险制度、多层次的粮食储备制度以及规范的农产品期货市场制度在内的市场化的粮食支持体系，也为世界农业立法提供了可借鉴的范本。

二、印度的粮食立法历程

作为传统的农业大国，印度在独立之前与独立之后相当长的一段时间农产品短缺，粮食供给不足。20世纪70年代发生世界性粮食危机之时，印度还尚未建立起成熟的粮食安全政策体系，可以说，印度粮食立法基本上是在应对粮食危机的过程中逐步发展的。如果以时间节点来梳理印度粮食立法的进程，大致也可以分为三个主要的阶段。

（一）1951—1960年独立初期

在相当长的一段历史时期内，印度处于殖民统治之下，无论是农业还是工业皆呈现分散且脆弱的特点，粮食短缺是制约经济发展与社会稳定的重要问题，也是一个亟待解决的历史难题。独立之后，为保证粮食产量以及粮食供给安全，印度政府将粮食自给作为重要的经济发展目标，采取了一系列的政策，开展了一系列粮食增产运动。

粮食增产运动执行的结果并不令人满意，中央粮食储备的规模只有150万—300万吨，粮食进口的趋势逐年增加，印度并没有通过粮食增产运动实现粮食自给。为了解决粮食紧缺问题，印度政府在政策上对粮食管理和价格实行了严格控制，通过公共粮食分配系统对粮食实行配售，对生产者提供价格补贴，以保证消费者获得粮食。短期内，粮食供求矛盾有所缓和，印度政府随之对控制粮食的做法作了一些放松与调整，但对粮食实行配售制的内容并没有多大改变。

1956年，为了保证粮食供应过程中的仓储与流通安全，印度国会通过了《农产品开发和仓库公司法》，并于1957年成立了中央仓库公司。对于印度这种粮食产区比较集中的国家，建立粮食仓储设施以及粮农物流体系是粮食供应的关键环节，但由于这一时期印度大部分储备设施规模较小、质量结构较低，且由于缺乏维护，被过度充塞和迅速恶化，不仅没有在确保粮食供应的过程中发挥作用，反而使印度政府在解决粮食储备过程中衍生出较大的损失。

这一时期是印度粮食立法的起步阶段，由于长期受殖民统治的影响，以及积重难返的经济现实，无论是粮食增产运动还是粮食供应体系建设都收效甚微。

（二）1960—1995年：第一次绿色革命时期

1960年至1995年的35年，覆盖了印度5个五年计划时期（"三五"计划至"八五"计划）。在此期间，印度政府启动了农业"绿色革命"，重点提高粮食产量，并开始大力发展工业与基础产业。这期间的"绿色革命"被称为第一次绿色革命，政府扶持农业与粮食生产的政策措施主要集中于优化粮食品种、提高农业灌溉等农业生产技术方面。为了保证粮食价格稳定，抑制粮价波动造成的市场动荡，印度成立了农产品价格委员会（1965年），推出了农产品最低价格支持，成立了印度国家食品公司，建立了中央粮食储备制度。[①]

由于1965—1966年，印度国内大旱，严重影响了粮食生产，粮食增量低于10%，印度政府更加意识到农业灌溉技术投入与高品质的粮种培育对粮食增产的重要性。1970—1990年，印度政府陆续出台了《流动控制令》（1973年）、《区域农业银行法》（1976年）、《种子管制令》（1983年），促使农业生产改进农艺方法，并通过初步的农业信贷支持使化肥和机械生产得到推广利用。虽然这一时期，印度经历了严重的经济危机，但种业改革推广了优良的农作物品种，提高了粮食单产。到20世纪90年代初期，印度的粮食产量和供应基本上能够实现自足。

这一时期是印度粮食立法的中期发展阶段，一方面"绿色革命"改进了

[①] 李柏军：《当代世界农业丛书：印度农业》，中国农业出版社2021年版，第110页。

农业生产技术，提高了粮食产量；另一方面印度政府开始着手于经济改革，发展粮食贸易。由于这一时期贸易保护主义措施在粮食贸易中占主导地位，印度政府并没有展开对农业政策进行革命性的变革的措施。①甚至可以说，改革措施基本没有触及印度经济发展中最基础的农业部门。②但是，"绿色革命"对农业生产技术的推动，政府一系列政策法案对粮食生产与贸易的扶持，仍为印度初步实现粮食自足发挥了重要作用。

（三）1995年至今：第二次绿色革命与WTO时期

由于上一个发展阶段贸易保护政策的推行，在1995年加入WTO之时，印度政府并没有就农业问题向WTO做出任何承诺。1995年之后，经济全球化加速对印度农业和粮食安全带来的严峻挑战，促使印度政府在拒绝就农产品贸易问题做出承诺的同时，也于1999年出台了新的农业政策，并发起了第二次"绿色革命"。③但第二次绿色革命的改革进程遭遇了诸多现实问题，开放还是封闭保护，不仅是横亘在这一时期的关键问题，也成为印度农业发展战略的最大挑战。这一时期，印度政府在中央政府预算中专门设立了农业基础设施发展基金（1995年），规范了正规农业信贷对农业生产的支持，同时陆续推出了大规模的农业保险支持项目——全国农业保险计划（1999年）与总理保险计划（2016年）。2007年，印度政府推出了"全国农民政策"，政策支持几乎涵盖了农民农业生产与生活的各个环节，广泛地提高了农业收入与农民福利。

但由于加入WTO后，无论印度对农业贸易的态度如何，印度国内市场都不可避免地与国际市场联系越来越紧密，尽管印度"通过利用《农产品协定》特殊差别条款，基本上做到了既遵守WTO规则，又部分否定了某些WTO规则在印度的实施"，印度经济改革的方向仍持续向市场自由化方向转变，不断推动国内外接轨。④为了在开放进程中，尽可能地把握国家对粮食

---

① 李丛希等：《印度应对粮食危机的政策演变与启示》，载《世界农业》2022年第10期。
② 文富德：《印度的粮食安全对策》，载《南亚研究》2004年第2期。
③ 文富德：《印度的粮食安全对策》，载《南亚研究》2004年第2期。
④ 文富德：《印度的粮食安全对策》，载《南亚研究》2004年第2期。

产业的主导权，改变跨国企业对粮食产业专利以及生物新能源领域的垄断，印度通过了《生物技术多样性法案》（2003年），制定了《国家生物燃料政策》（2008年）。

2013年，《国家粮食安全法》在印度全面实施。作为国家应对粮食问题的基本法律框架，尽管该法的施行对印度国家财政一度造成极大负担，但将对贫困人口和弱势群体的农业补贴上升到国家法律层面，同时通过法律条文强化对农业和农民的社会援助计划，极大地保障了农业与粮食政策的权威性和延续性。

这一时期是印度粮食立法的全面推进时期，虽然相对于美国以《农业调整法案》为中心建构的完备的粮食法律体系而言，印度的粮食立法进程起步晚，发展也较为缓慢，但经过三个阶段的不断改革与完善，印度基本上实现了将农业和粮食问题纳入稳定的法律轨道。

第四节　中国对全球粮食安全的贡献

中国的耕地面积在世界上排名第三，但是由于中国长期以来亦是世界上人口最多的国家，因此确保粮食和重要农产品的稳定生产和供应，也一直是中国要解决的首要问题。中国把自身粮食安全问题解决好，就是对全球粮食安全的贡献。①

一、中国保障粮食安全的立法

中国政府一直高度重视粮食问题，把粮食安全列为国家"三大经济安全"

---

① 李国祥：《中国是全球粮食安全的积极贡献者（专家解读）》，载《人民日报海外版》2022年12月26日，第10版。

之首。①在与粮食保障有关的立法中，与粮食安全联系最紧密的当是2012年修正的《农业法》。《农业法》的颁布，标志着中国粮食安全在法治化的道路上迈出了坚实的一步，通过法律专章对农业生产经营体制、农产品流通与加工、农业资源与农业环境保护、农民权益保护、农村经济发展等问题进行调整、规范。为了保证粮食生产能力，《农业法》明确规定国家建立耕地保护制度，在政策、资金、技术等方面对粮食主产区给予重点扶持，建设商品粮生产基地，同时对部分粮食品种实行保护价制度。《农业法》首次规定由国家建立粮食安全预警制度，建立粮食风险基金，对保障国家粮食安全，维护国家的和平和稳定具有极其重要的意义。可以说，当前《农业法》是我国保障粮食安全的基本法。②

在法律制度层面，除了《农业法》之外，与粮食生产密切相关的事项皆有涉农法律制度通过具体条款加以规范，这些涉农法律制度包括与农产品安全相关的《食品安全法》、与农作物种子相关的《种子法》、与农村土地相关的《土地管理法》等。在规章制度方面，每一项涉农法律又有相应的行政规章与管理条例细化具体的实施办法，这些细化的实施办法不仅包括与农业保险相关的《农业保险条例》，还包括与种子生产与质量监督相关的《农作物种子生产经营许可管理办法》《农作物种质资源管理办法》，以及与粮食安全直接相关的《粮食流通管理条例》《中央储备粮管理条例》等。

目前，中国的粮食保障法律制度体系基本上形成了以《农业法》等涉农综合法律规范为基础，以《中央储备粮管理条例》《粮食流通管理条例》等行政规章为核心，以《中央储备粮代储资格管理办法》《粮食收购资格审核管理办法》《中央储备粮代储资格管理办法实施细则》《粮食流通行政执行办法》《粮食库存检查办法》《粮油仓储管理办法》等配套的规章制度为辅助，以各地方政府制定的地方性法规和规章，如《山东省粮食收购管理办法》《河北省粮食流通管理规定》《湖北省粮食流通管理办法》等为有效补充的粮食保障体系。③

---

① 李蕊：《民之天：粮食安全法治保障体系研究》，法律出版社2020年版，第2页。
② 李蕊：《民之天：粮食安全法治保障体系研究》，法律出版社2020年版，第16页。
③ 刘凌：《对完善我国储备粮监督管理机制的立法建议》，载《河南工业大学学报（社会科学版）》2015年第2期。

2012年，国家发展改革委、国家粮食局会同有关部门在调查研究的基础上，起草了《粮食法（征求意见稿）》，具体包括总则、粮食综合生产能力建设、粮食生产积极性保护、粮食流通与经营、粮食消费与节约、粮食质量安全、粮食调控与储备管理、监督检查、法律责任、附则等10章内容，共84条，设立了包括市场配置粮食资源的制度、粮食综合生产能力建设保障制度、粮食流通保障制度、粮食安全责任制度在内的9项主要制度，进一步细化与明确了粮食生产、储备、流通等各个环节的法律责任。2023年出台的《粮食安全保障法》包括附则在内共计74条，内容涵盖了粮食生产、粮食储备等各个环节的保障责任，标志着中国粮食安全保障专项立法又向前迈进了坚实的一步。

整体粮食的安全立法正处于完备的过程中，随着《粮食安全保障法》的实施，中国将建构更加完善的粮食安全保障法律体系，在保障全球粮食市场稳定及农业发展方面作出更大的贡献。

二、全球粮农事业发展中的中国角色

粮食安全是世界和平与发展的重要保障，是构建人类命运共同体的重要基础，关系人类永续发展和前途命运。[①]中国国家主席习近平在出席第76届联合国大会一般性辩论时郑重提出全球发展倡议，把粮食安全作为八个重点合作领域之一，旨在通过确保粮食安全，让更多人远离饥饿威胁，让更多国家与地区提高可持续农业生产能力，实现共同富裕。[②]

作为联合国粮食及农业组织创始成员之一，自联合国粮食及农业组织成立至今，中国一直积极履行成员义务，广泛参与和支持联合国粮食及农业组织活动。多年来，中国在有需要的国家和地区积极开展农业投资，推广粮食生产、加工、仓储、物流、贸易等技术和经验，开展技术合作，派遣科技人员到发

[①] 《中国的粮食安全》，载中国政府网，https://www.gov.cn/zhengce/2019-10/14/content_5439410.htm，2023年9月12日访问。

[②] 曲颂、屈佩、谢亚宏：《维护世界粮食安全的积极力量（命运与共·全球发展倡议系列综述）》，载《人民日报》2022年4月8日，第3版。

中国家，推广中国杂交稻等农业技术和先进机械，帮助发展中国家提高粮食产量。1979年，中方首次对外提供了杂交水稻种子，此后的40多年间，中国杂交水稻在亚洲、非洲、美洲的数十个国家和地区推广种植，年种植面积达800万公顷，中国研究人员先后赴印度、巴基斯坦、越南、缅甸、孟加拉国等国提供建议和咨询，并通过国际培训班为80多个发展中国家培训了超过1.4万名杂交水稻专业技术人才，当地民众粮食紧缺问题得到了较大改善。[①]

除了保障14亿多中国人民的饭碗，中国还积极承担大国责任，在促进共同发展的道路上，不遗余力地帮助其他国家解决迫在眉睫的粮食安全问题，向全球低收入国家和粮食危机比较严重的国家提供粮食援助，帮助他们缓解全球粮食安全危机。自2016年起，中国连续向亚非拉50余国提供紧急粮食援助，惠及上千万名受灾群众。加入世界贸易组织之后，中国政府认真履行加入世界贸易组织的承诺，不断扩大粮食市场开放、加强对外合作。在确保国家粮食安全的前提下，中国与世界主要产粮国分享中国巨大的粮食市场，维护了全球粮食供应链和产业链的稳定，为保障世界粮食安全作出重要贡献。[②]

2020年，中国提出全球发展倡议，将粮食安全纳入重点合作领域，通过向粮农组织南南合作基金捐款、派遣专家和技术人员、深化农业技术合作等方式帮助发展中国家加强农业能力建设，以实际行动践行全球发展倡议，在推动全球减贫和农业发展方面作出了积极贡献，为广大发展中国家落实联合国2030年可持续发展议程提供了中国方案。

2021年，中国粮食总产量为13657亿斤，连续7年保持在1.3万亿斤以上，产量创历史新高，很好地管理好了自己的粮食库存，不仅保障了中国人民的粮食供给，也为世界人民的粮食安全作出了贡献，展现出中国与各国携手应对全球饥饿问题的诚意。[③]中国的一系列行动表明，创造了粮食自给奇迹的中

[①] 曲颂、屈佩、谢亚宏：《维护世界粮食安全的积极力量（命运与共·全球发展倡议系列综述）》，载《人民日报》2022年4月8日，第3版。

[②] 曲颂、屈佩、谢亚宏：《维护世界粮食安全的积极力量（命运与共·全球发展倡议系列综述）》，载《人民日报》2022年4月8日，第3版。

[③] 曲颂、屈佩、谢亚宏：《维护世界粮食安全的积极力量（命运与共·全球发展倡议系列综述）》，载《人民日报》2022年4月8日，第3版。

国，是全球粮食安全的积极贡献者和责任承担者。未来，中国还将继续与各国团结合作，积极参与世界粮食安全治理，落实联合国2030年可持续发展议程，为促进世界粮食事业健康发展、维护世界粮食安全作出新的贡献。

图书在版编目(CIP)数据

粮食法教程/韩永刚,张道许主编. —北京:中国法制出版社,2024.4

ISBN 978-7-5216-4383-1

Ⅰ.①粮… Ⅱ.①韩… ②张… Ⅲ.①粮食问题—法的理论—中国—教材 Ⅳ.①D922.41

中国国家版本馆CIP数据核字（2024）第058418号

责任编辑：王雯汀　　　　　　　　　　　　　　　　封面设计：李　宁

粮食法教程
LIANGSHIFA JIAOCHENG

主编/韩永刚　张道许
经销/新华书店
印刷/三河市紫恒印装有限公司
开本/710毫米×1000毫米　16开　　　　　　印张/26　字数/398千
版次/2024年4月第1版　　　　　　　　　　2024年4月第1次印刷

中国法制出版社出版
书号ISBN 978-7-5216-4383-1　　　　　　　　　　　定价：79.00元

北京市西城区西便门西里甲16号西便门办公区
邮政编码：100053　　　　　　　　　　　　　传真：010-63141600
网址：http://www.zgfzs.com　　　　　　　编辑部电话：010-63141824
市场营销部电话：010-63141612　　　　　　印务部电话：010-63141606
（如有印装质量问题，请与本社印务部联系。）